北海市中等职业技术学校

网店运营

谈启智　黄文斌
杨华军　林　清　主编

合肥工业大学出版社

图书在版编目(CIP)数据

网店运营/谈启智等主编．—合肥：合肥工业大学出版社，2017.12
ISBN 978-7-5650-3814-3

Ⅰ.①网…　Ⅱ.①谈…　Ⅲ.①网络营销　Ⅳ.①F713.365.2

中国版本图书馆CIP数据核字(2017)第328033号

网店运营

谈启智　黄文斌　杨华军　林　清　主编　　　　责任编辑　袁　媛

出　版	合肥工业大学出版社	版　次	2017年12月第1版
地　址	合肥市屯溪路193号	印　次	2018年1月第1次印刷
邮　编	230009	开　本	787毫米×1092毫米　1/16
电　话	艺术编辑部：0551-62903120	印　张	21
	市场营销部：0551-62903198	字　数	510千字
网　址	www.hfutpress.com.cn	印　刷	安徽联众印刷有限公司
E-mail	hfutpress@163.com	发　行	全国新华书店

ISBN 978-7-5650-3814-3　　　　定价：49.00元

如果有影响阅读的印装质量问题，请与出版社市场营销部联系调换。

编委会

主　编：谈启智　黄文斌　杨华军　林　清

副主编：唐国锐　廖　诚　张　兵　王鹿鹿
金晓华　宋玲玲

编　委：梁彩文　叶丽君　陈　芳　钟春玲
徐彩梅　徐　宽　李金莲　徐静林

前　言

伴随着电子商务的迅猛发展，中国的电商平台企业如阿里、京东、苏宁等也迅速崛起，在带来社会生活方式和思维方式变革的同时，也给传统零售企业造成了巨大的冲击。目前，中国已成为交易额超过美国的全球最大网络零售市场，网络购物也成为推动中国电子商务市场发展的重要力量。

电商行业的迅速发展，带来了迅速扩大的电商人才需求，尤其是从事电商创业的人才，而要做好电商创业，开好网店，就要先做好网店运营。本书的编写也旨在为广大电商专业的老师和学生提供最实用的网店运营的知识和技能。

本书共包含五个项目：第一个项目介绍了开店的操作与技巧；第二个项目介绍了网店的美化与布局操作；第三个项目介绍了淘宝直通车、店铺搜索排名、标题优化等网店运营的相关操作和技巧；第四个项目介绍了网店推广策略；第五个项目介绍了在网店运营过程中规避商务风险的方法与技巧。

现在越来越多的人参与到网上开店这一行业中，网上开店对从业人员的要求也越来越高。本书包含了在网店运营中需要了解的各个方面的知识点和技能点，结合实际案例，实用性强。

本书在编写过程中，参考并引用了大量的文献资料，对此由衷地感谢原作者，遗漏而未注明出处的，敬请原谅。由于编者水平有限，书中如有不足之处敬请读者批评指正，我们将不胜感激。

编　者

2017 年 8 月

目　录

项目一　成功开店

导入案例

网店催生出的学生小老板

目前，在校大学生创业已不再是新鲜的话题，但大学生网上开店还算是个比较新的选择。不少率先“吃螃蟹”的大学生不仅找到了赚钱的途径，还体会到了轻松做老板的乐趣。

生活在北京的小良接触网络较早，1997 年还在读初中时就已经开始接触互联网了，他时常上网浏览网页、聊天、听音乐，在熟悉了这些网络元素之后，发现网上有一些商品在出售，于是他也想自己尝试一下。他翻出父亲买来闲置的一堆光盘，写了一些商品简介发布在易趣网上，还配发了图片。如他设想的一样，前几天，根本无人问津。但让他感觉意外的是，五六天之后居然真的接到了一个求购电话，对方问他怎么进行支付，小良惊喜不已，这是他第一次在网上进行交易，还赚了些零花钱。

初次尝试成功之后，小良开始利用空闲时间学习网上交易的操作技巧，并将所有的零花钱都作为了流动资金，投入到网上交易中。2002 年，小良考入了北京某重点院校，学习广告设计专业，同年他在网上开了一家自己的店铺，取名“小良数码”。小良回忆：“一开始只是做着玩玩，后来发现确实能赚些零花钱。”开始两个月，小良的网店生意比较冷淡，主要是信用度低。后来，一些前来访问的顾客发现小良这个店主的信誉不错，回头客就多了，生意也渐渐红火起来。小良不仅做起了小老板，而且还用开网店赚的钱支付了自己上大学期间的所有费用。经济上不再依赖父母，他在同龄人中感觉很是自豪。

其实，由于担心会影响到学业，在小良刚开始迷恋网络的时候，一度遭到家人的强烈反对，有一段时间，他甚至在父母的勒令下不允许再碰电脑。

“是我吵着闹着，好不容易才把存在他们那里的压岁钱给要回来。第一笔风险投资应该是我投给自己的。”小良认为这是自己人生中一个正确的决定，“在我出了成绩以后，家里才肯支持我，并给我资金。”小良后来自己开网上商店已经有了一个“家庭工

作团队”的帮助。他的父亲在一家物业公司工作，上班的地方离邮局很近，邮寄商品的工作很多时候由他代劳。母亲也帮忙打理网络商店的账目，“妈妈本来就是做会计的，虽然还没有退休，但我自己这点事对她来说是小菜一碟”。

到了2005年，小良的网店月均销售额已经突破了一万元。他说如果以后业务再扩大，就要开个公司找人一起做。其间，他还参加了某大学生电子商务竞赛，并一举夺冠，还因此获得了10万元奖金。在他领取奖杯和奖金支票的那一刻，小良有了一种“明星”的感觉。创业初期的小良想法很多，他计划将一部分奖金拿出来做流动资金，继续扩大业务；另外还准备学习一些管理学、电子商务类的课程。

2006年，小良圆满地完成了学业，当他的同学都去广告公司或设计公司做了设计师、网管、CIO时，小良却没有去找工作，而是选择了继续经营自己的网上商店，继续做老板。

自己经营网店，与之相关的所有环节都要考虑到，小良当然也觉得辛苦，经常半夜一点多才睡。但是他并不觉得累，因为是在做自己喜欢的事。

讨论：说说你了解到的身边经营网店的朋友的情况？他们主要是经营什么类型的产品？如何经营的？

学习目标

- 了解电子商务的概念、模式、网上开店的概念
- 了解网上开店的平台、淘宝的规则
- 掌握开店平台的账号申请操作、开店的准备
- 熟练掌握网店的定位、淘宝的规则及货源选择

技能导图

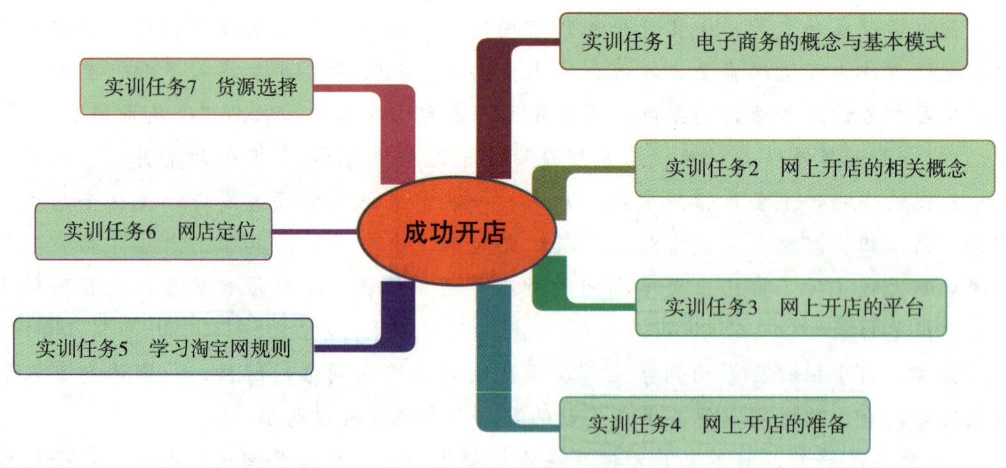

图1-1　技能导图

学习任务 1　电子商务的概念与基本模式

任务目标

✧ 知识点

1. 掌握电子商务的概念
2. 掌握电子商务的模式

✧ 技能点

1. 能熟练使用搜索引擎
2. 能够进行信息的提取和分析总结
3. 能够单独完成实训任务
4. 能根据实训情况完成并提交实训报告

任务描述

中国的电子商务在近几年飞速发展，而且表达形式也是多样的，学生需要对国内的整体电子商务环境有一定的了解。随着电子商务发展环境的不断改善，各种形式的电子商务不断发展扩充，尤其是在 2016 年以来电子商务发生了巨大的变化。

（1）以马云主导的淘宝系以及京东、1 号店等，这些以产品为主要形式的实物型电商。

（2）以马化腾为主导的腾讯系以及美团等，这些以服务为主要形式的服务型电商。

以上电商都在不断地进行调整，加强和用户的黏性互动，主要平台从 PC 端转移到了移动端。

本门课程的学习任务就是要基于当前电子商务发展的情况，利用互联网，了解电子商务的概念和基本模式。

知识准备

电子商务凭借其低成本、高效率的优势，不仅受到普通消费者的青睐，还为中小企业提供商机、赢得市场。电子商务已成为我国转变发展方式、优化产业结构的重要动力。它不仅改变了传统的商务模式，也改变了人们的生活，逐渐成为人们必须适应的新型商务交易模式。

一、电子商务概述

电子商务于 20 世纪后期出现，在短短几十年的时间内就成了信息化时代的标志性产物。从本质上来说，电子商务是人类追求商务高效率、信息化不断发展的结果，也是一种新的经济形态，在企业、市场甚至是国家经济运行中扮演着越来越重要的角色。

电子商务是利用微电脑技术和网络通信技术进行的商务活动。电子商务包括电子货币交换、供应链管理、电子交易市场、网络营销、在线事务处理、电子数据交换、存货管理和自动数据收集系统。在此过程中，利用到的信息技术包括：互联网、外联网、电子邮件、数据库、电子目录和移动电话。

从狭义上讲，电子商务（Electronic Commerce，简称 EC）通常是指在全球各地广泛的商业贸易活动中，利用计算机技术、网络技术和远程通信技术，实现商业活动各环节的电子化、数字化和网络化。

从广义上讲，“电子商务”一词源自于 Electronic Business，就是通过电子手段进行的商业事务活动。通过使用互联网等电子工具（这些工具包括电报、电话、广播、电视、传真、计算机、计算机网络、移动通信等），使公司内部、供应商、客户和合作伙伴之间，利用电子业务共享信息，实现企业间业务流程的电子化，并配合企业内部的电子化生产管理系统，提高企业的生产、仓储、流通和资金等各个环节的效率。

从贸易活动的角度分析，电子商务能够在多个环节中实现，由此可以将电子商务分为两个层次，如图 1-2 所示。

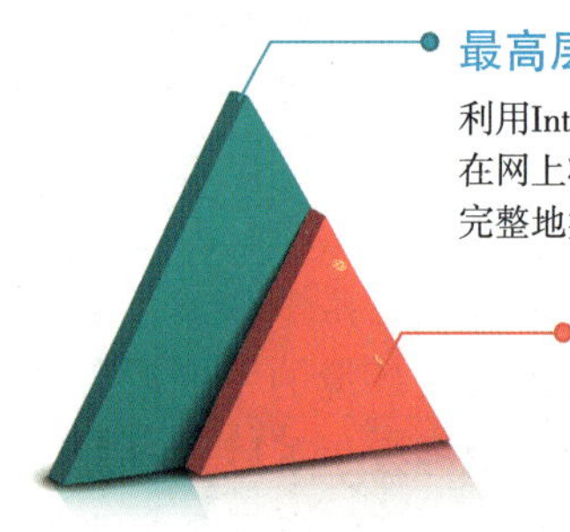

图 1-2　电子商务层次解释

也就是说，我们从寻找客户开始，一直到洽谈、订货、在线收（付）款、开具电子发票以至到电子报关、电子纳税等都可以通过因特网一步到位。

二、电子商务的基本模式

电子商务模式是指企业运用互联网开展经营取得营业收入的基本方式。传统的观点是将企业的电子商务模式归纳为 B2C（Business to Consumer）、B2B（Business to Business）、C2C（Consumer to Consumer）、C2B（Consumer to Business）、B2G（Business to Government）、ABC（Agents Business Consumer）、O2O（Online to Offline）等经营模式。

1. B2C 模式

B2C（Business to Consumer）是指企业对消费者的电子商务，以因特网为主要手段，由商家或企业通过网站向消费者提供商品和服务的一种商务模式。

这种形式的电子商务一般以网络零售业为主，主要借助于互联网开展在线销售活动。B2C 即企业通过互联网为消费者提供一个新型的购物环境——网上商店，并提供充足的资讯与便利的接口吸引消费者选购，消费者通过网络完成网上购物、网上支付等行为，这是目前最常见的作业方式，如亚马逊电子商务模式。在通常情况下，B2C

的交易过程如图 1－3 所示。

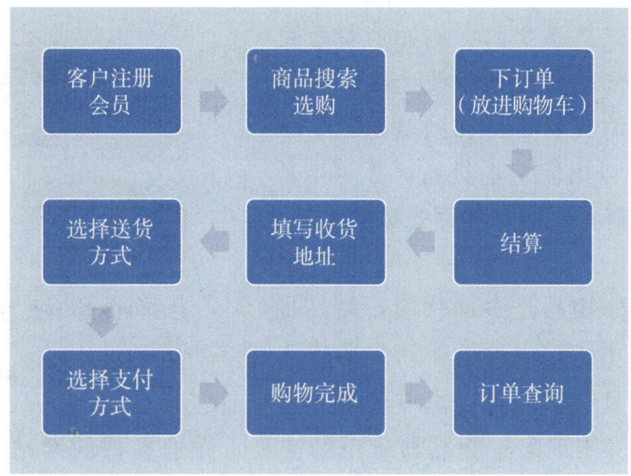

图 1－3　亚马逊购物基本流程

2. B2B 模式

B2B（Business to Business）是指企业对企业的电子商务，是企业（生产企业或商业企业）利用因特网或各种商务网络向供应商（生产企业或商业企业）订货、收发票据和支付货款的电子商务活动。

B2B 方式是电子商务应用最多和最受企业重视的形式，企业可以使用因特网或其他网络对每笔交易寻找最佳合作伙伴，完成从定购到结算的全部交易行为。其代表是阿里巴巴电子商务模式，如图 1－4 所示。

图 1－4　阿里巴巴首页

B2B 主要是针对企业内部以及企业（B）与上下游协力厂商（B）之间的资讯整合，并在互联网上进行的企业与企业间交易。借由企业内部网（Intranet）建构资讯流通的基础，以及外部网络（Extranet）结合产业的上中下游厂商，以达到供应链（SCM）的整合。因此透过 B2B 的商业模式，不仅可以简化企业内部资讯流通的成本，而且可使企业与企业之间的交易流程更快速、更减少成本的耗损。

3. C2C 模式

C2C（Consumer to Consumer）是指消费者与消费者之间的电子商务。C2C 商务平台就是通过为买卖双方提供一个在线交易平台，使卖方可以主动提供商品上网拍卖，而买方可以自行选择商品进行竞价。其代表是 eBay、淘宝网等电子商务模式，如图

1-5所示。

图1-5　淘宝闲鱼

C2C是指消费者与消费者之间的互动交易行为，这种交易方式是多变的。例如消费者可同在某一竞标网站或拍卖网站中线上出价并由价高者得标；或由消费者自行在网络新闻论坛或BBS上张贴布告以出售二手货品，甚至是新品，诸如此类因消费者间的互动而完成的交易，就是C2C的交易。

竞标网站的竞标物品是多样化的，商品提供者可以是邻家的小孩，也可能是顶尖跨国大企业；货品可能是自制的甜点，也可能是某位名人的真迹。C2C并不局限于物品与货币的交易，在这虚拟的网站中，买卖双方可选择以物易物，或以人力资源交换商品。例如一位家庭主妇用准备一桌筵席的服务，换取心理医生一节心灵澄静之旅，这就是参加网络竞标交易的魅力，网站经营者不负责物流，而是协助市场资讯的汇集以及建立信用评价等制度。买卖两方消费者看对眼，自行商量交货和付款方式，每个人都可以创造一笔惊奇的交易。

4. C2B模式

C2B（Consumer to Business）是指消费者与企业之间的电子商务。这是一种创新型的电子商务模式，不同于传统的供应商主导商品，这是通过汇聚具有相似或相同需求的消费者，形成一个特殊群体，经过集体议价，以达到消费者购买数量越多、价格相对越低的目的。

C2B是商家通过网络搜索合适的消费者群，真正实现定制式消费。对消费者而言，是一种理想化的消费模式。2015年，马云在汉诺威IT博览会中提到未来的生意将是C2B模式，如图1-6所示。

图1-6　汉诺威IT博览会

5. B2G 模式

B2G（Business to Government）是指企业与政府之间的电子商务，该模式涵盖了政府与企业间的各项事务，包括政府采购、税收、商检、管理条例发布以及法规政策颁布等。政府一方面作为消费者，可以通过因特网发布自己的采购清单，公开、透明、高效、廉洁地完成所需物品的采购；另一方面，政府对企业的宏观调控、指导规范、监督管理的职能通过网络以电子商务方式更能充分、及时地发挥。

借助于网络及其他信息技术，政府职能部门能更及时全面地获取所需信息，做出正确决策，做到快速反应，能迅速、直接地将政策法规及调控信息传达于企业，起到管理与服务的作用。在电子商务中，政府还有一个重要作用，就是对电子商务的推动、管理和规范作用。

6. ABC 模式

ABC（Agents Business Consumer）是新型电子商务模式的一种，被誉为继阿里巴巴 B2B 模式、京东商城 B2C 模式、淘宝 C2C 模式之后电子商务界的第四大模式。是由代理商（Agents）、商家（Business）和消费者（Consumer）共同搭建的集生产、经营、消费于一体的电子商务平台。三者之间可以转化，大家相互服务，相互支持，你中有我，我中有你，真正形成一个利益共同体。

代理商、商家和消费者共同组建的电子商务 ABC 模式是一个将代理商、消费者和商家有效串联的以代销商为主体共同搭建的产销合一的新型电子商务平台。它以“网店＋服务店＋营销服务系统＋消费联盟”的复合型营销模式为手段，把网络营销、连锁经营、传统渠道、服务和消费链等整合，把顾客的需求导向具体以信息为中心管理，它在价值上是从一方提供给另一方或多方的过程，体现双方或多方的价值以实现多方共赢，从而建立一条交互式、立体式、全方位的无限流通管道。

7. O2O 模式

O2O（Online to Offline）（在线离线/线上到线下）是指将线下的商务机会与互联网结合，让互联网成为线下交易的平台，其核心为在线支付，如图 1－7 所示。

图 1－7　O2O 餐饮服务

O2O 电子商务模式需具备五大要素：独立网上商城、国家级权威行业可信网站认证、在线网络广告营销推广、全面社交媒体与客户在线互动、线上线下一体化的会员营销系统。

任务实施

步骤一：通过搜索引擎搜索关键词“电子商务”，然后从搜索结果中提取有效信息并归纳总结，以了解什么是电子商务。理解电子商务的功能目的，体会电子商务的内涵，并将内容填入下面表格中，见表 1－1 所列。

表 1－1　电子商务表

实训内容	概　念	功　能	内　涵
电子商务			

步骤二：请使用搜索引擎，以“电子商务模式”为关键词进行查询，了解电子商务模式，见表 1－2 所列。

表 1－2　电子商务模式表

项　目	概　念	内容（类型）
电子商务模式		

步骤三：使用搜索引擎搜索关键词“B2B、B2C、C2C、O2O”，了解其概念与特点，填写这些模式的代表企业，并完善下表，见表 1－3 所列。

表 1－3　B2B、B2C、C2C、O2O 电商模式表

电商模式	概　念	特　点	代表企业
B2B			
B2C			
C2C			
O2O			

步骤四：提交实训过程文档。请完成每一实训步骤表格，提交文件清单，并交至教师邮箱，见表 1－4 所列。

表 1－4　作业清单表

序　号	名　称	数　量
1		
……		
n		
总　计		

任务考核

表 1-5　学习任务 1 实训考核表

组　号：		填写人员：			日　期：		
评分项目	评分点	1 组	2 组	3 组	4 组	5 组	6 组
实训室规则	遵守实训室规章制度（10 分）						
职业素养	衣着干净整齐（5 分）						
	精神面貌佳（5 分）						
	积极参与团队合作（10 分）						
职业技能	能够使用搜索引擎（10 分）						
	能够进行关键信息的提取（20 分）						
	能够熟练掌握电子商务的概念（15 分）						
	能够熟练掌握电子商务模式并说出其代表企业（25 分）						
合计得分							

学习任务 2　网上开店的相关概念

任务目标

✧ 知识点

1. 掌握网店的概念及优势
2. 掌握网上开店概念
3. 了解网上开店的方式
4. 掌握网上开店的角色

✧ 技能点

1. 能够了解网上开店及其方式
2. 能够掌握网上开店的角色并进行分析

任务描述

琪琪是一家咖啡零售店的销售员，为了增加销售额，老板决定进军网络市场，于是将这个重任交给了能力出众的琪琪。琪琪感受到领导的重视，下定决心要做好这件事。为了高效地帮老板解决问题、完成任务，琪琪请教了一位资深的网店店长，也得到了耐心的指导。在这次求教中，琪琪得知为了网店能够顺利注册和运营并且使经营的咖啡占据较大的网络市场份额，必须先选择一个好的网店平台，这样能达到更好的展示效果，给店铺带来更多的网络买家。其次，店铺的策划、运营、推广和优化也非常重要，这些因素意味着网店能否持续经营、不断进步。同时为了维护客户、提高客户满意度，网店还应该提供优质的客户服务。

对于第一次开网店的琪琪来说，什么是网上开店、网上开店平台、网上开店会有哪些参与者、注意事项等这类词语可能有些陌生，但是相信在接下来的学习中，所有问题都能迎刃而解。

知识准备

网上购物的商品范围越来越广，甚至超越了传统的购物方式，为越来越多的人尤其是年轻一代所接受和喜爱。网购人群的不断发展、壮大，加上越来越多的人想利用这个机会实现自己的创业梦想。在这两个方面的因素共同作用下，网上开店形势十分火爆。

一、认识“网店”

1. 网店的概念

网店又被称为“虚拟商店”“网上商店”“网上商场”“电子空间商店”“电子商场”，它是开设在因特网上的店面，如图 1－8 所示。

图 1－8　淘宝某一网店

2. 网店的优势

网店较之传统零售店铺有着自己的优势，可以面向全球化的市场，且经营规模不受场地限制等，如图 1－9 所示。

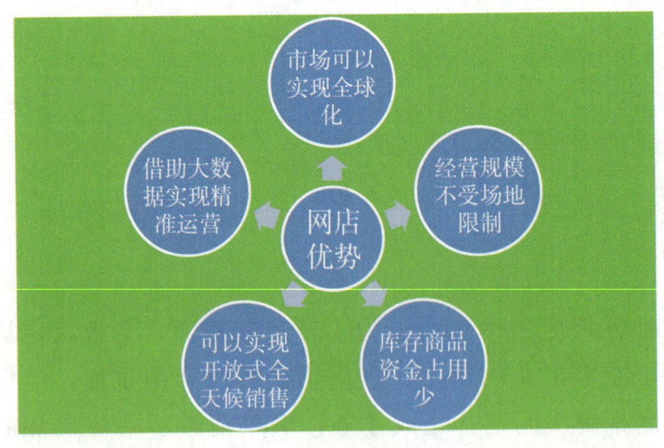

图 1－9　网店优势

经营网店的主体可以分为个体商家和企业商家，淘宝是可供个体商家入驻的平台，而亚马逊、京东、当当、聚美优品、1 号店等电商平台基本都需要有公司资质才可入驻。

看一看：登录图 1－10 所示的三个网站，对三个网站作比较，思考下面的问题：

1. 它们是 B2C 还是 B2B 模式？为什么？

2. 它们分别经营什么产品？它们分别是水平型电子商务还是垂直型电子商务？（提示：请通过网页先了解什么是水平型电子商务和垂直型电子商务后再作判断）

图 1－10　三个电子商务网站的比较

二、网上开店的概念

所谓网上开店，简单来说就是经营者自己搭建网站或通过第三方平台（如淘宝网、京东商城、大学生商城）注册一个虚拟的网上商店（简称网店），然后将待售商品的信息（如形象、性能、质量、价值、功能等）发布到网页上；而对商品感兴趣的浏览者通过浏览这些商品信息进行查阅，然后通过网上或网下的支付方式向经营者付款，最后经营者通过邮寄等方式，将商品发送至购买者手中。

网上开店是一种在互联网时代的背景下诞生的新销售方式，区别于传统商业模式，与大规模的网上商城及零星的个人用品的网上拍卖相比，网上开店投入不大、经营方式灵活，可以为经营者提供不错的利润空间，成为许多人的创业途径。

三、网上开店的方式

网上开店有多种方式，不同的开店方式需要的开店成本也不同，对销售盈利的结果也会产生一定的影响。要选择适合自己的开店方式，首先需要对各种不同的网上开店方式进行性价比的分析和比较。

1. 兼职

这是最易实施的一种经营方式。经营者将经营网店作为自己的副业，以增加更多的收入来源为目的。比如许多在校学生就喜欢利用课余时间经营网店；也有不少上班族利用工作的便利开设网店，一些宝妈也升级为电商新人开设店铺，如图 1－11 所示。

2. 全职

这就相当于是投资创业了，经营者会将全部的精力都投入到网店的经营上来，将网上开店作为自己的事业来做，把网店的收入作为个人收入的主要来源。因此，这种经营方式所要付出的精力及财力也较多，网上店铺的经营效果也会更好一些。

图 1-11　宝妈兼职开网店

3. 实体兼营

已经拥有实体店铺的经营者，为了扩大生意的受益面而兼营网上店铺，这也是比较普遍的一种开店模式。也有一种是由网上店铺向线下发展的，如三只松鼠等网络品牌，如图 1-12 所示。

图 1-12　“三只松鼠”合肥首家投食店

四、网上开店的参与者

网上开店涉及的角色，也就是电子商务的四个要素，包括电商平台、消费者、产品以及物流，电子商务的形成与交易离不开以下四方面的关系：

1. 交易平台

第三方电子商务平台（以下简称“第三方交易平台”）是指在电子商务活动中为交易双方或多方提供交易撮合及相关服务的信息网络系统总和。

2. 平台经营者

第三方交易平台经营者（以下简称“平台经营者”）是指在工商行政管理部门登记注册并领取营业执照，从事第三方交易平台运营并为交易双方提供服务的自然人、法人和其他组织。

3. 站内经营者

第三方交易平台站内经营者（以下简称“站内经营者”）是指在电子商务交易平台上从事交易及有关服务活动的自然人、法人和其他组织。

4. 支付系统

支付系统（Payment System）是由提供支付清算服务的中介机构和实现支付指令传送及资金清算的专业技术手段共同组成的，用以实现债权债务清偿及资金转移的一种金融安排，有时也称为清算系统（Clear System）。

任务实施

步骤一：通过搜索引擎搜索关键词“网上开店”，然后从搜索结果中提取有效信息并归纳总结，达到了解什么是网上开店、网上开店的目的，体会网上开店的注意事项，并将内容填入下面表格中，见表 1-6 所列。

表 1-6　网上开店相关信息搜集表

项目词语	搜索结果	自我理解
网上开店		
网上开店的目的		
网上开店的注意事项		

步骤二：用搜索引擎搜索“淘宝网”“天猫”“亚马逊”“阿里巴巴网站”“苏宁易购”“京东商城”“途牛网”“敦煌网”，并点击进入官方网站，浏览官方网站内容，做到大致了解该网站，先有个初步印象后再咨询同学、老师关于上述网站的有关内容，并将了解的相关内容填入下面的表格中，见表 1-7 所列。

表 1-7　各类电商平台信息搜集表

网　站	建立时间	国　家	交易平台	平台经营者	站内经营者	支付系统
淘宝网						
天猫						
亚马逊						

（续表）

网　站	建立时间	国　家	交易平台	平台经营者	站内经营者	支付系统
阿里巴巴						
苏宁易购						
京东商城						
途牛						
敦煌网						

步骤三：提交实训过程文档。请完成每一实训步骤表格，提交文件清单，并交至教师邮箱，见表1-8所列。

表1-8　作业清单表

序　号	名　称	数　量
1		
……		
n		
总　计		

任务考核

表1-9　学习任务2实训考核表

组　号：		填写人员：			日　期：		
评分项目	评分点	1组	2组	3组	4组	5组	6组
实训室规则	遵守实训室规章制度（10分）						
职业素养	衣着干净整齐（5分）						
	精神面貌佳（5分）						
	积极参与团队合作（10分）						
职业技能	能够掌握网店、网店优势等概念（10分）						
	了解网上开店的概念及方式（10分）						
	熟悉网上开店参与者有哪些（20分）						
	能够使用搜索引擎（10分）						
	能够进行关键信息的提取（20分）						
合计得分							

学习任务 3　网上开店的平台

任务目标

✧ 知识点

1. 掌握在平台上开店的好处
2. 了解独立空间运作网店

✧ 技能点

1. 能够通过网络了解各大平台的信息
2. 能够使用搜索引擎
3. 能够总结和分析相关信息

任务描述

在网店经营中，选择开店平台尤为关键。不同电商平台的功能、服务、操作方式和管理水平都有一定的差异化与个性化，收费模式和费用水平也应该作为重要的考虑因素。此外，还应当着重考虑自身开店定位与所选电商品牌的契合度等。所以说，平台的选择非常重要，尤其是初次在网上开店时，“涉世不深”的创业者们由于经验欠缺以及对网店平台的了解比较不足，选择平台时可能会带有很大的盲目性、片面性以及主观喜好性。

理想的电子商务平台应该具有这样的基本特征：良好的品牌形象、低成本的入驻门槛、简单快捷的申请手续、稳定的后台技术、快速周到的顾客服务、完善的支付体系、必要的配送服务以及售后服务保证措施等。当然，还需要有尽可能高的访问量，具备完善的网店维护和管理、订单管理等基本功能，并且可以提供一些高级服务，如网店的推广、网店访问流量分析等。

因此，网店经营者在选择平台时一定要多加了解分析，尤其是在开店资质与要求方面，仔细斟酌和汲取他人的宝贵经验，尽量规避一些不必要的决策风险，才能把自己的网店做得有声有色。

冰冰通过网络，浏览消费者对消费者（淘宝网）、企业对企业（阿里巴巴）、企业对消费者（天猫商城/京东商城）3 种类型的电子商务网站，并记录下来。

要求：记录网站名称、网址（或域名）、经营理念、主营业务、盈利模式、送货方式、支付方式等。

知识准备

选择在哪个平台上开店，是店铺最为重要的一步。现在国内电商行业中，具有较强竞争力的平台有淘宝集市店铺、天猫商城和京东商城，三者各有优势。另外最近几年以分享导购为主的网站如蘑菇街也十分火热，微信上开设的微店，门槛比较低，较为容易，深受广大用户喜爱。

平台类型的选择是开设店铺的重中之重，不同类型的平台在平台定位、市场份额、宣传推广、人群定位、资源配备等方面各有差异。所以，在选择平台的时候，商家需要先了解自身的优势和劣势，根据自己的资源和团队竞争力，再结合平台优势，选择最适合自身的平台。当店铺成长到一定的规模后，也可以在多个平台上选择开店运营。

一、选择购物平台入驻

选择淘宝网、京东商城等大型的网站作为开店平台，前期投入较少，并能免费注册，尤其是在淘宝网上，用户提交详细信息后就能得到一个网店。因为网站的知名度高、访问量大，所以短期内网店就会有起色。提供网店建设的站点，国内具有影响力的有淘宝网、当当、京东等。

选择在平台上开店的好处：

首先，在基础数据、能力都不够的情况下，只需按照平台的开店步骤，并且遵守平台的规则，就能开一个属于自己的网店。店铺出现问题可以直接咨询平台热线或者客服进行问题答疑，与此同时每个平台在运营管理上也都有自己独特的定位。而且每个平台都会有社区论坛定期给出很多的经验和教程，促进店主的进步和成长，每个平台在运用和管理上都有自己独特的定位。

其次，目前国内的电商平台流量很大，每天有几百万人的浏览量，比起什么都靠自己宣传要方便得多，很多网店只需要将店铺打理好、服务态度热情、产品质量好，自然就会有一定的客户。

二、独立空间运作网店

购买域名和空间、开发网店系统，可找专业的网络公司来做。由于其域名为自己所有，相对于淘宝网、京东商城来说，独立的网店能够积累自己的网店品牌知名度；并且网店还能根据自己的商品所需，做得独具风格，吸引更多的客户，带来更多的客源和收入。

当然，这种方式的前期资金投入要比第一种花得多，且如果宣传不到位的话，客户很难找到你的网店。

选择网店平台的原则和方法还有很多，比如说，根据具体的产品特性来决定在哪里开店。如果是卖一些专业的东西，如化妆用品，除了在大众网购网站上开店，还可以在一些专业的化妆网站上开店，如聚美优品等。

任务实施

步骤一：了解各平台的特征和要求。

网上开店，首先要了解各平台的特征和要求，选择电子商务平台需要考虑的因素有：平台自身良好的形象，简单快捷的申请手续，稳定的后台技术，周全的客户服务，完善的支付体系，必要的配送服务以及售后服务保证措施。

步骤二：了解淘宝网平台的功能。

登录淘宝网首页 https：//www.taobao.com/，了解淘宝网的主要功能区，即“我的淘宝”“购物车”“收藏夹”“商品分类”“卖家中心”“联系客服”“网站导航”等，如图 1－13 所示。

图 1－13　淘宝首页

步骤三：了解淘宝网，完成表 1－10。

表 1－10　淘宝网信息表

具体任务	了解说明
网址	
网站 logo	
注册账号类型	
店铺开设条件	
开店费用	
商品销售方式	
支付服务名称	
沟通工具	

步骤四：了解天猫商城的功能。

登录天猫商城：https：//www.tmall.com，了解天猫商城各种板块和功能，如图1－14所示。

图1－14　天猫商城

步骤五：了解天猫商城后，完成表1－11。

表1－11　天猫商城信息表

具体任务	了解说明
网址	
网站logo	
注册账号类型	
店铺开设条件	
开店费用	
商品销售方式	
支付服务名称	
沟通工具	

步骤六：了解京东商城的运营模式。

登录京东商城：http：//www.jd.com，了解京东商城的运营模式和入驻要求，如图1－15所示。

图 1-15　京东商城

步骤七：了解京东商城后，完成表 1-12。

表 1-12　京东商城信息表

具体任务	了解说明
网址	
网站 logo	
注册账号类型	
店铺开设条件	
开店费用	
商品销售方式	
支付服务名称	
沟通工具	

步骤八：对比以上三个平台，并填写表 1-13。

表 1-13　淘宝网、天猫商城、京东商城开店要求对比表

序　号	名　称	对店铺的要求
1	淘宝网	
2	天猫商城	
3	京东商城	

步骤九：提交实训过程文档。

请完成每一实训步骤的表格，并将实训过程文档与文件清单提交至教师邮箱，见表1-14所列。

表1-14 作业清单表

序号	名称	数量
1		
……		
n		
总计		

任务考核

表1-15 学习任务3实训考核表

组号：		填写人员：			日期：		
评分项目	评分点	1组	2组	3组	4组	5组	6组
实训室规则	遵守实训室规章制度（10分）						
职业素养	衣着干净整齐（5分）						
	精神面貌佳（5分）						
	积极参与团队合作（10分）						
职业技能	对淘宝网的了解程度（15分）						
	对天猫商城的了解程度（15分）						
	对京东商城的了解程度（15分）						
	选择该网上平台及理由（25分）						
合计得分							

学习任务4 网上开店的准备

任务目标

✧ 知识点

1. 掌握网店的概念
2. 理解网店较之传统实体店铺的优势所在
3. 了解开网店前需要做的准备工作
4. 了解网上开店的注意事项

1. 掌握店铺资质要求
2. 能够识别淘宝网站的功能模块且能够策划开店
3. 能够使用买家账号申请个人店铺
4. 能够完成支付宝、淘宝开店的认证

任务描述

学计算机的冰冰毕业后进入了武汉当地的一家电子商务公司，因为工作关系加上自己多年的网购经验，她发现这个行业对她充满了吸引力，于是冰冰决定“创业”。在家和父母商议之后，冰冰决定——进军淘宝。在淘宝网开家自己的网店，一直是冰冰心中的梦想。可怎么开呢？开店前要做什么准备工作呢？冰冰手抚脑门自问：啥叫梦想很丰满，现实很骨感；啥叫书到用时方恨少。冰冰灵光一闪，想到了那位班级里最早开网店、号称“土豪金”的王胖胖同学，冰冰想何不请教下他呢？于是冰冰拨通了胖胖同学的电话，胖胖同学果然不负所望，欣然答应教给冰冰网上开店需要做的准备工作。胖胖同学最后还语重心长地对冰冰道：“老同学，现在网店的竞争也是非常激烈的，要想经营好网店，头脑是最先需要武装的地方，只有不断学习、不断尝试，才能实现自己的创业梦想哦。”此番话语，让冰冰受益匪浅。于是冰冰开始认真着手开店前的准备工作。

知识准备

前期准备工作要做到“知己知彼，百战不殆”。网上创业的前期准备工作是必不可少的，按照产品的特点选择提供服务的网站、物品售卖前的注册和不可或缺的创业工具，这些准备工作可使创业者避免临时“抱佛脚”，也使其创业之路更加平坦。

一、开店相关知识

1. 选择开店平台

网上开店，首先要了解各平台的特点和平台的规则，在选择开店的电子商务平台时，需要考虑以下因素：

- 平台自身的形象
- 主营类目商品
- 对商家资质的要求
- 商家的申请手续
- 商家后台运营的技术
- 平台的客户服务
- 平台的支付体系
- 平台的配送服务及售后服务

2. 选择开店端口

根据网店开设的端口不同，又可分为电脑端网店和移动端网店。2016 年天猫双 11

全球狂欢节成交额为 1207 亿元，其中，无线端占比为 68%，有些店铺无线端流量占比甚至高达 80%。可见，手机端店铺已经成为店铺流量的主要来源。随着智能终端的快速普及以及整体移动网络环境的改善，将会有更多的消费者倾向于移动购物，如图 1－16 所示。

图 1－16　手机端购物

二、开网店的准备工作

（一）开网店的硬件准备

1. 电脑及网络

电脑和网络是开网店最基本的条件，电脑的配置不需要很高，因为不需要安装要求特别高的软件。

2. 数码相机

客户网购是通过图片来感知商品本身，所以商品拍照及美化是开店的一项重要工作，图片的优劣与否直接影响到店铺商品的销量。如果有条件，配置一部数码单反相机是最理想的，如图 1－17 所示。

图 1－17　入门级数码单反相机
（佳能 EOS 600D）

看一看：商品图片有多重要

打开“1 号店”的网站 http：//www.yhd.com/，看一看网站首页由哪些元素（图片、文字）构成，如图 1－18 所示。点击某个商品进入店铺或者商品详情页，看一看页面构成元素有哪些，想一想图片在网店中发挥哪些作用。

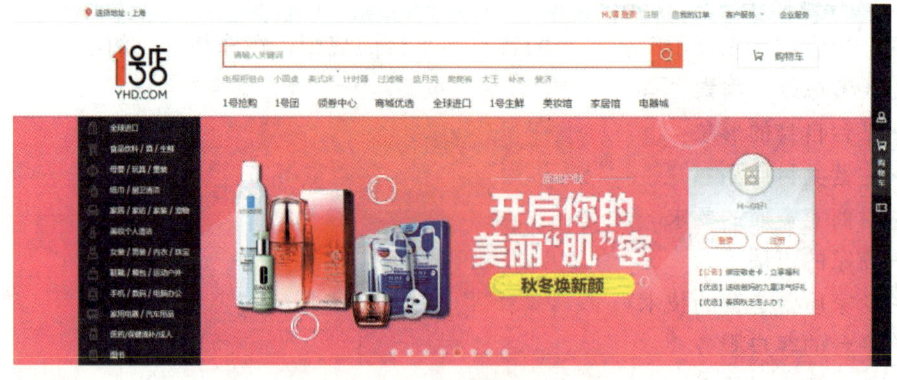

图 1－18　1 号店首页

3. 打印机

在积累了一定客户且发货量大的情况下，靠手工填写订购单和发货信息的效率是非常低的，这时可以配置一部打印机。发货的时候商家附上机打的客户订购单和发货信息，客户确认订单信息时也会一目了然，如图 1－19 所示。

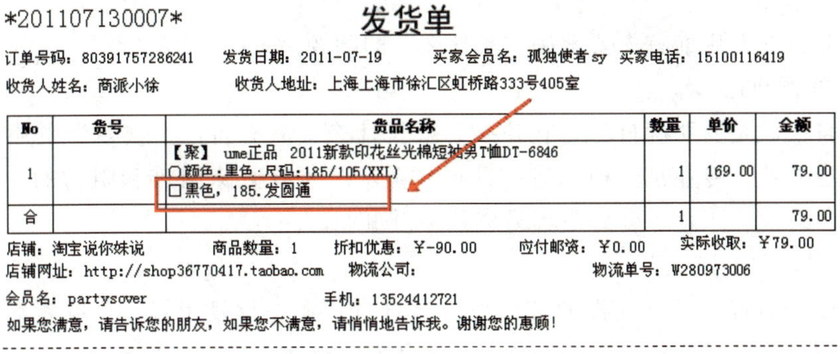

201107130007　　**发货单**

订单号码：80391757286241　发货日期：2011-07-19　买家会员名：孤独使者 sy　买家电话：15100116419

收货人姓名：商派小徐　收货人地址：上海上海市徐汇区虹桥路333号405室

No	货号	货品名称	数量	单价	金额
1		【聚】 ume正品 2011新款印花丝光棉短袖男T恤DT-6846 ○颜色：黑色 尺码：185/105(XXL) □黑色，185.发圆通	1	169.00	79.00
合			1		79.00

店铺：淘宝说你妹说　商品数量：1　折扣优惠：￥-90.00　应付邮资：￥0.00　实际收取：￥79.00

店铺网址：http://shop36770417.taobao.com　物流公司：　物流单号：W280973006

会员名：partysover　手机：13524412721

如果您满意，请告诉您的朋友，如果您不满意，请悄悄地告诉我。谢谢您的惠顾！

图 1－19　发货单据

4. 传真机

网店业务量大了之后，店家与供货商之间的业务量也会增加，沟通也会日益频繁。这时店铺就需要一部传真机了，像合同之类的文件直接发传真就可以了，如图 1－20所示。

图 1－20　传真机

5. 电话和手机

当客户想了解店里的产品，而店主不在线上，这个时候客户就可按照店铺留下的手机号向店主电话询问，既增加了成单的概率，也提升了客户的购物体验。

（二）开网店的心理准备

尽管网上开店前景无限好，但新店铺能够站稳脚跟生存下来的并不多。很多商家因最初的几个月收益不理想就放弃努力。之所以会出现这种情况，是因为很多人在开店前期心理准备不足，认为网上开店很简单，只要把商品发布上架，就可以坐着收钱了。其实不然，网上开店和网下开店一样，机遇与风险并存。要想成为一个成功的商家，开店前的心理准备非常重要。以下这几种心态要引以为戒：

- 想一本万利发大财
- 心态不平爱抱怨
- 不勤勉怕吃苦
- 信口承诺不讲诚信
- 不爱学习懒创新

看一看：马云说

“今天很残酷，明天更残酷，后天很美好，但绝大部分人就倒在明天晚上。”

三、网店开店策划

开店策划就是解决店铺卖什么、卖给谁和怎么卖的问题。

（一）卖什么

每个商家在开店前首先要解决“卖什么”的问题。

1. 要挖掘自己

挖掘自己就是要明确自己喜欢什么、擅长什么。只有自己“喜欢”的事物才可能更精通、更专业，专业是一种优势；只有“喜欢”才有破除困难和阻力的斗志，才能不断坚持。总之，兴趣、爱好更容易成就一份事业。

2. 考虑货源渠道

对于商家而言，可供选择的货源渠道有自身货源、批发市场、厂家货源、品牌代理销售、阿里巴巴进货等，不同的货源渠道各有其优劣。

自身货源：不需要通过外界而是凭自己的手艺创作，甚至用创意来为客户提供产品。例如：网店装修、商品图片拍摄及处理、手工编制产品、自行设计制作衣服等，如图 1-21 所示。

图 1-21　自身货源

厂家货源：由厂家提供货物。其优势是货源充足，价格较低；劣势是要求商家进货量大，容易造成压货，且存在商家换货麻烦，对商家的服务滞后等问题，如图 1-22 所示。

图 1-22　厂家货源

批发市场：批发市场的优势是店主可以通过现场比较来挑选商品，质量有保证；劣势是在进货量有限时，价格不容易谈下来。在批发市场选产品时需要多逛、多看，做到心中有数。新的货品可以小量进货，根据销售情况再确定是否二次进货。店主要尽量找到货源稳定的批发商，与其建立长期稳定的合作关系，如图 1－23 所示。

图 1－23　批发市场货源

阿里巴巴进货：优势是货品丰富，途径便捷，可用支付宝交易，信用有保证；劣势是商品质量不容易把控，如图 1－24 所示。

图 1－24　阿里巴巴货源

品牌代理：优势是货品的品牌价值高，店铺的专业形象好；劣势是途径稀少，较难获得。

3．分析市场行情

淘宝开店要在分析行业市场的现状及趋势的基础上来确定卖什么产品。店主在选货品时不能盲目跟风地选择热销或流行产品。一般而言，网络市场越热的产品，往往竞争就越激烈，其市场就越透明，利润也会越低。如何了解市场行情？可以借助淘宝店铺行业分析软件“生意参谋”或者“阿里指数”。例如在阿里指数中，可以了解当前最热门的行业数据，搜索涨幅最大的产品，根据这些数据进行分析并做出选择，如图 1－25所示。

图 1-25　阿里指数：连衣裙供求趋势预测、采购分析供应趋势

（二）卖给谁

在选定供货渠道和确定进货产品后，就要确定卖给谁的问题，即目标市场群体的确认。市场上哪类人群最偏爱你的产品或者你的产品能引发哪类群体的消费动机，店主需要设法掌握这类群体的个性化特征和行为偏好，通过有针对性的产品展现来吸引他们，实现店铺及产品的高效营销。因此，获取与分析目标市场群体的信息是店铺经营的首要任务，如图1-26、图1-27所示。

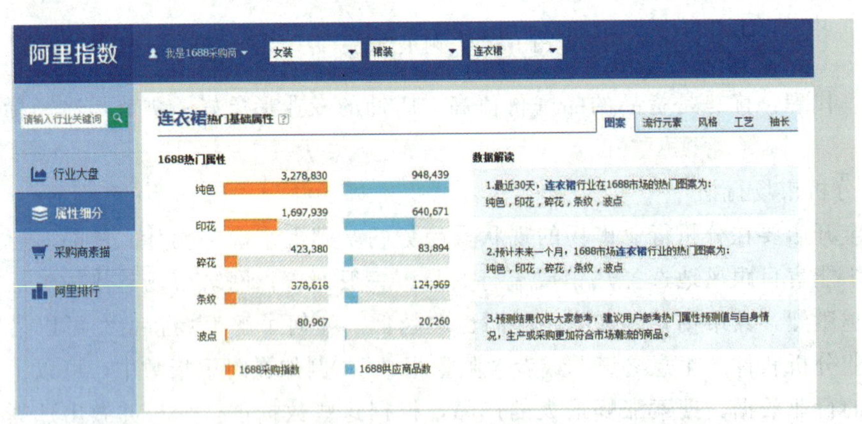

图 1-26　连衣裙属性分析

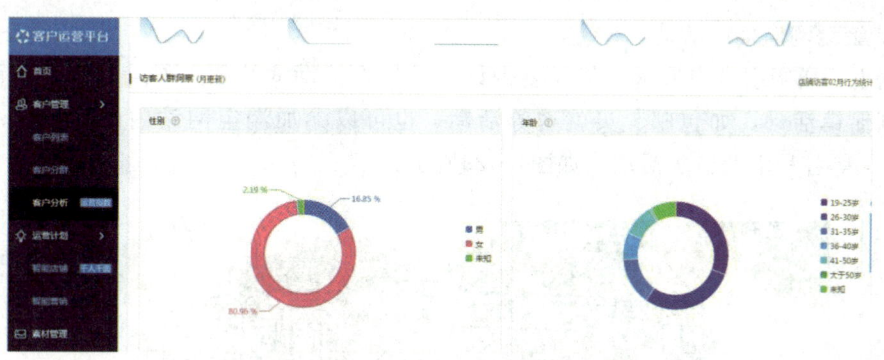

图 1－27　访客分析

（三）怎么卖

1. 确定网店风格

网店风格是指网页界面给买家的直观感受，买家在此过程中能感受到店铺的品位、艺术气氛等。

确定店铺风格。首先，需了解店铺产品的特性，根据产品本身的特点、颜色、外貌特征进行风格定位。如果是家居商品，店铺风格倾向于温馨或者素雅，以暖色调为主；如果是数码科技商品，店铺风格则倾向于新潮、时尚、严肃等风格，色调以冷色调为主。

其次，商家应该使店铺最大限度地符合目标市场群体的审美观念，赢得他们的偏爱。如果目标市场是年轻人群，店铺的风格就要倾向于青春活泼。如果针对相对高端些的目标群体，店铺的风格就需要偏向于深沉。一般来说，插画风格、时尚可爱风格、桃心风格、花边风格等适合女装类店铺；而黑白搭配风格、有金属质感的设计风格更适合男性商品店铺。

最后，商家店铺要根据自家品牌进行风格定位，比如要考虑品牌的主要用色、品牌的定价等。如果品牌价位为中端消费人群，那么店铺的整体装修可以从简约、温馨、个性化较强这几个方面入手；如果品牌价位较高，页面则可以做得较奢华，彰显高贵、奢侈、与众不同的风格，如图1－28所示。

图 1－28　店铺风格

店铺的风格既需要有差异性，也需要保持统一性，千万不要有的页面是卡通风格，有的是严肃风格，风格不搭是网店的大忌。

2. 策划网店推广活动

网上开店吸引客户流量，就需要做好网店推广活动的策划工作。淘宝网店可以自行策划促销活动，如包邮、买就送等活动，也可以参加淘宝网站内的促销活动，如“双 11”等各种消费节庆活动，如图1－29所示。

图 1－29　店铺推广活动

四、网上开店的注意事项

开网店真是越来越难，要新奇才能脱颖而出，这里推荐五个词给想开网店的朋友：“新款”“奇特”“质量”“搭配”“实惠”。从这五个方面入手做透它，成功的概率就会大很多。

“新款”，要想把网店开成功新款肯定是少不了。例如，新款是含有当下流行元素，或明星宣传活动焦点，节日、重大活动而流行的各种类型商品。网店新品需要分批、分时间铺货，要跟网店营销活动紧密联系在一起。

“奇特”，即个性，非一般的感觉。网购的很多都是学生或年轻人，年轻人追求时尚个性必不可少，所以时尚、个性、活跃的元素是最重要的卖点，独特但又不失夸张，个性而不缺乏稳重的产品或服务易吸引顾客。

“质量”，质量永远是吸引回头客的因素，如实详尽地描述商品，便于顾客在第一时间充分了解产品，切忌夸大、欺骗。

“搭配”，每一个顾客都有立体的连带的产品需求，所以搭配销售对销量的提升非常有帮助，包括各部位服饰搭配，颜色、佩饰搭配，性格搭配以及不同场景搭配等。

“实惠”，即保证产品质量、款式、个性的同时又做到物美价廉。

任务实施

步骤一：了解淘宝网对开店资质的要求。

首先要了解在淘宝网上注册开店的资质要求：

淘宝网主要是针对个人店铺，它是以 C2C 的形式交易。同时，在上面注册店铺的门槛也很低，只需使用年满 18 岁的身份证账号，并交纳 1000 元保证金即可成功开店，或者可以选择交纳金额较小的保险金（只有在开店之后才会有）。其中，要注意的是一张身份证只能开一家店铺。

步骤二：了解淘宝网，完成表 1－16。

表 1－16　淘宝网支付和沟通工具表

具体任务	相关信息
网站 logo	
支付工具名称	
沟通工具名称	

步骤三：认识淘宝网站的首页功能布局，如图1－30所示。

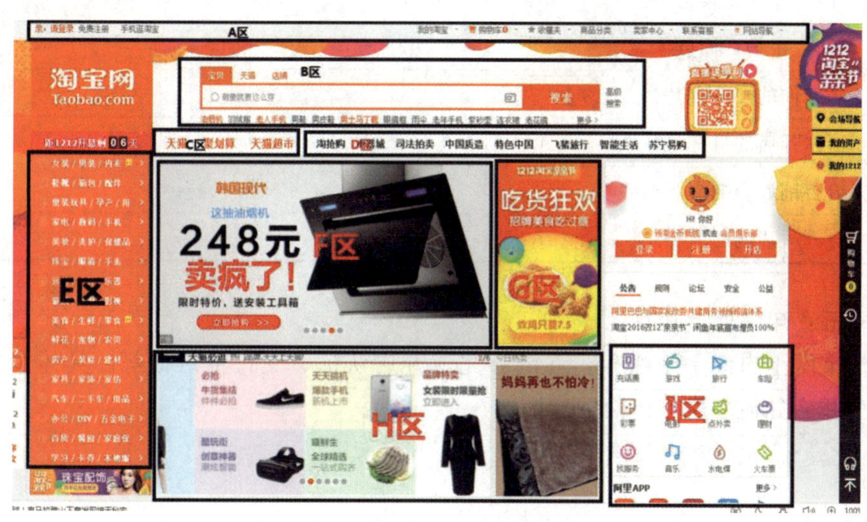

图 1－30　淘宝网首页分区

A 区：买家信息。用户登入账号后，进入“我的订单”可以查看购买订单信息，也可以查看购物车添加的产品；通过购物车，可以知道哪些感兴趣的产品进行了降价促销活动。

B 区：买家搜索引擎，买家输入商品或店铺信息可以搜索到相关商品或店铺。

C 区：聚划算、天猫商城和天猫超市的入口。

D 区：进入淘宝其他区域的导航。

E 区：淘宝类目导航，淘宝、天猫、淘资讯的快捷入口，买家可以通过类目快速找到自己想要的商品和资讯。

F 区：首页广告位，不仅是整个首页最重要的展示位——智钻展示广告位，也是商家重要的活动促销区。目前这是各商家竞相抢购的最佳媒体位置。广告位按照展示次数收费，费用可由商家自己设置。

G 区：首页广告位，淘宝网主题活动促销区，一般都是淘宝网发表的相关活动信息。

H 区：天猫品牌推广区，淘宝网定期推荐一些加入天猫的品牌商，帮助企业成功打造成为淘品牌。

I 区：由淘宝网生活服务区和阿里 APP 区构成。淘宝网生活服务区提供各种生活服务的快捷入口，打造用户快速便捷的生活体验。阿里 APP 区是阿里推出的相关产品的手机端口。

步骤四：策划开店。

冰冰准备在淘宝网上开一家自己的店铺，请帮助冰冰完成一份开店策划书，内容见表 1－17 所列。

表 1－17　开店策划书

项　目	策划内容
卖什么产品	
供货渠道	
市场目标群体	
你的硬件有什么	
你开店的目标是什么	
给店铺起个响当当的名字	
店铺的风格	

步骤五：申请网上店铺。

在淘宝网上申请一个账号，并能够完成开店认证、支付宝认证等。具体步骤见附件：网上开店如何准备申请网上店铺。

任务考核

表 1－18　学习任务 4 实训考核表

组　号：		填写人员：			日　期：		
评分项目	评分点	1 组	2 组	3 组	4 组	5 组	6 组
实训室规则	遵守实训室规章制度（10 分）						
职业素养	衣着干净整齐（5 分）						
	精神面貌佳（5 分）						
	积极参与团队合作（10 分）						
职业技能	能够说出网店较之传统零售的优势（10 分）						
	能为开淘宝网店做好硬件和心理上的准备（10 分）						
	登录淘宝网首页，能说出淘宝网首页的各个功能区及其作用（10 分）						
	能够为自己店铺做简单的策划（10 分）						
	能够完成开店实训作业（30 分）						
合计得分							

学习任务5　学习淘宝网规则

任务目标

✧ 知识点

1. 掌握淘宝网规则
2. 了解淘宝网规则并登录网站
3. 了解淘宝网规则众议院

✧ 技能点

1. 了解淘宝网规则内容
2. 了解淘宝网规则各项违规类型及扣分分值
3. 了解淘宝网违规处罚节点
4. 了解出售假冒商品处理措施

任务描述

冰冰完成最初的开店准备，正准备正式开店。资深的网店老板王胖胖同学告诉她："很多人往往急于开网店，却忽于学习淘宝网规则，结果导致白忙活一场。欲哭无泪也只能自己忍着。"淘宝网规则并不是一成不变的，随着时间的推移，加上市场的变化，淘宝网会定期进行规制更新。所以，淘宝新手掌柜们一定要在开店前好好学习下淘宝网规则。下面跟随冰冰的脚步来一起学习淘宝网规则吧。

知识准备

规则相当于行为准则，店铺的经营必须按照规则进行，一旦违规则会影响到店铺的经营。

一、淘宝网规则

淘宝网开店的第一关是必须通过淘宝开店考试，考试的主要内容是《淘宝网规则》，考试分数须达到60分，其中的基础题部分准确率必须为100%。考试通过后阅读诚信经营承诺书，然后根据提示填写店铺名称、店铺类目及店铺介绍，勾选同意"商品发布规则"及"消保协议"，然后确认提交。如果一切正常后就会拥有了一个属于自己的淘宝网店铺了，如图1-31所示。

图1-31　淘宝网规则

淘宝网规则有很多，其中最重要的一个就是淘宝网的基础规则，也是所有其他规则的基石。淘宝网规则是对淘宝网用户增加基本义务或限制基本权利的条款。

淘宝网有八个基础规则，分别是：淘宝网定制商品管理规范、淘宝网规则、淘宝网评价规则、淘宝网商品品质抽检规则、淘宝网商品材质标准、淘宝网争议处理规则、淘宝网禁售商品管理规范、淘宝网交互信息规则。作为新手卖家，须要熟练掌握这八个规则的知识。

淘宝网规则包含电子商务活动的方方面面：从基础规则、行业规则到营销活动及消费者保障的规则，以及临时的公告等。这些规则涵盖平台、店铺、交易、市场管理、通用违规行为及违规处理等。

通过浅谈规则，可以看到淘宝网的规则体系，如图 1-32 所示。

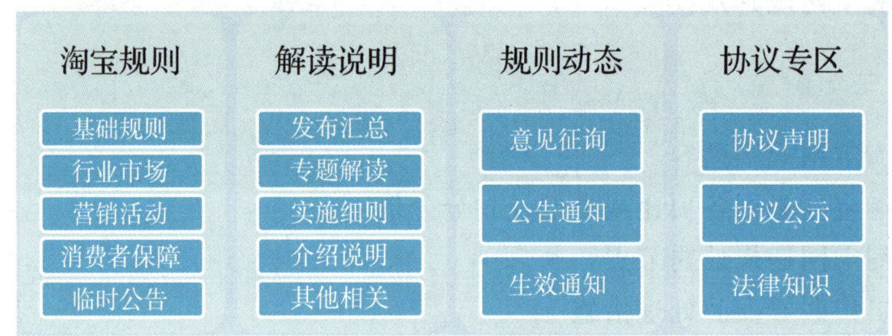

图 1-32　淘宝网规则体系

二、规则词典

在规则词典中，可以通过规则的关键词及类型进行搜索，从而快速地找到需要的规则，如图1-33所示。

图 1-33　规则搜索

三、规则众议院

规则众议院中规则的制定者可以是淘宝网、店主、消费者等的角色，强调“规则制定，你有话语权”，这种方式，能让更多的人参与规则的制定与发布的过程，如图 1-34所示。

四、我的规则中心

单击规则页面的“我的规则中心”跳转进入的是卖家中心，由此处可以看到卖家店铺的运营情况、是否有违规现象以及店铺运营优化的建议，如图 1-35、图 1-36 所示。

图 1－34　淘宝网规则众议院

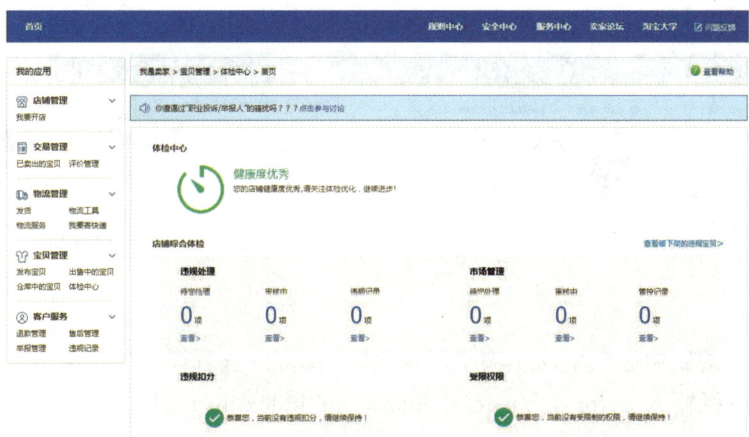

图 1－35　淘宝网我的卖家中心

图 1－36　店铺和商品优化建议

任务实施

步骤一：登录淘宝网规则网站。

1. 淘宝网卖家查看的规则由淘宝网页面右上角进入卖家中心，如图1-37所示。

图 1-37 淘宝网首页

2. 进入卖家中心后，先点击导航栏“卖家地图”，再点击“卖家资讯”，如图1-38所示。

图 1-38 卖家后台

3. 进入“规则中心”中的“淘宝网规则”，就可以查看详细的卖家方面的规则，也可直接在地址栏输入 https：//rule. taobao. com/index. htm 进入淘宝网规则页面，如图1-39所示。

图 1-39 淘宝网规则首页

步骤二：学习淘宝网规则。

了解淘宝网规则包含有哪些具体的内容，点击相应的知识点，即可进行规则的学习，如图1－40所示。由于淘宝网规则众多，作为新手卖家，重点学习规则广场中的“淘宝网各项违规扣分汇总”，详见附件：淘宝网各项违规扣分汇总。

图 1－40　淘宝网规则首页

步骤三：提交实训心得。

任务考核

表 1－19　学习任务 5 实训考核表

组　号：		填写人员：			日　期：		
评分项目	评分点	1 组	2 组	3 组	4 组	5 组	6 组
实训室规则	遵守实训室规章制度（10 分）						
职业素养	衣着干净整齐（5 分）						
	精神面貌佳（5 分）						
	积极参与团队合作（10 分）						
职业技能	掌握淘宝网基本规则（10 分）						
	掌握淘宝网规则体系（20 分）						
	能够登录并查找淘宝网规则（10 分）						
	能够完成淘宝网规则的学习与交流（20 分）						
	能够参与规则制定的活动（10 分）						
合计得分							

学习任务6　网店定位

任务目标

✧ 知识点

1. 掌握店铺定位规划
2. 了解网店定位的方向
3. 了解阿里指数

✧ 技能点

1. 能够运用阿里指数查找需要的信息
2. 能够根据阿里指数与自身需要进行店铺定位分析

任务描述

冰冰是位爱美的姑娘，开网店自然就选择了她最爱的女装行业，毕竟自己对着装打扮是极有兴趣的，而且发现这个行业虽然竞争激烈，但不乏机会。但是由于女装行业店铺众多，要想在众多店铺中脱颖而出，还需要进行店铺的精准定位，那么接下来咱们一起帮助冰冰对她的店铺进行定位吧。

知识准备

一、店铺的定位规划

网店定位的好处是能有目的地备货，并拥有稳定消费群体，促进消费群体的增加，从而促进品牌养成。在进行店铺定位之前我们需要进行市场细分。为什么要细分市场？因为大市场竞争激烈，已有大品牌，接触消费的成本高，较能特色化。而小市场竞争较单纯直接，甚至有填补空白的机会，接触成本低，容易特色经营。因此，细分市场是为了避免大竞争，寻找市场空白部分。

1. 细分市场

通常细分市场的流程如图1－41所示。

图1－41　细分市场流程

2. 定位策略

（1）差异化策略。该策略重点通过突出店铺差异点，赢得买家。

（2）成本策略。从货源、生产技术、团队管理、推广等多方面合理控制成本，赢得更高的市场占有率。

（3）集中化策略。集中注意力在市场的某一特定部分，可以提升客户黏性。

二、网店定位方向

（一）大众化

大众化是目前大部分店铺的定位，新开的店铺多以仿造爆款快速打入市场，同类同质产品居多。以价格为出发点进行定位，主要靠价格来吸引顾客，以低价大批量走货。但是由于受到产品渠道影响，在产品和价格上都无法取得竞争优势，在店铺定位上，只能选择大众化定位抢占市场。

（二）个性化

在店铺企业产品和文化中，打造区别于其他同类或者同质的店铺产品和文化，形成独有的个性化定位。

例如，女鞋品牌“阿琅士”主打的“真皮刺绣”理念，就以个性化的定位方式快速地占领了市场。在“真皮刺绣”这一定位理念下，从鞋子的设计、材质、风格到店铺设计，都非常有特色，“阿琅士”成了时尚民族风女鞋中的特色品牌和产品，满足了喜欢民族风女鞋这一消费人群的个性化需求，如图1－42所示。

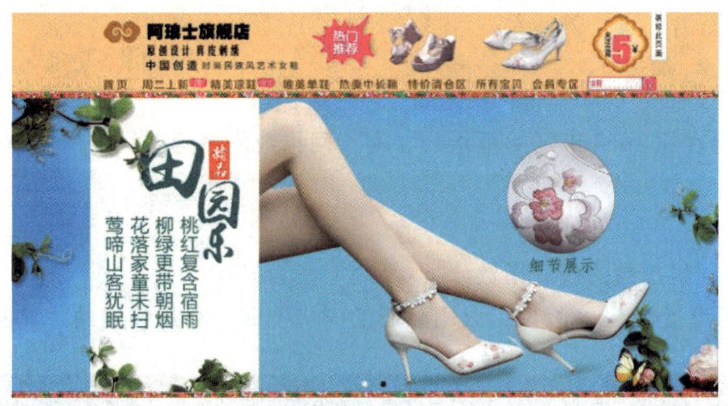

图1－42　阿琅士牌女鞋

2016年，淘宝最大的一个变化就是加大了对个性化店铺的扶持，鼓励卖家从搜索运营向用户运营发展，擅长打造品牌、经营自己的粉丝的店铺将会获得更多的青睐。

（三）品牌化

卖产品还是卖文化。卖产品，只要有好产品，就可以永无止境地复制下去；而文化一旦培养出来，产品就会成为了一个载体，文化是核心竞争力。品牌化定位就是店铺独一无二的特征。店铺独有的特征，可以给顾客一个购买理由，是区别于竞争对手的特质。品牌化的定位主要从以下六个方面着手：文化定位、利益定位、情感定位、市场空缺点定位、档次定位、目标群体定位。

三、阿里指数

当新手商家在开店前期为自己的店铺筹谋规划的时候，经常会受到一些问题的困扰，比如，什么产品好卖、什么时候最畅销、买家会是谁呢、他们分布在什么地方、如何为店铺定位、如何进行选品等。要想做到不盲目决策，就必须以数据分析作为店铺运营决策的基础和前提，这也是电子商务与传统商务区别的关键所在，电子商务的开展始终离不开大数据的分析。淘宝网商家经常使用的数据分析工具（平台）之一就是阿里指数。

阿里指数是阿里巴巴出品的基于大数据研究的社会化数据展示平台。媒体、市场研究员以及商家都可以从这里获取以阿里电商数据为核心的分析报告及相关地区的市场信息，如图1-43所示。

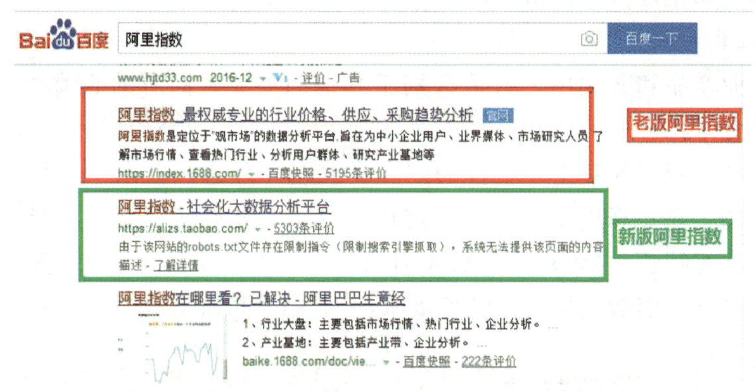

图 1-43　新老版阿里指数

（阿里巴巴在原 1688 市场阿里指数、淘宝网指数的基础上，推出了新版阿里指数）

任务实施

步骤一：阿里指数的行业指数分析。

1. 进入阿里指数 beta 版，可以用注册的淘宝网账号登录该网站，如图1-44所示。

图 1-44　阿里指数首页

2. 点击行业指数，查看行业态势，如图1－45所示。

图 1－45　行业指数

3. 查看行业指数中的数据类目，请在网页中找出 A～F 区，如图1－46所示。

图 1－46　行业指数数据类目

A. 搜索词排行　B. 热门地区　C. 买家概况　D. 商家概况　E. 行业类目选择

F. 数据时间选择

4. 在 E 行业类目选取想了解的行业名称（或者直接输入你想要了解的产品名称），在 F 区中选择你想要了解的数据时间段，如图1－47所示。

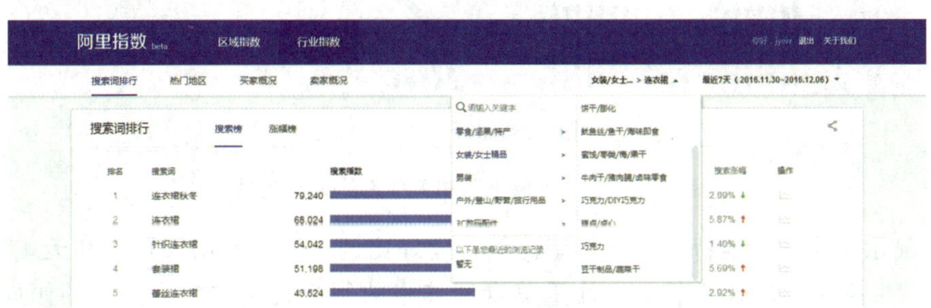

图 1－47　阿里行业类目分为两级

5. 举例：选择一级类目中的“零食、坚果”，二级类目中的“牛肉干”；选择“最近 7 天”的数据时段。“牛肉干”搜索词排行榜如图 1－48 所示，说明最近一周内，淘宝网用户搜索“牛肉干”关键词的频率最高，搜索“周黑鸭”关键词排名第二。

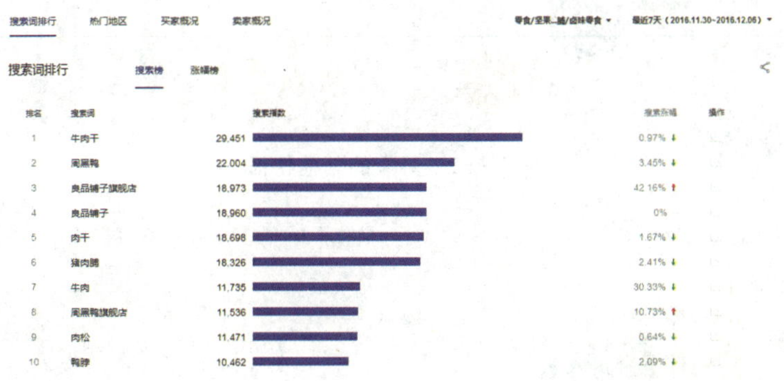

排名	搜索词	搜索指数	搜索涨幅	操作
1	牛肉干	29,451	0.97% ↓	
2	周黑鸭	22,004	3.45% ↓	
3	良品铺子旗舰店	18,973	42.16% ↑	
4	良品铺子	18,960	0%	
5	肉干	18,698	1.67% ↓	
6	猪肉脯	18,326	2.41% ↓	
7	牛肉	11,735	30.33% ↓	
8	周黑鸭旗舰店	11,536	10.73% ↑	
9	肉松	11,471	0.64% ↓	
10	鸭脖	10,462	2.09% ↓	

图 1－48　“牛肉干”搜索词排行榜

6. “热买”或者“热卖”地区的排行。可以看出牛肉干买家集中分布在浙江、广东、北京、江苏等经济发达省份，如图1－49所示。

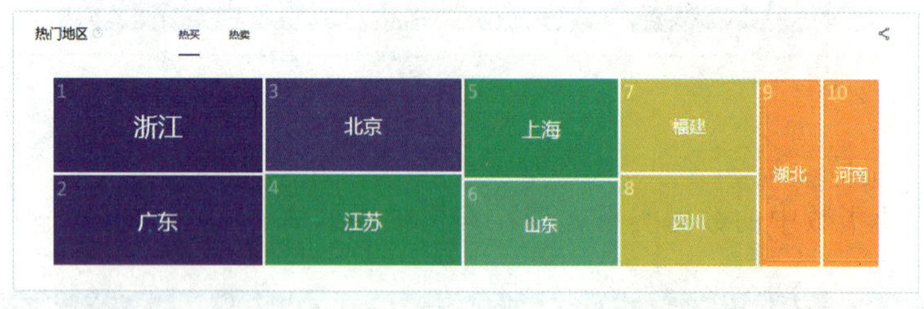

图 1－49　“热买”或者“热卖”地区的排行

7. 从“牛肉干”相关搜索的买家概况，可以看出女性与男性买家的比例和年龄段的分布概况，如图1－50所示。

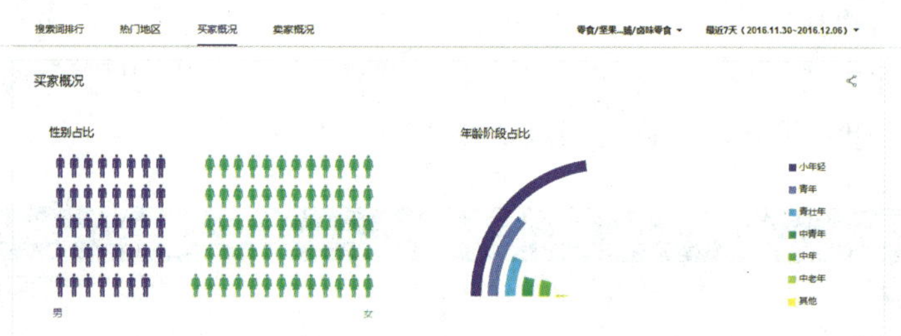

图 1－50　“牛肉干”相关搜索的买家概况

8. 显示买家的其他特征，如星座比例、爱好比例。可以看出天秤座和天蝎座的客户选择“牛肉干”的比重较大，注重美食和养生的用户购买“牛肉干”的倾向较高。淘宝网会员等级较低的用户购买“牛肉干”类零食占较大比重，用无线端购买“牛肉干”的用户占绝大部分，如图1－51、图 1－52 所示。

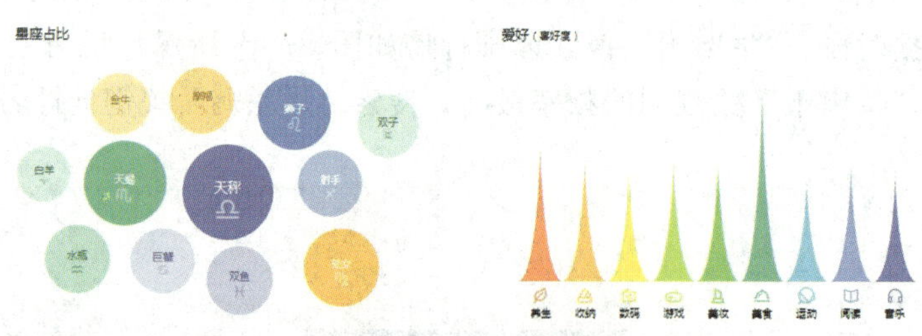

图 1－51　买家的其他特征

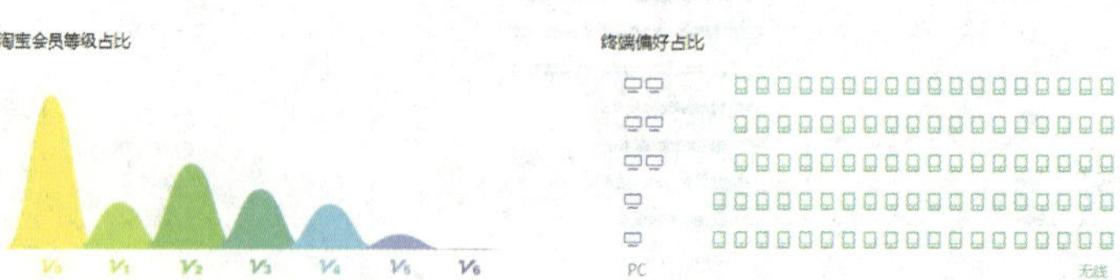

图 1－52　淘宝网会员等级

9. 显示同行商家概况，可以看到商家星级的分布，展示了该行业的竞争态势，如图 1－53 所示。

图 1－53　同行商家概况

步骤二：阿里指数区域指数分析。

1. 点击“区域指数”，可以看到关于区域指数的数据分类，如图1－54所示。

图 1－54　区域指数

2. 选择想要了解的区域。例如选择广东省，查看最近七天的数据，显示出与广东省贸易往来热度不同的地区、广东省与商家所在省份热门的交易类目（图 1－55 显示广东省与安徽省热门交易类目为前十名）。

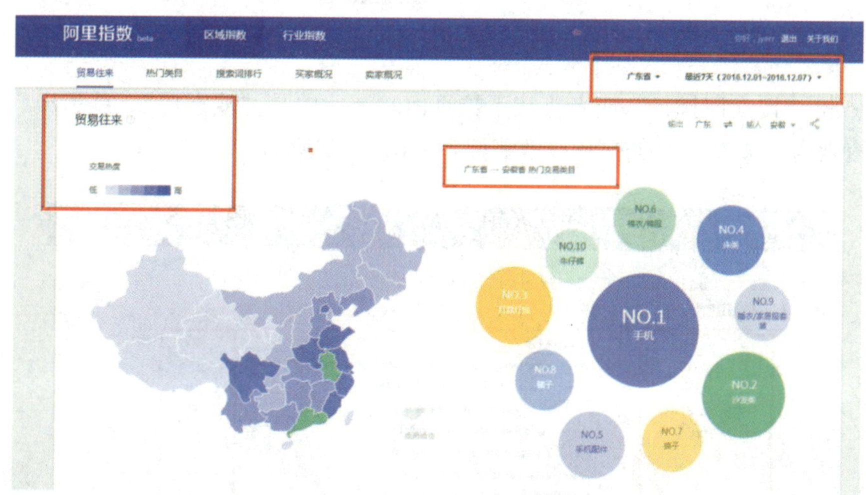

图 1－55　区域热门交易类目

3. 点击“热门类目”或者直接下拉页面，显示广东省热买分布图和热买类目排行。可以看出，广州人在最近一周内，手机购买量排在商品类目的第一位，如图1－56所示。

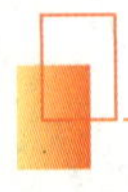

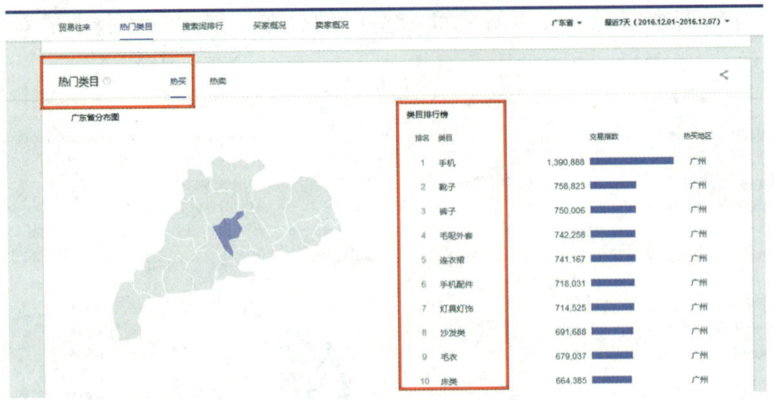

图 1－56　热买分布图和热买类目

4. 点击“热门类目”中的“热卖”，显示广东人热卖区域及热卖产品类目，如图1－57所示。

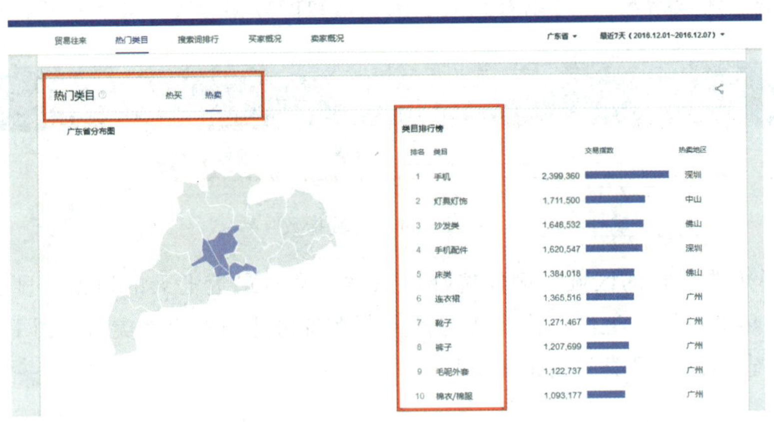

图 1－57　热卖分布及热卖类目

5. 点击“搜索词排行”或者直接下拉页面，展示的是“搜索榜”。显示出广东人最近一周搜索商品关键词的排行及搜索涨幅，如图1－58所示。

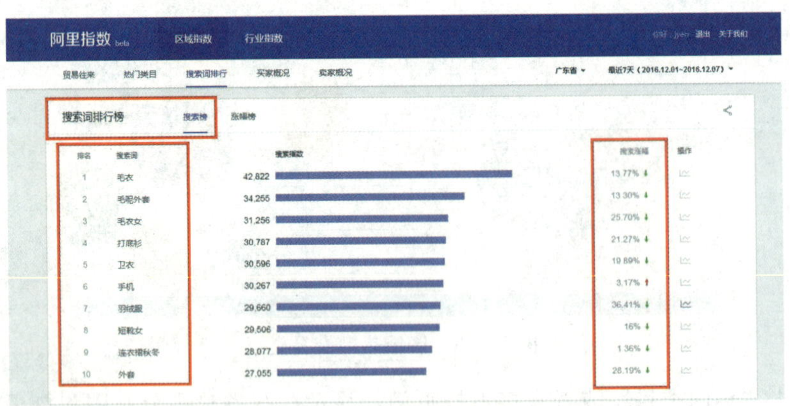

图 1－58　“搜索词排行”

6. 点击“搜索词排行榜”中的“涨幅榜”，展示按涨幅排名的关键词，如图1－59所示。

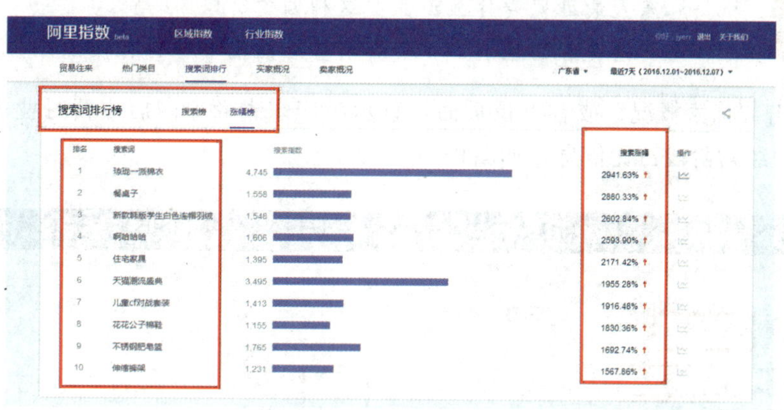

图 1－59　搜索涨幅榜

7. 点击“买家概况”或者下拉页面，展示广东省买家的特点：性别占比、年龄阶段占比、星座占比、爱好占比、淘宝网会员等级占比和终端偏好占比，如图1－60至图1－62 所示。

图 1－60　买家概况 1

图 1－61　买家概况 2

图 1－62　买家概况 3

做一做：**根据以上大数据分析广东省消费者的特点**

广东人最近偏爱什么产品？这种偏爱有原因吗？

网购消费者的性别、年龄和消费终端偏好分别有什么特点？

8. 点击“商家概况”或者下拉页面，显示出广东省商家网店主营行业占比、店铺星级占比和经营阶段占比信息，如图1-63所示。

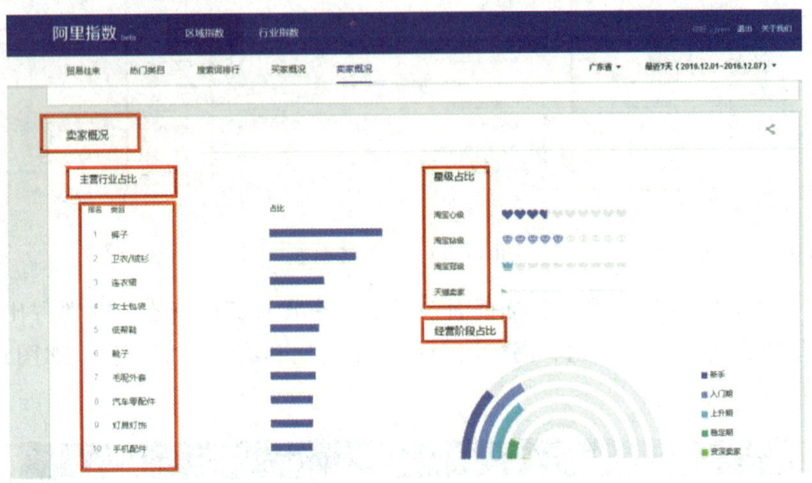

图1-63　商家概况

步骤三：了解行业其他特点。

1. 登录“指数行业分析”老版本阿里指数。查看以下相关数据类目，如图1-64所示。

A. 身份选择　B. 一级类目　C. 二级类目　D. 三级类目　E. 工具栏

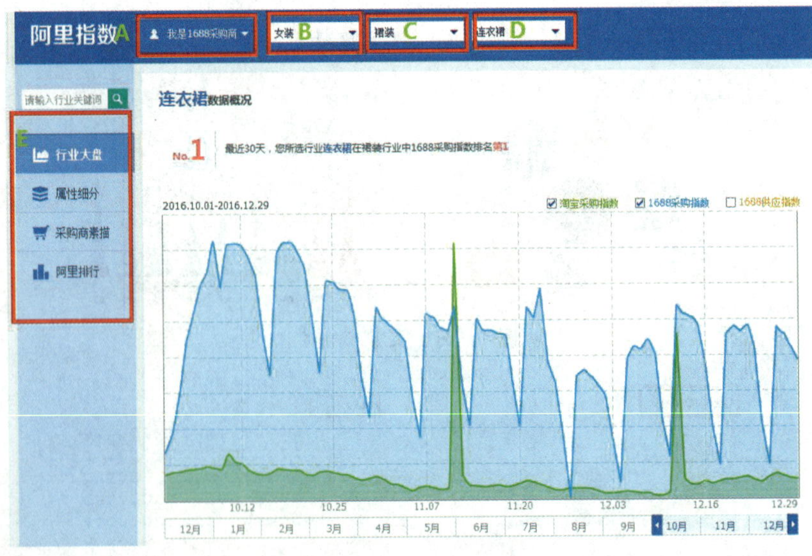

图1-64　老版本阿里指数

2. 点击“行业大盘”可以查到 1688 网站关于连衣裙的采购数据及阿里巴巴提供的相关数据解读，如图 1－65 所示。

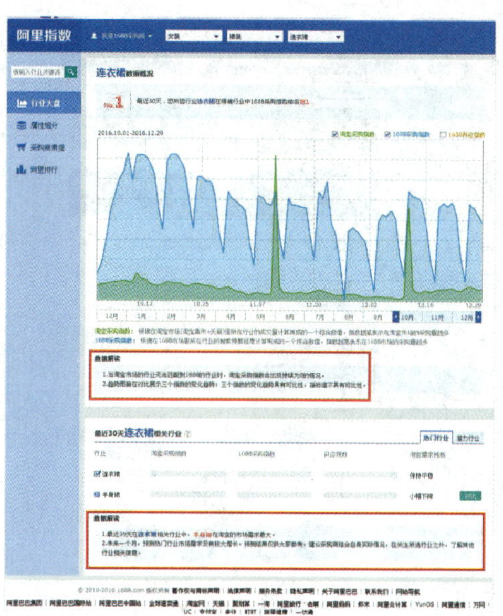

图 1－65　行业大盘

3. 点击“属性细分”，显示连衣裙属性相关数据，包括连衣裙基本属性、热门营销属性和价格分布等数据，如图1－66所示。

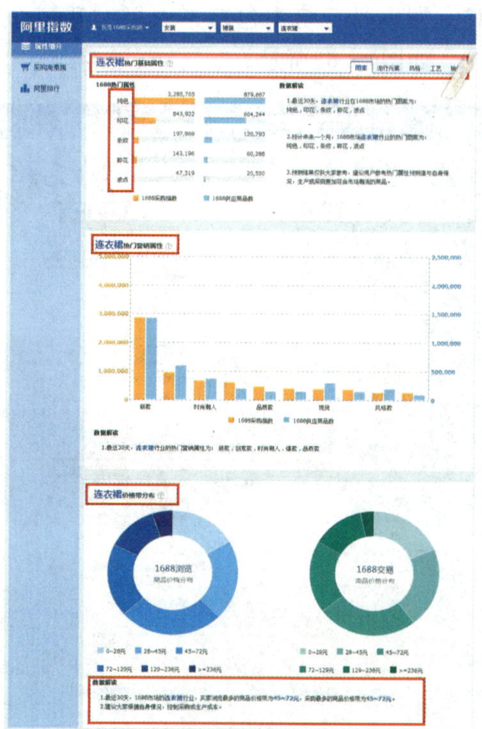

图 1－66　属性细分

4. 点击“采购商素描”，显示行业采购相关数据，包括采购商身份、客单价和采购关联行业等数据，如图1-67所示。

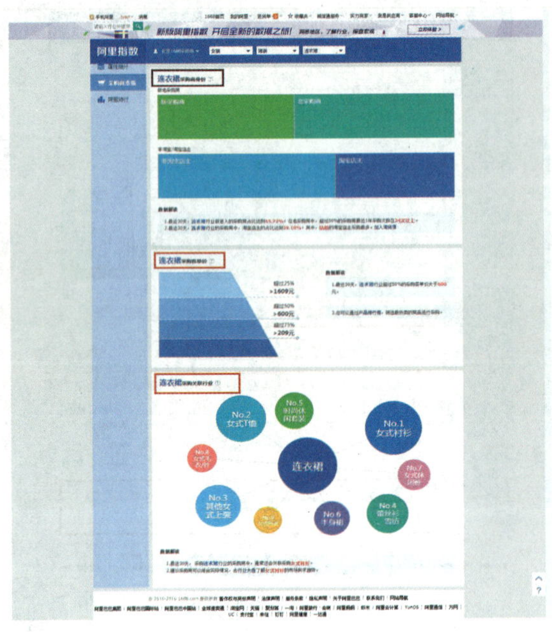

图 1-67　采购商素描

5. 点击“阿里排行”，显示相关排行榜数据，包括搜索排行榜、产品排行榜、公司排行榜和企业官网排行榜。搜索排行榜中包括连衣裙上升榜、连衣裙热搜榜、连衣裙转化率榜、连衣裙新词榜，如图1-68所示。

图 1-68　阿里排行

步骤四：进行店铺定位分析。

根据阿里指数相关分析及自身要求，确定店铺定位，填写网店定位表，见表 1 - 20 所列。

表 1 - 20　网店定位信息

项　目	策划内容
文化定位	
利益定位	
情感定位	
市场空缺点定位	
档次定位	
目标群体定位	

步骤五：根据上述分析，对网店进行行业、类目设置，确定店铺的装修风格等。

任务考核

表 1 - 21　学习任务 6 实训考核表

组　号：		填写人员：			日　期：		
评分项目	评分点	1 组	2 组	3 组	4 组	5 组	6 组
实训室规则	遵守实训室规章制度（10 分）						
职业素养	衣着干净整齐（5 分）						
	精神面貌佳（5 分）						
	积极参与团队合作（10 分）						
职业技能	能够利用阿里指数判断行业态势（10 分）						
	能够利用阿里指数判断某产品消费人群的特点（10 分）						
	能够利用阿里指数做出选品的决策（15 分）						
	能够利用阿里指数做出选品价格的决策（15 分）						
	能够结合阿里指数及实际情况分析（20 分）						
合计得分							

学习任务 7 货源选择

任务目标

✧ 知识点

1. 掌握电子商务采购的形式及流程
2. 了解电商货物的来源
3. 掌握与货源相关的选品的方法

✧ 技能点

1. 掌握寻找开店货源的方法
2. 能够自行找到开店货源
3. 能够独自完成寻找货源计划

任务描述

一个货源的好坏决定着一个网店的命运。毋庸置疑，好的货源可以更快捷地成就一个网店。在网上开店经营中，寻找货源是成功的第一步，没有货源就没有所谓的开店。冰冰是位爱美的姑娘，开网店自然就选择了她最爱的女装行业，既然店铺已经开好，那么开始进行货源选择吧。冰冰去实地考察了制衣厂、批发市场、阿里巴巴批发市场等，看得她眼花缭乱的，“都挺漂亮的，哪个好卖呢？我该从哪些地方进货呢?”冰冰心里不禁嘀咕着。咱们一起帮助冰冰进行货源选择吧。

知识准备

网络店铺的货物也可以称为“选品”。选品是一个电商企业销售的第一步。好的选品能够帮助企业获取流量，提升订单转化率。由于需求和供应都处于不断变化之中，选品也是一个无休止的过程。选品的成功，能最终实现供应商、客户、选品人员三者的共赢。选品根据是否来源于互联网可以分为线上选品、线下选品。一般来说，进货方式的选择越接近源头，能获得的利润空间自然也更广。有条件的话，在找到货源后，可以先买进少批量的货来体验试用一下，如果销量好，再接着考虑增加进货量。在网上，有些卖家和供货商关系很好，往往是商品卖出去后才进货，这样既不会占资金又不会造成商品的积压。货源的选择会直接左右创业者的利润空间和收入状况。因此，在确定了卖什么之后，就要开始面向市场寻找货源了，尽量挑选出物美价廉的货源。以网上的经营普遍性来看，货源的选择可以从四个方面来考虑：厂家、一级批发商、二级批发商、三级批发商。

一、怎样找到好的货源

要找到好的网店货源是比较难的，要考虑的因素主要有以下几个方面：

1. 充任市场猎手

卖家们经常在换季时或特卖场里，密切关注市场变化，在打折的时候找到价格低廉的货源，利用地域或时空差价获得足够的利润。

2. 关注外贸产品

外贸订单剩余产品中有不少好货，如果有熟识的外贸厂商，可以商量以较低的价格拿到外贸商品。

3. 53 货源网

新手可以去 53 货源网（www.53shop.com）看看，这是一家专业的货源导航网站，收集了服装、饰品、化妆品等各类的货源信息，专门针对淘宝网店代理，也可以一件代发货。

二、淘宝网店铺选择货源的具体方式

为了方便各位同学理解，我们在此仅介绍几种常见的网店寻找货源的方式：

（一）从批发市场进货

从批发市场进货与大家的生活最为接近，可以到全国各大产品的批发市场，或者是直接在当地的批发市场进行进货采购。随后，将采购的货物进行拍照，上传至淘宝网站进行售卖，这种方式属于线下选品。线下选品就是通过深入供货源，如工厂或者外贸公司进行商品的选品工作。可以深入分析这些产品的价格、包装以及具体销往哪些国家和市场，买家会将这些产品自销还是批发到当地的市场，以什么样的方式销售等都可以成为电商卖家选品的一个重要途径。如果卖家没有产品基础，那么在电商平台是很难立足的，选品的前提是要有产品为基础。什么热卖就跟卖什么，出了单再找货的经营方式是很难生存的。

（二）从阿里巴巴进货

以 1688 网站货源为例，登录 huoyuan.1688.com，进入阿里巴巴外贸货源中心，如图1-69所示。

图 1-69　阿里巴巴货源中心主界面

从类目中选择或通过搜索框选择，如图1－70所示。

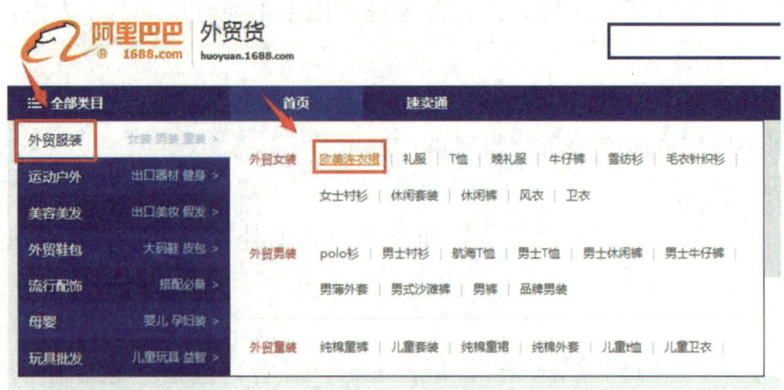

图 1－70　阿里巴巴货源中心类目选择界面

（三）淘宝网进货

线上选品是利用互联网进行商品的选择，根据网络店铺所在的平台可以分为站内选品和站外选品。直接在淘宝网进货，也称为站内选品。站内选品是在网络店铺所在的平台网站进行货物选择。

1. 精确查找

使用站内搜索工具进行关键词查找。例如淘宝网的店铺，在站内选品时候需要登录淘宝网首页，在其搜索框中输入想要的关键词“电子商务基础”，点击搜索，如图1－71、图1－72所示。

图 1－71　淘宝网站内搜索框

图 1－72　淘宝网站内搜索结果页

点击“筛选栏”，选择“销量”，可以将“电子商务基础”中的产品按照销售量从高到低排序，就可以看到销量最好的产品了，如图1－73所示。

图1－73　畅销品选择界面

2. 分类查找

分类查找就是在网站目录栏位置，按照品类目录进行信息查找。例如在淘宝网左侧“主题市场”栏中可以看到各个品类，如图1－74所示。

图1－74　淘宝网首页

进入到次级类目页面后，可以看到该类目的详细信息，即被搜索最多的关键词和成交最多的产品以及专门的广告款，如图1－75所示。

（四）百度

以百度为首的搜索引擎，可以轻松方便地帮助大家寻找到货源。使用百度按照关键词搜索需要的货源，随后与货源进行联系议价，进行货物的购买，如图1－76所示。

图 1－75　淘宝女装搜索

图 1－76　搜索引擎查找

（五）千牛

在淘宝网的沟通工具千牛中，也有“货源挑选”这一功能，帮助卖家更好地进行寻源工作，如图1－77所示。

图 1－77　千牛货源

三、如何选择主要货源

图 1－78　生活必需品

货源是网店生存的根本，尤其是对于一个新手淘宝商家来讲，好质量、好价格的货源甚至决定着这个网店未来的发展，但开网店如何找货源一直是个大问题。

1. 要选择热销品

这里说的热销品不是指一个季节，或一段时期忽然兴起的某种时尚用品或炒作商品，而是指我们平时生活的一些必需品。这些产品虽然缺乏新意，但是大家都需要使用，所以市场也无限大，如图1－78所示。

2. 具有地方特色的宝贝

具有地方特色的宝贝，通俗地讲就是特产，就像尼泊尔某地方小厂生产的带有叶茎纹路的手工笔记本，产自小兴安岭深处的蓝莓果酱，工艺美术社的老工人手工镶制的宝石戒指等。这些东西平时都能在出产地买到，具有鲜明的地区特色优势，这种独此一家别无分店的宝贝，非常有市场潜力，如图1－79所示。

图 1－79　卖特色产品的淘宝店铺

3. 体积小、质量性能各个方面都比较好并且容易控制的宝贝

尽可能销售一些体积小或者适中的宝贝，标准化的宝贝更容易被买家信任，一旦发生质量纠纷，也容易解决。比如书籍、电子产品、一些有创意的小玩意等，都是不错的选择。

4. 价格便宜，但是附加价值高的宝贝

现在淘宝店已经进入了薄利时代，买家在淘宝网上买东西大部分图的就是便宜。同样一件 T 恤，实体店铺卖 25 元，淘宝店上也卖 25 元，消费者一定会选择在实体店买。但如果淘宝店铺里的附加价值更高，就另当别论了。

看一看：附加价值

现在普通日用品批发和零售之间的差额越来越小了，作为卖家，要尽量选择利润率高的宝贝，以便把利润让给顾客，把宝贝的售价降低下来，或者提供其他福利来弥补高价格。

5. 紧跟时代潮流的宝贝

现在的人们跟风之行很盛，网店也要紧跟时代潮流，商家在选择货源的时候可以先多买几本时尚杂志看看，紧跟着世界风尚潮人代表的脚步，如图1－80所示。

图 1－80　时尚杂志

6. 自己熟悉或者喜欢的宝贝

淘宝网上有句老话：要么做得丰富，要么做得专业。如果你是各类大牌手表的忠实粉丝，或者对顶级奢侈品的限量版包包非常熟悉，那就选择你最熟悉的那类宝贝来开店，哪怕你的淘宝店卖的是包装快递的盒子，只要足够专业，一样可以受到消费者的青睐。

任务实施

步骤一：提交寻找货源的计划。

首先要提交一份寻找货源的计划，该计划要求包含寻找货源的货品信息（产品质地、质量、颜色、型号、适合人群、价格、折扣、总金额产品照片等）、供应商的信息（渠道、地址、联系方式等）。

步骤二：了解寻找价廉物美的货源及渠道。

按照下面五种方式进行寻找货源的活动，并学会每种渠道的销售，掌握渠道的操作。

1. 充当市场猎手

目前，批发采购一手货源的网上平台主要有阿里巴巴、中国制造网等。例如，可以进入阿里巴巴平台（https：//www.1688.com/），搜索需要批发的产品，选取出质量合适、价格低廉、性价比高的货源。在性价比把控这一点上，要注意密切关注市场的变化，例如可以利用地域或时空差价来保证自己开店能获得足够多的利润，如图1－81所示。

图 1－81　搜索产品

2. 网站查找

到专门为网店提供货源的网站搜寻，可以通过网站直接查找，例如搜索“女装批发”，就可以直接找到一些生产女装的厂家。通常，在一些外贸厂家的订单剩余产品中有不少好东西，这部分商品大多只有 1～3 件，款式常常是现在或明年最流行的，而价格只有商场的 4～7 折，很有市场，如图1－82、图 1－83 所示。

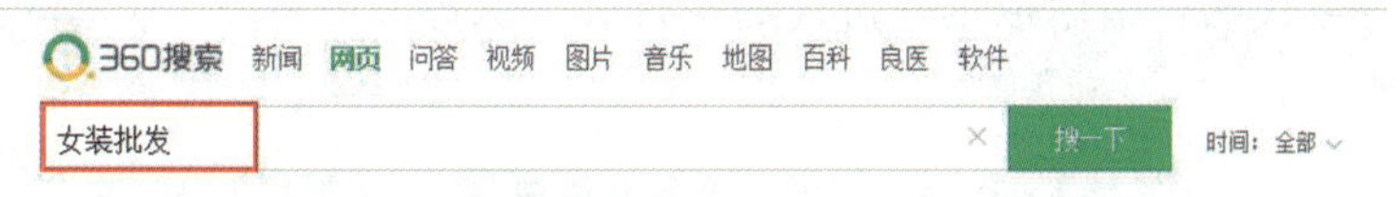

图 1－82　网站查找

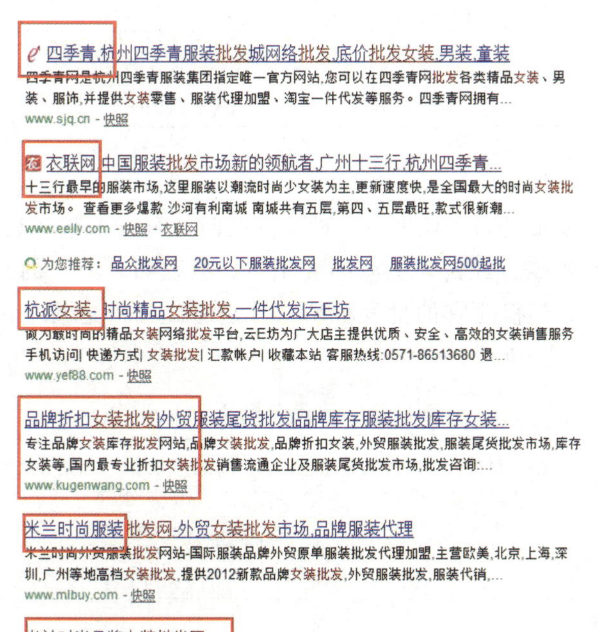

图 1－83　女装查找结果

3. 密切关注周围环境，利用自身优势

如果你的家乡或者你所在的城市盛产某方面的产品（一般是农产品与工艺产品居多），产品的生产成本与人工成本都在自身能力承受范围之类。那么你可以根据实际情况来开网店以出售这些商品。例如，如果你的家在南丰，可以在网上出售南丰蜜橘；你的家在信阳，可以在网上出售信阳毛尖等。根据你所意向的产品特点，对其能否在网店出售进行可行性分析。分析方法可参考表 1 - 22。

表 1 - 22　产品分析表（1）

类型	估计产量	估计单价	估计销量	产品的寿命	产品的季节	市场竞争力
蜜橘						
毛尖						

4. 拿到国外或者境外的打折商品

现如今，我们的国内消费者比较热衷于海淘，尤其是以母婴用品和化妆用品居多，由于这些商品价格比国内售价要低、产品来源也较正宗，如果你在国外或者境外有亲戚或朋友，可请他们帮忙或者一起联手，拿到比国内售价低的商品在网上出售，即代购。根据自己人际、能力条件，来设置利润空间。例如，你有朋友在香港，可以和你一起联手做香港代购，请你拟定一份代购执行表。执行表可参考表 1 - 23 并与同学分享你的设计思想。

表 1 - 23　产品分析表（2）

类　型	产品成本	附加成本（交通、物流、包装等）	售　价	利润率	促销手段
母婴用品					
化妆品					
……					

5. 批发商品

组织学生进行批发市场的实地考察。批发商品时，可以多跑些地区性的批发市场，如北京的西直门、秀水街、红桥，上海的襄阳路、城隍庙，浙江的义乌小商品城，如果熟悉行情，还可以拿到很便宜的批发价格。分别对比分析这几个区域的商品特色及批发优劣点，见表 1 - 24 所列。

表 1 - 24　产品分析表（3）

地　点	主要商品	商品特色	商品市场价	商品批发成本	其　他
西直门					
城隍庙					
义乌小商品城					
……					

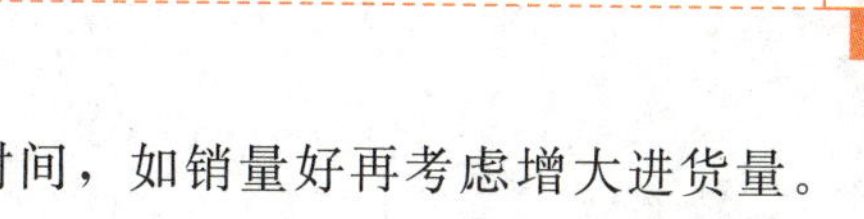

找到货源后，可以先购进少量的货物试卖一段时间，如销量好再考虑增大进货量。不管是通过何种渠道寻找货源，低廉的价格是关键因素。找到了物美价廉的货源，网上商店就有了成功的基础。

步骤三：寻找货源具体操作。

1. 登录阿里巴巴、中国制造网、厂商官网等网站，找到你所相中的一手货源和厂家联系方式，逐一与生产厂商联系对接，作对比分析。

2. 筛选出几家情况大致相似的生产厂商，拿取少量样品，体验感受。

3. 外送少量样品给周围朋友或目标客户群，诚邀其完成对样品的体验感调查表，见表 1－25 所列。

表 1－25　产品体验调查表

调查时间：　年　月　日		年　龄：	
体验项目	细　项	给予客观的评价	改善建议
产品外观	产品的形状和大小	A. 10 分　B. 8 分　C. 6 分　D. 4 分　E. 2 分	
	产品的包装色彩	A. 10 分　B. 8 分　C. 6 分　D. 4 分　E. 2 分	
	材料的品质感	A. 10 分　B. 8 分　C. 6 分　D. 4 分　E. 2 分	
试用效果及影响力	产品的气味	A. 10 分　B. 8 分　C. 6 分　D. 4 分　E. 2 分	
	产品的试用效果	A. 10 分　B. 8 分　C. 6 分　D. 4 分　E. 2 分	
	品牌的影响力	A. 10 分　B. 8 分　C. 6 分　D. 4 分　E. 2 分	
合　计		(　　)分	
对产品的整体评价及建议			
产品价格	直观产品的预估价格	A. 50 元以下　B. 50～80 元　C. 80～100 元　D. 100～150 元　E. 150～200 元	
	试用后预估价格	A. 50 元以下　B. 50～80 元　C. 80～100 元　D. 100～150 元　E. 150～200 元	
	心理期望价格	A. 50 元以下　B. 50～80 元　C. 80～100 元　D. 100～150 元　E. 150～200 元	
在哪购买此类产品	A. 超市　B. 百货店　C. 网店　D. 专卖店　E. 其他		

4. 结合调查结果，作数据统计分析，选出最佳化与最利益化的货源。

任务考核

表 1-26　学习任务 7 实训考核表

组　号：		填写人员：			日　期：		
评分项目	评分点	1 组	2 组	3 组	4 组	5 组	6 组
实训室规则	遵守实训室规章制度（10 分）						
职业素养	衣着干净整齐（5 分）						
	精神面貌佳（5 分）						
	积极参与团队合作（10 分）						
职业技能	掌握开店货源的重要性（10 分）						
	了解电商货物来源及选品（10 分）						
	自行总结寻找开店货源的方法与技巧（10 分）						
	能够开展不同类型货源渠道并寻找物美价廉的货物（25 分）						
	能够讲述所寻开店货源的理由（15 分）						
合计得分							

项目测评

一、单选题

1. 电子采购的一个难点和焦点是（　　）。

A. 基础设施　　B. 观念　　C. 人才　　D. 安全

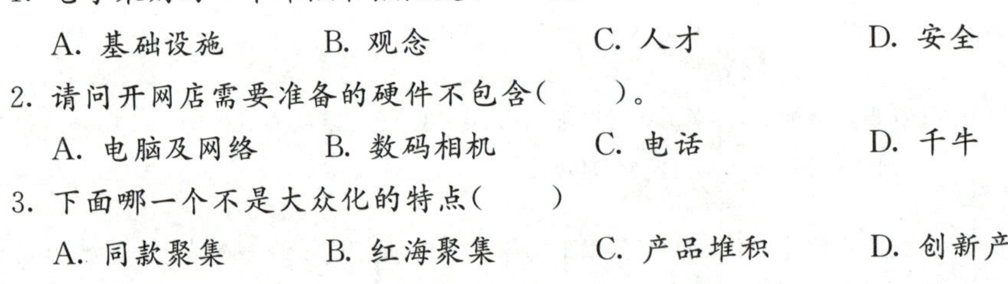

2. 请问开网店需要准备的硬件不包含（　　）。

A. 电脑及网络　　B. 数码相机　　C. 电话　　D. 千牛

3. 下面哪一个不是大众化的特点（　　）

A. 同款聚集　　B. 红海聚集　　C. 产品堆积　　D. 创新产品

4. 下面哪个属于 C2C 购物平台（　　）

A. 天猫商城　　B. 京东商城　　C. 当当网　　D. 淘宝网

5. 关于淘宝网的规则，说法错误的是（　　）。

A. 淘宝网规则只是针对卖家的，对买家并无约束条例。

B. 淘宝网规则，是对淘宝用户增加基本义务或限制基本权利的条款。

C. 淘宝网争议处理规则是淘宝网基础规则之一。

D. 淘宝网规则包含电子商务活动的方方面面：从基础规则、行业规则到营销活动及消费者保障的规则，以及临时的公告等。

二、多选题

1. 电子商务的四个要素分别是什么（　　）。

A. 交易平台　　B. 平台经营者　　C. 站内经营者　　D. 支付系统

2. 下面有一些规则，哪些是淘宝网的基础规则（　　）。

A. 淘宝网定制商品管理规范　　B. 淘宝网评价规则

C. 淘宝网商品品质抽检规则　　D. 淘宝网争议处理规则

三、判断题

1. 对于同类竞争产品来说，产品描述要做到"人无我有，人有我优，人优我廉，人廉我转"，才能拥有绝对优势。（　　）

2. 电子商务通常是指在全球各地广泛的商业贸易活动中，利用计算机技术、网络技术和远程通信技术，实现商业活动各环节的电子化、数字化和网络化。（　　）

3. 在选择开店的电子商务平台时，不需要考虑平台自身的形象。（　　）

4. 经营网店的主体可以分为个体商家和企业商家，淘宝网是可供个体商家入驻的平台，而亚马逊、京东、当当、聚美优品、1号店等电商平台基本都需要有公司资质才可入驻。（　　）

5. 阿里指数是阿里巴巴出品的基于大数据研究的社会化数据展示平台。（　　）

四、简答题

1. 开网店需要做好哪些准备工作？

2. 简述网店定位有哪些方向？

项目二　网店的美化与布局

导入案例

RJKK 男装：店铺换张“脸”，竟能带来30%的增长？

RJKK——美式休闲品牌，致力于创造简约时尚的服装作品，坚持优良的面料、精细的做工，保持独立的简约设计风格是品牌能够成功的必要因素。休闲裤是 RJKK 的主打产品，其进入市场即以销售 43000 件的好成绩占据了 14.87%的休闲裤男装市场份额。如何在此基础上，进一步提升？RJKK 选择给店铺换张“脸”。

如图 2－1 所示为原先店铺视觉呈现效果。

在对品牌和竞品环境进行深度解析后，RJKK 男装的视觉设计基于商品和品牌定位后做了如下改造：

RJKK 定位的消费群：18～29 岁崇尚自由、个性、时尚、炫酷，热爱运动的活力青年。这一人群渴望时尚但经济实力有限，生于 20 世纪八九十年代的他们，热爱生活，健康率性，自信活力。他们个性、自我、自由、随性，追求一种潮酷、时尚的青春炫彩生活，且对一切新生事物保持着高度的探求欲。

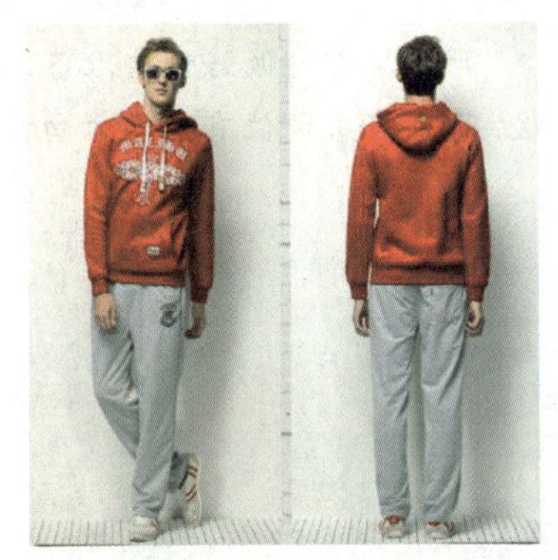

图 2－1　RJKK 店铺服装图片

于是 RJKK 改变了拍摄风格，新的聚焦呈现如图 2－2 所示。

图 2－2　RJKK 店铺海报图片

海报拍摄创意：用潮流街拍的形式，展现一种时尚积极自由的生活态度，如图2-3所示。

图2-3　RJKK店铺海报图片

年度营销活动主题海报，也是围绕目标群体展开，如图2-4所示。

图2-4　RJKK店铺图片（圣诞节主题）

店铺首页视觉呈现，通过品牌人格化设计商品展示方式，告别千篇一律的货柜结构商品呈现方式。通过视觉，第一时间抓住目标消费群体，加深用户对品牌的记忆。

全店视觉完成差异化改造后，RJKK短期内实现利润30%的增长。

思考： RJKK男装店铺装修视觉效果的提升主要体现在哪些内容上？
你认为店铺装修是什么，有何意义呢？

学习目标

- 了解产品摄影、照片处理及构图
- 了解网店美工及岗位职责及内容
- 掌握照片摄影和简单的处理
- 掌握店铺基本设置内容

- 熟练掌握店铺的自定义分类
- 熟练掌握店标、促销广告的制作
- 掌握商品详情页和手机版商品详情页的设计装修

技能导图

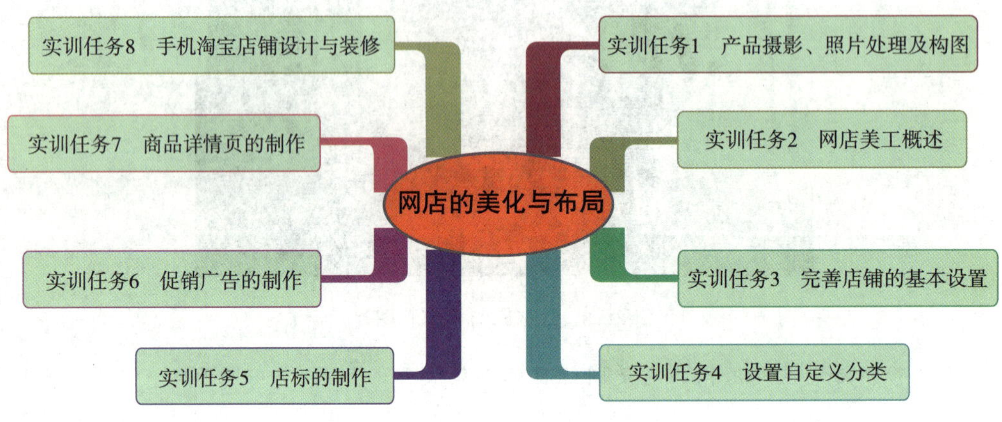

图 2-5 技能导图

学习任务1 产品摄影、照片处理及构图

任务目标

✧ 知识点

1. 理解商品摄影的原则
2. 掌握淘宝图片类型及尺寸
2. 了解照片处理工具
3. 掌握商品拍摄构图

✧ 技能点

1. 能够进行单反相机的调节设置
2. 能够针对不同场景（平铺、悬挂、真人）进行拍照
3. 能够进行拍照场景、光源、机位等布置

任务描述

在浏览了众多同行商家的店铺和商品详情页后，冰冰发现图片对于消费者购买决策的影响是最大的。于是，冰冰花掉两个月的工资为自己添置了一台佳能数码单反相机，作为对自己创业的投资。现在要对自己的商品动工拍摄了，冰冰心里雀跃不已。

冰冰从供货厂家那里特意挑了些自己认为好卖的服装，并且搜罗了一些道具作为服装搭配。为了获得更专业的拍摄效果，冰冰特意用些简易素材布置好拍摄场地，特邀自己的美女闺蜜充当自己的服装模特。于是，冰冰的大件商品拍摄开工了。

知识准备

对于商家而言，商品图片是商品的灵魂。一张漂亮的商品图片可以直接刺激浏览者的视觉感官，让他们产生深入了解的兴趣，甚至产生购买的欲望。想要拍摄一张成功的商品照片既需要了解摄影原理，也需要掌握一定的摄影技术，如图2－6所示。

图 2－6　摄影艺术

一、电商商品摄影知识

摄影是一种借助于光线对客观对象进行描绘的视觉记录或表达方式。因此，摄影又被称为“光的绘画”，它是一门技术，也是一门艺术。

如何拍摄好商品呢？要拍出一张品质高的商品照片须遵循以下基本原则：

1. 拍摄要突出产品特性

摄影是需要主题的，即摄影师想通过拍摄传递出什么信息或情感。拍摄商品的主题就是要传递商品属性特征或者商品的优势，如商品的光泽细腻、商品的材质精良、商品的针脚匀称、商品整体时尚大气等。所以，商品的拍摄角度、商品摆放、商品与环境的关系等问题的处理，都是围绕能突出产品某个特性为原则的。唯有如此，方能吸引消费者的眼球，让其第一眼就看出或感受到这个产品的特性，或是其魅力所在。因此，拍摄商品在按下快门之前，不妨思考一下，自己想要向客户表达的商品特性是什么。

2. 拍摄要符合摄影艺术的美学原则

商品拍摄要遵循一般景物的拍摄规律，要艺术化地体现商品特点。这需要做到：

（1）一幅好照片必须能把观赏者的注意力引向被摄主体，换句话说，使观赏者的目光一下子就投向被摄主体。

(2) 画面简洁和谐。拍摄画面只包括那些有利于把视线引向被摄商品的内容，排除或压缩那些可能分散浏览者注意力的内容。

(3) 通过特定的拍摄手法表现商品的特性。需要考虑商品作为画面主体如何展现，如何组织构成画面的元素，如何有效利用光和色彩来凸显商品特性。

3. 拍摄图片要符合电商平台的要求

以淘宝网为例，淘宝店铺图片可以分为首页图片、详情页图片等，见表 2－1 所列。淘宝网对上传图片是有一定要求的，拍摄时就要斟酌这些要求，以便减轻图片后期制作、美化的工作量。比如，淘宝网对主图一般有如下要求：

- 白色背景（具体行业要求不同）。
- 完整的商品展示：正面及不同角度的图片（正面、侧面、背面及细节）以体现产品全部特性为宜。
- 光线均匀，不要有光斑、环境的倒影及手印脏点等。
- 照片要清晰可见，不能偏色，颜色与实物要一致。
- 其他物品不要覆盖产品主体。

表 2－1　淘宝网图片类型及要求

图片名称	尺寸要求	文件大小	支持格式	设计建议
店招	淘宝：950px×120px	不限	GIF、JPG、PNG	品牌标识及促销宣传
导航	淘宝：950px×30px	不限	GIF、JPG、PNG	产品分类、活动分类
全屏轮播	宽度：1920px 高度：100px～600px	不限	GIF、JPG、PNG	促销宣传、品牌形象
轮播图片	淘宝：950px 右侧 750px 高度 100px～600px	小于 300kb	GIF、JPG、PNG	促销宣传、品牌形象
分类图片	宽度小于 160px 高度无明确规定	建议小于 50kb	GIF、JPG、PNG	介绍文字为主、醒目
详情页面	淘宝：750px×自定义 px	不限	GIF、JPG、PNG	旺铺可通栏、建议常规
宝贝主图	正方形 700px～1200px	小于 500kb	JIF、JPG	醒目、白底、正方形
店标	建议 80px×80px	小于 80kb	GIF、JPG、PNG	醒目、独特、商标或产品图片等
旺旺头像	最佳 120px×120px	小于 30kb	GIF、JPG、PNG	
页头面背景	不限	小于 200kb	GIF、JPG、PNG	最好无缝拼接

看一看：什么是主图

主图是搜索宝贝后搜索结果页面显示的商品图片或者打开详情页看到的左上角的图片，主图一般是 4～6 张，如图2－7所示。

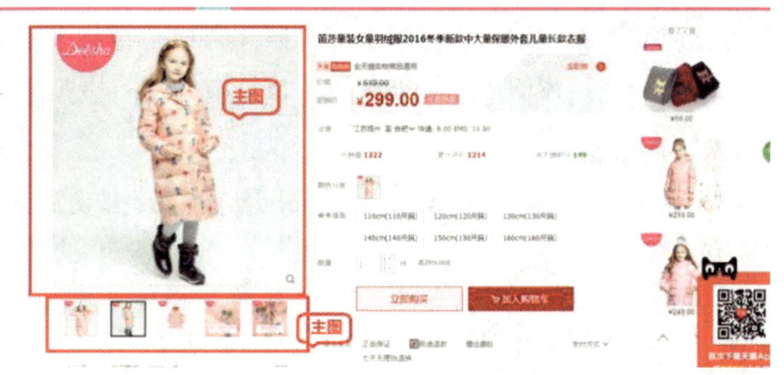

图 2-7 主图

二、照片处理工具

直接摄影得出的照片往往还不能达到令人眼前一亮的效果，有时候需要进行后期处理，以使产品照片更加美观协调和具有吸引力，最终达到最好的摄影后期效果。那么后期处理是如何进行的呢？

在电商行业中，照片处理工具五花八门，例如美图秀秀、光影魔术手、微商水印相机、Photoshops 等，本书主要介绍以 Photoshops 为工具进行的照片处理，如图2-8所示。

图 2-8 图像处理软件

照片处理软件是一类对数码照片进行分析、修复、美化、合成等处理的软件，在图形图像处理领域，照片处理软件属于图像处理软件的分支，是专门针对数码照片工作的软件。照片分析，即指通过取样和量化过程将一个以自然形式存在的图像变换为适合计算机处理的数字形式，包括照片 EXIF 信息、直方图、灰度图等的显示。照片修复是指通过图像增强或复原，改进照片的质量，包括去除噪点、修正数码照片的广角畸变、提高图片对比度、消除红眼、修复紫边等。照片合成是指将多张照片进行合并，实现照片内容改变的过程。具体的照片处理技巧，请见附件：照片处理技巧。

看一看：Photoshop

Photoshop，简称“PS”，是由 Adobe Systems 开发和发行的图像处理软件。

Photoshop 主要处理以像素所构成的数字图像。使用其编修与绘图工具，可以有效地进行图片编辑工作。PS 有很多功能，在图像、图形、文字、视频、出版等各方面都有涉及，如图2－9所示。

图 2－9　Photoshop 操作界面

有兴趣的同学可以下载学习使用 Photoshop 软件，为自己的产品制作与众不同的照片。

三、商品拍摄构图

1. 构图的概念

商品“构图”就是把摄入镜头的景和物（构图元素）进行合理地组合以凸显商品的特点并使整体效果美观且具有一定的感染力。商品拍摄构图分为两步：第一步是拍摄前构图；第二步是拍摄后期制作的构图。在后期制作完成后，构图才算真正完成。

2. 构图的主要元素

（1）商品主体

商品既是拍摄的对象也是构图的主体。在拍摄前，商家需要对商品有充分的认知，包括商品内部属性和外观特征。商家只有对商品了然于胸，才能结合商品的外观特征，如商品的形状、颜色、质地、大小等可视属性，确定拍摄时需要凸显的商品主题。

（2）陪体

陪体是在画面中用以陪衬商品主题的景物或人物，有着辅助揭示商品特点和均衡画面、美化画面及渲染气氛的作用。如陪体有助于说明商品所使用的环境，陪体能与商品主体构成情节，加深人们对商品的认知。一般而言，位于主体与照相机之间的陪体称为前景，位于主体后面的陪体称为背景，因此，陪体基本上是由前景和背景组成的，如图2－10所示。

图 2－10　陪体的使用

（3）光的选择和利用

光线是摄影的生命，它是摄影成像、造型、构图的重要手段，是让商品更具有表现力的关键。比如，在拍摄中可以运用布光来表现商品的软硬、粗细、轻重、薄厚甚至冷热的视觉感受，使消费者更直观地感受商品的形态，甚至由此能联想出他们在享受商品时可能获得的感受，如图2－11所示。

图 2－11　光的利用

3. 构图原则

（1）商品主题明确

摄影是视觉艺术，一幅商品照片拍摄成功与否，首先取决于选取的商品主题和表现的方式，能明确传递出商品主题的照片才能真正具有感染力。

（2）合理组合，适宜布局

拍摄时搭配的背景和小装饰要做到合理组合。一幅好照片只能有一个中心，其他景物都是为了说明、烘托这个中心。因此，拍摄构图时，要正确处理好商品主体、陪体和环境的关系，做到有主有次，主次分明。

（3）去繁就简，简洁为美

画面构图是一门选择的艺术，商品照片最忌讳的就是杂乱无章，这样的照片既缺乏美感，也不利于商品传递出其价值所在。

任务实施

一、室内平铺拍摄

1. 整理服装。准备拍摄的服装，将衣服进行清洁、熨烫处理，使服装看上去更平整。

2. 布置拍摄背景。选择干净的纯色背景布，将背景布固定在平整的硬板上，整理背景使其平整，将硬板斜靠在其他支撑物上，让硬板与地面呈 30 度夹角，如图 2-12 所示。如果直接将背景板平铺在地面上，为了方便拍摄，可用多功能架将相机固定，并用快门线连接相机，保持相机与被拍摄的衣服成垂直关系，如图 2-13 所示。

图 2-12　背景板与地面呈 30 度夹角

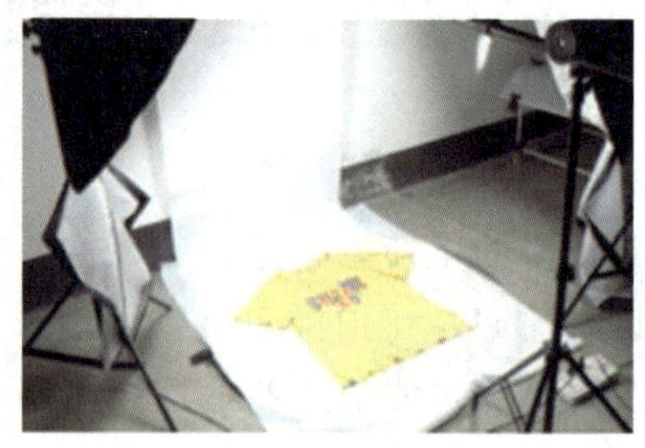

图 2-13　使用多功能架固定相机

3. 摆放服装。将衣服平整地摆放在背景板上，捋平衣服，尤其是领口、腰身、袖口、下摆等部位，保持整个衣服为平整状态。

4. 布置光源。在衣服的左后方布置一盏灯，灯的位置稍高，呈 45 度角投射；在衣服的右前方布置一盏灯，灯的位置稍低，亮度约小于主灯。布光示意如图 2-14 所示，拍摄现场布光如图 2-15 所示。

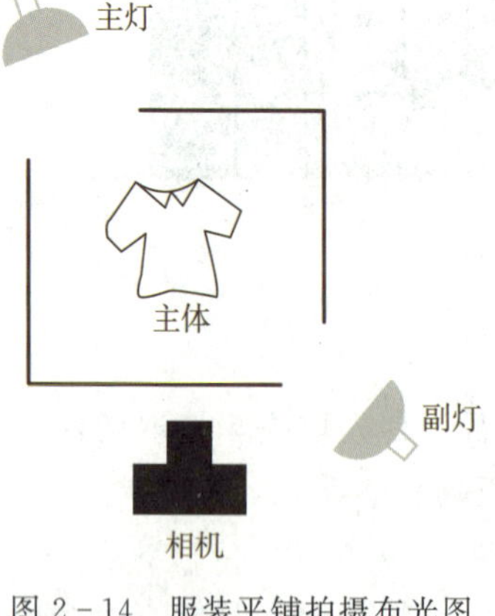

图 2-14　服装平铺拍摄布光图

图 2-15　拍摄现场布光图

5. 确定机位。将相机固定在三脚架上，根据服装所处位置和灯光的位置，调整相机的位置和拍摄角度，如图2-16所示。

6. 调到AV模式。调整相机的拍摄参数，光圈设为F9，试拍几张照片，根据试拍的效果对灯光的位置、角度、高度等做适当的调整。

7. 拍摄。根据试拍的最佳效果，拍摄衣服照片，拍摄效果如图2-17所示。

图2-16　固定相机

图2-17　衣服平铺拍摄效果图

二、室内悬挂拍摄

1. 布置拍摄背景。将背景纸用图钉固定在墙上或者用背景架支起背景纸，把待拍摄的衣服置于背景布前面约一米的位置。

2. 悬挂衣服。将衣服挂在衣架上，衣架悬挂在支撑杆上，如图2-18所示。衣架需根据不同的衣服来选择，为了方便后期图片处理，可选择较细的衣架。为了展现衣服的立体美感，可在衣服的双肩位置塞入垫肩或者毛巾等填充物，在衣架的中央用夹子撑起，使衣服的前部向前凸出，袖口位置用圆筒状的硬纸板撑。若拍摄的是女装，可在衣架上绑两个如同女人胸部大小的气球，将衣服的胸部撑起来，这样看起来有很强的立体感，效果会很好。

3. 布置光源。在衣服的左前方摆放一盏灯，作为主灯，用于照亮衣服正面；在衣服的右后方摆放一盏灯，作为辅助灯，用于照亮背景；调整两盏灯的位置和角度，消除双重阴影，现场布光如图2-19所示。在条件允许的情况下，可在衣服的下方摆放一个大面积的反光板，用于增强衣服下摆的亮度，如图2-20、图2-21所示。

图2-18　悬挂衣服

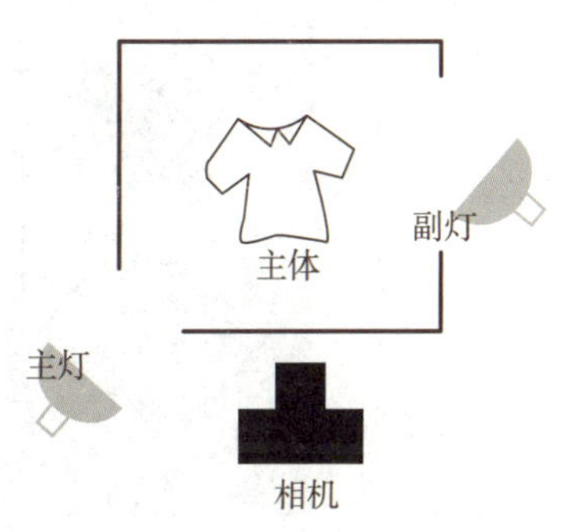

图2-19　服装挂拍布光图

图 2-20 悬挂拍摄现场布光图

图 2-21 在服装的下方摆放反光板

4. 确定机位。把相机固定在三脚架上，根据服装所处位置和灯光的位置，调整相机的位置和拍摄角度。

5. 调整到 AV 模式。将相机固定在三脚架上，调整相机的拍摄参数和拍摄角度，试拍几张照片。用 AV（光圈优先）档，调光圈（2 点到 4 点间），相机自动设置其余参数，选择理想的拍摄效果进行拍摄。

6. 拍摄。根据试拍的最佳效果，拍摄衣服照片，拍摄效果如图 2-22 所示。

图 2-22 服装悬挂拍摄

三、室内真人模特拍摄

1. 选择拍摄场景。模特拍摄可选择在室内拍摄，也可以选择在室外拍摄，室内拍摄须借助于大型摄影棚，室外拍摄可借助于自然环境和日光。

2. 布置光源。在模特的左前侧摆放一盏灯，在模特的右前侧摆放另一盏灯，离模特的位置稍远一点，现场布光如图 2-23 所示。

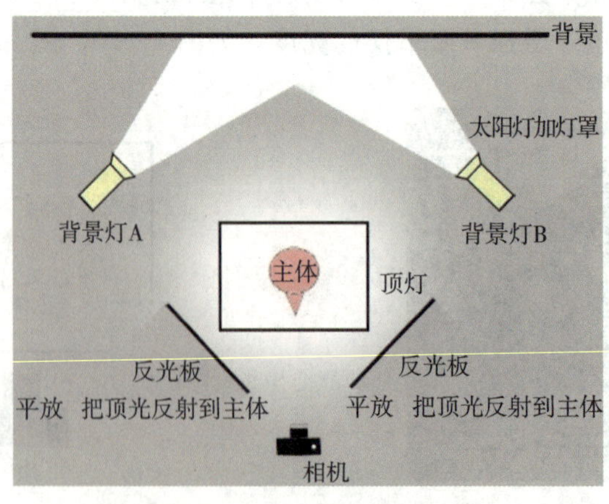

图 2-23 摄影棚模特拍摄布光图

3. 确定机位。把相机固定在三脚架上，根据模特所处位置和灯光的位置，调整相机的位置和拍摄角度。

4. 设置 AV 档光圈优先，光圈设置在 F4～F11 都可以。将相机固定在三脚架上，调整拍摄角度和相机参数，试拍几张照片。

5. 拍摄。让模特摆出各种不同的造型，拍摄多张照片，效果如图 2－24、图 2－25 所示。

图 2－24　拍摄现场

图 2－25　女模特拍摄效果图

任务考核

表 2－2　学习任务 1 实训考核表

组　号：		填写人员：			日　期：		
评分项目	评分点	1 组	2 组	3 组	4 组	5 组	6 组
实训室规则	遵守实训室规章制度（10 分）						
职业素养	衣着干净整齐（5 分）						
	精神面貌佳（5 分）						
	积极参与团队合作（10 分）						
职业技能	掌握商品摄影知识（5 分）						
	掌握淘宝网图片尺寸（5 分）						
	了解照片处理软件工具（5 分）						
	了解商品构图知识（5 分）						
	能够进行单反相机的调节设置（10 分）						
	能够进行拍照场景、光源、机位等布置（10 分）						
	能够针对不同场景（平铺、悬挂、真人）进行拍照（30 分）						
合计得分							

学习任务 2　网店美工概述

任务目标

✧ 知识点

1. 掌握网店美工的分类
2. 了解优秀网店美工成长之路
3. 掌握网店美工日常工作
4. 了解网店美工新手建议

✧ 技能点

1. 能熟练使用搜索引擎
2. 能够对信息进行筛选总结

任务描述

今天，胖胖同学来考察冰冰的店铺，胖胖看见冰冰的店铺朴实的装修，不禁大为着急，开启了吐槽模式："怎么店铺一点美工设计感都没有，这你自己都没有看下去的欲望了吧？""要是你网购，一家网店是这种惨不忍睹的装修，你会去购买么？""你能用点心么？"。冰冰表示自己很懵啊，这开店就开店，还要装修，美工是干什么的啊。胖胖颇有点恨铁不成钢地说："网店只有美美的，才能吸引人的目光啊！"胖胖同学决定让冰冰先了解网店美工到底是做什么的。下面让我们来一起学习吧。

知识准备

在网购人数急剧增长的同时，从事网上开店的卖家也越来越多，这也加速了众多新型职业的产生，而网店美工就是在这样一个背景下产生的新事物。

一、美工分类

美工，一般是指对平面、基调、创意等进行处理的技术人才，分为平面美工、三维美工、网页美工和网店美工，一般需要精通 Photoshop 等设计软件。

1. 平面美工是指用 Illustrator 或者 Photoshop 设计平面外观的美工。

2. 三维美工是指用 3Ds Max 等进行三维角色模型设计、道具模型设计、环境场景模型设计、包装设计等的美工。

3. 网页美工是指使用 Photoshop 或 Fireworks 等设计软件，将网页的视觉效果、排版等工作呈现出来的美工。有人认为，网页美工主要是用 CSS/HTML/JAVASCRIPT 等语言来做网页布局，其实这是不正确的，网页布局的工作应该是由前端开发工程师来完成的。

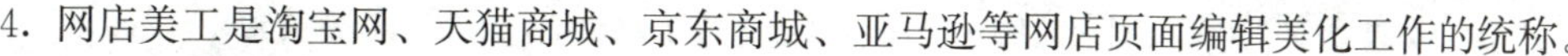

4. 网店美工是淘宝网、天猫商城、京东商城、亚马逊等网店页面编辑美化工作的统称。

二、优秀网店美工成长之路

初级美工、中级美工、高级美工需要掌握的技能和具备的素质有所不同。

1. 初级美工（美工助理）

新卖家和初级美工需要精通光影魔术手和美图秀秀等初级图形、图像美化软件，能使用 Photoshop 软件进行简单的图片处理和设计，能够协助美工专员完成网店的图片设计和店铺设计工作。新卖家和初级美工可以直接选择购买装修模板进行店铺装修，同时需要初步学会 Dreamweaver 软件的基本功能操作。

2. 中级美工（美工专员）

中级美工需要精通 Photoshop、Dreamweaver、Fireworks 等软件，能使用 Photoshop 对商品图片进行美化和设计，能使用 Dreamweaver 设计精美的网店页面，能根据商品写出打动消费者的文案，能承担整个网店的美工设计等相关工作。

3. 高级美工（美工设计师）

高级美工是复合型人才。在掌握美工专员技能的基础上，还需要具备以下能力：营销的思维、扎实的美工功底、丰富的想象力、良好的创造力、良好的文案功底以及平面设计、广告设计等相关的工作经验。

美工不仅仅是作图，理解能力同样重要，需要洞悉策划的方案意图。对于美工设计来说往往创意比技术更重要。想成为资深的美工设计师需要付出相当大的努力。

美工要把握一个关键词汇：产品诉求。广告总是要突出所宣传产品的某一个吸引人的特点，这个突出的特点就是产品诉求，也就是最能够打动消费者以及商家最想展示的产品最大的特色。所以，一个优秀的美工设计师，一定要有一个良好的营销思维，在设计图片的时候，一定要清楚地知道图片传递出去的是什么信息、能否发打动买家。一张好的图片是有核心、有“灵魂”的，这个“魂”能够让买家产生共鸣，并愿意采取行动购买。优秀的美工设计师是懂技术、懂产品、懂审美、懂营销、懂广告、懂设计的复合型人才。

三、网店美工日常工作

网店美工的日常工作主要有以下几个方面：

1. 规划店铺及素材：对整个店铺的页面、素材及构架进行合理的规划，找出或设计出适合自己产品风格的装修模板。

2. 商品宝贝拍摄：对新上架的产品进行拍摄，包括每个产品的主图以及详情页细节等图片。

3. 图片美化工作：使用 Photoshop 等平面设计软件对图片进行美化。没有软件设计基础的新卖家，可以使用光影魔术手或者美图秀秀等软件完成前期简单的图片美化工作。

4. 主图设计：使用软件制作出有创意并且能吸引消费者点击的主图。

5. 详情页制作：制作出详情页图片、商品文案，并按照消费者的购买心理合理安排详情页图文。在小型电子商务公司，文案和美工是放在一起的；在中大型的电子商务公司，会有专门的文案专员和美工专员负责相应的工作。

6. 店面整体形象设计更新：使用网页设计 Dreamweaver 软件装修、设计、美化店铺，或者根据不同季节、不同节假日购买装修模板对店铺的首页及二级页面进行不定期的局部更改或整体装修美化等。

四、网店美工新手建议

对于零基础的新手卖家来说，Photoshop 这种软件很难一下子就掌握，建议先使用美图秀秀或者光影魔术手来设计和处理一些简单的图片，等掌握了更多美化技巧后再学习使用 Photoshop 软件也不迟。

（一）店铺视觉营销方式

平面：通过平面视觉以及海报等来做一种视觉效应。

空间：通过空间立体视觉效果来营造品牌氛围。

传媒：通过推广形式来表达视觉营销的概念。

陈列：完成内部的构造变化。

造型：完善形象的优化整合。

注：视觉营销的方式多种多样，各行各业将会根据自己的主营业务和经营特点来选择最适合的方式，但是对于大部分网店来说，主要能运用的是平面的视觉营销，也就是用最具视觉冲击力的产品图片来吸引客户，增加客流量和销售额。

（二）店铺的颜色使用

每个店铺都有自己的风格，而在反映风格方面，色彩的搭配是关键。一个好的颜色搭配，不单单能在视觉上给人以美的享受；另一方面，一个好的色调布局，能产生好的导航作用。一言蔽之，版面的和谐，有赖于页面规格，色彩搭配是其中一个重要环节。

首先，颜色的使用首先要和自己店铺的主色调一致，风格上也要统一。

其次，多用一些明亮的颜色，少用灰色等暗色调的颜色。因为鲜明的色彩更有利于激发消费者的购买欲望。

再次，颜色使用不宜过多，过多的颜色加在一起虽然五彩斑斓，但容易给人一种杂乱的感觉，让人产生一种距离感，难以接近。

网店装修配色的黄金比例为 70∶25∶5。主色色域应该占总版面的 70%，辅助颜色所占比例为 25%，而其他点缀性的颜色所占比例设为 5%。

任务实施

步骤一：使用搜索引擎，以“网店美工”“淘宝美工”“天猫美工”“京东美工”等为关键词，搜索查询这些关键词的含义及内容，见表 2-3 所列。

表 2-3 各类美工含义

网店美工	含 义
淘宝美工	
天猫美工	

（续表）

网店美工	含　义
京东美工	
亚马逊美工	

步骤二：使用搜索引擎，以“淘宝美工”为关键词，查询淘宝店美工岗位职责，查询4、5家网店，看看这些淘宝美工的岗位职责是否有不同，见表2－4所列。

表2－4　淘宝美工岗位职责

序　号	淘宝美工	岗位职责

步骤三：通过各种网络平台，查询网店美工职位的岗位内容及职责要求，见表2－5所列。

表2－5　网店美工岗位内容及职责要求

序　号	网店美工	岗位职责	工作内容

步骤四：了解网店美工常用的工具，并填写各种工具的主要功能，见表2－6所列。

表2－6　网店美工常用工具及其功能

工　具	主要功能

任务考核

表 2-7　学习任务 2 实训考核表

组　号：		填写人员：			日　期：		
评分项目	评分点	1 组	2 组	3 组	4 组	5 组	6 组
实训室规则	遵守实训室规章制度（10 分）						
职业素养	衣着干净整齐（5 分）						
	精神面貌佳（5 分）						
	积极参与团队合作（10 分）						
职业技能	了解网店美工的发展（5 分）						
	能够了解美工分类、成长之路（10 分）						
	能够掌握网店美工日常工作（5 分）						
	能够了解网店美工的需要技能（5 分）						
	能够使用搜索引擎（10 分）						
	能够对信息进行总结汇总分析（35 分）						
合计得分							

学习任务 3　完善店铺的基本设置

任务目标

✧ 知识点

1. 掌握店铺的基本设置内容
2. 掌握各个设置的要求

✧ 技能点

1. 掌握淘宝店铺基本设置的操作步骤
2. 能够进行文案编写工作

任务描述

在开店完成后，我们要经历重要的一步，即完善店铺的基本信息，让客户能够在浏览时，掌握店铺的一些基本信息。这些内容包含店铺的名称、店铺标志、简介、地

址、主要货源及店铺的介绍等信息。这些信息可以统称为店铺的基本信息。那么如何完善这些信息呢？下面让我们跟随冰冰来一起学习吧。

知识准备

淘宝店铺的基本信息包含以下六个方面内容：

一、店铺名称

店名就是店铺的名称。一个好的店名不仅会提升其被搜索到的概率，同时也能体现出店铺的特色，容易让买家记住店铺。为了使自己的店名与众不同，店铺名称的选取在借鉴同行店铺名的基础上，应依据目标消费者的心理特点，将个性化的创意融入店铺的名称中。

二、店铺标志

店标是店铺的标志是网店中起到识别和推广店铺作用的图案。店标可以让消费者识别店铺的商品和品牌文化，风格独特的标识不但能吸引人的眼球、增加店铺的浏览量，而且能够使消费者产生有关商店经营商品类别或行业的联想，从而对该商品产生好的印象。

三、店铺简介

淘宝店铺的店铺简介会被搜索到，所以写出能吸引用户的店铺简介就显得尤为重要。店铺简介就是对淘宝店铺的简单介绍，可以包含店铺口号、最新优惠活动等信息。

什么样的简介才是好的？介绍，顾名思义，就是把东西说清楚。开淘宝店铺时，不能仅仅是把东西介绍完就不管不顾了，店铺简介要能抓住别人的眼球，能吸引潜在客户十秒钟而不关闭页面，这个商家就赢了一半。所以说店铺简介最重要的是足够吸引人。

店铺简介主要包括以下几个方面：

1. 掌柜签名：指的是店铺的签名或者店铺梦想展示，所谓签名就需要有一定的个性不能太官方，且掌柜签名也要围绕店铺的主要受众群体去做。比如店铺做的是潮流服饰，就可以用一些比较新潮的网络用语组成签名。

2. 主营宝贝：店铺的主要经营宝贝以及主要风格，比如女装、女鞋，这个属于主要经营宝贝；民族女装、复古女装、森系女装等就是宝贝的主要风格。

注：主营宝贝尽量填写店铺所卖宝贝类型以及适合人群还有风格等，需要真实、客观，同时也是很好区分与其他店铺的一种方式，切勿堆砌无用的词，因为能够展示的词数有限。建议尽量把最能表达店铺的主营宝贝的词展示给买家，切勿堆砌与店铺无关的词，很有可能因为相关性差，无法展示，反而伤害真正的买家体验。

3. 店铺动态：一般更新促销信息，比如近期全场几折，有哪些宝贝在打折，什么时候上新宝贝等信息。

好的淘宝店铺的简介虽然起不到非常大的作用，但也能给店铺加分，所以花一点时间认真写好淘宝店铺简介也是值得的，如图2-26所示。

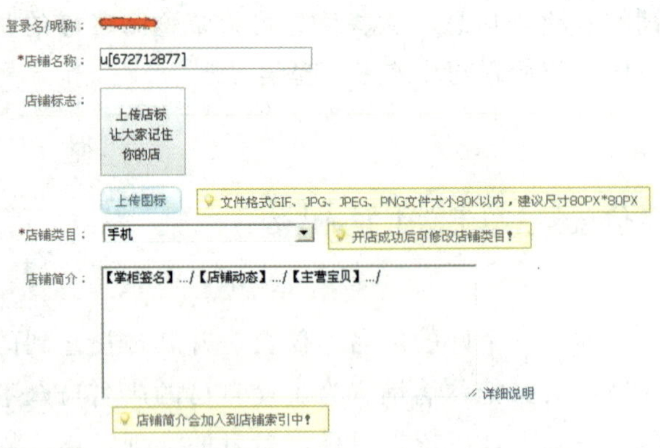

图 2－26　店铺简介

四、经营地址

淘宝店铺经营地址是指商家经营淘宝店的地址，按照要求填写清楚，要精确到街道，如图2－27所示。

图 2－27　经营地址

看一看：经营地址与发货地址

➢ 经营地址：是指店铺经营者经营店铺业务时的所在地。

➢ 发货地址：是指店铺货物被发出时的地点。

两者有时会不同，比如当卖家卖的是工厂直销的货物，可能发货地就直接是工厂所在地，再比如货物制造地离店铺经营地太远，就直接由制造地发货。

当然，站在消费者的角度考虑，他们可能会认为店铺地址与发货地址不一样的时候会存在商家诈骗的嫌疑，所以这样的店铺要与消费者事先沟通好。

五、主要货源

淘宝店铺设置中的货源，是指进购某种货品的渠道，根据自己主要拿货的渠道如实填写主要货源。主要货源有线下批发市场、实体店拿货、阿里巴巴批发、分销/代购、自己生产、代工生产、自由公司渠道和货源还未确定几种形式，如图2－28所示。

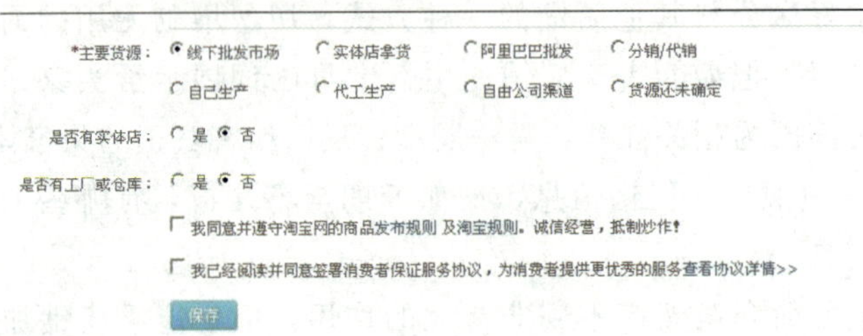

图 2－28　淘宝店铺主要货源选择

六、店铺介绍

店铺介绍一般包括以下部分，如图2－29所示。

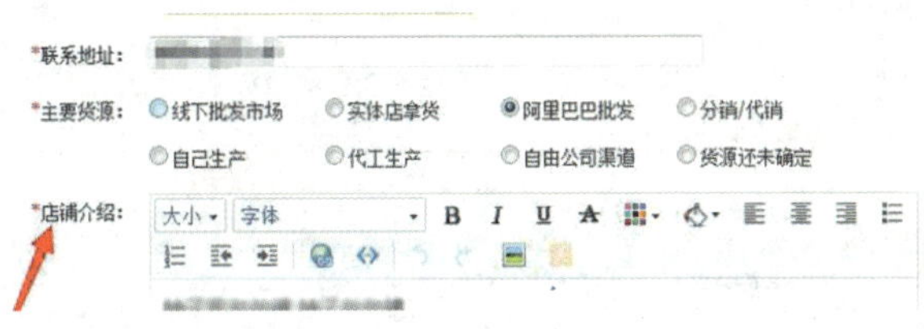

图2－29　店铺介绍

（一）开店的原因，店铺来源

比如介绍这个品牌的来源，或者自己创建店铺的原因等。

（二）店铺的优势所在

这部分介绍店铺的市场优势，比如你的产品有哪些可以获得竞争力的优势，比其他同行店铺的优点是什么。

（三）店铺特色

如果你的店铺比较有自己的特色，比如是定制店铺等，可以主要写出自己店铺的特色，用特色情怀打动顾客。再比如你的店铺是卖渔具的或者是卖吉他的，就可以用情怀打动顾客，如图2－30所示。

> 我们的饰品均来自于韩国，都是货真价实的韩国产品，直接从韩国厂家提货，一直都以低廉的价格，过硬的售后，以及优质的商品质量占领着淘宝市场，商品种类齐全，品种众多，并且更新速度快，跟韩国官方网站保持同步更新。
>
> 主要围绕韩网最流行的饰品，韩剧饰品，韩国个性化饰品。追求时尚，潮流的亲亲们，伟晶之恋饰品均能为你们服务。
>
> 我们有专业的包装，本店所有饰品（除了比较大的发饰）包装礼盒；外包装邮盒，再用合作快递公司申通快递统一袋子包装。礼盒将由著名的中外合资企业玟业包装公司定做，每件饰品独立包装礼盒，将让我们的韩国进口饰品服务更加完善，本产品为送礼佳品！

图2－30　一家饰品店铺的店铺简介

看一看：店铺简介与店铺介绍

➢ 店铺简介：相对简练，包括掌柜签名、主营宝贝和店铺动态几部分。让客户第一眼就能知道店铺卖的是什么。

➢ 店铺介绍：相对详细，包括开店原因、店铺来源、店铺优势和店铺特色几部分。能让客户详细了解店铺的产品，加强客户对店铺的认同感。

➢ 告诉买家自己店铺中的商品都是正品。

➢ 语句用词要尽可能让买家感觉亲切和热情。

➢ 内容尽量不要太长（如果要写的内容很多可分段落写，切忌堆砌）。

任务实施

步骤一：登录淘宝网首页后，点击“卖家中心”，如图2－31所示。

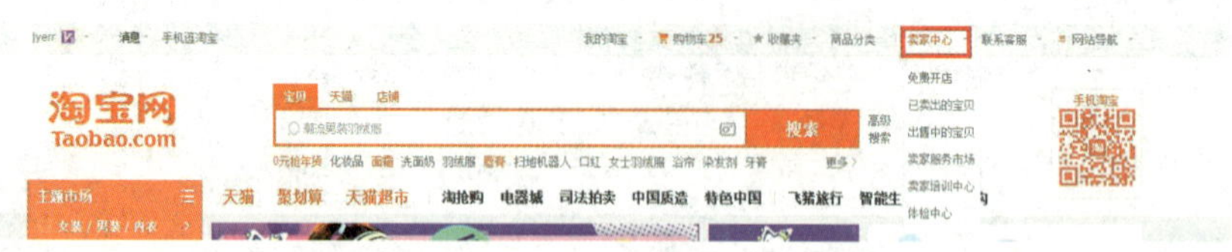

图 2－31　“商家中心”

步骤二：进入卖家中心。

在“卖家中心”左栏中点击店铺管理的下拉三角符号，显示隐藏内容。点击“店铺基本设置”，如图2－32、图 2－33 所示。

图 2－32　店铺管理

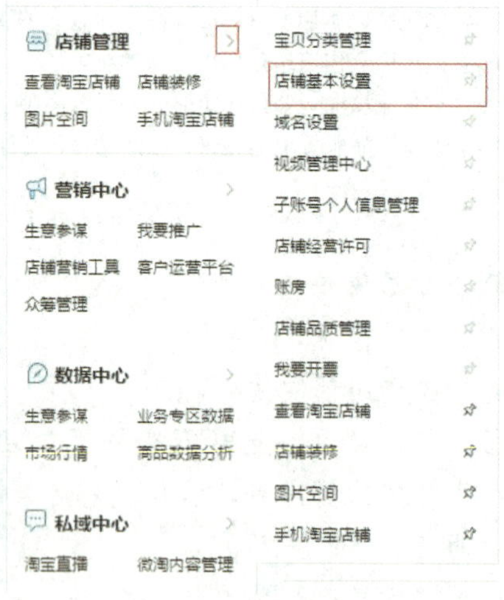

图 2－33　店铺设置

步骤三：设置基本信息。

首先需要将店铺名称、店铺标志、店铺简介、经营地址、主要货源、店铺介绍等文档及图片准备好，然后按照淘宝网要求设置好店铺的基础信息：店铺名称、店铺标志、店铺简介、经营地址、主要货源、店铺介绍等信息，如图2－34所示。

图 2－34　店铺的基础信息

任务考核

表 2－8　学习任务 3 实训考核表

组　号：		填写人员：			日　期：		
评分项目	评分点	1 组	2 组	3 组	4 组	5 组	6 组
实训室规则	遵守实训室规章制度（10 分）						
职业素养	衣着干净整齐（5 分）						
	精神面貌佳（5 分）						
	积极参与团队合作（10 分）						
职业技能	掌握店铺基本设置内容（10 分）						
	能够准备店铺名称、店铺简介、经营地址、主要货源、店铺介绍（30 分）						
	能够准备掌握店铺基本设置路径（10 分）						
	能够学会店铺基本设置的完善（20 分）						
合计得分							

学习任务4　设置自定义分类

任务目标

✧ 知识点

1. 全局导航及其设计要求
2. 店铺自定义分类的种类

✧ 技能点

1. 能够给宝贝分类命名
2. 能够操作淘宝店铺自定义分类

任务描述

冰冰浏览了很多家竞争对手的网店，发现其他家都对产品进行了一定的分类，且各家分类各不相同，看得冰冰眼花缭乱。于是，冰冰请来了胖胖同学帮助自己。胖胖同学在咨询了冰冰想要经营的具体产品后，经过一段时间的深思熟虑，对冰冰说："对于产品种类过多的网店而言，合理的产品分类十分重要。产品分类管理能从各个维度帮助你更好地管理店铺产品、提升客户体验度。店铺中的宝贝众多，设置好宝贝分类，可以让买家迅速找到自己想要购买的宝贝。"胖胖同学开始教冰冰如何进行店铺的自定义分类，下面我们就和冰冰一起来学习如何给淘宝店铺进行自定义分类吧。

知识准备

一、全局导航

1. 什么是全局导航

全局导航也称"主导航"，是出现在网店每一个页面上的一组通用导航元素，对浏览者有着访问方向指引的作用。同时，导航也是网店内容架构的体现，是网店易用性评价的重要指标之一。导航条还具备引导消费者的能力，能够增加店铺页面的访问深度，降低店铺页面的跳失率，如图2-35所示。

图2-35　导航栏

2. 导航的设计要求

（1）明确性

导航的设计应该能让浏览者一目了然，具体表现为：让浏览者明确店铺的主要商品范围；让浏览者清楚地了解自己所处的位置等。只有明确的导航才能真正发挥“引导”的作用，引导浏览者找到所需的信息。

看一看：访问深度和跳失率

网站访问深度就是用户在一次浏览网站的过程中浏览了网站的页数。

页面跳失率是指顾客通过相应入口进入店铺，只访问了一个页面就离开的访问次数占该页面总访问次数的比例。

（2）可理解性

导航对于浏览者应该是易于理解的。在表达形式上，要使用清楚简洁的按钮、图片或文本，避免使用无效字句。

（3）完整性

网店的导航信息要求具体、完整，可以让浏览者获得整个网店范围内的领域性导航，能涉及网店中全部商品的信息及其关系信息。

（4）咨询性

导航能给买家提供咨询信息，它如同问讯处、咨询部，当浏览者有需要的时候，导航能为其提供服务。

（5）易用性

导航系统应该容易进入也容易退出，能以简单的方式跳转到想要去的任意页面。

二、分类导航

分类导航可运用简单的文字展现，也可以使用独具特色的图片来展现，从而让店铺更加吸引人。若使用文字分类，则导航的大小与颜色都是不能变的。如果店主想让自己店铺的分类导航显得与众不同，则可将各项分类导航制作成图片。

产品分类设置有：常见分类、热门分类、推荐分类、活动分类四种方式。

1. 常见分类

常见分类又有按品牌、属性、功用、价格、人群、关系等分类方式。这种分类方式是大部分店铺会采取的方式，一方面方便后台产品管理，另一方面简单明确。这样的分类逻辑具有多功能性，可以单独作为店铺宝贝分类展示，另外，也可以作为店铺基础分类，在这个基础上配合店铺发展和推广可以制作一些功能指导型的分类标签，如图2－36所示。

2. 热门分类

在店铺设置了常见分类后，可以再设置一些“明星同款”“当季爆款”“掌管推荐”等分类标签，紧跟当前热门话题，如图2－37所示。

3. 推荐分类

针对店内产品品牌、材质等功能性的情况进行分类，以品牌为例，可以通过品牌划分让客户根据品牌偏好来选择产品，不过这些都是要建立在店铺已有基础分类的前

图 2-36 按属性分类

特别推荐	查看所有商品>	2016夏装新品	上装	下装	连衣裙	夏装流行主题	风格馆	时尚元素	色彩系
夏装热卖	按销量	07月14日	T恤	牛仔裤	收腰裙	Real Me	街头潮人	印花	纯色
朴信惠同款	按新品	07月12日	蕾丝雪纺	休闲裤	直筒裙	光之迷城	甜美可爱	拼接	撞色
全智贤同款	按收藏	07月11日	衬衫	打底裤	牛仔裙	私奔	气质通勤	条纹	红色
夏装特惠	按价格	07月07日	时尚套装	半身裙	背带裙	小确幸		贴布	白色
		07月04日		短裤/七/九分裤	衬衫裙	ItoshIroshI白		荷叶边	黑色
		07月01日			T恤裙	Hello Miss		蕾丝	黄色
		06月29日			无袖裙			格子	粉红色
					A字裙			卡通	浅灰色
					假两件裙			波点	军绿色
								刺绣	橘色

图 2-37 热门分类

提下，否则单独列出品牌，对客户来讲，如果不熟悉品牌，那就很迷茫了。以此类推，除了按品牌名，还可以按照如地区、国家、年龄、功能、材质等来进行分类，其目的在于给客户清晰的分类引导，帮助客户快速找到想要的产品，如图2-38所示。

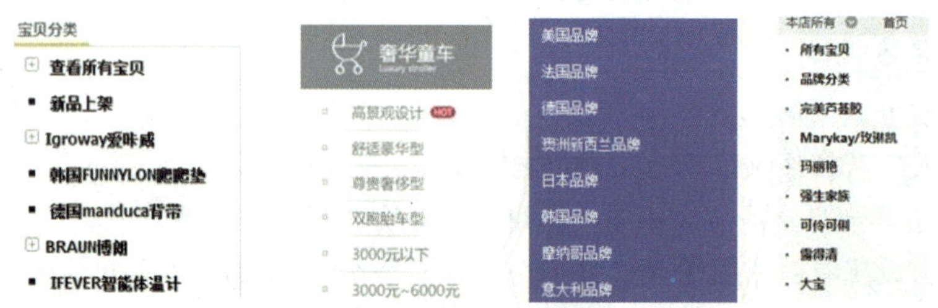

图 2-38 推荐分类

4. 活动分类

与推荐分类有异曲同工之妙，重在活动促销信息，可以设置一些活动消息之类的标签，如“满就送”“今日爆款”“天天特价”等，如图2-39所示。

图 2-39 活动分类

三、店铺产品区

店铺产品区分为产品左侧的产品分类区和右侧的主推产品区。产品分类区展示是宝贝的分类导航；主推产品区展示的是商家推荐的宝贝，如图2-40所示。

1. 商品分类导航

（1）分类导航的作用

店铺中的分类导航，即店铺类目，不论是在普通店铺中还是在旺铺中，均在店铺左侧显示，作用是显示商品的分类。分类导航可运用简单的文字展现；也可使用独具特色的图片来展现，从而让店铺更加吸引人。

（2）商品分类导航的设置

分类导航设置路径为：从商家中心——►店铺管理里面“宝贝分类管理”——►“手工分类”——►输入分类名称——►“子分类”输入名称——►“保存”并“发布”，如图2-41、图2-42所示。

图2-40　产品分类导航

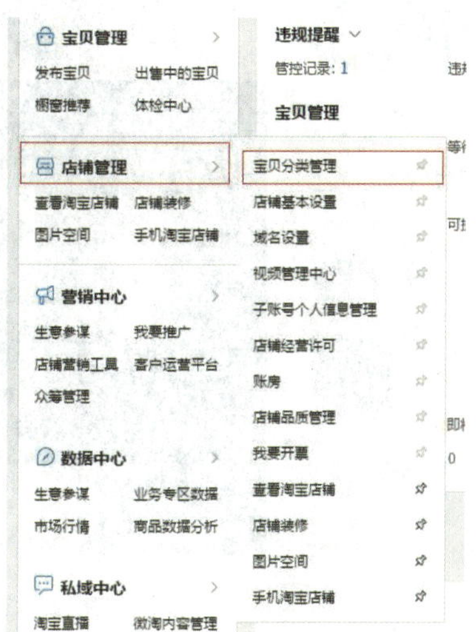

图2-41　宝贝分类管理路径

图2-42　宝贝分类管理后台

2. 推荐宝贝展示区

(1) 什么是橱窗推荐

橱窗推荐又名“卖家热推”，是指商家将自己的主打产品设置为橱窗产品，这些橱窗产品可以在搜索结果页中获得优先推荐，在店铺首页中获得重点曝光。换句话说，橱窗推荐的宝贝一般是商家认为最好的宝贝，或是顾客最容易购买的宝贝，在搜索时可以获得优先展示的宝贝，如图2-43所示。

图2-43 推荐宝贝展示区

(2) 淘宝橱窗推荐的作用

被设置为橱窗推荐的产品具有以下三点优势：①享有搜索优先排名机会，更易抢占黄金推广位置；②拥有店铺网站首页推广专区，提升主打产品推广力度；③随时更换橱窗产品，轻松掌握主打产品推广主动权。

(3) 橱窗位数量及设置

淘宝网根据商家信誉的不同设计了阶梯式的橱窗推荐位数量，即信誉越高，橱窗位就越多。橱窗位数可以有几种获得方式：一是通过提高商家信誉获得更多橱窗位；二是加入消费者保障服务，奖励的橱窗位就越多，比如加入保障金和退货险、7天退换服务、假一赔三等服务会获得相应数量的奖励橱窗位；淘宝网对三个月内的新店都有扶持活动，会奖励新店10个橱窗位，如图2-44所示。

橱窗推荐宝贝的设置在商家中心——宝贝管理中的“橱窗推荐”中可以设置，如图2-45所示，设置推荐宝贝都可以在此页面进行设置，已推荐在宝贝前会显示“已推荐”字样。

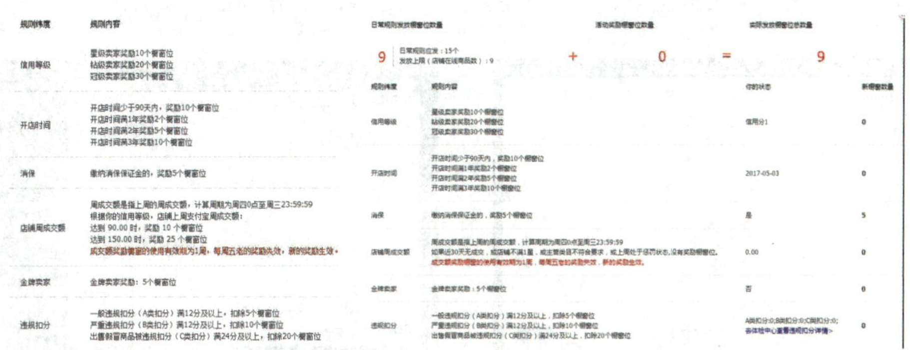

规则维度	规则内容
信用等级	星级卖家奖励10个橱窗位 钻级卖家奖励20个橱窗位 冠级卖家奖励30个橱窗位
开店时间	开店时间少于90天内，奖励10个橱窗位 开店时间满1年奖励2个橱窗位 开店时间满2年奖励5个橱窗位 开店时间满3年奖励10个橱窗位
消保	缴纳消保保证金的，奖励5个橱窗位
店铺周成交额	周成交额是指上周的周成交额，计算周期为周四0点至周三23:59:59 根据你的信用等级，店铺上周支付宝周成交额： 达到 90.00 时，奖励 10 个橱窗位 达到 150.00 时，奖励 25 个橱窗位 成交额奖励橱窗的使用有效期为1周，每周五老的奖励失效，新的奖励生效。
金牌卖家	金牌卖家奖励：5个橱窗位
违规扣分	一般违规扣分（A类扣分）满12分及以上，扣除5个橱窗位 严重违规扣分（B类扣分）满12分及以上，扣除10个橱窗位 出售假冒商品被违规扣分（C类扣分）满24分及以上，扣除20个橱窗位

图 2-44　橱窗推荐规则

图 2-45　橱窗推荐设置

任务实施

步骤一：点击导航栏的“编辑”按钮。

导航的设置路径：店铺“装修页面”——→“导航设置”——→“添加”分类——→“勾选”列入导航的宝贝分类——→“确定”。设置好的内容都会在首页导航条上出现，如图2-46所示。

图 2-46　导航栏的“编辑”按钮

步骤二：进入导航栏设置对话框。

点击“添加”按钮，添加“宝贝”分类，如图2-47所示。

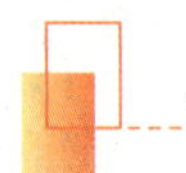

步骤三：进入宝贝分类对话框，如图 2－48 所示，点击“立刻添加”。

图 2－47　点击“添加”按钮

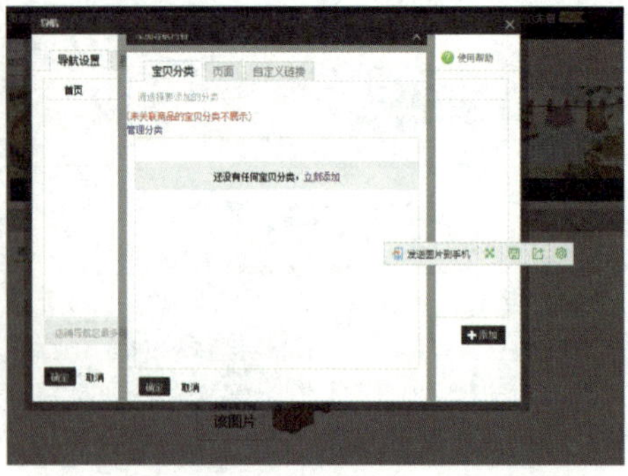

图 2－48　点击“立刻添加”

步骤四：进入宝贝分类管理页面，点击“添加手工分类”，如图2－49所示。

图 2－49　点击“添加手工分类”

步骤五：输入分类名称，设置其相关属性。一个大类和子类设置好后，可以再次点击“添加手工分类”增加大类项目，如图2－50、图 2－51 所示。

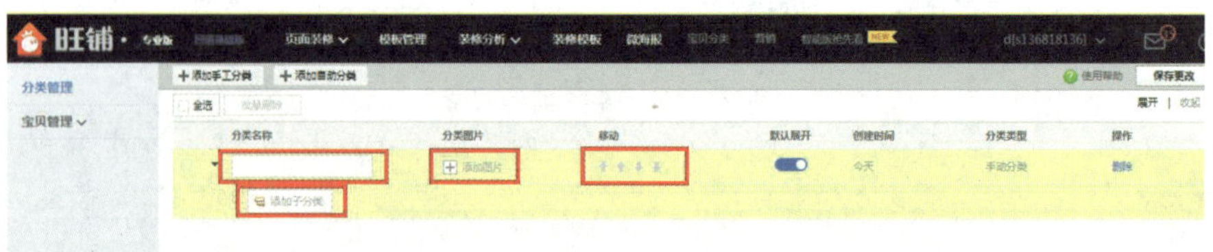

图 2－50　输入分类名称

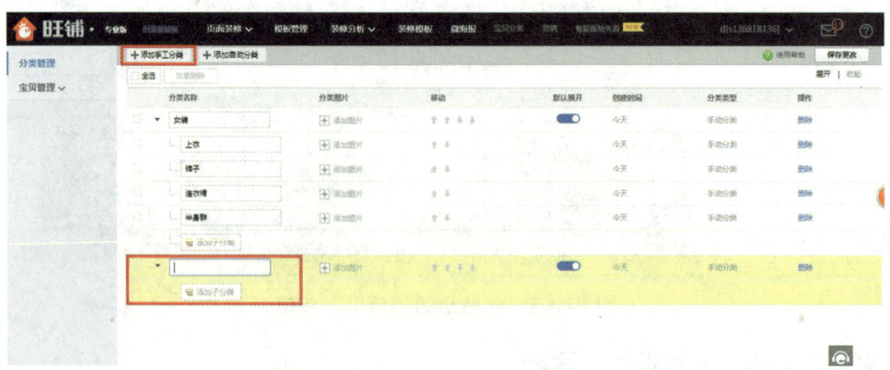

图 2－51　添加手工分类

步骤六：保存分类设置，如图2－52所示。

图 2－52　保存分类设置

步骤七：重新进入首页进行导航栏编辑，如图2－53所示，设置的宝贝分类页面已经显示出来了。

图 2－53　导航栏编辑

步骤八：勾选要展示的商品分类，点击“确定”，如图2－54所示。

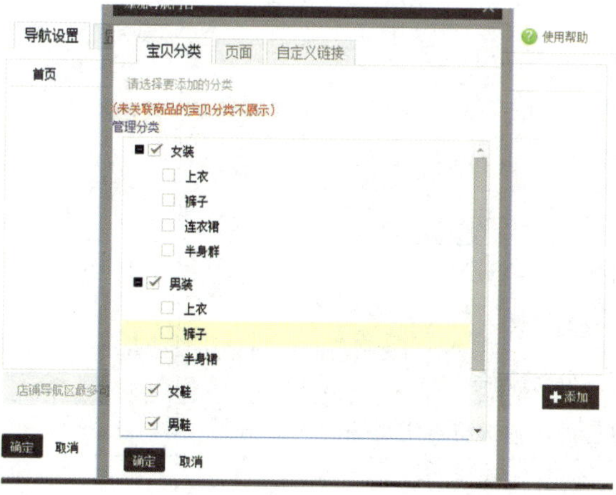

图 2－54　勾选要展示的商品分类

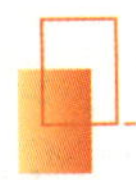

步骤九：导航栏设置成功，如图2－55、图 2－56 所示。

图 2－55　导航栏设置成功

图 2－56　导航栏设置成功

任务考核

表 2－9　学习任务 4 实训考核表

组　号：		填写人员：			日　期：		
评分项目	评分点	1 组	2 组	3 组	4 组	5 组	6 组
实训室规则	遵守实训室规章制度（10 分）						
职业素养	衣着干净整齐（5 分）						
	精神面貌佳（5 分）						
	积极参与团队合作（10 分）						
职业技能	掌握常见分类（10 分）						
	掌握热门分类（10 分）						
	掌握推荐分类（10 分）						
	掌握自定义分类路径（10 分）						
	能够给自己的店铺进行自定义分类（20 分）						
合计得分							

学习任务 5　店标的制作

任务目标

✧ 知识点

1. 店标的定义
2. 店标的设计原则
3. 淘宝店标的制作类型

✧ 技能点

1. 能熟练使用 Photoshops 进行文字、图片的制作组合等操作
2. 能够完成店标的制作

任务描述

为了突出店铺，给消费者一个好的印象，冰冰开始学习 PS 软件，准备给自己的店铺制作一个与众不同的店标，从而能吸引顾客的眼球、增加店铺的浏览量，而且能够使消费者产生有关商店经营商品类别或行业的联想，从而对该商品产生好的印象，那么现在我们就来一起学习店标的制作吧。要求店标能够吸引顾客，富有寓意。

店标尺寸为 100px×100px，淘宝店标大小最大不超过 80k。店标格式可以为 JPG、GIF、JPEG、PNG 等格式。

知识准备

一、什么是店标

店标是店铺的标志，是在网店中起到识别和推广店铺作用的图案。店标可以让消费者识别店铺的商品和品牌文化，风格独特的标识不但能吸引人的眼球、增加店铺的浏览量，而且能够使消费者产生有关商店经营商品类别或行业的联想，从而对该商品产生好的印象，如图2－57所示。

图 2－57　店标

二、店标的设计原则

1. 设计的统一性

店标设计需要与该网店的经营理念、文化特色，经营的内容和特点相统一，如图2－58所示。

2. 具有识别性

店标是一种艺术化的传达，表达店铺独特性质，它向买家传递店铺的独特品质、风格和情感，所以说店标能艺术化地传递店铺的个性，如图2－59所示。

图2－58　店标

图2－59　店标

3. 具有美感

店标设计要具有形象感，既要有简练清晰的视觉效果，又要具备一定的视觉冲击力。

4. 符合规范

店标按状态可分动态店标和静态店标。一般而言，普通店铺的店标尺寸为100px×100px，淘宝店标大小最大不超过80k。店标格式可以为JPG、GIF、JPEG、PNG等格式。

三、店标的制作

1. 制作静态店标

静态店标由文字、图像构成。若商品有商标，可以将商标作为店标。制作方法是将商标用数码相机拍下，然后用PS软件处理；或通过扫描仪将商标扫描下来，再通过图像处理软件编辑后就可以作为店标使用。

商家也可以在稿纸上画好店标草图，然后用数码相机或扫描仪将图像输入计算机，再使用图像处理软件进行绘制和填充颜色，如图2－60所示。

图2－60　静态店标

2. 制作动态店标

动态店标是指将多个图像和文字效果制作成GIF动画。一般通过GIF制作工具来完成，如Easy GIF Animator、Ulead GIF Animator等软件都可以制作GIF动态

图像。

店标设计好后，进入“商家中心”—“店铺管理”—“店铺基本设置”页面上传或更换店标图片，尺寸是 80px×80px，随后单击“保存”即可，如图 2-61 所示。

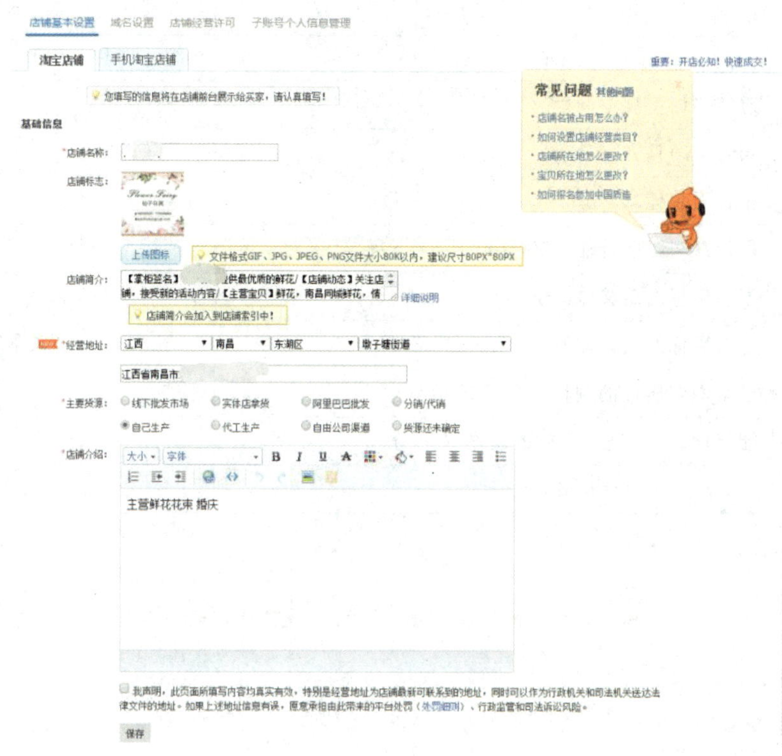

图 2-61　店标上传页面

任务实施

步骤一：明确店标制作的文字及效果，并完成表 2-10。

表 2-10　店标制作效果表

序　号	文字/形状	所在位置	颜　色	字　体	大　小	备　注
1						
2						
3						
……						
n						

步骤二：打开 PS 软件，按照步骤一中的要求进行海报设计，具体的 PS 设计步骤详见附件：店标的制作 PS 操作步骤。

步骤三：将 PS 成品提交至教师。

任务考核

表 2-11　学习任务 5 实训考核表

组　号：		填写人员：			日　期：		
评分项目	评分点	1 组	2 组	3 组	4 组	5 组	6 组
实训室规则	遵守实训室规章制度（10 分）						
职业素养	衣着干净整齐（5 分）						
	精神面貌佳（5 分）						
	积极参与团队合作（10 分）						
职业技能	了解店标的定义（5 分）						
	了解店标的设计原则（5 分）						
	了解淘宝店标的制作类型（10 分）						
	能够使用 PS 进行店标的制作（50 分）						
合计得分							

学习任务 6　促销广告的制作

任务目标

✧ 知识点

1. 掌握海报
2. 海报主题类型
3. 海报的设计要求

✧ 技能点

1. 能够策划店铺促销广告
2. 能熟练使用 Photoshops 进行海报设计

任务描述

冰冰的新店已经准备就绪了，最近正在策划新店开张，准备制作一场新店促销活动的广告，请帮助她制作促销活动海报一幅。要求如下：

尺寸：不超过 1920px×600px 大小。

文字：包含但不限于全店促销、全场一折、惊爆价、新品上市、火爆热卖、店主推荐、限时打折、满就送、节日特惠、特价、包邮、满就减、积分大放送、会员有礼等文字。

知识准备

一、什么是海报

海报是店铺的一种广告形式，是视觉传达的表现形式之一，通过版面的构成在第一时间内将人们的目光吸引。海报是对图片、文字、色彩、空间等要素进行艺术化的设计，以恰当的形式向人们展示出宣传内容。淘宝海报的规格一般不超过 1920px×600px 大小，如图2-62所示。

图 2-62　海报

二、海报的主题类型

1. 店铺促销活动类海报

以店铺促销活动为主题的海报，具体又包括品牌团（如官方聚划算）；官方季节性活动（如双十一、双十二、年中大促等）；官方常规活动（如换季、节日，符合当下季节或者节日、特殊日的相关题材）；店铺常规活动（如周年店庆等），如图2-63所示。

图 2-63　店铺促销活动类海报

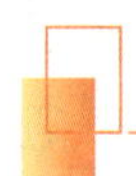

2. 店铺单品推广类海报

以推广店铺单品类的海报，适合店铺中要打造爆款或者想要提高转化率的某款产品，具体包括单品聚划算、新品上市、特价促销等主题的海报。如图 2 - 64 所示的是新品推荐海报。

图 2 - 64　店铺单品推广类海报

3. 品牌宣传类海报

适用于达到一定认知度的品牌以及在行业中有一定的知名度的品牌，如图2 - 65 所示。

图 2 - 65　品牌宣传类海报

三、海报的设计要求

海报通常以轮播图片的形式展示店铺或商品信息，轮播图的动态形式会让整个店铺看起来生动活泼。轮播海报图设计要求有：

（1）图片要突出店铺的主题；

（2）尽量保持图片的完整性；

（3）图片要清晰直观。

任务实施

步骤一：明确店铺促销海报卖点，并完成表 2－12。

表 2－12　海报制作效果表

序　号	文字/形状	所在位置	颜　色	字　体	大　小	备　注
1						
2						
3						
……						
n						

步骤二：打开 PS 软件，按照步骤一中的要求进行海报设计，具体的 PS 设计步骤详见（附件：促销广告制作 PS 操作步骤）。

步骤三：将海报成品提交至教师。

任务考核

表 2－13　学习任务 6 实训考核表

组　号：		填写人员：			日　期：		
评分项目	评分点	1 组	2 组	3 组	4 组	5 组	6 组
实训室规则	遵守实训室规章制度（10 分）						
职业素养	衣着干净整齐（5 分）						
	精神面貌佳（5 分）						
	积极参与团队合作（10 分）						
职业技能	了解什么是海报（5 分）						
	掌握海报类型（5 分）						
	掌握海报设计要求（10 分）						
	能够使用 PS 进行促销海报的制作（50 分）						
合计得分							

学习任务 7　商品详情页的制作

任务目标

✧ 知识点

1. 掌握商品详情页的构成及设计原则
2. 掌握商品详情页主要模块的设计技巧

✧ 技能点

1. 能够使用PS进行促销图、主图、规则表、细节图的制作
2. 能够使用PS完成详情页的拼接
3. 能够上传完整的商品详情页

任务描述

冰冰装修好了店铺首页后，对自己的成果感到非常满意。冰冰也从中摸索出了点规律，她总结出店铺装修要两步走：第一步，制作和美化好相关图片；第二步，在装修后台按照指定步骤上传。其中，最为关键的一步就是图片的美化。如今，冰冰信心满满，准备自己尝试制作商品详情页了。“看了那么多商品详情页，模仿下总可以吧。”冰冰心想。第一个商品详情页装修好后，冰冰立刻传给了胖胖，想炫耀下自己的无师自通。胖胖的回复却令冰冰的心拔凉拔凉的，“不科学哦!”其实，商品详情页的设计装修，还是需要遵循一定规律的。我们一起来学习使用PS软件进行商品详情页的制作吧。

知识准备

商品详情页是提高商品转化率的入口，其主要功能就是激发顾客的消费欲望、树立顾客对店铺的信任感、打消顾客的消费疑虑、促使顾客下单。

一、商品详情页概述

商品详情页是由商家设计、向消费者介绍某个商品的详细情况，用于吸引消费者并促使其产生购买行为的最终页面，是商家得以提升商品转化率的重要媒介。构成商品详情页的内容有商品主图、商品类目、商品标题、商品价格、商品整体展示、商品的细节/卖点展示、商品的规格信息、购物须知等信息。

商品详情页描述按照展现的元素可以分为：图片、文字、视频或者表格等几种形式。

商品详情页是商家与买家之间不在场的虚拟沟通方式。那到底多长的详情页适宜呢？一般情况下详情页的长度（单位：px）如图2-66所示。据统计，只有20%的用户会查看超过8屏的详情页，所以理想的商品详情页应该在4~8屏内迅速抓住买家的眼球。页面长度过长不仅会导致网页加载速度变慢，也会让买家产生视觉疲劳。一般来说，PC端显示在20屏以内，移动端控制在10屏，也就是4页以内，如图2-67、图2-68所示。

看一看：黄金三屏

一屏指的是一个屏幕高度看到的内容，也就是说电脑显示器能够显示的高度。那么前三屏就相当于一个详情页前面的内容，以屏幕高度为准(比如说一个显示器分辨率为1024px×768px）那么第一屏就是768px以内的内容，如此类推。之所以说“黄金三屏”主要是跟人的注意力有关，顾客在浏览你的商品描述页的时候，看前三屏时注意力是最高的，这里面所放置的内容能否引起顾客的购买欲望就变得很重要了，很多商家会在这里面花心思，这就是“前三屏”的重要性。

图 2-66　浴盐的商品详情页

图 2-67　商品详情页描述元素

正常	偏高	超高

0 15000 37500 77500

图 2-68 商品详情页的长度

二、商品详情页的设计原则

（一）人性化

商品详情页的设计体现的不仅仅是单纯的视觉效果，无论是构思还是排版它都是一个引导用户的过程。它存在的目的就是打动用户、刺激购买。打动客户的前提是需要了解客户的需求和购物心理，注重买家的购物体验。人性化就是要求以客户的体验需求为导向来设计商品详情页。

（二）整体性

商品详情页的整体性是指店铺风格和体现风格的诸多元素在设计上保持统一和协调，有利于商家明确传递出品牌形象，加深顾客的记忆及浏览体验。要做到这一点，需要商家事先对店铺风格及店铺展现元素进行统一的规划和设计。如定位一家服装店铺为淑女风格，其所展示的商品图片、文字、页面布局、配色等元素皆须围绕淑女风格进行统一设计。整体性具体表现为：风格一致、视觉系统设计统一、基础陈列统一、配色统一、标签统一、字体统一。

（三）差异性

但凡成功的店铺都要有自己的个性。个性来源于商品详情页的定位，即要为目标客户群体塑造独特的商品形象以区分竞争对手。商品详情页的个性既体现在视觉系统的个性化设计上，也要考虑详情页的季节性和时代性。

（四）艺术性

艺术性体现在具有和谐的美感，需要做到以下几点：

1. 主次分明，中心突出

在详情页面上，必须考虑视觉的中心，这个中心一般在视屏的中央，或者在中间偏上的部位。因此，一些重要的商品或者重要的内容一般可以安排在这个部位，整个页面做到主次有别。详情页装修切忌繁杂，不能设计成像门户类网站一样将各种内容堆砌在一起。

2. 图片元素的布局要有韵律感

格式美观的正文，和谐的色彩搭配，具有较强可读性的文字，生动的背景图案，详情页中不同元素之间需要有足够的间隔以体现韵律感。

3. 文本和背景的色彩搭配要和谐

一个页面的文本颜色通常只需要 2、3 种，其中 1 种为主色调。背景色彩不能喧宾夺主，要能很好地衬托主体商品或者文字。如果商家对颜色把控不好，也可以直接选择白色为背景色。

4. 文字和图片排版要有美感

文字大小应该适中，太大会增加翻页的难度，太小会让浏览者看起来很累。文字

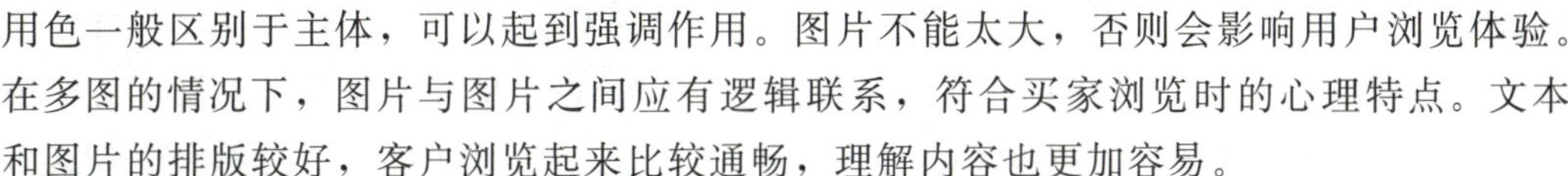

用色一般区别于主体，可以起到强调作用。图片不能太大，否则会影响用户浏览体验。在多图的情况下，图片与图片之间应有逻辑联系，符合买家浏览时的心理特点。文本和图片的排版较好，客户浏览起来比较通畅，理解内容也更加容易。

三、商品详情页的设计内容

（一）商品类目

商品类目是借助商品分类对店铺进行管理的一种方式。类目就是网店在电子商务世界的路标，有利于网购人群快速定位所需要的商品和服务。

（二）商品主图

什么是主图，简单地说就是用户搜索宝贝后看到的第一张图。主图一般是4～6张。主图根据作用不同，可以分为引流主图（入口主图）、营销主图（显示营销信息）和细节/功能主图（展示商品细节或功能），如图2－69所示。

图2－69　搜索结果页的主图显示

1. 主图的作用

（1）影响商品的点击率（引流）

商品在自然搜索中是以主图的形式展示给顾客看的，商品主图给客户的第一印象直接影响客户的点击率，从而影响整个商品的转化率。

看一看：商品点击率和商品曝光率

“点击率”来自于英文“Click-through Rate”（点进率）以及“Clicks Ratio”（点击率），是指网站页面上某一内容被点击的次数与被显示次数之比，即clicks/views。点击率是一个百分比，反映了网页上某一内容的受关注程度，经常用来衡量广告的吸引程度。

商品“曝光率”是指单位时间内商品展示的次数。在淘宝网上，影响曝光率的因素包括发布商品的信息、商品关键词的设置、商品信息更新的频率及商品的推广活动等。

（2）维持或提高顾客浏览详情页的兴趣

主图除了要展现核心卖点外，也要具备一定的视觉效果，用以提升消费者的浏览体验。

一般可以上传4～6张不同角度的商品主图，如图2-70所示。每张图发挥的作用是不同的：淘宝网搜索页是调取商品发布的第一张主图，一般是商品的正面图。这张主图是在淘宝网自然搜索结果的页面展示，是商品的入口图。对于这张图，淘宝网不要求商家必须使用天猫商城规范图，商家可以自行决定是否使用营销图。天猫商城搜索则调取商品发布时的第二张主图，这张图片用于商城的搜索结果页的展示。第一、第二张图是呈现在自然搜索页面的，所以做得美观与否直接影响到点击率的高低。其他图片则需要从不同角度表现商品的特点，通常会是商品背面、侧面或者细节图，让客户一眼就看到商品有什么吸引他的特点。为了增强消费者的体验感，大于700px×700px尺寸的主图会有放大镜效果。客户浏览商品时只要将鼠标移动到主图某个区域，右边就会显示图片放大的效果，如图2-71所示。

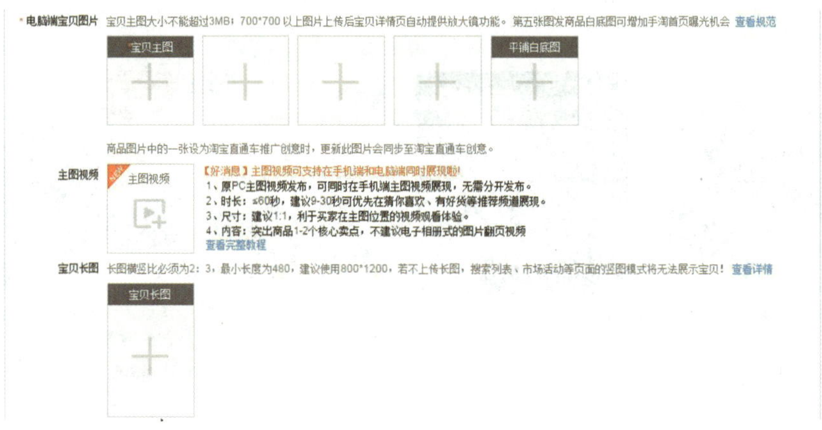

图2-70　后台“主图”编辑

图2-71　主图放大镜功能

（3）主图质量影响搜索排序

为了更好地提升买家搜索购物体验，淘宝网搜索将会对质量较差的主图进行流量限制。

2. 主图设计要求

（1）符合（淘宝网）规则

不同的店铺类型、不同的行业对主图的要求是不同的。以天猫店为例，作为入口主图的一般规则如下：

➢ 图片必须是实物图，不得引用杂志图、同款官网图、其他品牌商品图、影视片的截图等，图 2－72 为错误案例。

➢ 图片为正方形，最好为 800px×800px（自动拥有放大镜功能），最大不超过 500k。

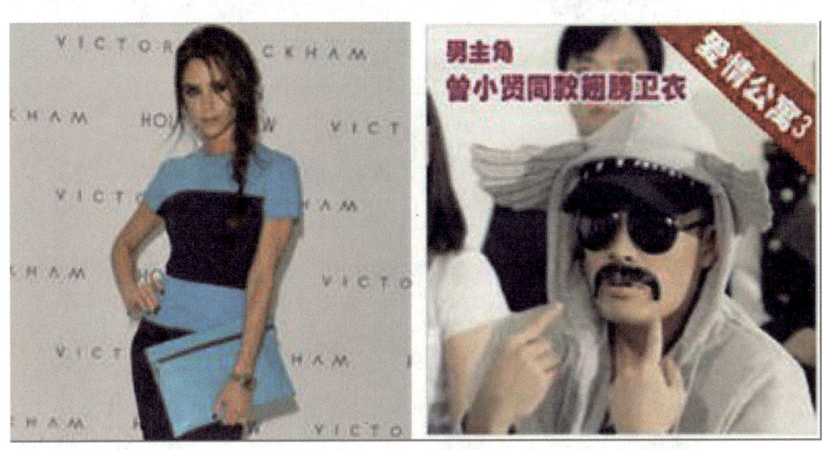

图 2－72　“非实物图”主图

➢ 图片不要有边框，如图 2－73 所示。

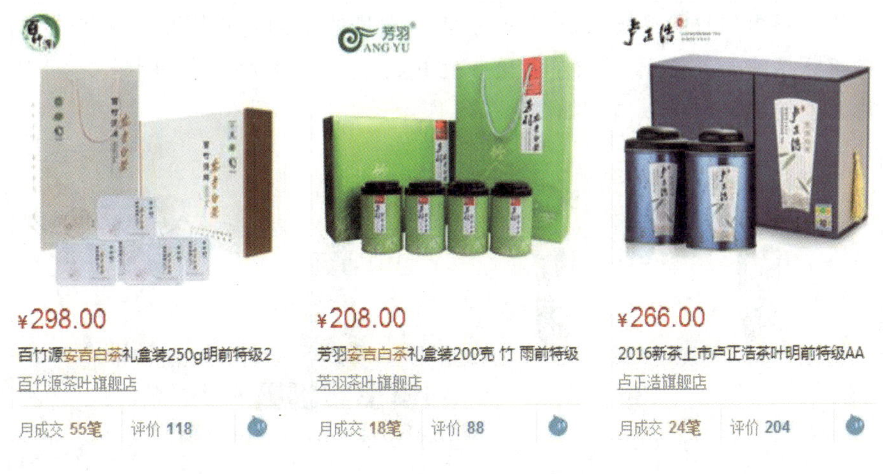

图 2－73　“无边框”主图

➢ 不要将多张图拼在一起。除情侣装、亲子装等特殊类目外，不得出现多个主体，如图 2-74、图 2-75 所示。

图 2-74　“主体”正确主图

图 2-75　“主体”错误主图

➢ 图片上不得出现除品牌 logo 外的水印，常见的水印包括网址、店铺名称等；所有人可将商标品牌 logo 放置于图左上角，且 logo 宽度为图片大小的十分之四以内，高度为图片大小的十分之二以内，如图 2-76 所示。

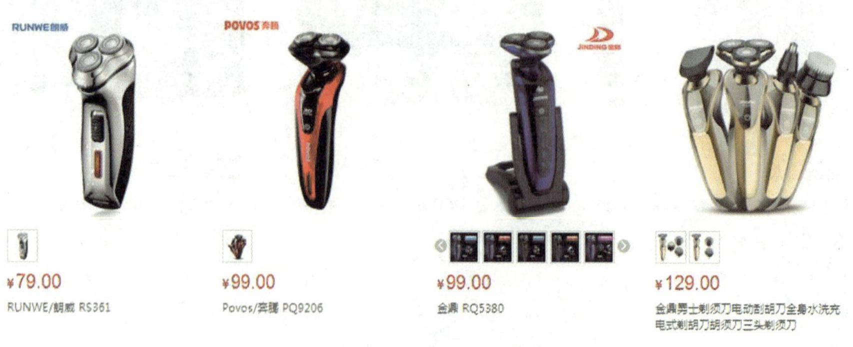

图 2-76　有 logo 和无 logo 主图

➢ 图片不得出现留白现象，即图片与模块大小不匹配，图片周围出现空白，如图2-77所示。

图 2-77　错误留白主图

➢ 图片不得包含促销等文字说明。该文字说明包括但不限于“秒杀”“限时折扣”“包邮”等。如图 2-78 为错误主图，图 2-79 为正确主图。

图 2-78　错误主图

图 2-79　正确主图

对于主图的背景，有些行业也有严格的要求，比如化妆品行业、箱包行业、鞋类行业等必须使用白底背景；而家纺行业、家具行业则用场景化背景或白底背景均可；运动户外用品行业，要求使用白底图或无明显底纹图片；实景图或模特图，要求背景做淡化处理。

看一看：**阿里巴巴家纺行业主图规则**

本标准适用于在阿里巴巴中国站销售的套件类、被芯类、枕芯类、夏凉品类、毯/垫类、婚庆家纺类、婴童家纺类等类目下的所有商品。

主图图片发布规范：

主图为实物拍摄图且不少于 3 张，每张图像素大于等于 750px×750px 的正方形图片。品牌 logo 放置于主图左上角，且像素不得大于 200px×200px。

主图图片上不得出现除品牌 logo 外的水印，不得拼接，不得包含促销、夸大描述、外网导购等文字或图片说明，该说明包括但不限于赠品、×折、送×、满×送×等。

主图发布顺序，如图2-80所示：

① 第一张：场景化背景的全貌图。

② 第二张：细节、材质图。

③ 第三张：标识标签，OEM/ODM 商品，该张主图可自定义设计。

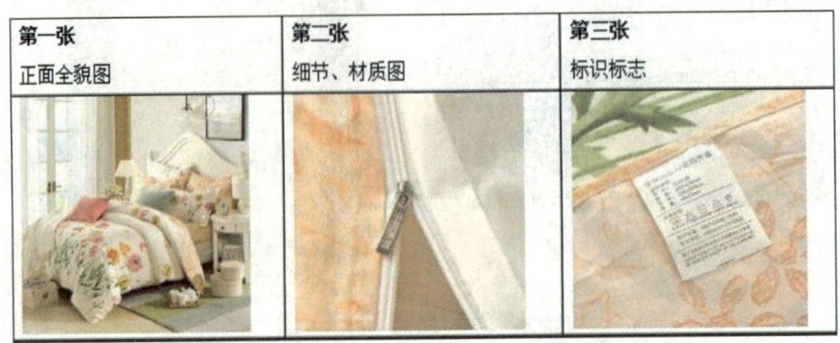

图2-80 主图

(2) 突出核心卖点

营销主图要突出商品的核心卖点。要想打动用户点击进入页面，就需要有足够的卖点引起用户的购买欲望。用户购买这个商品最关注的是什么？价格、质量，还是性能等其他因素。

图2-81 牛排的营销主图

➤ 图片要简洁、清晰、美观

主图是第一时间展现给客户的商品信息的媒介，言简意赅，清晰明了的设计很重要。清晰、完整、不变形是一张主图的基本标准。主图不能有过多的信息，牛皮癣似的主图会严重影响买家购物体验。可以选择核心卖点文案，这样不仅可以让客户在大量的图片中，第一时间获取重要的商品信息，更是顾客第一时间选择的理由。至于其他的商品优势，则可以安排到详情页中去说明，这种循序渐进介绍商品的过程，也更容易让顾客接受，如图2-81所示。

看一看：这张主图怎么样？

如图2-82所示，主图在内容上显示了伞的款式及核心卖点的简单说明，且第一时间告知价格和包邮；图片整体布局主次分明、颜色搭配美观，传递出一种较高的品质感。这张主图能让大多数客户瞬间掌握商品的主要信息，引发他们主动点击转至详情页去做进一步的了解。

➤ 创意新颖

对于一张主图来说，文案和设计的创意同样重要。在一堆“满减”“包邮”的粗暴文案中，有创意的文案会格外出彩。构思创意主图时，需要有自己的逻辑，构图上力求严谨、创意新颖，文案简练易懂，字体搭配合理且不繁杂，如图2-83所示。

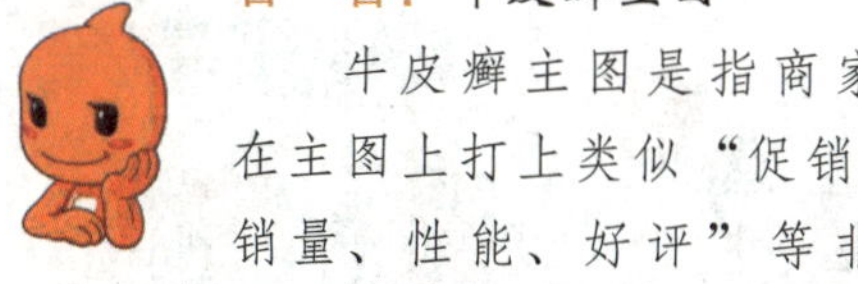

看一看：牛皮癣主图

牛皮癣主图是指商家在主图上打上类似“促销、销量、性能、好评”等非商品名字的文字和图画，容易误导和诱惑消费者；或者多个文字/图片区域大面积铺盖，干扰查看正常商品；有的虽没有大面积铺盖，但颜色过于醒目且面积过大，影响客户浏览体验。淘宝将这类主图称为“牛皮癣主图”，严重者，淘宝平台会直接屏蔽降权，如图 2-84 所示。

图 2-82　某品牌伞的主图

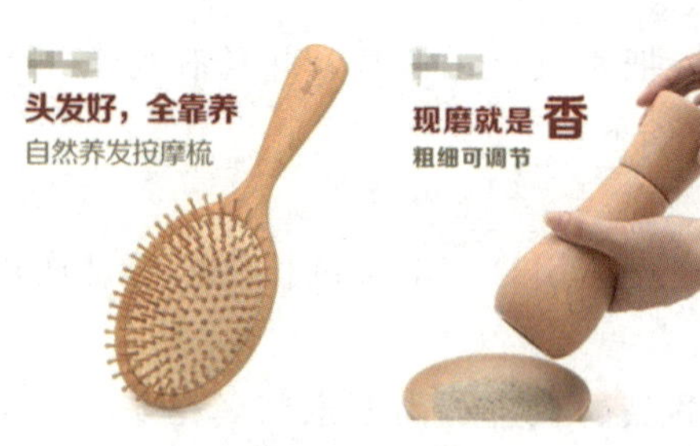

图 2-83　创意主图

图 2-84　“牛皮癣”主图

➢ 色调舒适

主图的色调搭配是否舒适，也会影响到点击率的高低。无论是文案还是配色，都要围绕商品来进行。一般而言，主图背景以白底为佳。图 2-85（a）看上去就很舒服，商品选图与背景色调较协调；而图 2-85（b）不仅文字较多，且配色不协调，看起来不太舒服。

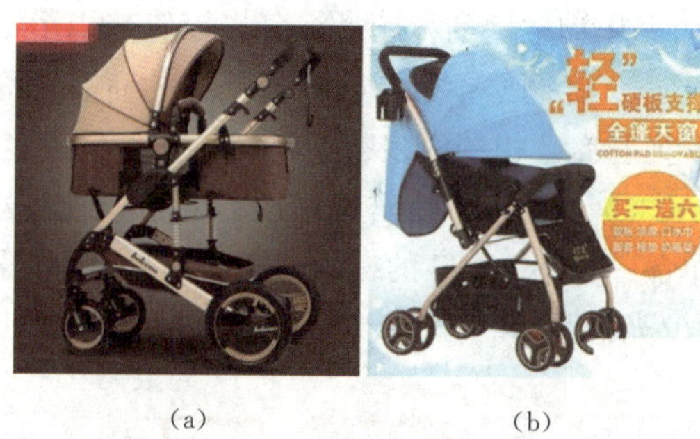

（a）　　（b）

图 2-85　主图的颜色搭配

（三）商品标题

1. 标题的作用

➢ 承载着商品被搜索到的功能。

➢ 容易激发买家的点击欲。

2. 标题设计要求

要理解标题的设计要求，首先要明白标题是设计给谁看的。

第一，标题是给搜索引擎看的。好的标题一定要有利于搜索，只有这样才能够获得更多的展现机会。

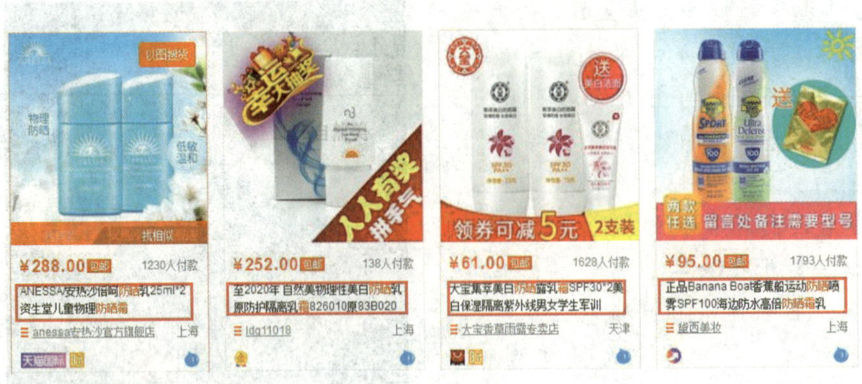

图 2－86　标题

第二，标题是给消费者看的。消费者在看标题的时候，能通过读标题，知道商品的重要属性，知道商品的特点、优势等内容，即商品的价值是不是符合顾客的需求，通过标题可以做个初步判断，如图2－86所示。

所以，从消费者的角度看，一个好的标题应该把卖点展示清楚，并且有利于阅读的、符合消费者的阅读习惯。标题设计的具体要求如下：

（1）符合淘宝网平台搜索匹配规则

淘宝网不仅是一个在线购物系统，它也是一个搜索引擎。淘宝网搜索引擎是通过对标题关键词和属性词的抓取来匹配搜索词的。

商品自然搜索结果的排序也有一定的规则，商品的权重越高搜索排名越靠前。做好店铺和商品基本权重，便能够获得对应的访客流量。如何获得权重，首先就是要遵守淘宝网的规则。因此，商家设置标题时首先必须符合淘宝网关于标题的规范。

淘宝网对标题设置有如下要求：

① 淘宝网的标题最多可以设置三十个字，即六十个字符。

② 标题必须带有明确且单一的商品名称，严禁出现商品词堆砌。“堆砌”是指直接罗列与商品相关的多条关键词，其中包含多个重复字词。

③ 标题中严禁出现超过单个品牌或型号的产品。品牌不同、型号不同，即为不同单品。如图 2－87 的标题信息中，“海澜之家”“七匹狼”多个品牌词堆砌使用，“全棉”“丝光棉”“纯棉”多个材质属性词堆砌使用。

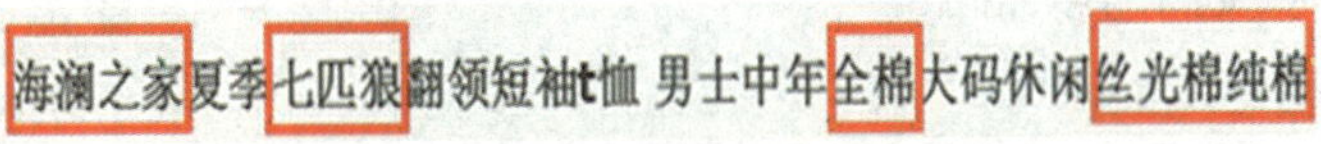

海澜之家夏季七匹狼翻领短袖t恤 男士中年全棉大码休闲丝光棉纯棉

图 2－87　标题

④ 同一条信息标题中的商品修饰词严禁超过 5 个，且修饰词间严禁用符号或商品词进行分隔，否则即会被判定为标题商品词堆砌。

⑤ 标题中严禁出现电话号码、E-mail、公司名称等任何联系方式。

⑥ 标题中的商品名称必须与详细说明及图片中的商品保持一致。

⑦ 禁止使用敏感词汇。所谓“敏感词”，即淘宝网禁止或不明确允许发布的关键

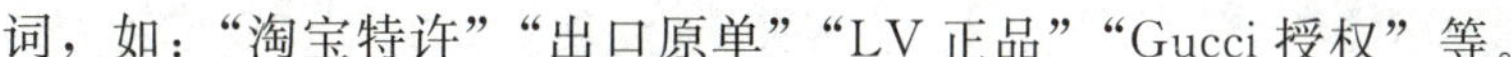

词，如："淘宝特许""出口原单""LV 正品""Gucci 授权"等。

⑧ 不得夸大或过度承诺商品效果及程度，如："全网最高""最低""最热"等最高级描述和"假一罚万""考试必过""N 天见效""无任何副作用""立竿见影""想瘦就瘦"等夸张描述。

⑨ 不得乱用淘宝网服务关键字，如"秒杀活动商品"，此处乱用淘宝网"秒杀"关键字；"非自动发货商品"，此处乱用"自动发货"关键字。

⑩ 标题组合中一般用空格或者"/"这两种符号隔开标题内容。一般情况下，商家习惯用空格。

（2）符合顾客购物心理及搜索习惯且易于阅读

标题是由多个词组组合而成，但是这些词组从哪里来的呢？标题关键词都是用户习惯搜索的词，与用户习惯搜索的词越匹配，就证明越符合用户的阅读体验，换句话说，点击率也会越高。如何准确地获取搜索量高的词组呢？可以借助付费软件（直通车的淘词功能）或免费软件工具（如生意参谋），通过相关的顾客行为数据筛选出关键词，如图2－88所示。

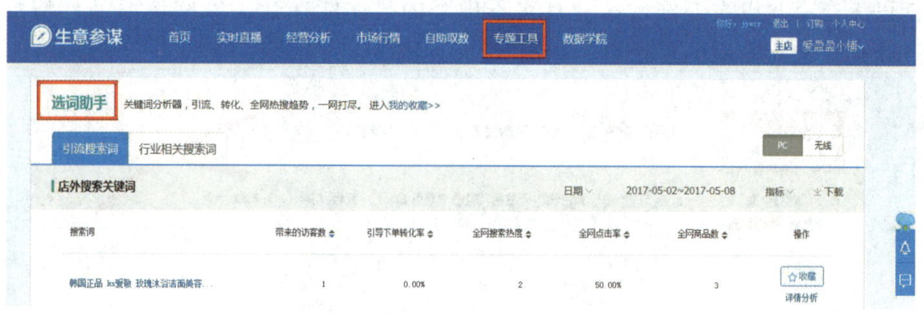

图 2－88　生意参谋"选词"工具

（3）标题要与商品属性相符

提炼关键词中涉及商品的品牌、属性等特征，务必与商品本身相符。淘宝网搜索引擎会确认标题与设置商品属性是否相符，不相符的商品会被淘宝网作降权处理。

（4）要实现"三高一低"

展现量高、点击率高、转化率高、竞争度低的关键词，即符合这"三高一低"的关键词是品质较高的关键词。展现量高说明许多用户通过此关键词搜索，使用该词就会有比较多的曝光机会。若是转化率没有实现预想的销售额，再多的流量进来不转化也是竹篮打水一场空，所以点击率和转化率要高。但是竞争度低、竞争对手少的店铺做起来比较容易。

（四）商品价格

价格是影响商品转化率的关键因素。价格信息的设置需要满足用户的比价心理，"货比三家"是网络购物群体的消费习惯。"折扣"或"优惠额度"的显示能让消费者心理产生微妙变化。原价和折后价产生对比，再直接表明折扣，这种重复表达也能加深用户对优惠力度的感受，如图2－89所示。

图 2－89　商品“优惠价格”的表达

（五）商品属性信息

属性的设计要做到完整和真实。完整的商品属性，不仅能让买家更细致地了解商品，可以降低店铺的跳失率，也可以为客服省下很多答疑的环节。在真实性方面，商家不能以无充有、以次充好，这种真实不虚夸的描述能在让买家阅读商品详情页的过程中逐渐建立起对商家的信任感，如图2－90、图 2－91 所示。

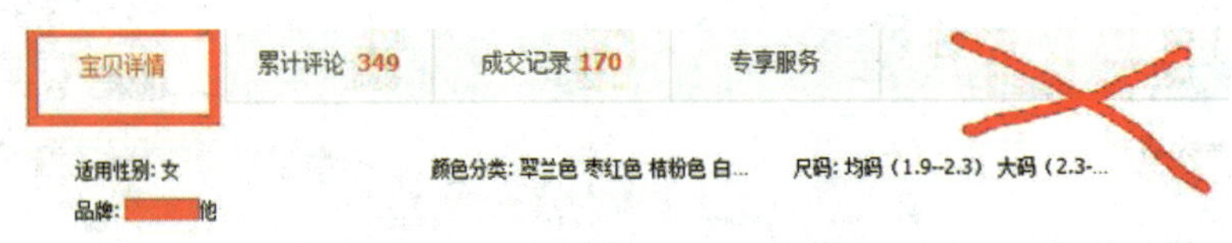

图 2－90　商品属性信息不完善

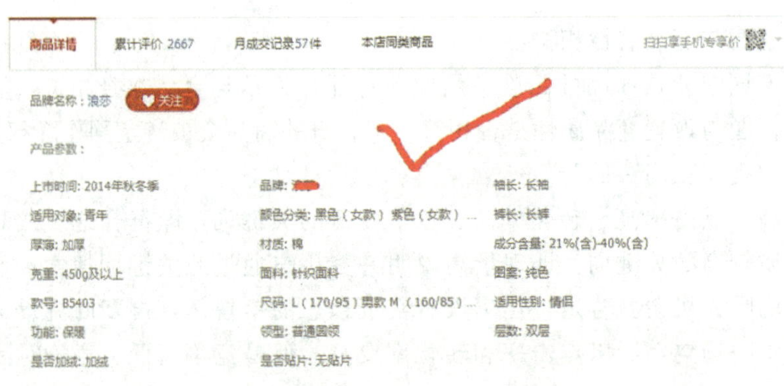

图 2－91　完善的商品属性信息

完善商品属性路径，如图2－92所示。

第一步：登录“我的淘宝”——→“我是商家”——→“出售中的商品”。

第二步：点击页面右侧“编辑”按钮，将“商品属性”补充完整。

第三步：点击“确认”按钮。

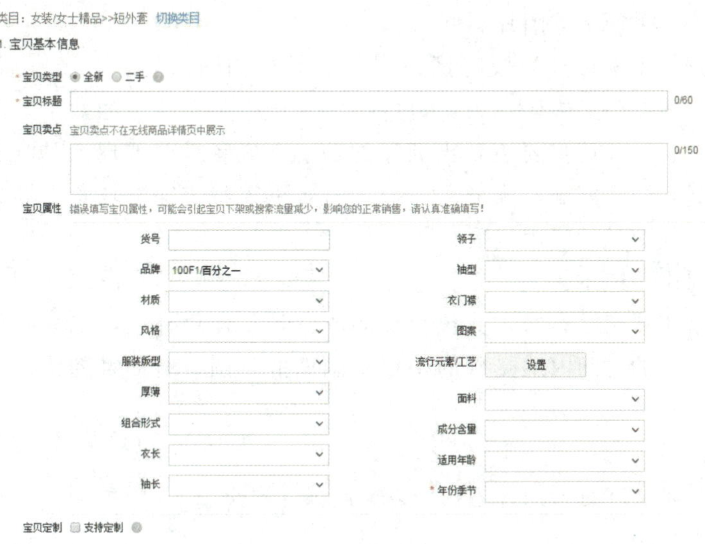

图 2-92　商品属性后台操作

（六）商品的整体展示

商品的整体展示是整体商品的大图展现，也是顾客重点关注的一部分，它分为摆拍图和场景图两种类型。

通过整体大图，顾客对商品有种直观的整体了解。整体大图的展现形式常见的有商品多角度图和商品场景实用图。宝贝多角度图片能让顾客全方位深入了解商品的外观；通过场景实用图把商品的使用效果或商品在真实环境中的实际效果展现出来，让顾客在虚拟的购物环境中提高对商品的感受力和确定性。不仅如此，优秀的整体展示图片，还能引发顾客的联想，甚至让顾客将自己代入到商家设定的情境中，使其对商品难以忘怀，进而强化其购物动机。

1. 设计要点

（1）构图清晰、简单

作为描述商品详情最先展现的头图，其设计依循简单原则，即图片构图清晰，元素分明，让人看起来一目了然，可以让买家第一时间了解商品概貌，从而产生深入了解的行为，如图2-93、图 2-94 所示。

图 2-93　商品整体展示

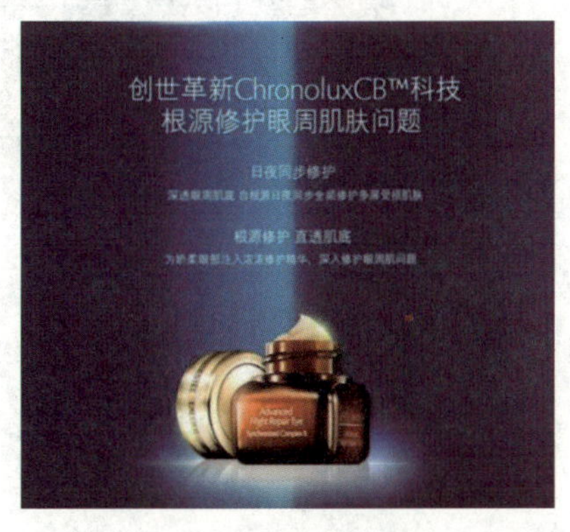

图 2-94　描述商品详情最先展现的头图（整体图）

（2）不同商品采用不同图片类型

整体图根据拍摄手法分为模特摆拍图和商品摆拍图两类。对于家居、数码、鞋、包等小件物品，需要凸显主体，采用模特拍摄易产生喧宾夺主的效果，因而小商品采用商品摆拍图较合适。若需要表现出商品的功能，或者需要展现商品唯美的意境，就需要采用模特场景图，如服装类商品，通常需要引入特定穿着场景。场景图能够在商品展示的同时烘托商品的使用氛围。

（3）营造氛围传递主题

整体大图既包括商品本身，又包括商品的背景及使用环境，所含的信息量是非常大的。客户在有限的时间内感受到的是整个画面的氛围，通过氛围认识商品的主题或者卖点。

（4）文案凸显主题

将商品详情页文案融入图片中，用以突出商品卖点。

（5）多角度大图

多角度大图是指需要呈现商品正面、背面、侧面等不同角度的图片，每张图片都增加不同信息含量来表现商品的卖点。如模特展示服装，是从几个不同的角度展示上身效果。若是多色款式商品，可以将一个颜色作为主打色，最多用两个颜色做主打色展现，可以一字排开展示多色的上身效果，仅作对比展示，如图2－95、图2－96所示。

图2－95　多角度整体展示

图2－96　多色“一字”展示

（6）整体风格统一

商品详情页的所有的整体图要风格一致，也需要与店铺定位风格保持一致。目的在于吸引目标群体，并给目标群体一个深刻的印象。

（7）服饰商品须选择合适的模特

模特的选择要符合品牌或店铺的定位，好的模特效果能吸引顾客眼球，容易产生共鸣和认同感。随着电商的发展，电商模特已不再是配合商家拍几张照片这么简单，好的模特可以直接提升商品的档次和品牌溢价。在社交网络时代，有些网红模特将拍摄好的商品照片及商品链接放到个人社交平台，实现该商品在引流和销量上的迅速上升。

（8）图片规格需符合要求

标准版旺铺要求商品详情页图片大小是600px×600px，单张大小不能超过500k，连体图片3M以内。如果拍摄图片过大，可以通过Photoshop进行调整。

（七）商品的细节/卖点展示

通过商品的整体展示，客户可以找到商品的大致感觉。当客户有意要购买的时候，商品细节模块就发挥作用了。展示的细节本质上也是商品的不同卖点所在，是让客户更加了解这个商品的主要手段，是顾客认为值得购买的具体依据。客户只有充分地了解商品，才可能达成最后的成交。

1. 设计要求

（1）细节、功能亮点清晰

商品的细节力图展示得详细。比如，在皮包产品各种角度的整体展示后，还要展示其内里、拉链、品牌logo、商品走线等细节，这样才能提升商品整体的品质感。商品功能细节是对商品的各个功能作详细的解析，以方便浏览客户确认商品的质量或功能特点，如图2－97所示。

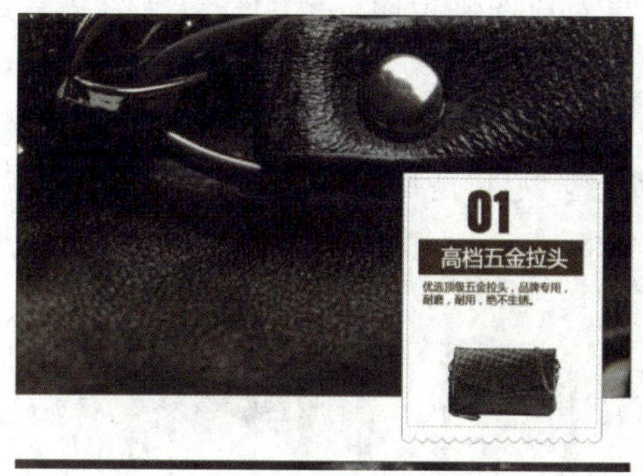

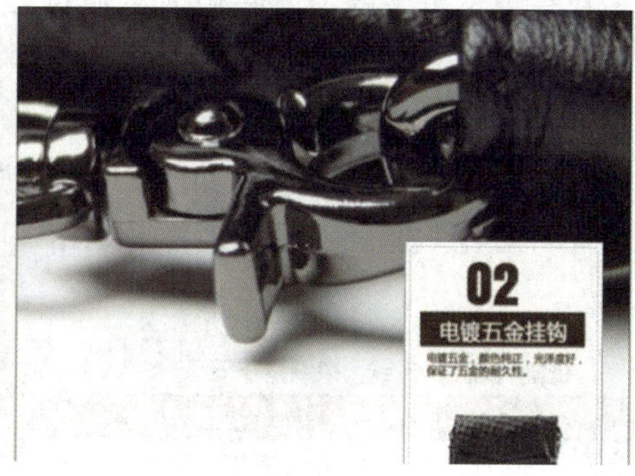

图2－97　展示“包”的细节

（2）文字图片相结合

文字能够进一步凸显细节，也能对细节进行补充说明，提高用户对商品的认知。比如图片无法动态地展示商品的使用情况时，还可以在图片上就可用文字对商品的使用情况作更详细的说明，如图2－98所示。

(3) 展示细节卖点要有逻辑

① 体现核心卖点

商品的特色或优势可能很多，鉴于详情页篇幅及客户的浏览体验。详情页需要突出最核心的商品优势，当然也是买家最关注的问题。如图 2-99 所示是婴儿用碗，妈妈对宝宝用品关注的第一个问题就是“安全”，该商品文案针对妈妈的关注焦点“安全问题”展开：一是碗的制作材料是否安全；二是宝宝使用起来是否安全。可以说，该商品文案的卖点直击妈妈们的购物需求。

图 2-98　服装布料的细节

图 2-99　婴儿碗细节图

② 通过对比展现卖点

➢ 效果对比

一些商品的性能，如减肥、节能、抗压、防水防火、防污防油等，仅仅依靠文字或者图片是说不清楚的，最好用前后使用效果对比图来说明，再配合精确的文字来补充细节，如图2-100所示。

➢ 优劣对比

将商品的优劣进行对比，如图 2-101 所示，尤其是那些有明确竞争对手的商家，通过“优劣对比”能轻而易举地把对手给 PK 掉。

低能耗就是=省钱，来细算一下

	LCD液晶	LED液晶
40寸平均使用功率	200W	70W
平均寿命	7万小时	10万小时
一年电费(0.7/度:按照每天开机4小时)	=(200W*4小时*365天)/1000*0.7=204.4元	=(70W *4小时*365天)/1000*0.7= 71.54元
总电费(均以10年为限)	=2044元	=715.4元
总电费(均以10万小时为限)	=14000元	=7000元

买LED液晶比买普通液晶节省50%能耗。

又够买一台LCD了

相当于每年省700元电费

图 2-100　通过“图表”对比

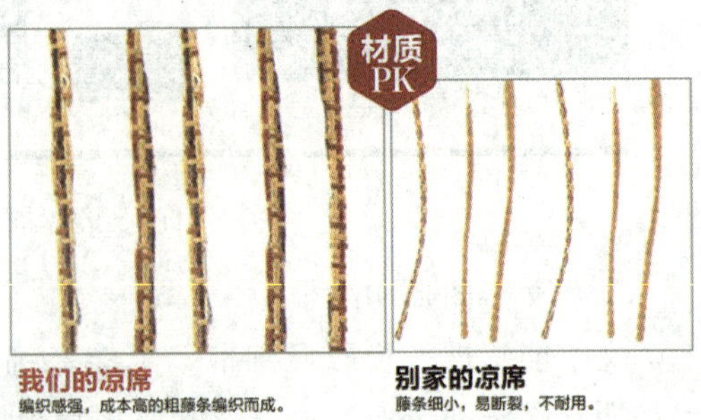

图 2-101　细节优劣对比

③ 序列展示卖点

当商品功能特征权重相同的时候，可以依次列出，把每一个特征或者每一个功能独立地写出来，这不仅有利于记忆和传播，也能让版面条理化，便于引导浏览者阅读，如图2-102所示；也可以在细节图旁加上一个全景展示作一对比，如图2-103（a）所示；排版上可以不拘一格，更具有引导性，如图2-103（b）所示，使用的就是线的引导。

图2-102 序列展示功能卖点

（4）包装盒的展示

包装盒的展示是商品实力展示的一个开端，也是细节展示的收尾，它通常是承上启下的转折点。商品的外包装、标签吊牌等能展现商品的品牌感和运输中的安全性。包装是服务的重要组成部分，一个好的包装还能体现店铺的实力，给客户放心的购物体验。

（八）商品的规格信息

1. 商品规格信息的作用

商品的参数是用户判断商品整体感觉的主要方式。在网购中，因为收到商品跟自己预期相差太多，经常有买家买了商品后要求退货。所以在详情页中需要加入商品规格参数，让客户对商品有正确的预估。

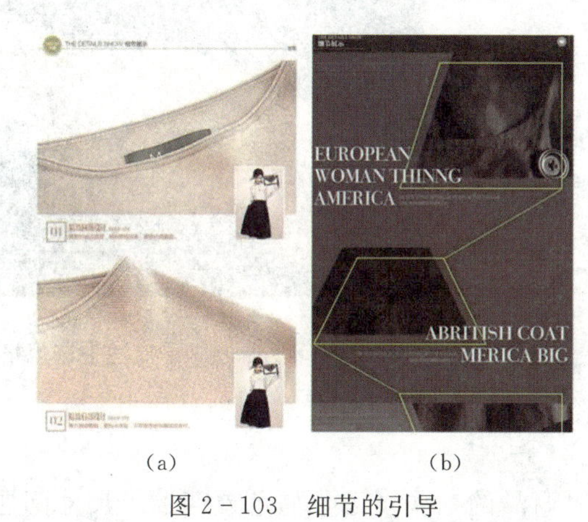

（a） （b）

图2-103 细节的引导

图2-104 某品牌首饰的包装展示

2. 设计要点

（1）图表展示

不用文字，而使用图表列出商品规格信息，可以节省买家了解商品的时间，维持他们的购买欲望，如图2-105所示。

尺寸cm	肩宽	胸围	腰围	臀围	袖口周长	衣长
S	36	84	66	86	28	90
M	37	88	70	90	28	90
L	38	92	74	94	29	90
XL	39	96	78	98	29	90
XXL	40	100	82	102	30	90

扣子：手工盘扣（前三颗可解开，最后一颗固定作用。）

拉链：侧面40cm隐形拉链。

图 2-105　衣服的规格参数表格

（2）商品的参数要写清楚

有的商品还需要展示测量方法，这样既显得专业，也方便顾客自己选择合适的尺寸。商品是特殊规格，需要标注清楚“非全店通用”；模特信息需要突出身材参数；试穿感受要写清楚试穿人的身高、体重、三围以及平时经常穿的号码，如图2-106所示。

SIZE INFORMATION | 尺寸信息 |
尺码 衣长 胸围 脚围 袖口 前裆
S 127.2 99.5 137.7 40.7 57.7
M 128.2 104.5 139 42 59.7
（此款不包含腰带 可店内购买）
▶ 模特身高：161cm 体重：45kg 试穿S码
测量单位为CM，手工测量会存在3-5cm误差皆属合理范围。
面料注意事项：

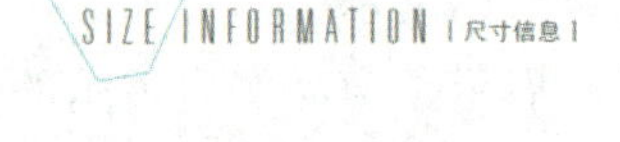

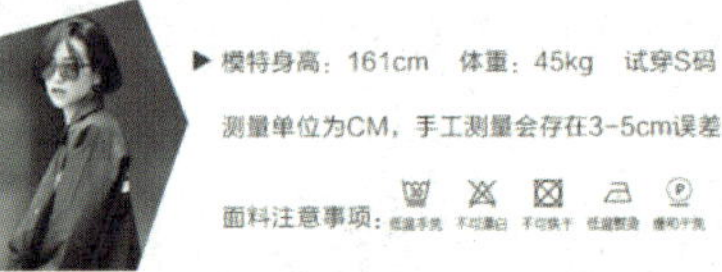

图 2-106　尺寸规格的描述

（3）规格可视化

可以采用实物与商品对比，让顾客切身体验商品的实际尺寸，以免收到货的时候低于心理预期，如图2-107、图2-108所示。

1.2床 1.5床 1.8床 1.8床 2.0床
/ 150*195cm±2cm 180*198cm±2cm / /
/ / / / /
我们关注质量，更关注服务
此款适合以下的床
根据床的尺寸来选择适合的凉席:假设你家床是1.5米的，那么就选择150*195CM的席子，选择和床同尺寸的席子即可。尺寸选择仅供参考，请根据自己需求选择。
4英尺床
5英尺床
6英尺床
6.6英尺床
1.2米
1.5米
1.8米
2.0米

图 2-107　形象化描述席子规格

产品对比
优
自然光线下手机拍摄 颗颗满蜜满蜡 干干净净 少瑕疵 整串颜色均匀一致近乎完美
4.8-5mm 5.5mm 6mm 7mm
8.5mm 9.2mm 10mm 10.3-10.5mm

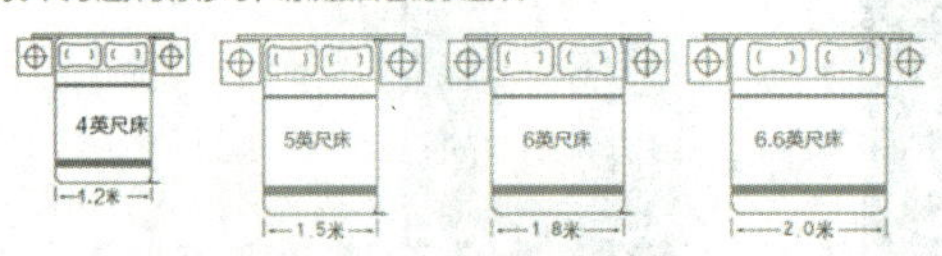

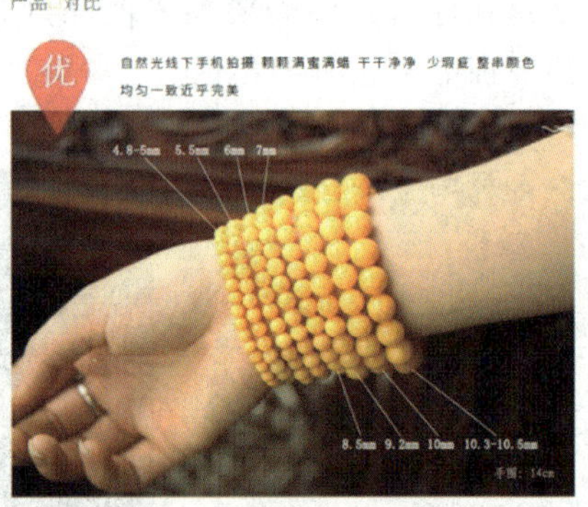

图 2-108　通过对比描述手链规格

（4）必要的文字说明

商家须做好商品文字说明，打消买家对商品的一些疑虑，如色差问题、尺寸问题。比如，有商家把人民币和宝贝一起拍照，并注明“产品是实物拍摄，钱偏色多少，产品就偏色多少”来进行色差对比。不同厂家所依照的行业尺寸不完全一样，所以买家在网络中看到同款的商品也会存在尺寸的偏差。这时商家要做好所售商品具体尺寸的对比，同时做好尺寸偏差的说明。

（九）品牌增值的信息

1. 概况

品牌增值就是将品牌信息引入到商品描述里，证明该商品是有别于其他店铺普通商品的事实，品牌也是卖点之一。品牌介绍可以增加用户对商品品质的认同感和信任感，通过品牌文化、品牌实力资质、商品的检验报告、合格证书、资质证书、荣誉证书、产区实景、生产仓储等图片来展示品牌的实力。

2. 设计要点

品牌实力的展示需要考虑商品自身的特点及买家的心理。考虑用什么实力的展示最容易赢得顾客的信任，并不是把所有的认证和证书都拿出来展示。

看一看：关于品牌故事的编写

一般的品牌故事，包括这三个方面：

第一：品牌的来源，是因为什么而创造了这个品牌。

第二：品牌名称，要解释清楚名称的缘由和名称包含的意义。

第三：品牌的经营理念，就是要交代做什么商品的，怎么去做的，做得怎么样。

品牌故事写法多种多样，要看想怎么诠释和包装商品，如图2-109所示。

（十）购物须知信息

1. “购物须知”的作用

购物须知就是解决顾客心中关于邮费、发货、退换货、衣服洗涤保养、售后等相关问题，简而言之，就是解决顾客已知和未知的各种问题。例如，是否支持七天无理由退换货、发什么快递、快递大概几天可以到、商品有质量问题怎么解决等。对于商家而言，购物须知信息设计得好可以有效地减轻客服的工作压力，增加商品的静默转化率，如图2-110所示。

2. 设计要点

购物须知设计内容要针对顾客最关心的、容易引起顾客购物焦虑的问题，而不是所有的问题内容都要在此展开，内容太多会影响详情页打开的速度，进而影响顾客的购物体验。

任务实施

步骤一：使用PS软件制作促销图、主图、规格图、细节图。

具体PS操作步骤见（附件：商品详情页制作的PS步骤）。得到的成品分别如图2-111至图2-114所示。

图2-109　品牌故事

【问题一】：地址错了怎么办？地址可以修改么？

答：您好，请您购买前确认自己的地址正确，活动期间不可以临时在旺旺上通知客服修改，有可能因为珠宝节期间订单繁重，忘记修改导致的收不到货或者耽误收货时间，我们对此不承担责任。已经拍下的订单一律不改地址，只按页面信息发货，如有修改信息造成的发错货，请您自行承担邮费。

【问题二】：请问发什么快递？几天发货？

答：您好，本次珠宝节特价商品包邮，快递只发申通，因为低于成本价销售请亲谅解，快递三天左右到货。由于活动力度空前绝后，发货量剧增，我们会加班加点，按亲们的付款先后顺序发货，尽量保证3天之内发货，因订单量大，请介意的亲们慎重考虑，不能接受请勿拍下，谢谢谅解。

【问题三】：可以货到付款么？有发票和质检证书么？

答：您好，本次活动折扣商品由于低于成本价销售，不支持货到付款，不议价，无证书，不开发票，请亲谅解。如需证书，需自己支付鉴定费用20元。

图 2-110 购物须知

图 2-111 促销图

图 2-112 主图成品

SWAG & LUXURY

尺 码 表

单位|厘米| 手工测量存在1-3公分左右的误差

尺码	胸围	肩宽	衣长	袖长
S	84	33.5	52	7
M	88	34.5	53	7.5
L	92	35.5	54	8

模特：秀秀

身高：165cm 体重：46kg 胸围：80A

试穿S码

面料注意事项：

图 2-113 尺码表

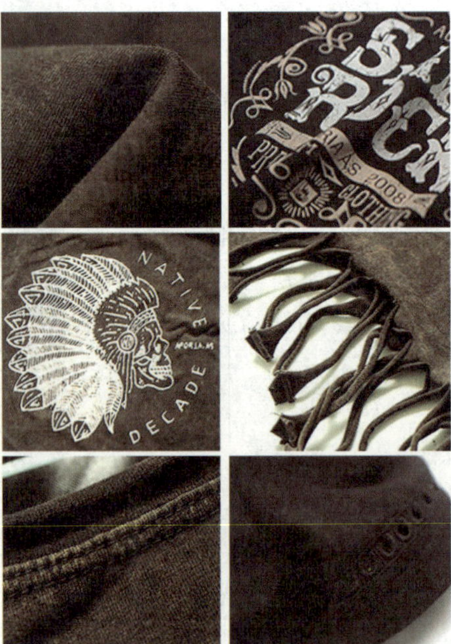

图 2-114 细节图成品

步骤二：拼接详情图。

使用 PS 对上述四张图进行拼接，得到成品如图 2－115 所示。具体操作步骤见（附件：商品详情页制作的 PS 步骤）。

步骤三：商品详情页上传。

1. 进入淘宝商家中心，点击“店铺装修”，如图2－116所示。

图 2－115　商品详情页

（由于篇幅有限，进行三分栏展示）

图 2－116　店铺装修

2. 进入“店铺装修”页面，先点击“页面装修”，再点击“页面管理”，如图2－117所示。

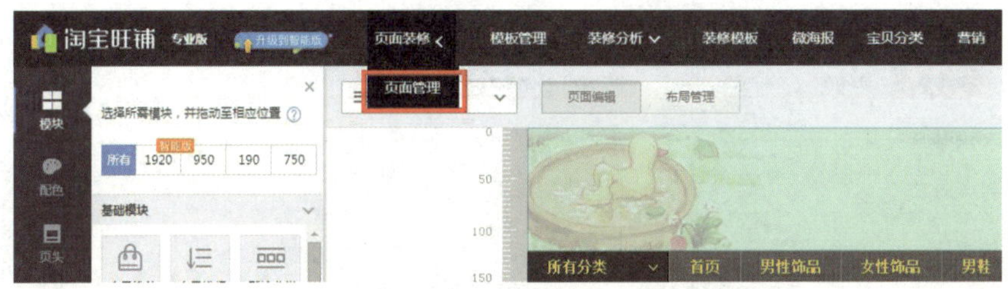

图 2－117　页面管理

步骤四：进入“页面管理”，点击“宝贝详情页”，如图2－118所示。

图 2－118　宝贝详情页

步骤五：点击“页面装修”，如图2－119所示。

图 2－119　点击“页面装修”

步骤六：进入详情页装修页面，如图2－120所示。

图 2－120　详情页装修页面

步骤七：红色区域就是详情页的编辑区域。将制作好的详情页进行上传即可，如图2－121所示。

图 2－121　详情页的编辑区域

任务考核

表 2－14　学习任务 7 实训考核表

组　号：		填写人员：			日　期：		
评分项目	评分点	1 组	2 组	3 组	4 组	5 组	6 组
实训室规则	遵守实训室规章制度（10 分）						
职业素养	衣着干净整齐（5 分）						
	精神面貌佳（5 分）						
	积极参与团队合作（10 分）						
职业技能	了解详情页概念及设计原则（10 分）						
	掌握商品详情页的设计内容（5 分）						
	能够编辑详情页中的文字（5 分）						
	掌握详情页各个模块的 PS 制作（40）						
	能够将编辑好的详情页模块图在详情页编辑框中编辑上传（10 分）						
合计得分							

学习任务 8　手机淘宝店铺设计与装修

任务目标

✧ 知识点

1. 掌握手机商品详情页的设计要求
2. 掌握手机商品详情页的装修技巧
3. 学会制作手机商品详情页

✧ 技能点

能熟练对手机端的详情页进行设计

任务描述

“2016 年天猫双 11 全球狂欢节总交易额超 1207 亿，无线交易额占比 81.87%，覆盖 235 个国家和地区。如今，不论是淘宝网、京东商城还是独立开发的商城，手机端已经成为店铺主要的流量来源，有些店铺无线端流量占比甚至高达 80%。随着智能终端的快速普及与整体网络环境的改善，更多的消费者会倾向于选择移动购物。无线端商品详情页在承担购物转化中扮演的角色日益重要。”看完这则电商报道，冰冰意识到了手机商品详情页的重要性，于是向胖胖讨教如何对手机商品详情页进行设计装修。我们也一起学习下吧，如图 2－122 所示。

图 2－122　2016 年双 11 天猫狂欢节

知识准备

一、手机商品详情页设计要求

（一）符合消费者浏览习惯

由于手机流量的限制，在设计手机详情页的时候，为了保障客户的浏览体验，需要做到：

（1）保留重点内容：包括宝贝的卖点、属性，宝贝的展现和包装等其他详细内容，“PK 图”“说明图”等可以省略。

（2）图片不宜过大，过多；少用文字表达，尽量用直观的图片展现内容。

（3）每张图片上的文字一般设置为 23～25 号。

（4）图片要考虑屏幕的大小，尽量做到每一屏一张图片。

（5）图片颜色要有层次，手机端图片较 PC 端少，买家浏览的速度较快，要突出产品颜色和视觉冲击效果。

（6）尽量控制长度，详情页不能太长，尽管大多数消费者都是在 Wi-Fi 环境下浏览店铺，然而无线端快速浏览的习惯早已成形，不断下拉的店铺未必能吸引消费者点击。

（7）在碎片化的时间结构下，简单清晰的版块布局才能有助于买家快速定位自己的兴趣点，有效引导成交，如图2－123所示。

（二）在 PC 端展现无线端入口以提升无线端转化率

当无线端设置好手机专享价格之后，需要将手机专享价的内容展现在 PC 端，例如展现无线端的二维码，并突出手机下单更优惠；将 PC 端的客人引导到无线端进行成交，增加无线端的权重，更快地提升宝贝在无线端的竞争力，如图2－124所示。

图 2-123　手机详情页图片

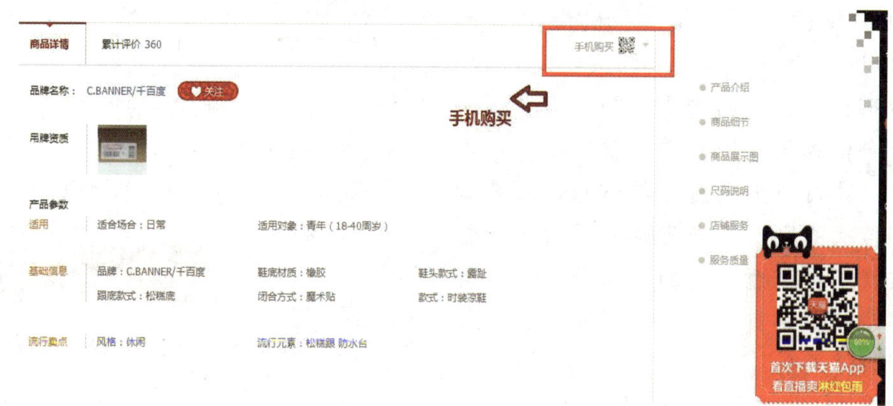

图 2-124　PC 端详情页加上“手机购买”二维码

（三）遵循“前三屏”原则

从绝对值看，无线端的店铺展现面积要远小于 PC 端店铺。正是因为可施展区域小，如何在首个黄金展现期内牢牢抓住消费者的心，就变得尤为重要。有数据统计，浏览手机详情页 3 屏以上的不会超过 50%，浏览超过 10 屏的不会超过 15%，大多数人浏览了前 3 屏就关闭页面离开了。这和要求面面俱到、信息全面的 PC 端详情页有着天壤之别，如何在这 3 屏之内抓住顾客，打动一个买家的心理，促成转化，这要求文案有更高的文字提炼功底，美工有更能抓住眼球的设计，如图2-125所示。

图 2-125　手机详情页“黄金三屏”的一种设计模式

如茵曼旗舰店的数据显示，用“自定义模块”搭建的大图展现形式点击数是595，点击情况要优于传统的“双列宝贝”模块的点击数327。这给宝贝以更大的展示空间，消费者自然更愿意点击，如图2－126所示。

图2－126　茵曼品牌女装手机详情页第一屏

（四）趣味性让用户多停留

在这个全民娱乐的移动互联时代，互联网给人带来的惊喜往往出人意料，越来越多的娱乐化互动工具被应用于无线店铺，并取得了不错的成效。在活动预热期间通过玩转趣味营销吸引用户，比如加购物车抽奖，玩游戏抽奖等一系列无线店铺互动工具在很大程度上增强了消费者购物的娱乐性和趣味性。2016年，手机淘宝首推“百变秒妆”功能，实现摄像头实时试妆、即时分享、一键添加购物车的功能，颠覆了传统专柜彩妆试用营销体验。该应用推出当日，数百万消费者参与试妆，品牌调性得到传播的同时，成功吸引了消费者驻足，成就了真正意义上的娱乐营销。这些无线互动营销工具，让无线店铺页面不只是实现“买买买”，同时赋予购物互动更为活跃的气氛，增强了客户黏性，如图2－127所示。

图2－127　详情页的趣味性

（五）符合淘宝网的设计规范

淘宝网官方对手机版详情页有一些硬性要求，表现在：

（1）基本要求

手机详情页总体大小：图片＋文字＋音频应小于等于 1.5M，图片仅支持 JPG、GIF、PNG 格式。

（2）图片大小要求

宽度：480px～620px

高度：≤960px

格式为：JPG、GIF、PNG

（3）文字要求

当需要在图片上添加文字时，中文字体一般大于等于 30 号字，英文和阿拉伯数字一般大于等于 20 号字。

（4）音频

每个手机详情只能添加一个音频，时长不超过 30 秒，大小不超过 200k，格式为 MP3。音频内容可以围绕产品卖点、品牌故事、产品特色、产品优惠等展开。

二、手机商品详情页的设置

在做好电脑端详情页后，在“宝贝描述”模块的左上角，点击“生成手机版宝贝详情页”按钮可以一键生成手机商品详情页，也可以点击宝贝描述的“手机端”，像编辑 PC 端详情页一样编辑手机详情页，如图2－128所示。

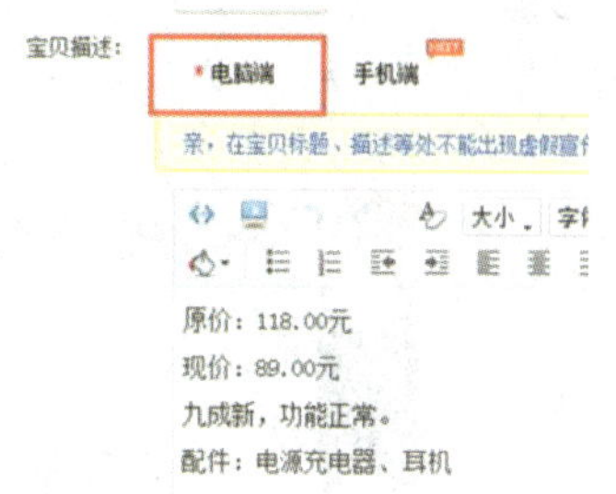

图 2－128　手机端详情页的生成

任务实施

步骤一：进入店铺装修页面，点击“页面管理”，如图2－129所示。

图 2－129　“页面管理”

步骤二：点击手机端页面，显示手机端装修页面类型。首先显示的是手机店铺首页页面装修，如图2－130所示。

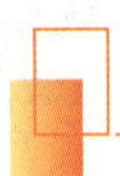

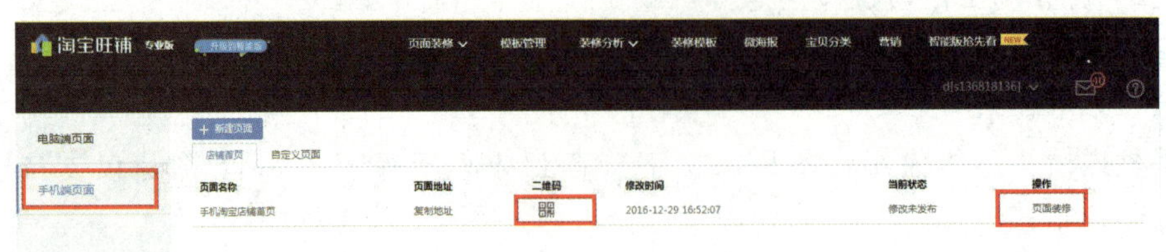

图 2－130　手机店铺首页页面装修

步骤三：点击“页面装修”，进入手机店铺装修页面。如果想在手机上看到自己的店铺，直接用手机扫描中间的二维码即可，如图2－131所示。

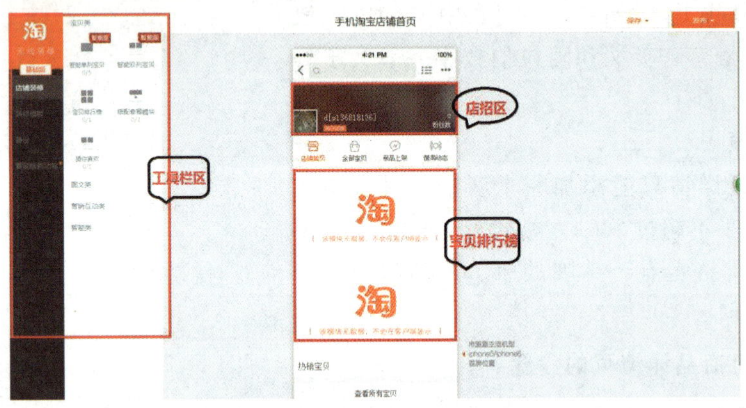

图 2－131　手机店铺装修页面

步骤四：左键点击店招区，右栏出现店头编辑栏，可以对店头进行编辑。包括店铺名称、店铺标志，重新上传店招（规格 642px×200px），如图2－132所示。

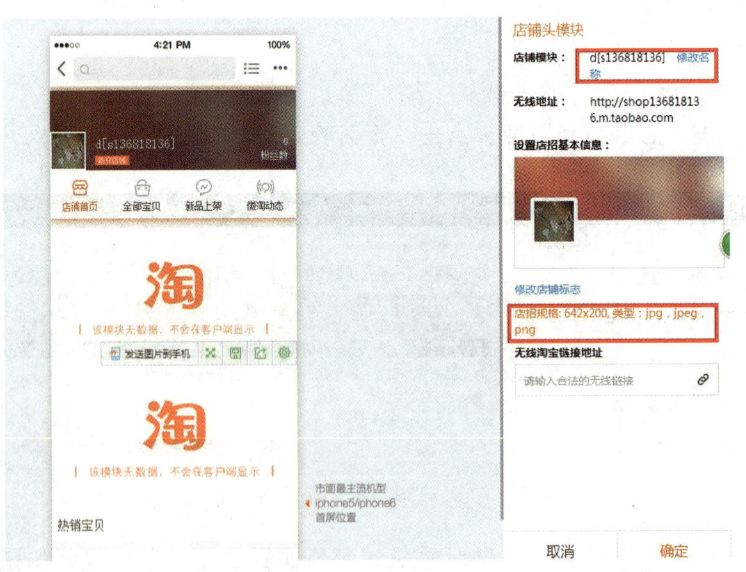

图 2－132　店头编辑

步骤五：左键点击宝贝排行榜区域，右侧出现排行榜设置栏。设置好后点击确定，如图2－133所示。

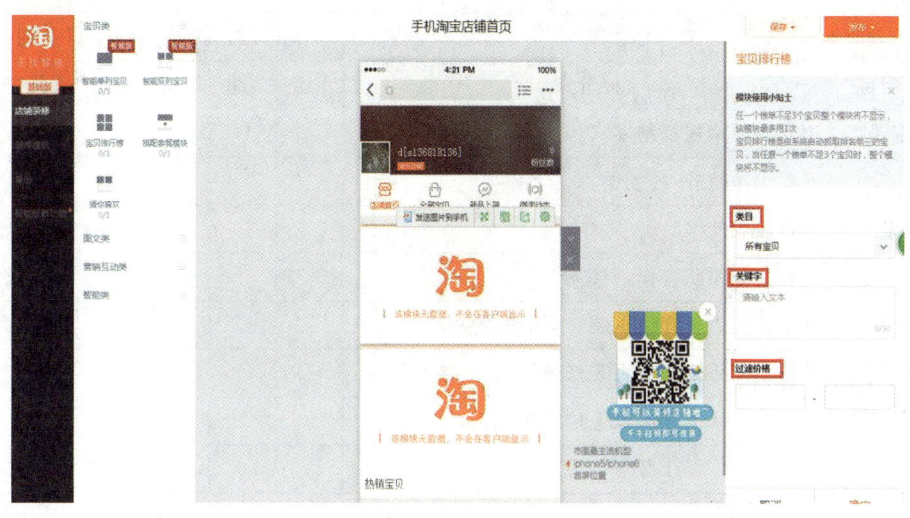

图 2－133　宝贝排行榜

注：宝贝排行榜是由系统自动抓取排名前三的宝贝，当任意一个榜单不足三个宝贝时，整个模块将不显示。

步骤六：为手机首页添加自己所需要的模块。根据需要在工具区选中模块，左键点击模块，拖到首页需要设置的区域，如图 2－134 所示。左键点击该模块区，在右侧栏进行编辑。

图 2－134　添加自己所需要的模块

任务考核

表 2-15 学习任务 8 实训考核表

组 号：		填写人员：			日 期：		
评分项目	评分点	1 组	2 组	3 组	4 组	5 组	6 组
实训室规则	遵守实训室规章制度（10 分）						
职业素养	衣着干净整齐（5 分）						
	精神面貌佳（5 分）						
	积极参与团队合作（10 分）						
职业技能	能够识别手机详情页装修页面的构成（10 分）						
	能够设计手机详情页装修模块图片（40 分）						
	能够将模块图片编辑上传（20 分）						
合计得分							

项目测评

一、单选题

1. 淘宝详情页面尺寸，下面说法正确的是（　　）。

A. 750px×自定义 px　　B. 950px×30px

C. 950px×120px　　D. 120px×120px

2. 下面哪一个不是构图元素（　　）。

A. 商品主体　　B. 陪体

C. 光的选择和利用　　D. 人物

3. 下面说法哪一个不正确（　　）。

A. 店标是店铺的标志。

B. 店名就是店铺的名称。

C. 店铺动态：一般更新促销打折信息，比如近期全场几折，有哪些宝贝在打折，几号上新宝贝等信息。

D. 淘宝网店铺经营地址是指商家发货的地址，按照要求填写清楚，精确到街道。

4. 下面关于海报的说法正确的是（　　）。

A. 让消费者识别店铺的商品和品牌文化。

B. 海报通常以轮播图片的形式展示店铺或商品信息。

C. 海报可以是视频的形式。

D. 海报的大小不超过 80k。

5. 下面哪一个不是商品详情页的构成（　　）。

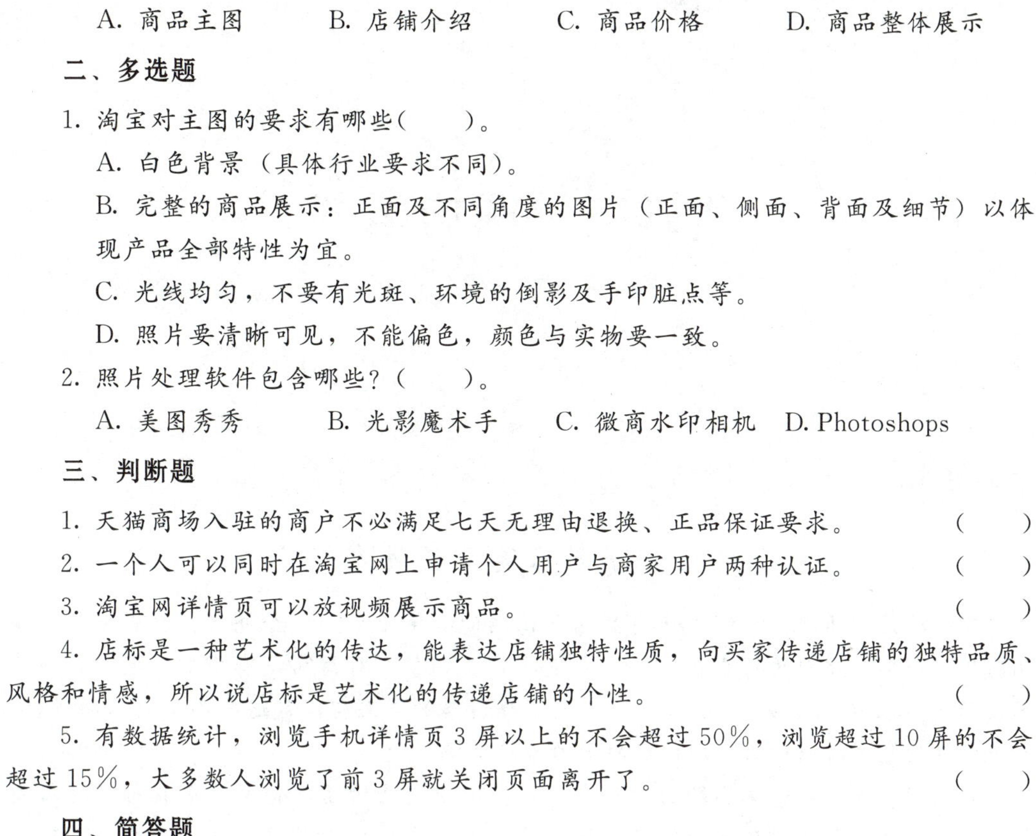

A. 商品主图　　B. 店铺介绍　　C. 商品价格　　D. 商品整体展示

二、多选题

1. 淘宝对主图的要求有哪些(　　)。

   A. 白色背景（具体行业要求不同）。

   B. 完整的商品展示：正面及不同角度的图片（正面、侧面、背面及细节）以体现产品全部特性为宜。

   C. 光线均匀，不要有光斑、环境的倒影及手印脏点等。

   D. 照片要清晰可见，不能偏色，颜色与实物要一致。

2. 照片处理软件包含哪些？(　　)。

   A. 美图秀秀　　B. 光影魔术手　　C. 微商水印相机　　D. Photoshops

三、判断题

1. 天猫商场入驻的商户不必满足七天无理由退换、正品保证要求。(　　)

2. 一个人可以同时在淘宝网上申请个人用户与商家用户两种认证。(　　)

3. 淘宝网详情页可以放视频展示商品。(　　)

4. 店标是一种艺术化的传达，能表达店铺独特性质，向买家传递店铺的独特品质、风格和情感，所以说店标是艺术化的传递店铺的个性。(　　)

5. 有数据统计，浏览手机详情页 3 屏以上的不会超过 50%，浏览超过 10 屏的不会超过 15%，大多数人浏览了前 3 屏就关闭页面离开了。(　　)

四、简答题

1. 简述店标设计的原则。

2. 详情页的设计内容包含哪些？

项目三　网店运营

导入案例

动销率与客流量的关系

动销率是门店用来判断门店商品销售情况的非常重要的一个指标。动销率低，说明有很大一部分比例的商品在一个月内没有产生销售，对商店没有贡献，也就是商品的使用效率很低。商品陈列在店内，需要占据门店的货架空间，这些都是门店的成本，如果商品没有发挥出效力，那门店的资源就在浪费。

瑞商网在与连锁药店接触的过程中发现，不少药店对于动销率这个指标还是有所了解的。但多数药店仅限于知道怎么计算动销率和自己的动销率是多少。在与瑞商网合作后，有的企业从对动销率有粗浅的认识到将动销率设置为绩效考核的一个指标，这其中的转变是因为这些企业看到了动销率的重要性。动销率不单纯是对门店商品销售现状的反映，更重要的是它与客流量有着十分紧密的联系。

我们一起来看下面这张表格，这是某一连锁企业 2012 年 11 月两家门店的一个对比，同为社区店的门店一和门店二，它们在面积和中西成药库存品种数上都十分接近，而销售品种数、客流量和动销率的差别就比较大了，销售品种数相差了 368，所以动销率相差 17.94%，客流量相差 5758，动销率大的门店客流量也大，如图3－1所示。

某企业	11					
	2012					
	中西成药					
门店	商圈	面积	库存品种数	销售品种数	客流量	动销率
1	社区店	85	1861	1553	9628	83.45
2	社区店	86	1809	1185	3870	65.51

图 3－1　流量对比

如果单纯凭两家门店的数据来判断动销率与客流量的关系当然显得没有说服力，我们通过比较 16 家连锁药店 154 家门店中西成药的销售数据发现，动销率与客流量是成正相关的关系。

如图3－2所示是一幅泡泡图，横坐标代表中西成药库存品种数，纵坐标为中西成药销售品种数，泡泡代表不同的门店，泡泡的大小代表客流量的大小。图中的黄色线条和蓝色线条代表动销率，黄线的动销率大于蓝线的动销率。我们发现接近黄线的泡泡面积普遍较大，而接近蓝线的泡泡面积较小，这说明客流量大，动销率也大；或者说动销率大，客流量也大。

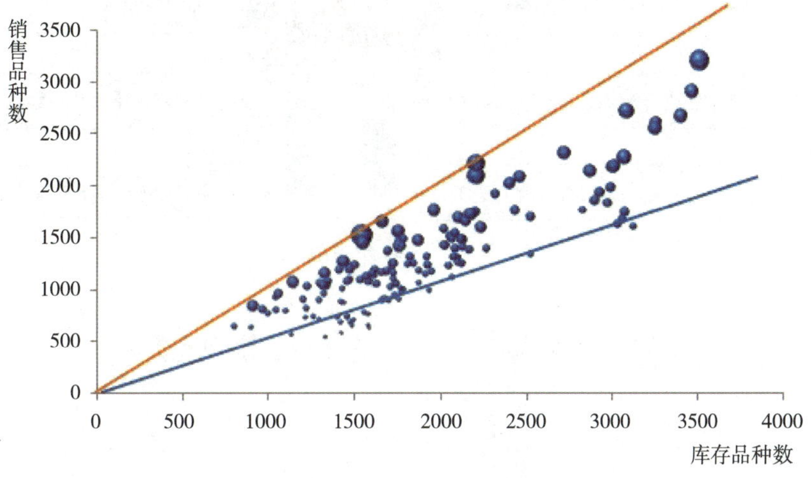

图 3－2　动销率与客流量图

这能带给我们什么样的启示呢？我们都知道，客流量是连锁药店的生存之本，提升客流量一直是药店苦苦思索的命题。那么动销率与客流量这种正相关的关系，是否能给我们带来一个新的提升客流量的思路呢？也就是说我们能否通过提升门店动销率，带来客流的增长？也许有人会说，是因为客流量的因，才有动销率的果，而不是动销率是因，客流量是果。对于药店来讲，客流量的大小是由顾客愿不愿意进店消费决定的，而动销率或者说销售品种数却是门店的店员通过提升销售能力来提升的。因此动销率是内因，客流量是外因，我们首要解决的应是内在的问题。而且我们知道能吸引顾客进店消费的最首要的因素是药店的商品，因为商品能满足顾客的疗效需求。只有商品到达顾客手中，发挥了它的效力，才会对顾客再次进店消费产生吸引力。所以提升动销率，让商品物尽其用，是我们在提升客流量这条艰难的道路上应该要做的一个尝试。

思考：当然动销率绝不仅仅与一个因素有关，它是否与商圈、面积、商品配置等因素有关呢?

学习目标

- 了解搜索流量、排序规则
- 掌握标题关键词优化、类目优化方法
- 熟练掌握直通车的开通及推广
- 熟练掌握千牛的使用
- 掌握淘宝网店铺数据统计
- 掌握与买家交流的术语

技能导图

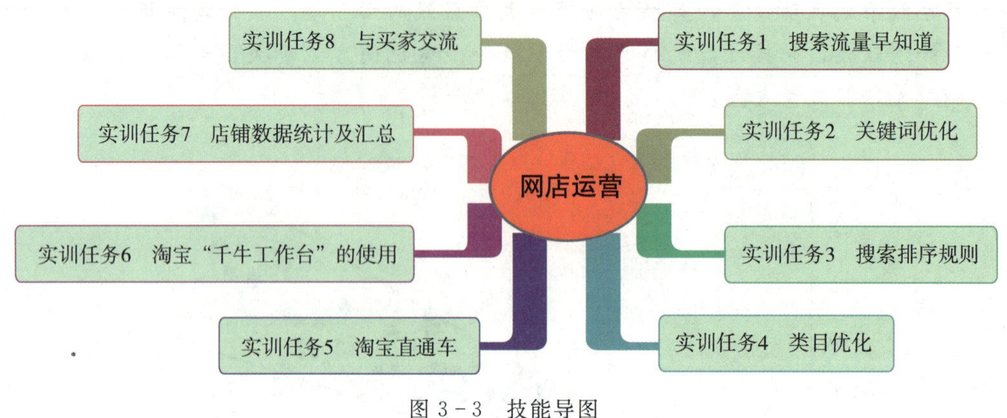

图 3-3　技能导图

学习任务 1　搜索流量早知道

任务目标

✧ 知识点

1. 掌握流量的相关概念
2. 了解流量数据类型
3. 了解流量数据分析

✧ 技能点

1. 能够熟练使用搜索引擎
2. 能够进行信息的归纳和总结
3. 能够识别不同类型流量

任务描述

今天，冰冰学习了一个新的名词——流量。作为一个新手卖家，在进行网店运营时，最关键、对店铺最重要的是流量，那么什么是搜索流量呢，我们跟随着冰冰一起来了解下吧。

知识准备

一、流量的相关概念

流量是指客户访问店铺及店铺商品页面的人数，通常用 UV 和 PV 两个指标来衡量客户浏览量。只有源源不断的流量才能实现更多的成交，店铺才能更好地成长。流量有收费流量和免费流量之分，也有站内流量和站外流量之分。对于中小商家，站内的免费流量是他们关注的焦点。站内免费流量的引流工具有淘宝网 SEO、淘宝免费营销活动等；而站外免费流量引流工具则有微信、微博、QQ 群、软文等，如图3－4所示。

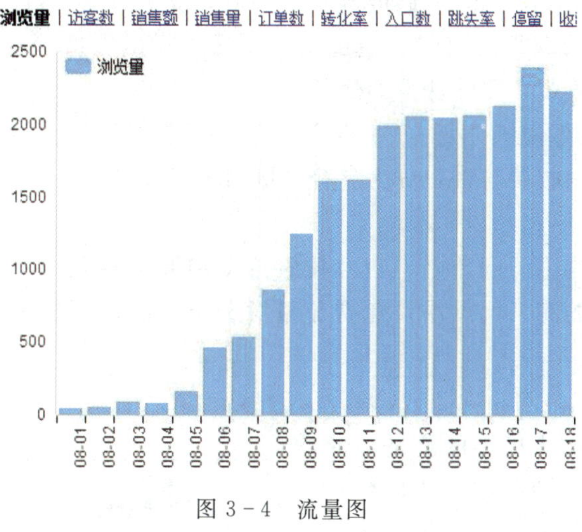

图 3－4　流量图

看一看：流量的名词解释

UV：Unique Visitors 店铺各页面的访问人数，一个用户在一天内多次访问店铺被记为一个访客。

PV：Page View 店铺内所有页面的浏览总量。

SEO：淘宝网站内免费流量开发，即最大限度地使用淘宝网站内的免费流量，从而销售宝贝的一种技巧，传统的淘宝网 SEO 即淘宝网搜索引擎优化，通过优化店铺宝贝标题、类目、上下架时间等来获取较好的排名，从而获取淘宝网搜索流量的一种新型技术。广义的淘宝网 SEO 包括淘宝网搜索引擎优化、一淘网搜索优化、类目优化、淘宝网活动优化等手段的综合使用。

店铺成交转化率是指所有访问店铺的消费者中，最终能转化为成交客户的比例。一般用百分比表示，例如一家店铺的转化率为 3%，就是指每 100 个进入这家店铺的顾客中，有 3 人产生了购买行为。

店铺成交转化率＝成交人数/访问人数（UV）。成交转化率是衡量一个店铺是否健康的重要依据。

二、流量数据类型

流量是店铺的生命线，各种流量入口成了每日优化推广的重点，除了店铺引流外，还需对一些流量数据进行解读，避免店铺引入过多的垃圾流量，拉低各项数据指标，影响店铺整体权重。

1. 淘宝网流量来源构成

根据来源，淘宝网店铺流量可以分为淘宝网站内流量和淘宝网站外流量。

（1）淘宝网站内流量

指商家通过淘宝网平台的搜索、推荐、推广所获取的流量。淘宝网的站内流量是

淘宝网店家获取流量的主要渠道。

(2) 淘宝网站外流量

淘外流量即商家通过站外推广获得的流量，也就是淘宝网站内流量以外的流量。淘外流量的入口有很多，比如，通过百度、搜狗等搜索引擎获得的流量；通过美丽说、米折网等购物返利网获得的流量；通过新浪微博、腾讯微博等社交工具获得的流量；通过优酷、爱奇艺等视频网站获得的流量。

2. 淘宝网流量成本

淘宝网流量根据收费与否，分为免费流量和收费流量。

(1) 免费流量

免费流量包括自主访问流量、自然搜索流量和淘宝网上的一些促销活动流量。在引流成本日益高涨的淘系网站中，免费流量对于中小商户而言，其地位和作用是不容小觑的。

① 自主访问

通过自主访问进入店铺的流量，带来的客户基本上对店铺比较了解且有明确的购买意向，这种流量进入的访客成交概率比较高。自主访问渠道主要有“店铺收藏”“宝贝收藏”“我的淘宝首页”“已买到商品”“直接访问”“购物车”等入口，如图3-5所示。

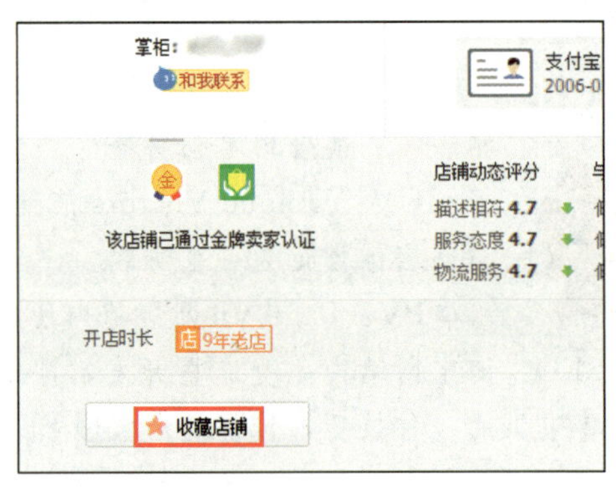

图 3-5　收藏店铺

② 自然搜索流量

自然搜索流量是淘宝网最重要的流量来源。比如，客户在搜索框输入“羽绒服”，淘宝网在搜索结果页最多展现100 页的店铺，每页 48 个窗口。但是买家一般只会点击排名靠前的店铺，所以排名越靠前的产品流量就会越多。

在淘宝网自然搜索流量中，有两大主要组成部分：一个是搜索流量，另一个是类目流量。

类目流量：从淘宝网首页，分类入口点击进去最后到宝贝详情页，就算是一个类目流量。

目前最精准的流量在于靠淘宝网搜索进来的流量，因为淘宝网搜索是根据客户搜索关键词展现其想要的宝贝。

买家进入首页之后出现的淘宝网搜索框，依靠买家所搜索的关键词，系统会根据买家搜索的关键词去分析这位买家的需求，进而在全网检索相关的产品，展示给买家；但因为商品数量非常多，所以现在卖家更多的是在研究如何让自己的宝贝在买家搜索的时候尽可能地靠前排名，因为只有排名靠前了，才更容易被买家看到，没有几个买家会去翻看几百页以后的内容。

现在进来的流量默认展示的都是所有宝贝的综合排序，如果想要看人气宝贝的排

序，就需要买家手动去点人气。

③ 淘宝网促销活动

淘宝网促销活动，如“天天特价”“淘抢购”“聚划算”等对淘宝网商家自身要求比较严格，需要商家具备一定的条件才能有资格报名参加。优化好的店铺更容易具备参与活动的条件。

（2）付费流量

付费流量是指商家通过付费推广活动、付费推广营销工具等方式获得的流量。简单地说，只要商家出得起价格，就能占据更好地推广位置，如直通车、智钻推广等。付费流量虽然较为精准，但成本也相对较高。

3. 流量客户端

根据流量来源的客户端分为 PC 端流量和手机端流量。

PC 端流量是通过 PC 端口带来的流量；手机端流量是通过手机端口带来的流量。

看一看：其他流量渠道

除以上几种渠道的另外渠道，是一些碎片化流量。在这个商家疯抢流量的时代，整合碎片化流量是淘宝商家必须掌握的。比如，淘宝客、红人等流量，如图3－6所示。

三、流量数据分析

1. 行业流量分析

行业排行是对行业的 PC 端、无线端、店铺、商品、搜索词进行全方位的分析。通过行业分析数据能够比较清晰地了解自己类目的情况：TOP 商家的整体销量水平、与 TOP 商家的差距、哪类产品是热销产品、哪类词是飙升词。在行业数据分析的基础上，商家能合理地调整产品思路及运营思路，如图3－7所示。

图 3－6　淘宝客

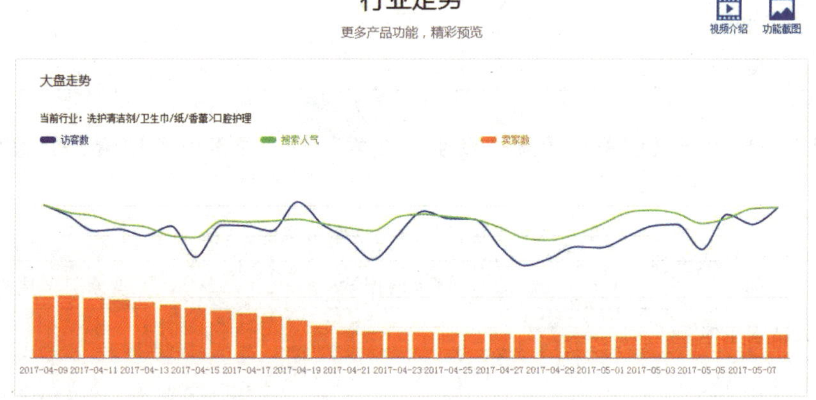

图 3－7　行业走势

2. 流量结构分析

新开设的店铺，前期免费流量很少甚至是没有，想要让店铺快速成长，一般需要引入付费流量，因而有些店铺前期的付费流量占店铺整体流量达90%甚至更多。随着店铺销量的提升和权重优化，慢慢地店铺会有一定比例的免费流量，这个时候付费流量的占比才会下降，如图3-8所示。

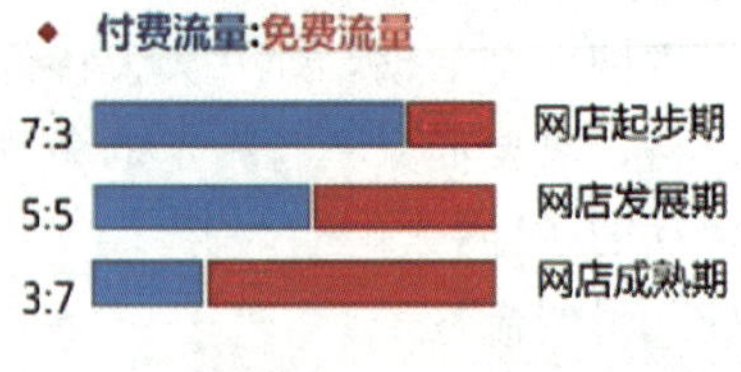

图3-8 付费流量和免费流量比较

3. 时段流量分析

如图3-9所示，曲线显示出店铺在一天中的三个流量高峰时段，商家根据流量时段分布对重点宝贝进行上下架时间优化。

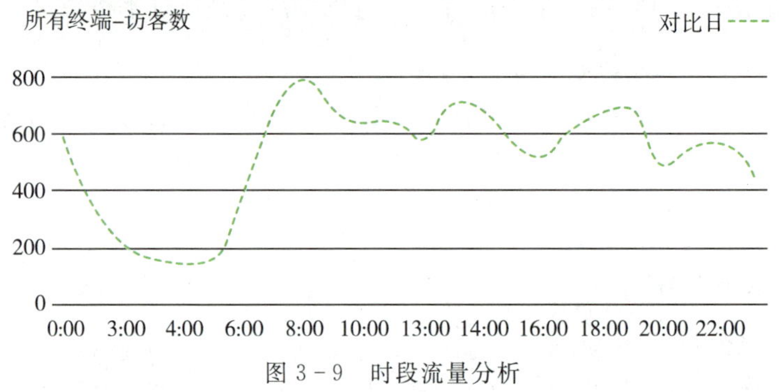

图3-9 时段流量分析

任务实施

步骤一：使用搜索引擎，以“搜索流量”为关键词，查询搜索流量的含义、内容、类型，见表3-1所列。

表3-1 搜索流量信息表

	搜索流量
含义	
内容	
类型	

步骤二：使用搜索引擎，搜索“淘宝网搜索”与“搜索引擎搜索”的区别，见表3-2所列。

表3-2 淘宝网搜索与搜索引擎的区别

不同点	淘宝网搜索	搜索引擎搜索
搜索主体		
时效性		
检索维度		

步骤三：使用搜索引擎，以“淘宝网店铺搜索流量”为关键词，查询淘宝店铺搜索流量类型的内容，并进行相关的网络截图加以说明，见表3-3所列。

表3-3　淘宝网店铺搜索流量类型表

类　型	截　图

任务考核

表3-4　学习任务1实训考核表

组　号：		填写人员：			日　期：		
评分项目	评分点	1组	2组	3组	4组	5组	6组
实训室规则	遵守实训室规章制度（10分）						
职业素养	衣着干净整齐（5分）						
	精神面貌佳（5分）						
	积极参与团队合作（10分）						
职业技能	能够掌握流量的相关概念（10分）						
	能够了解流量数据类型、流量数据分析（10分）						
	能够熟练使用搜索引擎（10分）						
	能够进行信息的归纳和总结（20分）						
	能够识别不同类型流量（20分）						
合计得分							

学习任务2　关键词优化

任务目标

✧ 知识点

1. 了解标题的作用
2. 买家搜索产品的方式
3. 理解标题优化的依据及策略

✧ 技能点

1. 能对标题关键词进行优化
2. 掌握不同的关键词优化方法

任务描述

冰冰根据自己对数据的分析，在胖胖同学的指导下，决定对自己商品的标题进行一次优化提升。按胖胖的说法，让标题的词都成为关键词，而且是分值较高的关键词是非常重要的。

知识准备

一、宝贝标题

（一）宝贝标题概述

网上开店，首先需要考虑的就是产品如何更容易地被买家搜索到，而且在影响产品搜索排名的诸多因素中，产品标题是很重要的一个因素，对产品的关键词的设定，可直接影响到产品的浏览量，进而影响到产品的销量。

产品的不同阶段，标题的写法也会不一样，例如：一个新产品上架，应该偏向于使用长尾关键词，这样会精准定位有效客户，给店铺带来流量，转化也较高。有一定销量和人气的产品，需要使用与产品属性相匹配的中指数关键词。这类关键词出处一般有搜索框下拉词，直通车系统推荐的关键词，生意参谋里面的行业关键词，宝贝历史流量数据的支撑关键词等。爆款产品应该使用平台类目热门关键词，热门关键词一般是在宝贝推广爆款的爆发期使用的关键词。这种关键词一般是搜索量大、点击量低、转化率低，不过可以快速带来精准的流量，带动宝贝快速爆发。

（二）产品标题写作原则

① 产品标题限定在 30 个汉字（60 个字符以内）否则会影响发布。

② 标题要尽量简单直接，能突出卖点；要让买家即使瞄一眼，也能知晓商品的特点，知道它是件什么商品。

最基本的标题结构可以是：产品名称＋卖点（比如商品是包邮的，可在标题中加个“包邮”字样，增加产品的吸引力）。

（三）产品标题写作规范

1. 忌关键词堆砌

标题堆砌，指卖家为使发布的商品引人注目，或使买家能更多地搜索到所发布的商品，而在商品名称中滥用与本商品无关的字眼，扰乱淘宝网正常运营秩序的行为。

2. 忌使用违禁词、敏感词

例如在标题中出现“高仿”“山寨”“同款”之类的违禁或敏感词汇。

3. 忌滥用关键词

不要去“蹭”自己不经营品牌关键词的流量，这样非常容易被判定为作弊而被降权。“蹭”来的流量也会因为根本不是买家需要的商品，买家下单购买的可能性也非常小，会降低产品的商品转化率。

4. 忌使用重复的标题

卖家店铺里同质商品如果较多，会对不同产品使用高度相似甚至完全相同的标题，这种情况在新开店铺中尤为明显。重复标题容易被判定为重复铺货作弊。

5. 忌频繁或大幅度修改标题

频繁或大幅度修改标题有可能被判定为换产品而被降权。

6. 忌长时间使用相同的标题

① 在产品成长的不同时期，例如新产品期、产品成长期、产品爆款期，应该采用不同的关键词选择策略。

② 许多产品有显著的季节性，可能需要随季节而调整标题。

③ 产品标题应配合节日、促销活动等进行适当的优化。

7. 忌滥用符号

卖家经常会在产品标题中随意使用符号，这些符号会被搜索引擎直接忽略掉或等同于空格。总之，滥用符号对于产品标题无益，一般情况下在需要断句的地方加入空格即可。

8. 忌关键词重复

关键词重复虽然不会违规，但也不会因为重复而提升排名。关键词重复是对字数的浪费，是完全没有必要的。

9. 忌产品标题中包含店铺名称

标题是用来给买家搜索的，除非知名大卖家，一般没必要把自己的店铺名称加到标题中，不会有人通过搜索店铺名称而找到需要的产品。因此，标题中加入店铺名称也是对资源的浪费，应该节约出来多加些产品的属性关键词。

10. 忌产品标题中包含对赠品的描述

根据规则，不允许在商品标题中恶意添加对赠品、奖品的描述，否则属于乱用关键词。可以将相关促销内容添加到产品描述中。参加淘宝网活动有另行规定的除外。

二、买家搜索产品的方式

要想编写出一个好的宝贝标题，首先就要掌握买家常用的搜索方式和搜索心态。买家一般会通过以下几种方式来搜索产品：

（一）搜索产品名称

产品的名称一定要和产品所属类目的名称保持一致，并且要尽量地体现产品的特性。比如：买家在搜索一件“××××的西服外套”的时候，一般会搜索“××××外套西服修身”或者“××××修身西服外套”。也就是说“西服”这个词是核心的关键字，在标题中是一定要出现的。大部分买家都会采用这种搜索方式，当然，顾客通过搜索找到宝贝之后，并不会立刻购买你的产品，他们一般都会通过对比其他店铺的宝贝的价格、宝贝描述相符程度、评价、服务态度等，这些因素将是决定最后成交与否的重要因素。

（二）搜索品牌名称

这类买家目标很明确，希望能够买到便宜的品牌货，这些产品一般都是线下有售而且是有一定知名度的。对于此类产品，价格上一定要有优势，此外，就需要在宝贝的标题和细节描述上下功夫，给自己的宝贝验明正身。

（三）搜索热点功能词

为了吸引顾客，淘宝网店会搞很多促销活动，“秒杀”关键字已经是一个搜素频率最高的关键字。此外，保暖、好评、包邮、冲钻、清仓、人气、特价、特卖、热卖、正品、促销、赠品等关键字也是此类买家常用的搜索，所以在宝贝的标题中一定要有所体现。当然并不是这些关键字都要用上，只是在店铺里面在搞某种促销活动的时候将其在标题中体现即可。

（四）组合搜索

此类买家一般会将“品牌”和“功能特征”组合起来搜索，此类买家在网络上一般已经积累了一些购买的经验，因此抓住这类买家靠的就是产品的质量和服务，要想留住他们不仅仅产品和价格要有吸引力，服务更要比其他店铺更胜一筹。

三、标题优化依据

标题优化是一个需要持之以恒的事情，在日常运营中需要不断地去优化完善。优化可以依据四个大方向去操作：对比同行、挖掘自身、客户反馈和数据分析。

（一）对比同行

与同行的页面去做比较，是优化标题最快捷的方法。“尺有所短，寸有所长”，通过对比去总结自身不足的地方，也是为挖掘自身优势打下基础。与同行相比，是否价格过高，又或者是缺少活动预热，未能更好地传达产品讯息，这些都可以通过比对同行去改变，如图3－10所示。

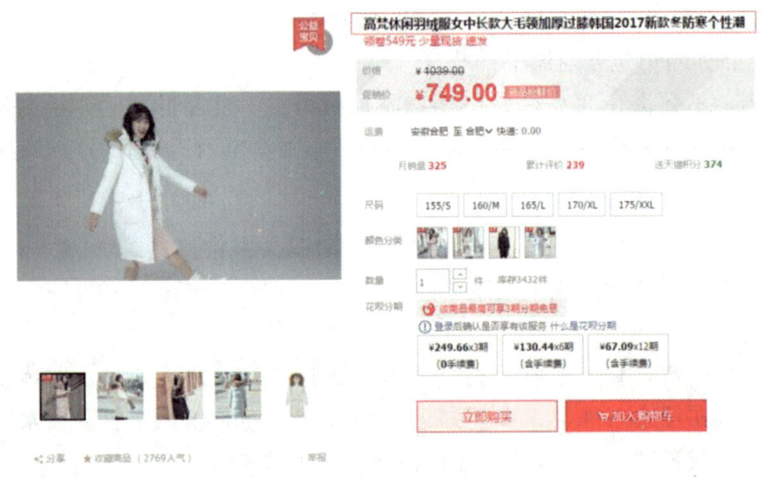

图 3－10　标题

（二）挖掘自身

虽然商家对产品很了解，但往往在设计商品页面的时候，所呈现出来设计内容与想要表达的不完全一致，这会使标题卖点的传达性大打折扣，影响标题的设计效果。商家可以自己审阅设计成果，以期与最初的需求相符。

（三）客户反馈

客户反馈是商家优化详情页重要的参考依据。详情页中有买家秀，买家评价的展示，其中，积极的评价可以增加消费者对产品的信心，促成其购买；整理消极的评价和问题，会为店铺优化指明方向。

（四）数据分析

传统商家缺乏消费者和业务运营的实时数据，通过调研搜集的数据往往较为模糊和失真，在此基础上制定的战略和策略往往会偏离真实的市场行情。电商不论是对消费者的了解还是业务运营的调整，都有较准确的、全面的实时数据可以依循，在这基础上可以做出较准确的判断，数据分析可以帮助商家真正实现“精准营销”，这也是电商与传统商户在运营店铺上最大的区别所在。比如，生意参谋中“热门搜索词”的统计，可以帮助商家筛选标题关键词。

四、标题优化策略

（一）标题内容优化

标题内容优化主要体现在以下方面：

➢ 30 个字用满，最好不要留空格。

➢ “包邮”词语在标题中无意义，因为买家在搜索“包邮”时，系统会自动跳转到包邮的产品，如果为提升无线端权重，可以设置“顺丰包邮”。

➢ 一个标题最多允许一个品牌词。

➢ 标题中不要含有其他的特殊符号，如“（ ）”等。

➢ 保持标题的可读性，标题通顺流畅。

➢ 标题优化严禁带有：高仿、山寨的字符，严禁使用知名品牌同款词。

➢ 标题中不要有与宝贝无关的关键词，所有的词都跟宝贝名称词和属性词紧密匹配。

（二）标题组合优化

1. 紧密排列优先展示

紧密排列优先展示，就是在关键词紧密排列的情况下淘宝会优先展示。

例如：“时尚大码女装”和“大码时尚女装”，用户在淘宝网搜索“时尚大码女装”，这 2 个关键词都可以展示，优先展示的是排列紧密的“时尚大码女装”，这个就是紧密排列优先展示的原理。

2. 顺序无关影响

在淘宝网搜索“大码女装”和“女装大码”，可以发现，搜索的结果差别不多，第一页搜索结果展示的都是同样的商品，排名前三的商品甚至无任何变化，可以看出，标题的关键词顺序无影响，如图 3－11、图3－12所示。

3. 合并原则

如：韩版连衣裙、中长款连衣裙、连衣裙、雪纺，可以合并为：韩版雪纺连衣裙中长款；

带空格的关键词优化：标题是 60 个字符，一个空格就要占据一个字符，属于极大的浪费，在这种情况下，可以在空格中插入属性词。

例如“夏季大码女装”，可以设计成“夏季新款大码显瘦女装”。

（三）核心关键词的提炼

核心关键词多为宝贝的卖点词，即最匹配宝贝、搜索量较高的关键词。作为核心关键词，要使关键词权重最大化，最好紧密排列。

图 3－11　大码女装

图 3－12　女装大码

（四）参照标题优化组合公式优化

标题优化可参照下列公式进行优化组合：

点击率＋品牌词＋属性词 1＋核心名称词＋属性词 2＋核心名称词

五、标题的设计步骤

标题的设计主要是选词和组词及标题的排版。选词的过程是为了迎合搜索，有利于搜索而确定用什么关键词。组词则考虑关键词的组合要符合用户的搜索阅读体验，让消费者容易搜到、读得通、读得明白。

第一步　获取“关键词”

通过淘宝网搜索输入框自身提示。比如搜索“连衣裙”，那么输入连衣裙后，淘宝网会自动提示一些搜索建议，如图 3－13 所示。

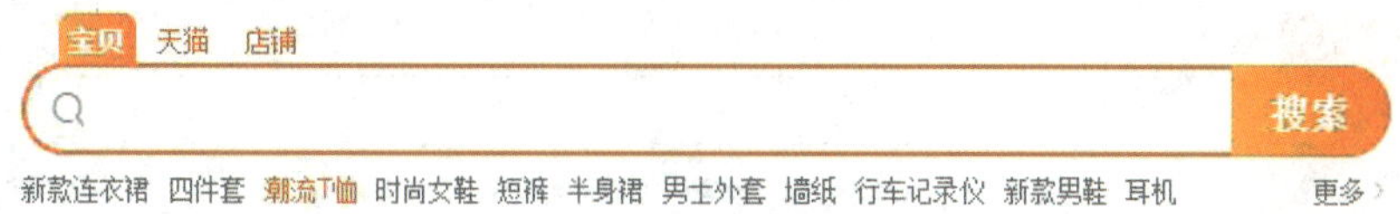

图 3－13　搜索建议

接着点击“搜索”，就会出现搜索页面。如图3－14所示，红框标出的地方都是跟连衣裙相关的词，这些关键词的搜索量都是很大的。

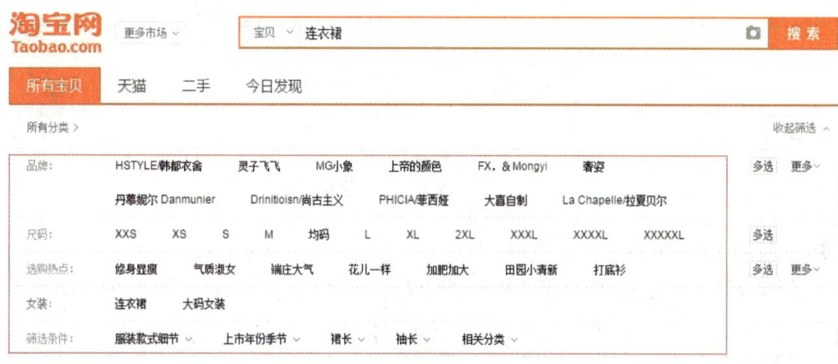

图 3－14　搜索页面关键词

搜索栏下拉框：在首页搜索栏输入一个词后，出现的这些下拉框里的关联词语也是热搜的关键词，如图3－15所示。

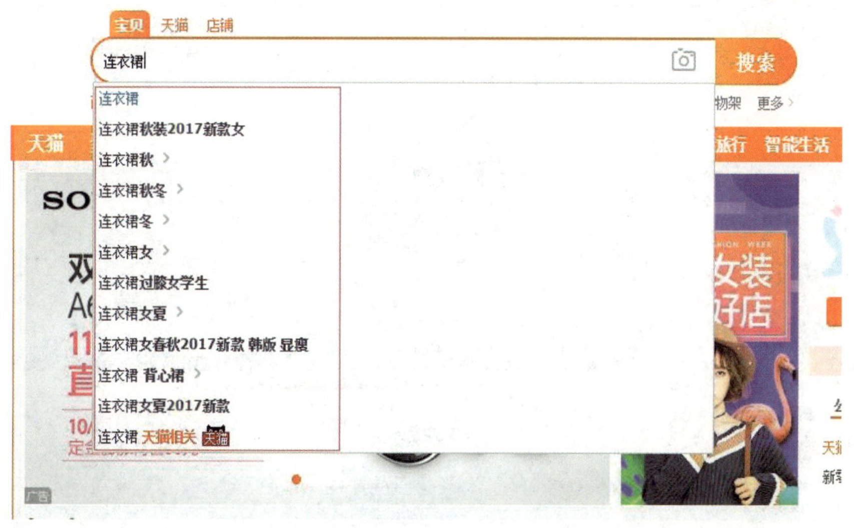

图 3－15　搜索栏下拉框显示的关键词

搜索页面的“你是不是想找”也属于热搜关键词，如图 3－16 所示。

淘宝网 Taobao.com 更多市场
宝贝 连衣裙 搜索
所有宝贝 天猫 二手 今日发现
所有分类 收起筛选
品牌： HSTYLE韩都衣舍 灵子飞飞 MG小象 上帝的颜色 FX. & Mongyi 春姿 多选 更多
丹慕妮尔 Danmunier Drinitiolsn/尚古主义 PHICIA/菲西娅 大喜自制 La Chapelle/拉夏贝尔
尺码： XXS XS S M 均码 L XL 2XL XXXL XXXXL XXXXXL 多选
选购热点： 修身显瘦 气质淑女 端庄大气 花儿一样 加肥加大 田园小清新 打底衫 多选 更多
女装： 连衣裙 大码女装
筛选条件： 服装款式细节 上市年份季节 裙长 袖长 相关分类
您是不是想找： 连衣裙秋冬 连衣裙秋 长袖连衣裙 针织连衣裙 雪纺连衣裙 棉麻连衣裙 碎花连衣裙 吊带连衣裙 红色连衣裙 毛呢连衣裙
综合排序 人气 销量 信用 价格 发货地 1/100
包邮 赠送退货运费险 货到付款 新品 海外商品 二手 天猫 正品保障 更多 合并同款宝贝

图 3－16 搜索页面关键词

第二步 筛选“关键词”

筛选“关键词”是要选择出热度较高的并且适合自己商品的关键词。可以参考“阿里指数”及“淘宝网排行榜”给出的关键词排名。在淘宝网排行榜网页上可以点击相对应的排行榜查看最新的热词，找到所属店铺类目，可以看到每个类目下相应的热搜关键词。查看这个关键词的日均搜索量，如果满足商家对搜索数量的要求，便将其列入自己的标题关键词中，如图3－17所示。

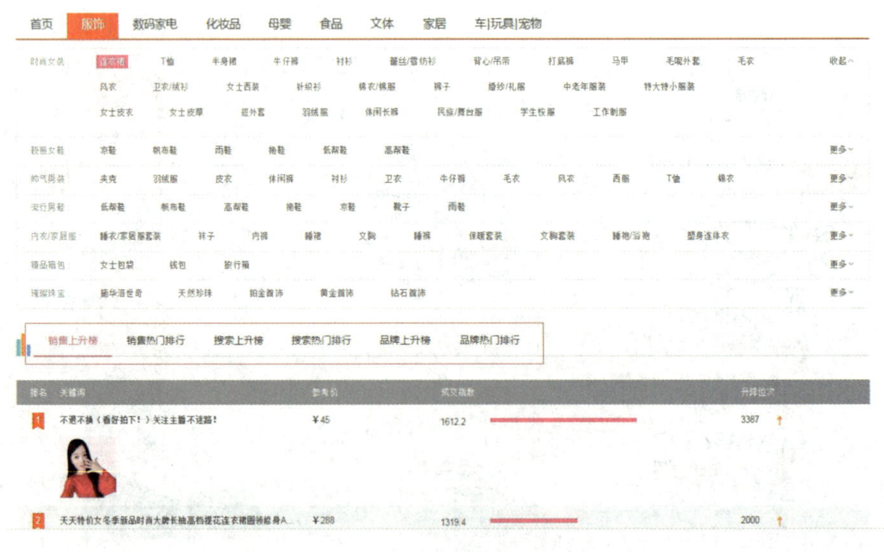

图 3－17 关键词排行榜

筛选关键词需要排除掉属性不相关的词和明显有问题的词。这里主要包括：属性明显不符合宝贝属性的词，比如宝贝是长袖，“短袖”这个词就要排除；商品不是“耐克”这个品牌，就不能用“耐克”这个词；删掉共通词，比如“礼物与礼品”、品牌“维氏”的英文是“Victorian”，可以删去其中之一。通过反复地筛选操作，最终确定关键词的组合。

第三步　标题的排版

竞争力最高的词要完全匹配，目的是保证用户拥有最完整的用户体验，所以把竞争力最高的词原封不动地放在标题中。比如“靴子女中筒靴内增高”。剩下的关键词在不能保证完全匹配的情况下，需要保证逻辑上的前后顺序。要考虑无序匹配，再综合考虑用户的阅读体验、不重复等原则，最后确定标题为“2017新潮冬款靴子女中筒靴内增高侧拉链百搭粗跟加绒”。如图3-18所示从连衣裙top排行榜可以看出连衣裙热门标题排版。

销售上升榜　销售热门排行　搜索上升榜　搜索热门排行　品牌上升榜　品牌热门排行

排名	关键词	参考价	成交指数	升降位次
1	冬季套装女两件套2017新款秋冬韩版时尚显瘦长袖针织背带…	¥276	1707	3942 ↑
2	【新品五折】侧开叉长袖针织连衣裙款中长款修身一步裙包臀裙	¥198	2009.4	1464 ↑
3	蕾丝拼接针织连衣裙长袖修身显瘦圆领毛衣2017新款秋冬女…	¥169	1252.9	1193 ↑
4	【天天特价】高领毛衣套头中长款宽松毛衣裙打底衫学生女连…	¥120	989.8	1000 ↑
5	2017女秋冬韩版修身针织纯棉加绒打底长裙长袖连帽休闲卫…	¥158	1410.8	972 ↑
6	天天特价欧美淑女气质立领印花收腰修身显瘦打底连衣裙女	¥698	906.4	819 ↑
7	【10.25新品】晶咕定制中长款内搭针织连衣裙女秋冬2017新…	¥239	898.9	804 ↑
8	欧洲站秋装女2017新款宽松长袖时尚设计师连衣裙女中长款…	¥299	1004.6	752 ↑
9	韩版名媛两件套纯色打底针织衫毛球系带收腰毛呢背带连衣裙…	¥150	1019.5	683 ↑
10	实拍秋冬新款蕾丝裙中长款长袖打底连衣裙修身公主裙女装 B…	¥59	827.4	670 ↑
11	连衣裙秋冬装2017新款女针织韩版修身显瘦中长款秋季长袖…	¥398	1430.4	613 ↑
12	实拍民族风2017新款毛呢宽松女装秋冬装厚款圆领中长款呢…	¥93	747.2	539 ↑
13	2017新款冬韩版呢子短款外套女装显瘦长袖毛呢冬装西装领…	¥188	747.8	536 ↑

图3-18　连衣裙top排行榜（来自top.etao.com）

看一看：常用宝贝标题公式“品牌词＋主关键词＋属性词＋促销词”

【品牌词】在淘宝网销售过程中，尤其是生存在目前淘宝网流量成本相当高的环境中，让客户对我们产生记忆，想要实现二次、甚至多次交易是一件尤为重要的事情，那么商品就必须有一个名字。不管这个名字是自己编的，还是注册的商标，至少能够让客户通过这个名字找到商品，这就是所谓的“品牌”的基本作用。

【主关键词】如“女装”“男装”“鞋子”等此类能够完全代表产品的词，主关键词主要向客户正确传达卖的是什么产品。

【属性词】宝贝的属性词，比如“颜色”“风格”“款式”等，属性词主要向客户传达产品的卖点。

【促销词】如“特价”“满减”“红包”等，主要向客户传达产品的促销信息。

任务实施

步骤一：寻找高能关键词。

1. 在淘宝网搜索框编辑搜索关键词，会出现一系列相关的关键词，这些词就是可以用来优化标题的关键词，如图3-19所示。

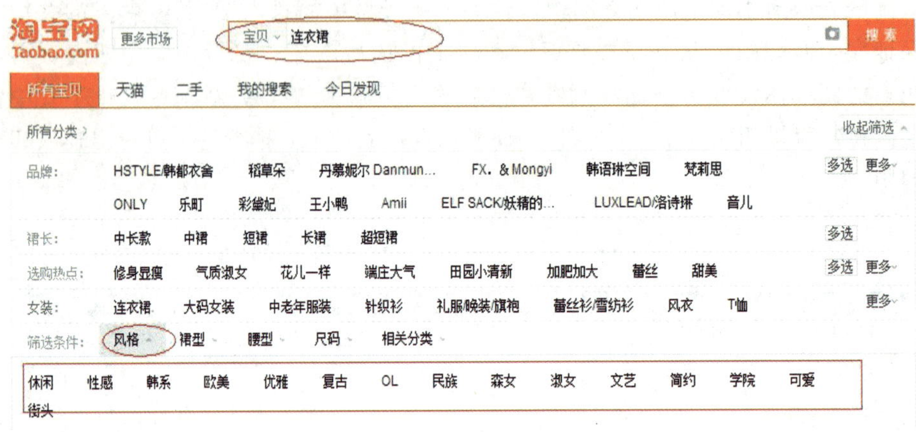

图3-19　淘宝网参考关键词

2. 搜索下拉，可以看到衍生的关键词，“您是不是想找”，这些词也可以用作标题关键词优化，如图3-20所示。

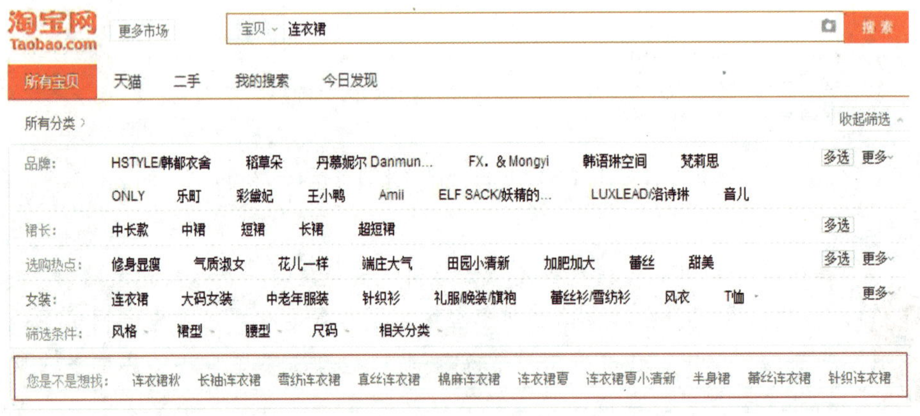

图3-20　衍生关键词

3. 使用“生意参谋”选词。查看生意参谋中“热门搜索词”，如图3-21所示。

4. 查看生意参谋中“飙升搜索词”，其展示的数据为最近7天的类目数据。在选词的时候，分别统计最近1天的数据和最近7天的数据，7天的统计结果可用做常规标题优化，1天的统计结果用做新款爆款标题优化，如图3-22所示。

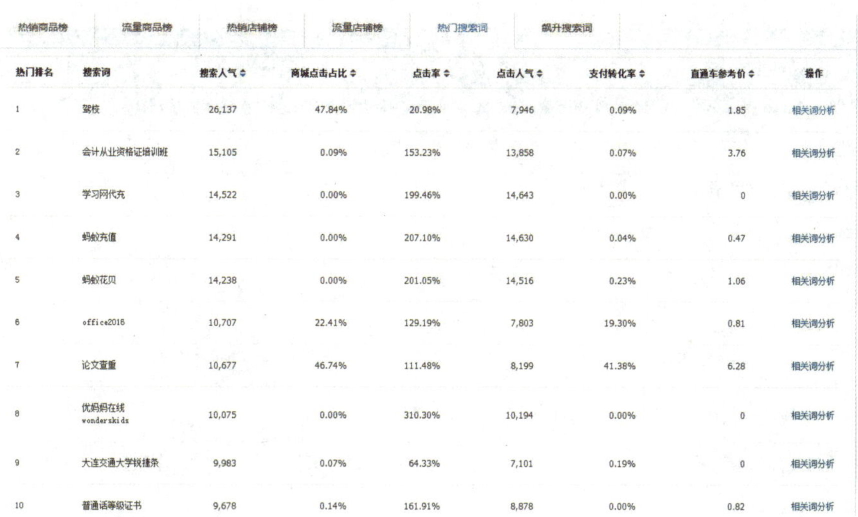

热销商品榜 | 流量商品榜 | 热销店铺榜 | 流量店铺榜 | 热门搜索词 | 飙升搜索词

热门排名	搜索词	搜索人气	商城点击占比	点击率	点击人气	支付转化率	直通车参考价	操作
1	驾校	26,137	47.84%	20.98%	7,946	0.09%	1.85	相关词分析
2	会计从业资格证培训班	15,105	0.09%	153.23%	13,858	0.07%	3.76	相关词分析
3	学习网代充	14,522	0.00%	199.46%	14,643	0.00%	0	相关词分析
4	蚂蚁充值	14,291	0.00%	207.10%	14,630	0.04%	0.47	相关词分析
5	蚂蚁花贝	14,238	0.00%	201.05%	14,516	0.23%	1.06	相关词分析
6	office2016	10,707	22.41%	129.19%	7,803	19.30%	0.81	相关词分析
7	论文查重	10,677	46.74%	111.48%	8,199	41.38%	6.28	相关词分析
8	优妈妈在线 wonderskids	10,075	0.00%	310.30%	10,194	0.00%	0	相关词分析
9	大连交通大学锐捷条	9,983	0.07%	64.33%	7,101	0.19%	0	相关词分析
10	普通话等级证书	9,678	0.14%	161.91%	8,878	0.00%	0.82	相关词分析

图 3-21　热门搜索词

热销商品榜 | 流量商品榜 | 热销店铺榜 | 流量店铺榜 | 热门搜索词 | 飙升搜索词

飙升排名	搜索词	搜索增长幅度	搜索人气	点击率	点击人气	支付转化率	直通车参考价	操作
1	造价员教程	↑8340.00%	1,793	335.38%	1,779	1.20%	0	相关词分析
2	蚂蚁充值	↑4696.17%	14,291	207.10%	14,630	0.04%	0.47	相关词分析
3	nuke教程	↑2356.41%	3,066	174.63%	2,862	0.35%	0	相关词分析
4	cookbook	↑2000.00%	352	23.91%	58	0.00%	0	相关词分析
5	奕诚	↑1900.00%	197	72.00%	110	0.00%	0	相关词分析
6	kk会计	↑1800.00%	189	160.00%	181	27.78%	0.94	相关词分析
7	anthony5299	↑1800.00%	189	200.00%	172	0.00%	0	相关词分析
8	java架构	↑1400.00%	155	75.00%	80	0.00%	0	相关词分析
9	rhce7.0	↑1100.00%	129	175.00%	110	0.00%	0	相关词分析
10	锅盖面	↑1033.33%	300	40.00%	110	0.00%	0.53	相关词分析

图 3-22　飙升搜索词

步骤二：利用公式优化标题。

1. 通过生意参谋“选词助手”，搜索行业相关搜索词。筛选出竞争力大的关键词。关键词竞争度：搜索人气/当前宝贝数。

2. 选择数据指标，然后下载查询到的数据，主要指标是“全网搜索人气”“全网点击率”“全网商品数据”。对下载的数据，按照转化率排序，删除转化率为 0 的关键词。按搜索人气排序，删除人气过低的关键词，删除品牌词，算出成交关键词。成交关键词＝搜索人气×转化率。最后再算出标题优化需要的关键词，竞争度词×成交关键词＝标题优化关键词，对结果进行排序，选择数值最大的词做标题优化，如图3-23、图3-24所示。

图 3 - 23 选词助手

数据说明：以下数据为您所选时间周期的相关指标，如需查看其他时间周期数据，请重新选择后下载

收藏网址：d.alibaba.com，让数据帮您生意参谋！点此进入>>

关键词：花束

统计日期	关键词	全网搜索热度	搜索热度变化	全网搜索人气	搜索人气变化	商城点击占比	全网点击率	全网商品数	直通车平均点击单价
2017-09-13	干花花束	54702	-3.43%	9636	-4.52%	2.12%	199.02%	204583	-
2017-09-13	花束	30020	-2.67%	7959	-1.97%	13.41%	141.62%	908672	-
2017-09-13	满天星花束	6665	-20.88%	1505	-15.92%	1.95%	188.18%	80676	-
2017-09-13	仿真花束	7503	-4.16%	1321	-7.88%	18.71%	195.68%	174366	-
2017-09-13	花花束 客	6069	3.71%	1118	-1.67%	4.15%	164.10%	80551	-
2017-09-13	鲜花花束	3855	-1.08%	1074	-2.19%	21.45%	141.87%	286910	-
2017-09-13	玫瑰花束	2647	-2.22%	749	-2.47%	44.51%	119.34%	480851	-
2017-09-13	天星干花	3388	-12.93%	738	-7.05%	1.29%	201.86%	67915	-
2017-09-13	棉花花束	3438	12.91%	638	8.87%	1.36%	185.83%	7927	-
2017-09-13	向日葵花束	2005	1.16%	557	-8.24%	24.06%	103.04%	16579	-
2017-09-13	香皂花束	2176	-5.88%	384	-2.78%	21.96%	146.88%	253661	-
2017-09-13	干花束	1710	-9.28%	301	-18.21%	2.84%	236.96%	176993	-
2017-09-13	手捧花束	1004	5.02%	267	2.69%	6.64%	99.00%	12404	-
2017-09-13	皂花花束	1378	13.04%	254	-0.39%	18.85%	127.43%	165460	-
2017-09-13	小花束	815	-21.03%	222	-13.28%	1.62%	151.78%	61269	-
2017-09-13	绣球花束	741	29.77%	190	6.74%	3.14%	158.97%	21233	-
2017-09-13	教师节花束	909	-34.51%	190	-36.03%	13.43%	100.77%	92490	-
2017-09-13	生日花束	800	-1.36%	170	-2.86%	21.38%	146.75%	465315	-
2017-09-13	花束批发	428	-38.94%	149	-17.68%	1.13%	82.48%	15904	-
2017-09-13	肥皂花束	630	-22.70%	119	-13.14%	14.73%	142.22%	66298	-
2017-09-13	手工花束	501	-41.06%	115	-33.53%	30.52%	151.10%	38561	-
2017-09-13	工玫瑰花束	650	57.77%	112	12.00%	30.29%	107.69%	91947	-
2017-09-13	水果花束	497	-18.66%	112	-4.27%	27.41%	171.03%	3217	-
2017-09-13	赛乃馨花束	681	34.58%	111	-12.60%	20.64%	196.33%	42601	-
2017-09-13	瑰干花花	648	25.58%	109	7.92%	0.53%	202.78%	26750	-

无线端 pc端

图 3 - 24 关键词筛选

3. 不同的宝贝选择的关键词也不同：爆款宝贝选择搜索人气高，转化率高的词；新品宝贝选择搜索人气高、宝贝数量少、转化率高的词。

步骤三：标题的排版。

将通过不同方式获得的关键词进行组合后，标题控制在 30 个字以内，则标题的排版完成了。

任务考核

表 3-5　学习任务 2 实训考核表

组　号：		填写人员：			日　期：		
评分项目	评分点	1 组	2 组	3 组	4 组	5 组	6 组
实训室规则	遵守实训室规章制度（10 分）						
职业素养	衣着干净整齐（5 分）						
	精神面貌佳（5 分）						
	积极参与团队合作（10 分）						
职业技能	掌握宝贝标题（5 分）						
	了解买家搜索产品的方式（10 分）						
	掌握标题优化的依据和策略（10 分）						
	优化店铺中人气不高的商品的标题（20 分）						
	利用公式对标题进行优化（25 分）						
合计得分							

学习任务 3　搜索排序规则

任务目标

✧ 知识点

1. 转化率概念及提升方法
2. 上下架时间安排设置
3. 动态评分概念及内容
4. 收藏和加购率

✧ 技能点

1. 了解影响产品排序的因素
2. 掌握各个因素在淘宝网中设置的方法

任务描述

产品优化是店铺优化的基本，主要目的是给店铺带来浏览量，提升店铺点击率，提高销量。类目优化、属性优化和标题优化会直接对店铺流量产生影响。其中标题是需要商家重点掌握的技能，标题优化得好，可以直接给店铺带来大量的流量。

此外，下架时间和橱窗推荐都会对产品的排名产生影响，在产品下架时设置主推款橱窗推荐，可以明显提升产品的流量。让我们跟随冰冰一起学习搜索规则有哪些吧。

知识准备

店铺商品的搜索排名就是商品在客户搜索列表中的名次，它直接影响店铺的流量，并进一步影响店铺商品的成交量。影响商品搜索排名的主要因素有：转化率、上下架时间、动态评分、收藏和加购率。

一、转化率

1. 转化率的概念

互联网是电商生存的土壤，数据流量是电商运营的命脉。如何提高转化率，一个行业的转化率到底是多少比较合理？买家看了商品是否购买？这些都和单品的价格、商品展现、客服的服务、导航清晰度、活动焦点、历史评价等有非常密切的关系。

转化率指在一个统计周期内，完成转化行为的次数占推广信息总点击次数的比率。计算公式为：转化率＝（转化次数/点击量）×100％。

例如：20 名用户看到某个搜索推广的结果，其中 10 名用户点击了某一推广结果并被跳转到目标 URL 上，之后，其中 4 名用户有了后续转化的行为，那么，这条推广结果的转化率就是（4/10）×100％＝40％。

2. 转化率的提升方法

流量是带来转化的前提条件，有流量不一定有转化，但没有流量就一定不会有转化。开网店，最根本的目的就是利用转化带来成单，从而创造盈利。网店转化率的提升，首先最重要的是抓住流量，决定流量的最大关键因素是详情页描述，而决定转化率的因素，并不是只有详情页描述这一项，评价评分、价格、售后保障、客服能力、关键词设置这几个关键因素都要做好才能达到提高转化率的目的。

（1）产品详情页描述

在做详情页描述前，一定要先对自己的产品有个清晰的了解。

第一步：风格审视

做产品详情页时，要了解自己产品到底是什么风格。若是食品的话，一般以绿色、美味、特产等为主；女装，主打日韩、欧美、时尚、高贵、气质、可爱、淑女等；男装，以健美、帅气、胖瘦等为主；化妆品则主要展示品牌、功效、少女、包装等。风格审视之后，就要给店铺定位，然后开始做全店的装修。

第二步：看买家需求

一般来说，来店铺看产品的客户有两种：

第一种，需求产品，这是顾客一定会买的产品。一旦店铺定位好后，当买家进店了，就基本能判断是他/她为了什么进店的。以假发为例，假如买家是为了美丽漂亮，要怎样打动她？首先，款式要好看，拍照要多角度，如侧面、反面、正面、上下面。其次就是效果描述：戴上假发，以假乱真。最后，各项描述要到位，质量、售后等要有保障。描述其实不需要多，抓住顾客内心主要需求即可。目前同行竞争十分激烈，所以抓住痛点需求的时候就要更加细分出消费者的内心需求。但无论如何，第一步还是要做好定位，定位决定需求。

第二种，消费群体。对于这类客户，“逛”是她们的主要目的，或者需求很小，因此，要想打动这类客户，我们要做的就是创造需求，要么价格很给力，要么产品描述非常吸引人，要么一些文案内容刚好打动了顾客的内心。所以这种客户成交概率比较低。对于这种客户，只能在价格、文案、场景以及一些品质方面做描述。

（2）在考虑买家需求的同时，还要考虑买家的身份等级。

淘宝网站中买家是有信用等级划分，通过买家信息标示确定买家等级。访客的身份特征和转化有着非常密切的关系。淘宝网无线端流量占比较高的 V0－V4 等级的访客中，作为购买力较强的 V3－V4 转化情况较好，淘宝购物熟悉程度一般的 V0 转化率尚可，但是处于中间等级的 V2，转化率差强人意。说明购物流程的顺畅度不是问题，对高购买力的访客的转化也不是问题，而中间等级的那部分访客，推动他们转化的动力不足。那么可以考虑尝试无线专享价、Vip 价等方式，改善这种状况。

（3）价格

价格对于客户是否选择并确认下单很重要，但要跟利润挂钩，不需要用不合理的低价，另外定好价格后就不要随意变更了。在做产品价格的时候，要掌握消费者心理，例如，一件产品 99.00 元和 100.00 元对于刺激消费者的购买欲的效果是不一样的，因此，在制定价格的时候也需要考虑这类因素。

（4）评价评分

很多意向客户在下单前都会看买过产品的顾客的一些评价，这是很自然的也是很关键的一点，好的评价比任何文字描述都有推动力，但不好的评价，即使详情页文字描述得再好，广告做得再强，也打动不了消费者，最后还是会跑单。

（5）售后保障

对于小卖家来说，订单少，售后这块做起来就比较简单。但对于大卖家来说，由于产品种类繁多，需要维护的客户数量也很多，所以要做好售后保障就会觉得有点吃力，不过正因为是大卖家，所以在品牌服务方面更要做好。

（6）客服能力

沟通能力特别是有效沟通能力是客服工作人员的一个基本素质，好的客服能懂得抓取客户内心需求，从而快速促成交易。

（7）关键词的设置

关键词是最能反映买家需求的，特别是无线端，小屏搜索难度高于 PC 端，所以搜索关键词显得更加重要。可以根据关键词，突出商品中的相关卖点，如羊绒大衣的材质羊绒及韩国代购的真实性方面说明，可以在商品描述中突出。在设置关键字及标题时候，需要考虑淘宝网对于这些的限制规则，不能出现违规词语。

因此，卖家们要想快速有效地提升产品的转化率，就一定要把影响转化的每一个因素认真做好，这样才能给网店带来好的效果。

二、上下架时间

众所周知，淘宝网宝贝上下架时间是淘宝网搜索排名的重要影响因素，如果我们能够合理地优化宝贝上下架时间，可以让宝贝排名靠前，就有可能获取更多的免费流

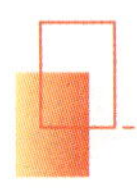

量。通常，淘宝网商品离下架时间越近的，排名会越靠前，流量也会越多。对于新的产品，想要获得流量，合理地安排产品的上下架时间就显得非常重要，宝贝上下架时间安排的最佳方法如下：

1. 选择上架时间为 7 天

淘宝网规则的货物展示时间为最小 7 天，也有 14 天的展示时间。但是在 14 天同样的时间，设置上架 7 天，这样宝贝被看到的概率就增加了一倍。

2. 产品选择在黄金时段上架

这个黄金时段需要看店铺的顾客人群，假设顾客人群是上班族，那么上班族有以下特点：早上 11 点—下午 2 点，这个时间段是上班族吃饭还有休息的时间，很多人都会在这个空闲的时间逛网店；下午 4 点—5 点，这个时间段是下班前的一两个小时，已经忙完工作了，有空闲的时间，这个时间段流量是很大的；晚上 8 点—10 点，这个时间段都是吃完饭了，如果没有事情做，就会上网逛逛。

根据消费人群来制定相应宝贝的上架时间很重要，如果产品是大众化的，不知道应该在什么时间段上架宝贝，那么可以选择在早上 10 点、下午 4 点、晚上 10 点，这几个时间段都是淘宝人流量最多的时候，这里需要注意的是，不要在同一时间段把所有的宝贝都上架了，同时发布宝贝的，也很容易同时消失，应该分开发布，这样在整个黄金时段，都有快要下架的产品，可以获得靠前的排名，流量也会大增。

3. 橱窗推荐全部用在即将下架的宝贝上

很多卖家都有这样的体会：店铺产品太多，但是店铺的橱窗推荐就只有几个，根本不够用，最好的方法就是把店铺所有的橱窗推荐都用在即将下架的产品上，只要合理安排好，店铺橱窗推荐位就会发挥很大的威力。

4. 橱窗推荐销售量大的宝贝

如果店铺里快要下架的产品数量有很多，店铺橱窗推荐位不够用的话，店家们可以选择销量最好的宝贝、热卖的宝贝，因为在淘宝网搜索排名规则里面有一个很重要的因素，那就是——销售量，如果推荐的宝贝销量很大，会优先排在前面的，而那些销量低、竞争度小的宝贝不需要设置橱窗推荐。

三、动态评分

动态评分是会员在淘宝网交易成功后，仅限使用买家身份的淘宝网会员对本次交易中的使用卖家身份的淘宝网会员进行宝贝与描述相符、卖家的服务态度、物流服务的质量这三项打分。店铺动态评分在买家打完分确认提交后，即时生效，系统会每天计算店铺评分近 6 个月之内的数据，但更新显示可能会有 48 小时的延时，如图3－25所示。

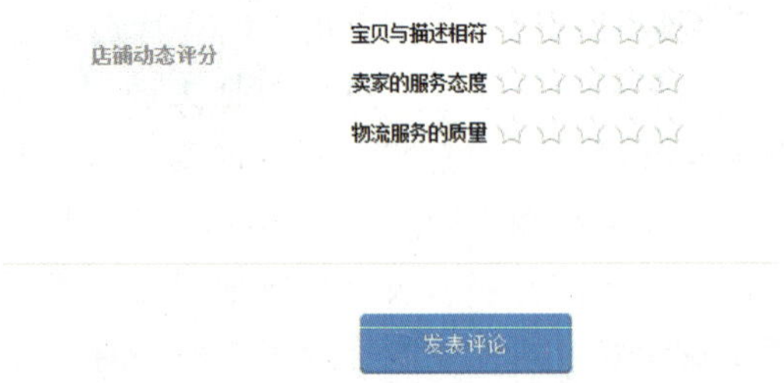

图 3－25 店铺动态评分

动态评分是淘宝网对于商家考核的一项硬性指标，影响着一个店铺的搜索排名，而且当顾客要购买某个宝贝的话，也是会第一眼看评分的，评分高说明宝贝受欢迎度高，宝贝好，会激发购买欲望，反之，就算图片做得再好看，文字说明夸张得再厉害，顾客也不敢购买。

三项指标打分分值：1 星＝非常不满；2 星＝不满意；3 星＝一般；4 星＝满意；5 星＝非常满意。

买家的打分参考标准，见表 3－6 所列。

表 3－6　评价打分参考标准表

星级	宝贝与描述相符	卖家的服务态度	物流服务的质量
5 星	质量非常好，与卖家描述的完全一致，非常满意	卖家的服务太棒了，考虑非常周到，完全超出期望值	物流公司服务态度很好，运送速度很快
4 星	质量不错，与卖家描述的基本一致，还是挺满意	卖家服务挺好的，沟通挺顺畅的，总体满意	物流公司态度还好吧，送货速度挺快
3 星	质量一般，没有卖家描述的那么好	卖家回复很慢，态度一般，谈不上沟通顺畅	物流公司服务态度一般，运送速度一般
2 星	部分有破损，与卖家描述的不符，不满意	卖家有点不耐烦，承诺的服务也兑现不了	物流公司服务态度挺差，运送速度太慢
1 星	差的太离谱，与卖家描述的严重不符，非常不满	卖家态度很差，还骂人、说脏话，简直不把顾客当回事	物流公司态度非常差，送货慢，外包装有破损

四、收藏和加购率

收藏主要是指对这个商品/店铺感兴趣，担心现在价格有点贵/现在不想买/日后跟朋友分享等心理因素而执行的一种关注功能。目前来说，收藏是店铺收藏人气排名最重要的一个因素。买家收藏了店铺或者宝贝后，都会显示在买家的收藏夹中，但呈现方式有所不同。

宝贝收藏只展现该商品的基本状态，如图3－26、图 3－27 所示。

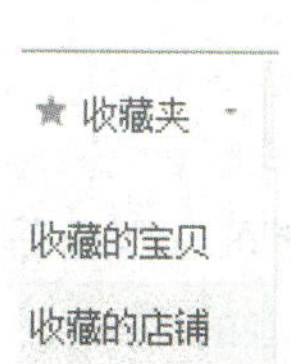

图 3－26　淘宝收藏夹

图 3－27　宝贝收藏

而店铺收藏除了展现店铺状态外，还会对新上架的产品做展示，如图3－28所示。

图 3－28　店铺收藏

购物车一般是指要买好几件东西，现在选定了一个先把它放到篮子里（类似超市的购物车/购物篮）。然后继续选，待选购完毕后一起去收银台结账，如图3－29所示。

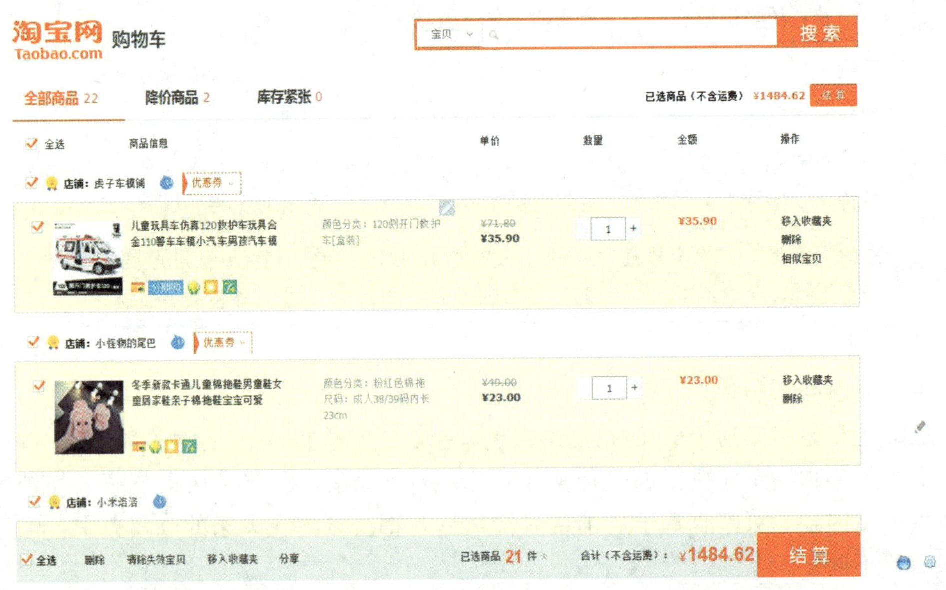

图 3－29　加入购物车结算

店铺产品收藏量和加购率直接影响了店铺的搜索权重的评分，影响店铺权重的因素较多，如退换货、发货、旺旺响应时间等。而影响宝贝权重的因素有：销量、转化率、点击率、回购了率以及评分等。加入购物车或加入收藏，却没下单交易的，说明没有刺激到消费者的购物欲望。

任务实施

影响产品排名主要有 5 大因素：相关性、下架时间、橱窗推荐、宝贝权重、店铺权重。以上 5 点排名因素是按照影响从大到小依次列出的。

1. 相关性

相关性：是指宝贝与用户搜索关键词的相关性。

如果相关性不好，其他的因素优化得再好，排名也不会很靠前，或者根本就没有展现机会。

相关性主要包括：类目相关、属性相关、标题相关。

（1）类目相关性优化

对已发布的宝贝重新进行编辑，进入宝贝编辑页面，点击左侧信息“编辑”，进入类目修改页面，查看宝贝发布的类目是否最优，如图3-30、图3-31所示。

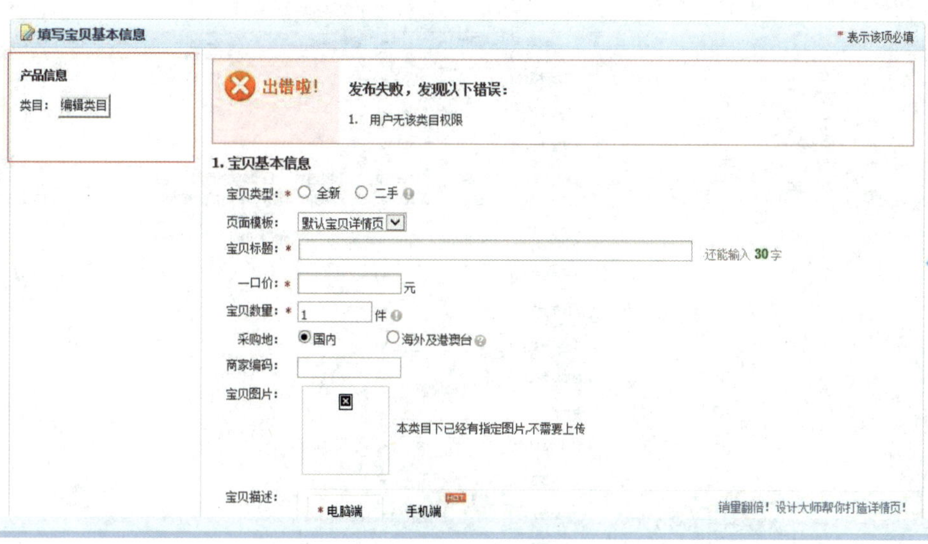

图 3-30　产品编辑

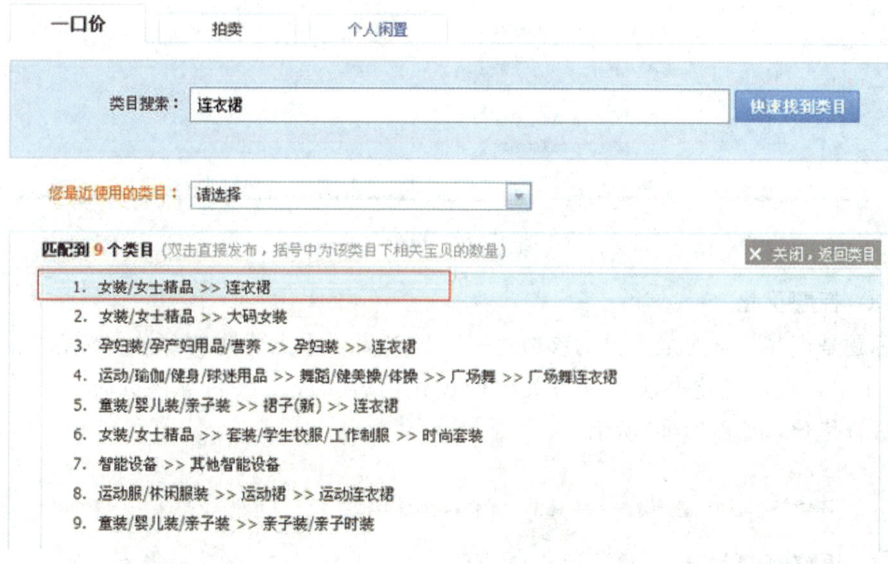

图 3-31　类目优化

（2）属性相关优化

进入产品编辑页面，对产品属性进行设置。设置宝贝属性时，必须正确，不能写错。宝贝属性填写必须齐全，淘宝网所给的属性栏要全部写上，如实在没有，也千万不能空着，可以编辑相关的属性。设置时宝贝属性中一定要含有关键词，如图3－32所示。

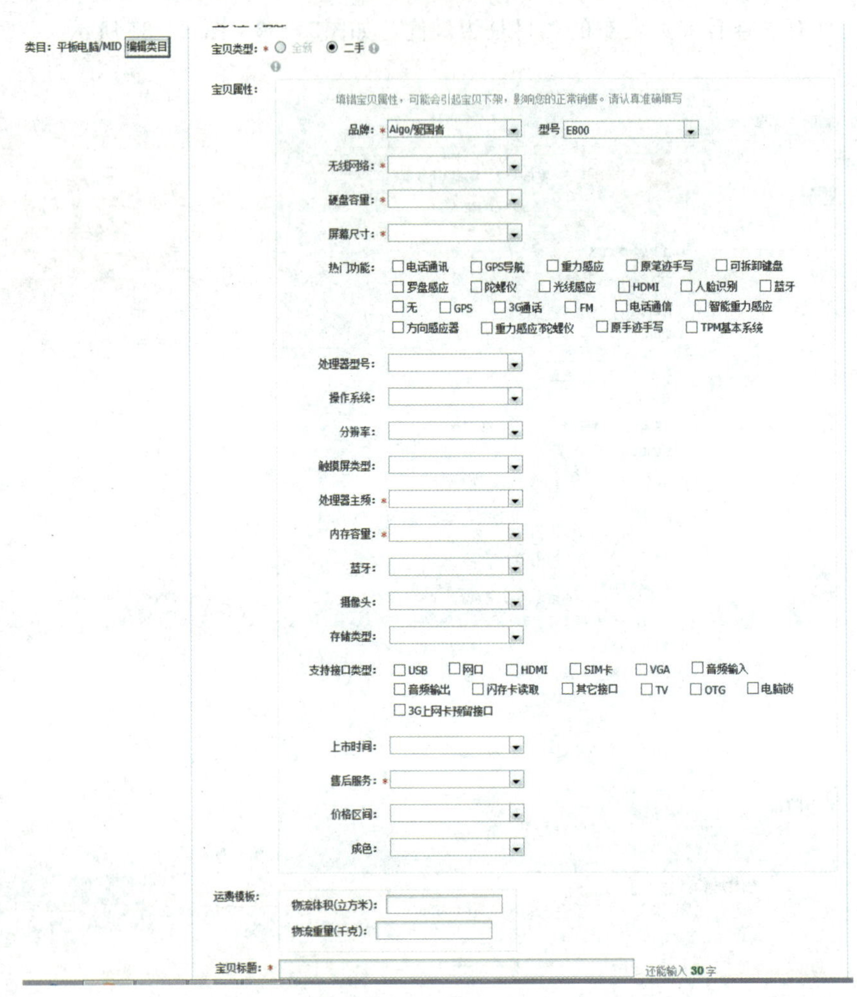

图 3－32　属性设置

（3）标题优化

标题是产品搜索时最重要的参数之一，也是属于重点优化的部分，标题共 60 个字符 30 个字，具体优化办法可参考关键词优化内容。进入产品编辑页面，对“商品标题”进行优化，如图3－33所示。

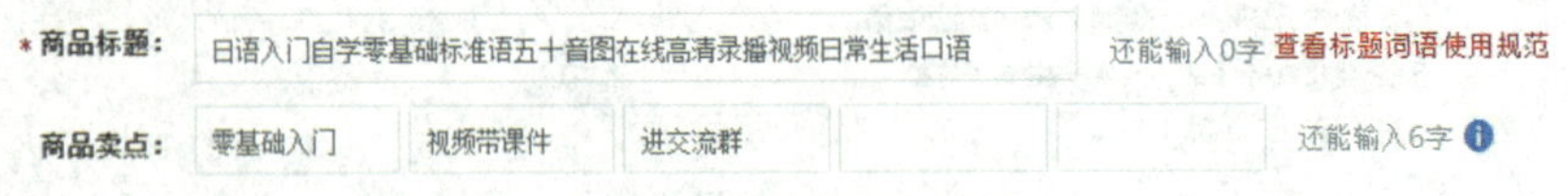

图 3－33　标题优化

2. 下架时间设置

所有宝贝排名，是在一定下架时间范围内，按照宝贝权重和店铺权重的综合得分进行排序的，这个得分是通过各个参数得分加权得来的。登录淘宝网后台，点击“出售中的宝贝”，可以看到宝贝发布时间，如图3－34所示。进入“编辑宝贝”页面，对下架时间进行优化，如图3－35所示。

图3－34　发布时间

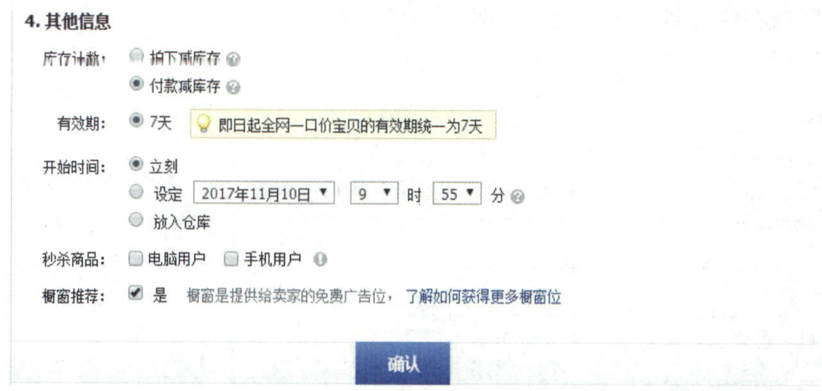

图3－35　手动设置下架时间

3. 橱窗推荐

淘宝网橱窗推荐位最低是10个位置，天猫橱窗推荐位最低是60个位置，根据店铺运营数据会有相应的橱窗位奖励。如橱窗推荐位不够用，可以设置主推款锁定推广，其他产品全部轮播，保证每款产品都有机会展示。登录店铺后台，点击“橱窗管理”，查看宝贝当前状态，对“未推荐橱窗”的宝贝进行设置，如图3－36所示。

4. 宝贝权重

所有排名算法里，都会加入宝贝权重。宝贝权重主要从以下几个因素考核：成交量、转化率、收藏量、买家评分、支付宝使用率。这些需要在日常运营工作中经常优化。

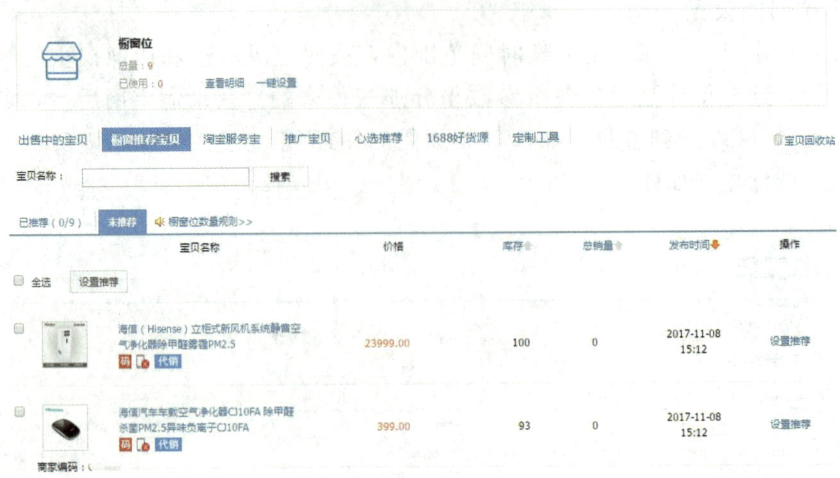

图 3-36 橱窗管理

5. 店铺权重对排名的因素也有影响，主要包括以下几个方面。

（1）动态评分

（2）违规情况：降权、屏蔽、滞销

（3）退款率、退款纠纷率、退款速度

（4）拍发时间差：买家拍下——物流公司揽收

（5）店铺信誉

（6）旺旺在线时间、旺旺相应速度

（7）店铺整体动销率

任务考核

表 3-7 学习任务 3 实训考核表

组 号：		填写人员：			日 期：		
评分项目	评分点	1 组	2 组	3 组	4 组	5 组	6 组
实训室规则	遵守实训室规章制度（10 分）						
职业素养	衣着干净整齐（5 分）						
	精神面貌佳（5 分）						
	积极参与团队合作（10 分）						
职业技能	了解转化率概念及提升方法（5 分）						
	能够掌握上下架时间安排设置（5 分）						
	了解动态评分概念及内容（5 分）						
	了解收藏和加购率（5 分）						
	能够掌握产品排序的因素及内容设置（50 分）						
合计得分							

学习任务 4　类目优化

任务目标

✧ 知识点

1. 掌握产品类目概念
2. 掌握优化类目的方法

✧ 技能点

能熟练对产品类目进行优化

任务描述

冰冰的网店已经开了有一段时间，每天到访的访客不多，有的时候甚至连一个人影也没有，看着别人家的店铺红红火火，自己的店铺门可罗雀，她的自信心受到了严重的打击。经过一段时间学习，冰冰发现自家的产品类目放错了地方，难怪产品销量不好，并且有时候还会出现下架的情况。冰冰发现这个问题对自己店铺影响还是很大的，于是赶紧进入店铺后台页面进行类目的修改工作，下面我们来跟随冰冰一起学习如何进行类目的修改优化吧。

知识准备

一、产品类目

淘宝网的每个商品都会有相对应的类目体系，每个商品都有很多的分类。在发布商品的时候，需要注意到，搜索同一关键词的用户行为数据很容易聚焦到对应的热销类目。买家在淘宝网搜索商品时，淘宝网会根据买家的浏览行为和消费行为记录，来决定该关键词的优先展示类目。

有数据分析，淘宝网 30％的客户，是通过淘宝网类目来选择商品的。在发布优化商品时，选择正确的宝贝类目，既可以精准引流，还能够让宝贝排名更靠前。

商家在发布商品时一旦选错了类目，需要将宝贝下架，然后在上架的时候重新修改类目，如果是类目错放而降权，只要修改正确后系统就会审核 48 小时，而在这 48 小时内系统可能还会再次提醒，只要修改正确，宝贝就会自动恢复，不会对店铺造成降权和扣分的影响。

看一看：错放宝贝类目和属性主要体现在以下几个方面：

1. 商品属性与发布商品所放置的类目不一致（如手机放在手机配件下）。

2. 商品属性与发布商品所设置的属性不一致（如休闲宽松牛仔裤属性设置为裙子）。

3. 在淘宝网首页推荐各类目下出现的和该类目无关的商品。

如果商品错放类目了，先把商品下架，上架时重新修改类目即可。

二、商品类目的影响

（1）商品类目不同需缴纳的消费保障金不同

消费保障金指商家未履行消费者保障服务承诺时用于对买家进行赔付的资金。部分商品类目需要缴纳保证金后才能发布全新商品，在未缴纳保证金的情况下，只能发布该类目的二手商品。提交保证金具体方法：通过“卖家中心”⟶“客户服务”⟶“消费者保障服务”申请提交保证金。

做一做：不同类目商品缴纳消费者保障金是不同的

以下各类目皆需要缴纳相应的保障金，具体金额请查阅链接网址完善下列表格内容，见表 3－8 所列：

https：//service. taobao. com/support/seller/knowledge-13123494. htm

表 3－8　淘宝网类目保障金表

类　目	保障金金额
电动车/配件/交通工具>>电动车整车>>老年代步车	
大家电>>厨房大家电	
手机	
平板电脑/MID	
宠物/宠物食品及用品>>狗狗	
珠宝/钻石/翡翠/黄金	
度假线路/签证送关/旅游服务	

（2）类目不同宝贝发布要求不同

不同类目的商品，淘宝网对商品发布数量、商品描述信息、商品标题、商品图片、商品详情描述等的要求是不同的。

（3）类目设置正确与否影响店铺流量

类目放错位置会影响宝贝的流量。淘宝网会将放错类目的商品作降权处理，这会导致该商品在搜索结果页面排名靠后。反之，类目优化可以引流，设置正确的宝贝类目，既可以实现精准引流，还能够让宝贝排名靠前。

三、优化类目方法

卖家可以通过以下四种方法选择最优类目。

方法一：在淘宝网首页宝贝搜索框，搜索“腰带”，第一个选项就是淘宝网默认的最优类目选项，如图 3－37 所示。淘宝网根据客户习惯给出的最优选择，符合客户的搜索习惯，同时也符合淘宝网的类目选择算法。

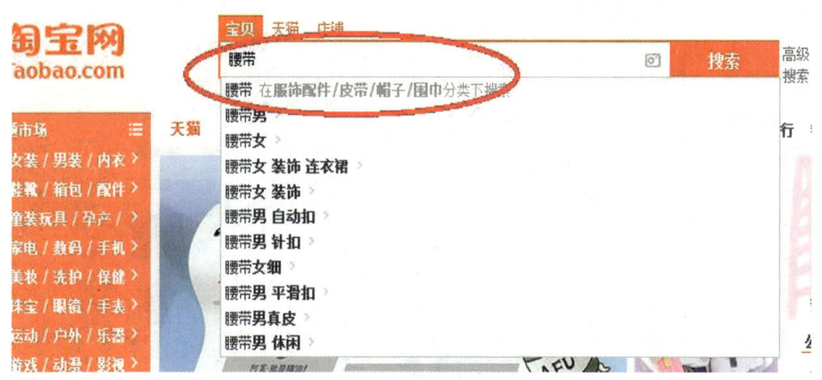

图 3－37　淘宝网搜索

方法二：按步骤选择类目，据商品的属性，一级一级地选择下去，直到最后一级类目为止。最常见的类目选择方法，是按步骤选择，不容易出错，如图3－38所示。

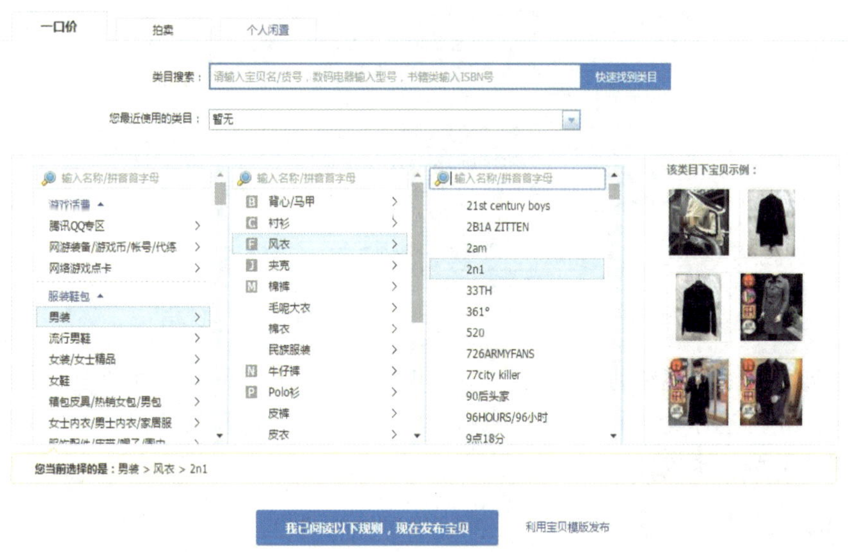

图 3－38　按步骤选择类目

方法三：类目搜索方式，直接在类目的搜索框中，输入所需要发布的商品的关键词，如“T 恤”，系统就会自动帮助匹配出相应的类目，供给商家选择。只要输入关键词就能自动匹配到对应的类目，大大缩小了选择的范围。通常第一个选项也是最优类目，如图3－39所示。

方法四：点击最近使用的类目。如果之前已经发布过相同类目的商品，再次发布的时候，可直接点击“您最近使用的类目”选择相应的类目即可。这里会展示最近发布过的 10 个类目，如图3－40所示。

图 3－39　类目搜索方式

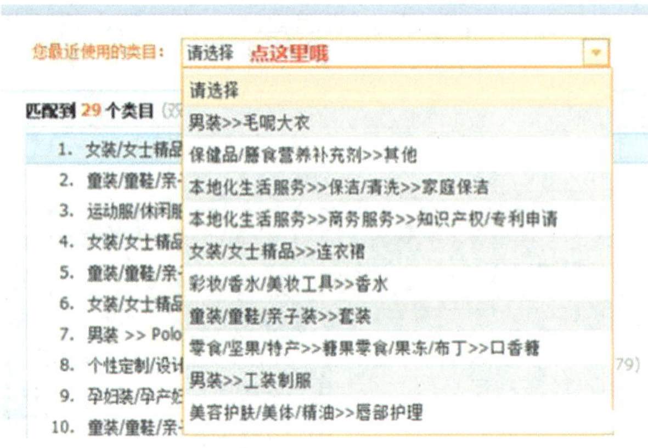

图 3－40　最近使用的类目

以上四种方法，能帮助卖家正确选择产品对应的类目。第一种和第三种类目选择方法，除了正确选择类目，同时还是最优类目选择方式，避免了错放类目的问题同时还能提升产品的搜索流量。

任务实施

步骤一：对已发布的宝贝进行优化。

进入出售中的宝贝页面，选择需要修改的宝贝，点击“编辑宝贝”，如图3－41所示。

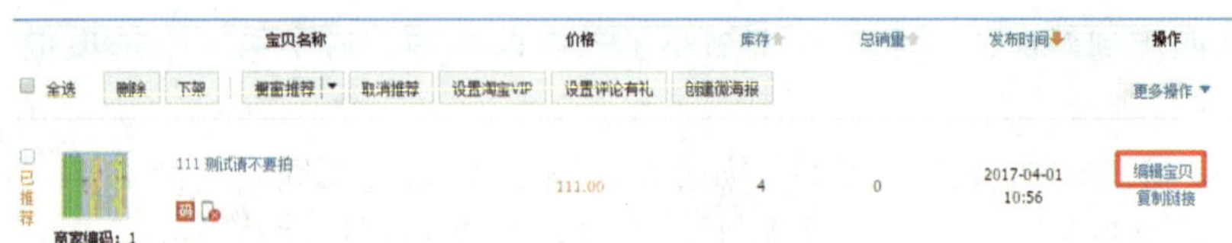

图 3－41　编辑宝贝

步骤二：进行类目优化。

进入宝贝信息页面，点击“切换类目”，如图3－42所示。

图 3－42　切换类目

根据产品类目，重新选择一个最优的类目，如图3－43所示。

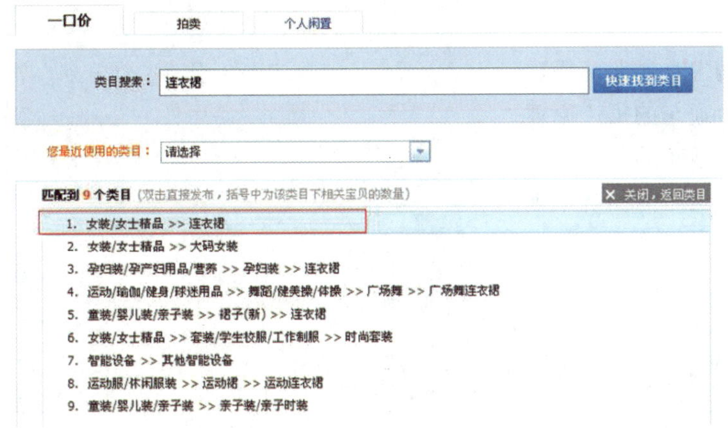

图 3－43　类目优化

如果宝贝的类目错误或者不是最优类目（通常情况下，第一个类目是最优类目），须进行更改。

任务考核

表 3－9　学习任务 4 实训考核表

组　号：		填写人员：			日　期：		
评分项目	评分点	1 组	2 组	3 组	4 组	5 组	6 组
实训室规则	遵守实训室规章制度（10 分）						
职业素养	衣着干净整齐（5 分）						
	精神面貌佳（5 分）						
	积极参与团队合作（10 分）						
职业技能	能够掌握产品类目（10 分）						
	掌握产品类目优化方法（10 分）						
	能够熟练操作店铺后台（10 分）						
	能够用多种方法对产品类目进行优化操作（40 分）						
合计得分							

学习任务5　淘宝直通车

任务目标

✧ 知识点

1. 掌握淘宝直通车的概述
2. 掌握直通车的推广原理
3. 了解直通车的优点
4. 掌握直通车的扣费原理

✧ 技能点

1. 能为店铺开设淘宝直通车
2. 能使用淘宝直通车进行店铺的新商品推广

任务描述

冰冰的小网店算是正式开始运营起来了，为了让生意更上一层楼，胖胖同学开始教冰冰一些运营的技巧，其中最重要的算是淘宝的直通车。在流量越来越重要的时代，引流成为各个店铺的重点工作，其中直通车的引流作用那是相当重要，直通车可以将自己的产品更好地展示给买家，从而解决网络营销的问题。下面我们通过这次任务来学习如何开设淘宝直通车以及进行产品的推广。

知识准备

一、淘宝直通车概述

淘宝直通车官网上对“淘宝/天猫直通车”的官方定义是：“淘宝/天猫直通车是一款帮助卖家推广商品/店铺的营销工具。通过对买家搜索的关键词或是淘内/外的展现位置出价，从而将商品展现在高流量的直通车展位上，卖家也可自行选择在哪些买家眼前展现，让商品在众多商品中脱颖而出找到它的买家。”

顾名思义，淘宝直通车就是一款需要付费的营销工具，它能帮助卖家更好地将自己的商品展现在买家面前。

在淘宝网发展的里程中，直通车扮演着重要角色，解决了淘宝网卖家网络营销的问题。一直以来，直通车凭借其精准、竞价、点击付费等特点，从单一营销工具，已经发展成了立体的推广平台，当流量红利时期早已消逝，流量越来越匮乏，店铺间竞争越来越加剧，直通车在店铺引流方面，显得更加重要，如图3－44所示。

图 3-44　直通车营销页面

二、直通车的推广原理

淘宝直通车是为广大卖家朋友量身定制的一款推广工具，主要通过设置推广商品关键词来获取流量，按照流量的点击数量付费，进行精准推广。如果想推广一件商品，就需要给该商品设置相应的创意图、关键词、出价、商品推广标题等，当买家在淘宝网搜索关键词或者按照类目分类进行浏览时，推广中的商品就会出现在相应的展示位，买家点击后扣费，不点击不扣费。直通车是推广效果最好的付费推广工具的原因也正在于此，因为只有有购买意向的顾客才会搜索相关的关键词，最终转化成交的可能性也相对较高。

三、淘宝直通车的优点

淘宝直通车多维度、全方位提供各类报表以及信息咨询，为推广商品打下坚实的基础。其快速、便捷的批量操作工具，让商品管理流程更科学、更高效。淘宝直通车具有如下的优点：

1. 淘宝直通车大大提高了商品的曝光率，买家只要来淘宝网买同类的商品，就能看到该直通车推广的商品，这能给卖家带来更多的潜在客户。

2. 只有想买同类商品的买家才能看到直通车上的广告，即直通车带来的点击都是有购买意向的点击，也就是直接带来的是有购买意向的买家，这大大提高了购买转化率。

3. 淘宝直通车能给卖家的整个店铺带来人气，虽然卖家推广的是某个单个的商品，但很多买家会进入卖家的店铺里，一个点击带来的可能是几个成交，这种整体连锁反应，是直通车推广的最大优势，久而久之卖家店铺的人气自然就高起来了。

4. 可以参加更多的淘宝网促销活动，参加后会有不定期的直通车用户专享的淘宝网单品促销的活动，卖家加入直通车后，可以报名各种促销活动。

5. 淘宝直通车能给店铺带来很高的流量。

四、直通车扣费原理

直通车作为一款被广大卖家使用的推广方式，其扣费方式也受到众多卖家的关注。店铺推广的扣费规则同商品推广一致，展现不扣费，只有点击才会扣费，当日扣费不会超出卖家设置的日限额。定向推广按点击扣费，根据卖家为商品设置的定向推广出价，单次扣费不会大于卖家的出价。

如果卖家设置了受众人群、性别、购买年龄、购买意图时，系统会按综合情况最好的受众进行展示，并按此受众进行扣费，扣费不会大于此受众的出价。

直通车扣费公式＝下一位的出价×下一名的质量得分/卖家的质量得分＋0.01

目前淘宝直通车的排名规则是根据关键词的质量得分和关键词的出价综合衡量出商品排名；质量得分主要用于衡量卖家的关键词与商品推广信息和淘宝网用户搜索意向之间的相关性。商品的质量分越高，则直通车的扣费就越少，要想用最小的消耗拿到更多的流量，提高商品的质量分是关键。前面已经提到，影响质量得分的因素包括基础分、创意效果、相关性、买家体验，因此卖家需要在这四个方面做好功课，提高自己的质量得分。

通过扣费公式，不难发现，在“下一名质量得分”不变的情况下，我们的质量得分越高，最后的实际扣费将越低。也就意味着，只要我们把质量得分尽可能地提升到最高，就可以用相对较少的推广费用，把商品信息展现在更适当的展示位置上。

当关键词对应的各项分值越大时，推广效果越好，但不同行业的关键词的质量得分也是与实际行业类目相关的。以实际情况为准，参考优化中心的建议进行优化，不断提高各项指标值。如果各项相关性的反馈值发生变化或降低，都会影响到整体的质量得分发生变更或下降。所以需要抽出一定的时间对推广标题、商品描述等各方面进行全面优化。

任务实施

一、开通直通车账户

在卖家开始直通车推广前，首先需要有一个属于卖家自己的直通车账户，直通车在2017年更新后，功能比以前更强大，更适合推广商品之用；新手卖家达到3颗红心以上（具体以官方为准），即可开启直通车，如图3-45所示。

创建直通车账户的步骤如下：

步骤一：登录直通车客户自助系统。

步骤二：预存费用。

卖家登录直通车客户自助系统后，首次预存推广费用500元起。充值成功后，卖家就开通了直通车服务，正式拥有了自己的直通车账户了。

图3-45　直通车自助系统登录流程

知识链接：直通车服务开通要求

1. 用户应为正常使用中的淘宝\天猫直通车用户。

2. 淘宝网用户须为1颗钻及以上用户。

3. 用户使用店铺推广搜索或店铺推广定向，还须符合以下特殊要求：

（1）用户申请使用店铺推广搜索，用户店铺主营类目应在支持投放的主营类目范围内。

（2）用户申请使用店铺推广定向，必须已开通店铺推广搜索，且店铺主营类目应在支持投放的主营类目范围内。

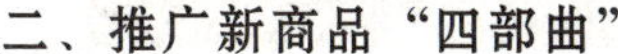

二、推广新商品“四部曲”

在选择推广商品时，建议卖家尽量选择具有一定成交基础、客户评价较好、有足够库存、具备卖点（如价格优势、商品特性等）的商品来进行推广。在新版直通车操作平台推广一款商品，卖家需要分四步走。

步骤一：选择推广计划。

1. 在直通车操作平台首页点击“推广计划”，新建一个推广计划，如图3－46所示。

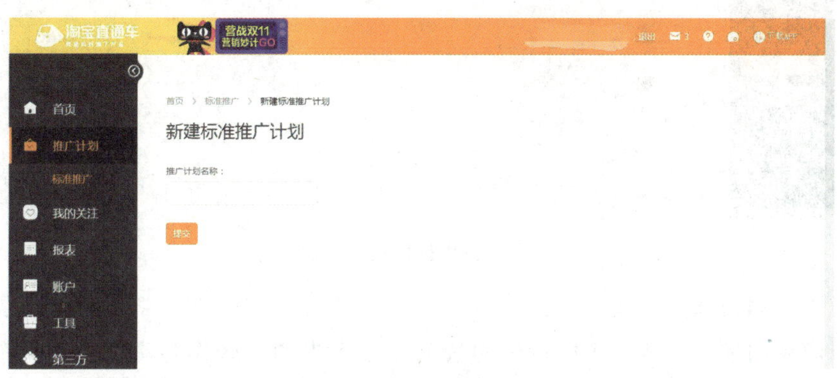

图 3－46　新建推广计划

2. 点击导航“推广计划”，选择刚刚建立或者是已有的推广计划，点击“编辑”，如图3－47所示。

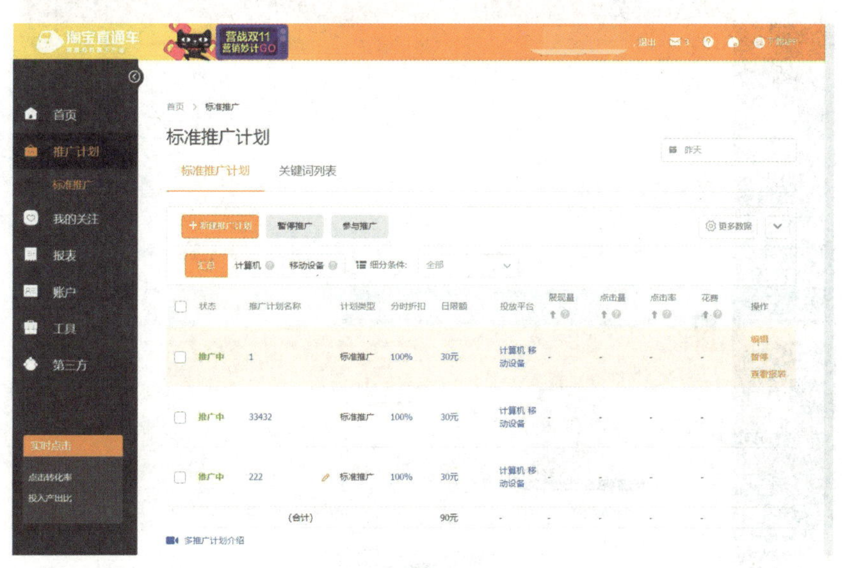

图 3－47　选择直通车推广计划

步骤二：选择推广商品。

选择一款卖家需要推广的商品，卖家可以通过对销售量、库存和发布时间进行排序来选择有优势的商品，也可以通过筛选店内商品的类目或者关键词搜索的方式快速找到想要推广的商品，如图3－48所示。

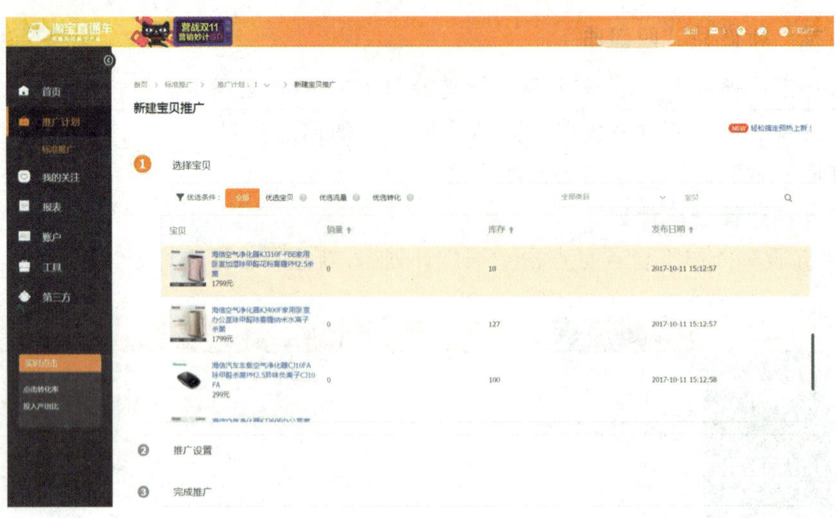

图 3-48　选择想推广的商品进行推广

步骤三：编辑推广创意。

编辑商品的推广创意，卖家可以勾选五张主图中的一张作为卖家的创意图片，编辑创意标题时建议突出商品的属性、功效、品质、信誉、价格优势等，同时也可以添加一些热门词，字数控制在 40 个字符以内（1 个汉字为 2 个字符）尽量不要使用特殊符号，如图3-49所示。

图 3-49　编辑商品创意

步骤四：设置关键词和出价。

1. 在左侧一栏中为卖家的商品设置关键词，最多可设置 200 个关键词，每输入一词按回车键后输入下一个关键词。

2. 卖家可以通过右侧系统提供的商品匹配的关键词、相关词查询和其他推广使用的关键词来选择关键词。

3. 卖家可通过设置关键词的不同匹配方式来提高关键词的展现机会，广泛匹配能获得最多流量，精准匹配能获得精准流量，中心词匹配介于两者之间。

4. 添加关键词后设置默认出价，选择是否开启定向推广，然后点击下一步完成设置，如图3－50、图 3－51 所示。

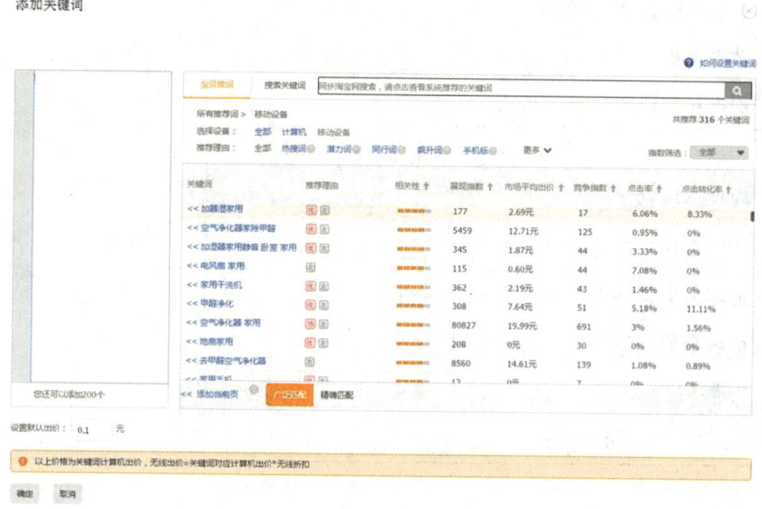

图 3－50　添加关键词

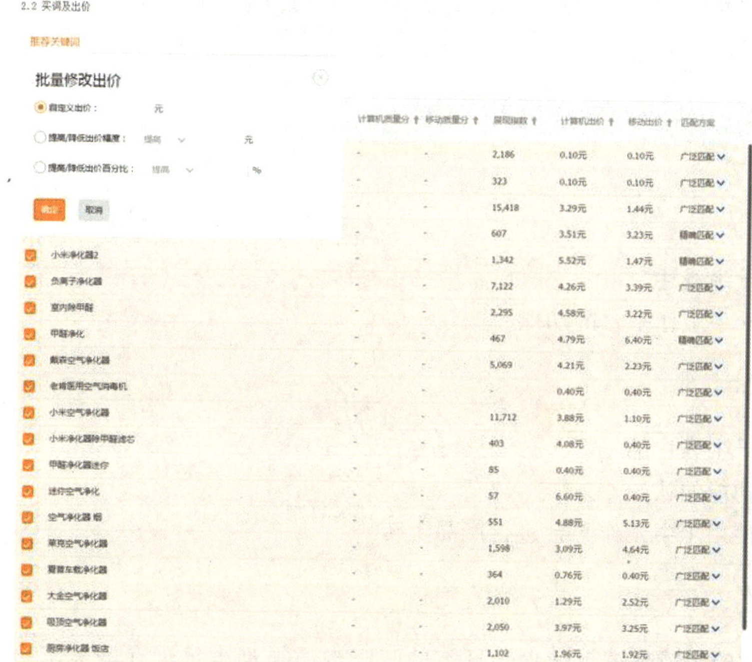

图 3－51　设置出价

任务考核

表 3－10　学习任务 5 实训考核表

组　号：		填写人员：			日　期：		
评分项目	评分点	1 组	2 组	3 组	4 组	5 组	6 组
实训室规则	遵守实训室规章制度（10 分）						
职业素养	衣着干净整齐（5 分）						
	精神面貌佳（5 分）						
	积极参与团队合作（10 分）						
职业技能	能够掌握淘宝直通车的概念、推广原理、扣费原理（15 分）						
	了解直通车的优点（5 分）						
	能够为店铺开设淘宝直通车（20 分）						
	能够使用淘宝直通车进行店铺新商品的推广（30 分）						
合计得分							

学习任务 6　淘宝“千牛工作台”的使用

任务目标

✧ 知识点

1. 了解千牛概述
2. 了解千牛工作平台的功能

✧ 技能点

1. 下载千牛客户端
2. 千牛功能的认知
3. 能够使用千牛工作平台进行产品上传

任务描述

冰冰同学的店铺越来越红火，日常的旺旺沟通很难满足现在的需求，冰冰迫切需要一个工具，能够集进货、沟通、上架货物等功能于一体，并满足店铺大部分运营需

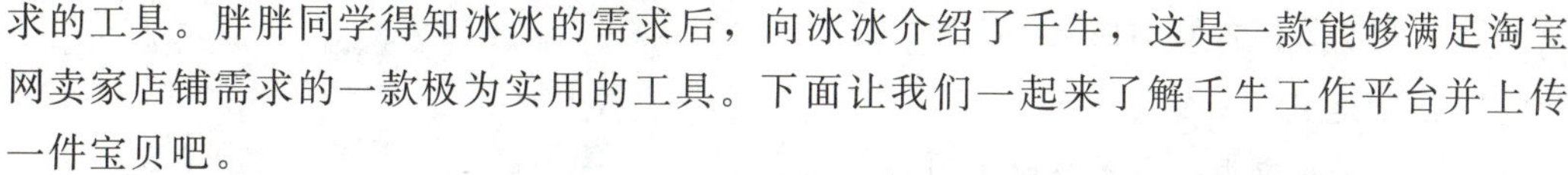

求的工具。胖胖同学得知冰冰的需求后，向冰冰介绍了千牛，这是一款能够满足淘宝网卖家店铺需求的一款极为实用的工具。下面让我们一起来了解千牛工作平台并上传一件宝贝吧。

知识准备

一、千牛工作平台概述

千牛是阿里集团官方推出的商家一站式工作平台。千牛不仅能与客户进行沟通，而且可以对店铺进行管理，如图3－52所示。

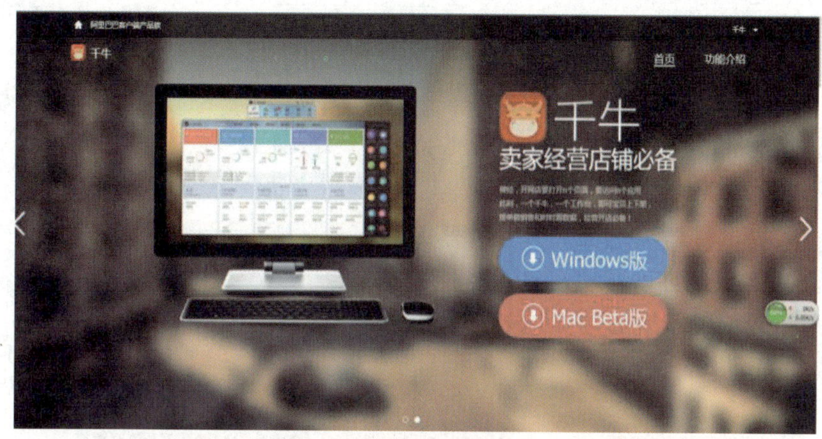

图 3－52　千牛

淘宝集市商家和天猫商家均可以使用千牛，如图3－53所示。

图 3－53　千牛版本

千牛下载地址：http：//wangwang. taobao. com/，分为手机端和电脑端两个版本。

二、千牛工作台的功能

1. 店铺运营工具集于一身

千牛是在商家版旺旺的基础上升级而来的，不仅是买卖双方沟通的工具，而且为商家整合了运营店铺所需的工具，包括店铺管理工具、经营咨询信息、客户关系管理等，借此提升商家的经营效率，促进彼此间的合作共赢，如图3－54所示。

2. 提供快捷高效的服务

（1）旺旺沟通便捷

用千牛可以使用旺旺聊天并接单，可加2000人进行旺旺沟通。还可建千人大群，针对群内重要的客户可设置关注，如图3－55所示。

（2）提供机器人客服

新版千牛提供机器人客服，1个机器人相当于N个人工客服，可以自动回复重复性、通用性的买家疑问；机器人的接待绩效高，也节省了客服人力，如图3－56所示。

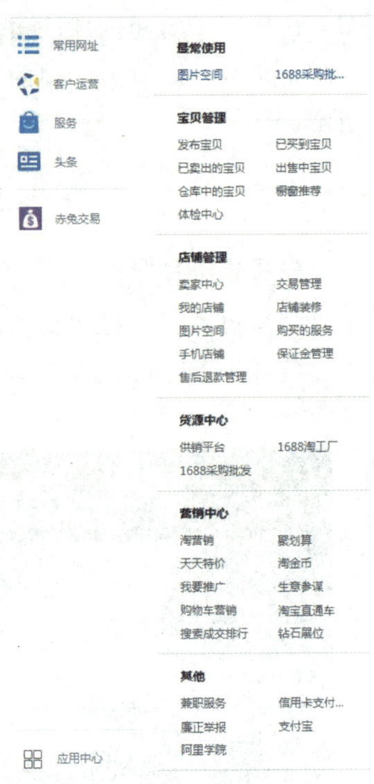

图 3－54　千牛店铺运营工具

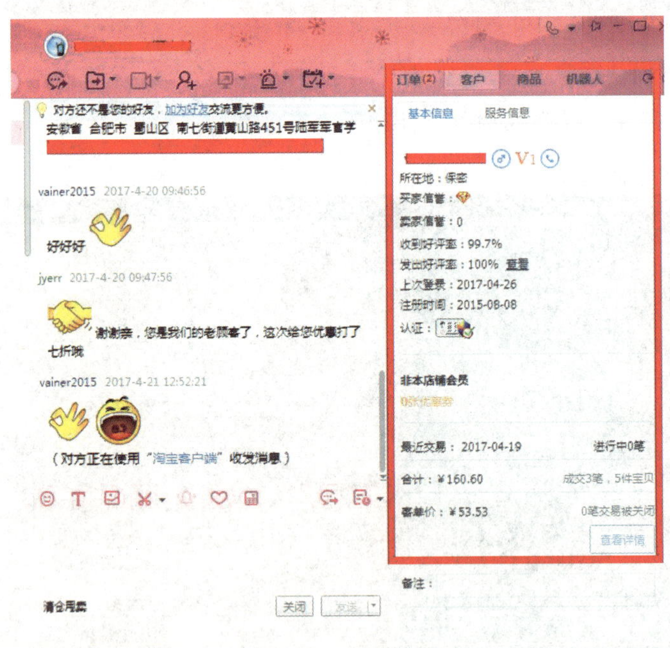

图 3－55　旺旺沟通

（3）客服可以为旺旺分流

千牛可以设置客服分流功能。1个售前接待中心，多个客服平均接待买家；客服主管主要做好监控接待数据，千牛可以智能调配客服服务流量，如图3－57所示。

图3-56　机器人客服

图3-57　客服可以为旺旺分流

（4）客服可以提供标准化服务

千牛可以设置自动回复模板、快捷短语分组、禁用语设置，虽有多名客服提供服务，但可以打造一致的买家购物体验，如图3-58所示。

（5）可以检阅一线客服聊天记录

店铺老板或服务主管可以随时查阅客服聊天记录，有利于做好服务监管工作，不用担心某些客服不按规范提供服务，如图3-59所示。

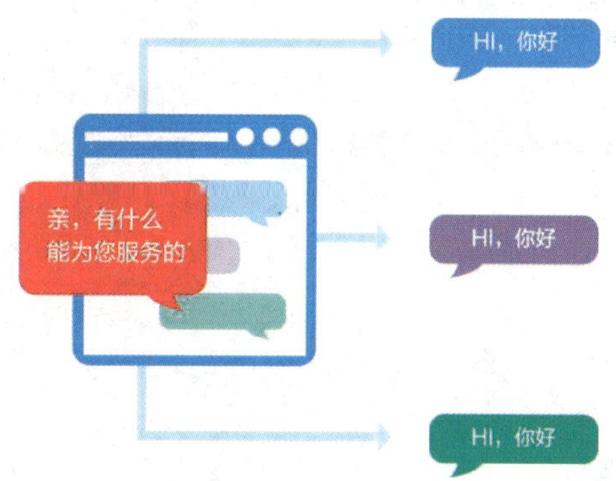

图3-58　客服可以提供标准化服务

图3-59　检阅一线客服聊天记录

任务实施

下面我们来一起认识下千牛平台。

步骤一：下载千牛客户端。

登录千牛官网 https://alimarket.taobao.com/markets/qnww/pc，下载电脑客户端和手机端进行安装。登录千牛商家工作台，如图3-60所示。

图3-60　登录千牛商家工作台

步骤二：登录千牛首页。

首页展现的内容有生意参谋、店铺数据、营销活动中心及体检中心，如图3-61所示。

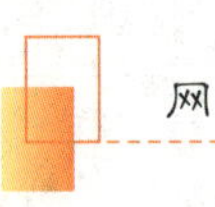

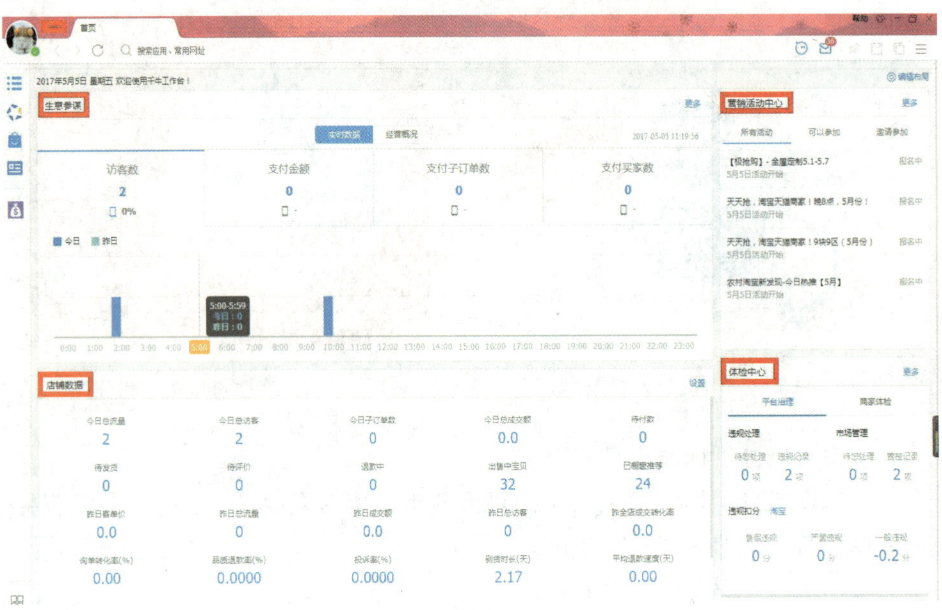

图 3-61　千牛首页

步骤三：阿里旺旺。

点击右上角旺旺，切换成阿里旺旺沟通界面，如图3-62、图 3-63 所示。

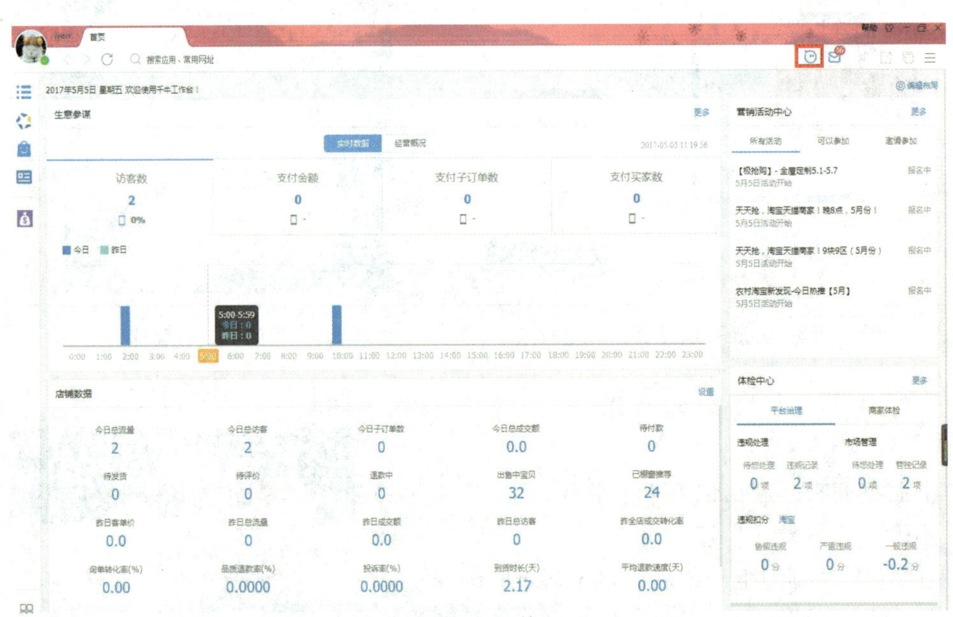

图 3-62　切换阿里旺旺沟通界面

步骤四：常用工具栏。

千牛商家工作台左边的工具栏，有常用网址、客户运营、服务、头条、赤兔交易和应用中心等工具，如图3-64所示。

图 3－63　阿里旺旺沟通界面

步骤五：常用网址。

点击常用网址，这里汇集了商家日常运营店铺所需要用到的链接。直接点击链接，可以进入相关页面，如图3－65所示。

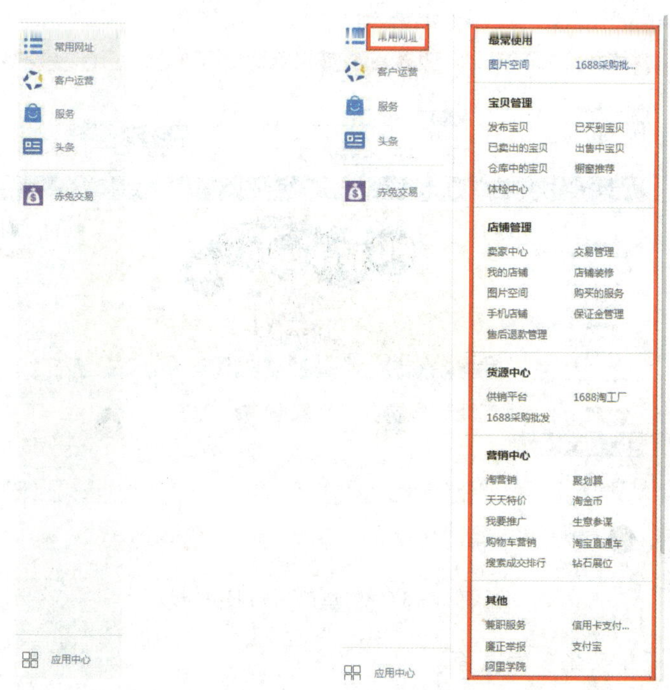

图 3－64　千牛商家工具栏　　　　图 3－65　常用网址

步骤六：客户运营。

点击“客户运营”进入客户运营平台。店铺客户管理、店铺运营计划、店铺营销都可以使用相关工具进行设置，如图3－66所示。

图 3－66　客户运营平台

步骤七：服务市场。

点击“服务”进入阿里巴巴的服务市场，这里可以购买商家所需要的服务插件，如图3－67所示。

图 3－67　阿里巴巴的服务市场

步骤八：千牛头条新闻页面。

点击“头条”进入千牛头条新闻页面，这里为电商商家提供最新的新闻咨询，如图3－68所示。

图 3-68　千牛头条新闻

步骤九：赤兔交易。

点击“赤兔交易”，进入交易管理页面，商家可以对交易进行管理（赤兔交易软件是收费软件），如图3-69所示。

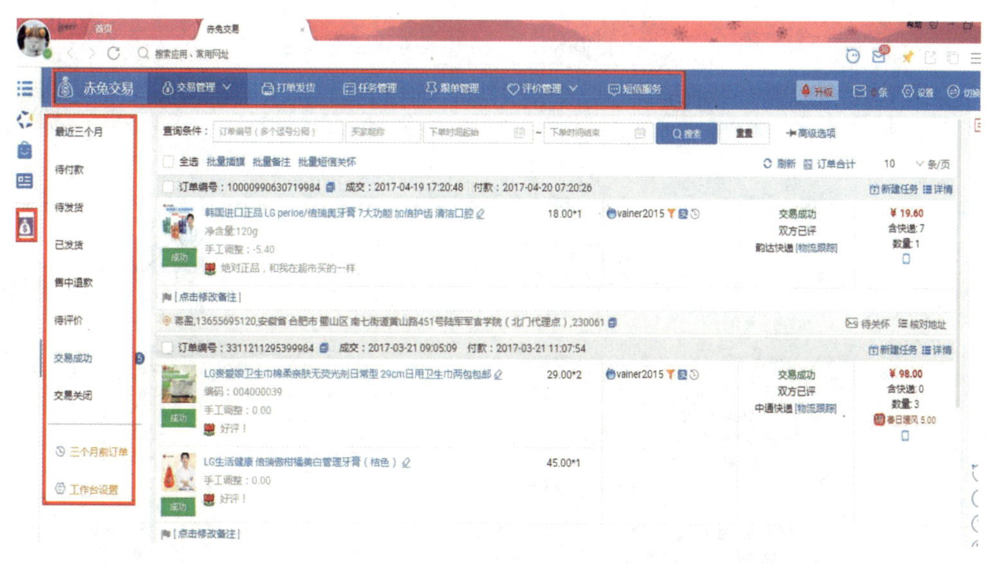

图 3-69　赤兔交易

步骤十：应用中心。

点击“应用中心”，进入阿里巴巴应用工具页面（多为收费工具），如图3-70所示。

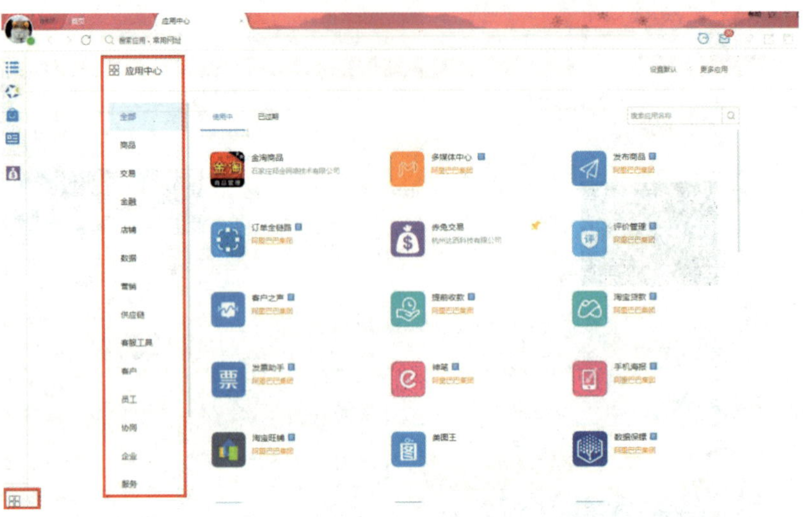

图 3－70　阿里巴巴应用工具

步骤十一：发布商品。

1. 常用网址中，在“宝贝管理”中选择发布宝贝，如图3－71所示。

图 3－71　宝贝管理

2. 在“类目搜索”里面输入自己卖的产品，如图3－72所示。

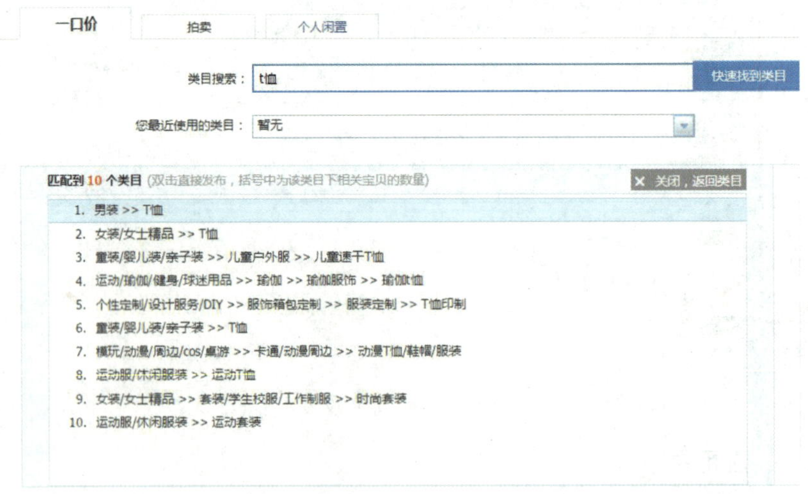

图 3－72　类目搜索

3. 点击“我已阅读以下规则，现在发布宝贝”，如图3－73所示。

图 3－73　发布类目

4. 填写宝贝的详细信息，如图3－74所示。

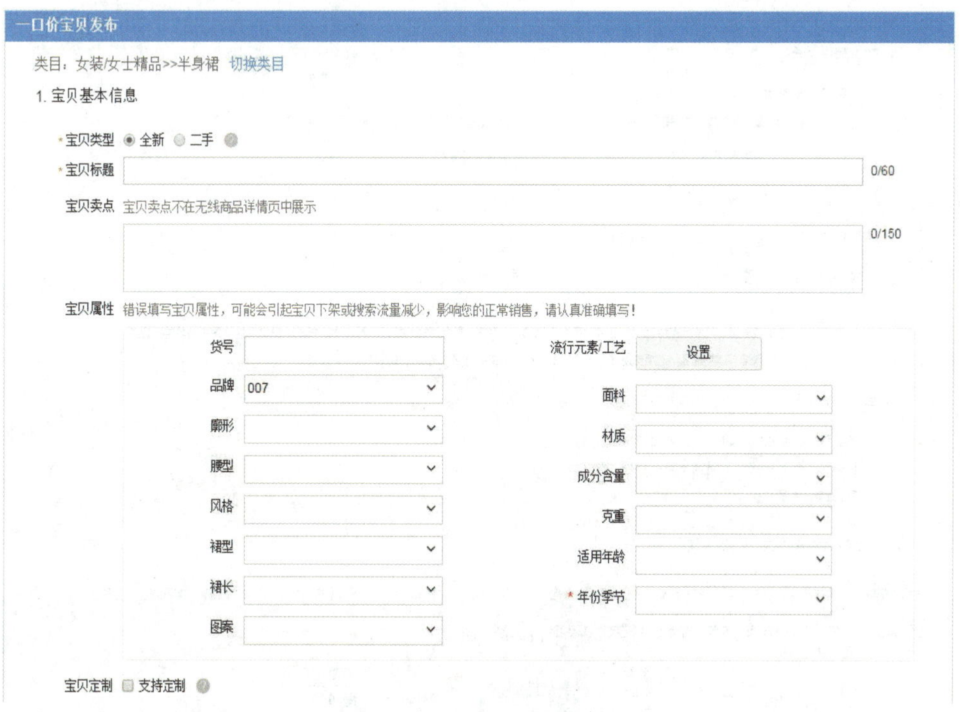

图 3－74　宝贝基本信息页面

5. 生成手机版宝贝详情，如图3－75所示。

图 3－75 生成手机版

6. 将信息填写完整后，进行发布，如图3－76所示。

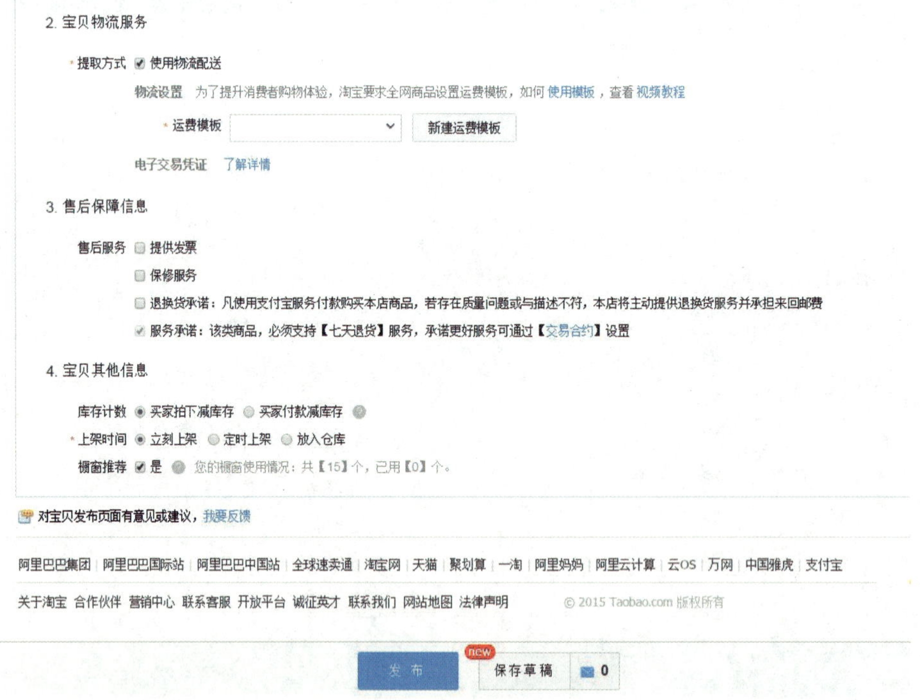

图 3－76 信息填写

任务考核

表 3－11　学习任务 6 实训考核表

组　号：		填写人员：			日　期：		
评分项目	评分点	1 组	2 组	3 组	4 组	5 组	6 组
实训室规则	遵守实训室规章制度（10 分）						
职业素养	衣着干净整齐（5 分）						
	精神面貌佳（5 分）						
	积极参与团队合作（10 分）						
职业技能	能够下载安装千牛工作台（10 分）						
	能够识别千牛工作平台的模块内容（20 分）						
	能够使用千牛工作台进行宝贝上传（20 分）						
	能够对宝贝信息进行编辑（20 分）						
合计得分							

学习任务 7　店铺数据统计及汇总

任务目标

✧ 知识点

1. 了解获取数据的意义
2. 掌握流量数据和访问数据的分析原理
3. 能够运用生意参谋对店铺运营数据作简单分析

✧ 技能点

能熟练使用生意参谋

任务描述

冰冰早就听说过大数据营销这个词，再加上胖胖同学不断地向她灌输，店铺数据如何如何的重要。所以冰冰对店铺的运营数据，尤其是生意参谋中的数据特别关注。几乎每天都要仔细浏览生意参谋上的数据。我们一起看看冰冰每天都看些什么数据，了解下数据对店铺运营的意义吧。

知识准备

一、获取店铺数据的意义

在 20 世纪，价值已经从实体基建转变为无形财产，从土地和工厂转变为品牌和产权。如今，数据成了有价值的公司资产、重要的经济投入和新型商业模式的基石。

（一）大数据营销

大数据营销是指基于多平台的大量数据，在依托大数据技术的基础上，应用于互联网的一种营销方式。大数据营销衍生于互联网行业，又作用于互联网行业。依托多平台的大数据采集，以及大数据技术的分析与预测能力，能够使广告更加精准有效，给品牌企业带来更高的投资回报率。大数据中的“大”不是绝对意义上的大，大数据是指不用随机分析法这样的捷径，而采用“所有数据”的方法。大数据营销的核心在于让网络广告在合适的时间，通过合适的载体，以合适的方式，投给合适的人，如图3－77所示。

图 3－77　大数据营销

（二）优化做到“有据可依”

在店铺的日常管理中，数据的整理与分析和网店业务水平息息相关。在数据网店中，可以通过行业排名、行业所占的市场份额和成交总额等数据明确自身所处行业的发展状况以及自身所经营店铺在本行业中的名次，从而把控店铺的盈利方向。例如，排名靠前的商品都是热销的商品，商家可以从中了解这些商品基本信息，诸如商品的款式、风格、热销种类等，通过分析数据信息，对自己店铺内的商品进行有效调整，以适应当前的流行需求。简而言之，数据让店铺优化“有据可依”。

二、访问数据

（一）访问数据分析

1. 平均访问深度

平均访问深度即用户平均每次连续浏览的店铺页面数。

平均访问深度＝浏览量 PV/访客量 UV

访问深度在很大程度上影响着用户购买的可能性，用户看过的产品页面越多，购买的概率自然就越大。

2. 停留时间

用户停留时间的长短影响了店铺的销量。

人均店内停留时间＝访客总访问时间/访客数

用户在店铺停留的时间越长，表示他对店铺的东西越感兴趣，购买产品的可能性

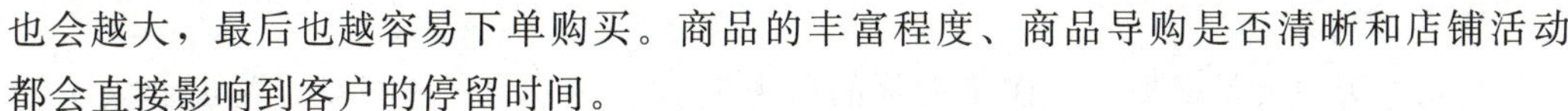

也会越大，最后也越容易下单购买。商品的丰富程度、商品导购是否清晰和店铺活动都会直接影响到客户的停留时间。

3. 浏览回头率

浏览回头率即浏览回头客占店铺总访客数的百分比。回头客统计周期是6天，就是在该店铺浏览过的用户在6天内重新进入店铺浏览的比例，称为浏览回头率。浏览回头率很高，说明店铺的设计、产品、价格、内容等对访客有一定的吸引力。

看一看：什么是动销率

商品的动销率的计算公式为：动销品种数/库存的品种数×100%。其中动销品种数指的是所有商品种类中有销售的商品种类总数，这个指标用以评价店铺各类商品的销售状况。

淘宝中的滞销商品（90天内没有任何一笔交易的宝贝叫作滞销商品）在搜索排序中是要被降权的。因此，店铺的动销率是越高越好。

（二）访客特征分析

1. 访客地区占比

了解访客地区占比，就是要将营销重点放在转化率和ROI最高的地区，这样营销才更有效果，如图3－78所示。

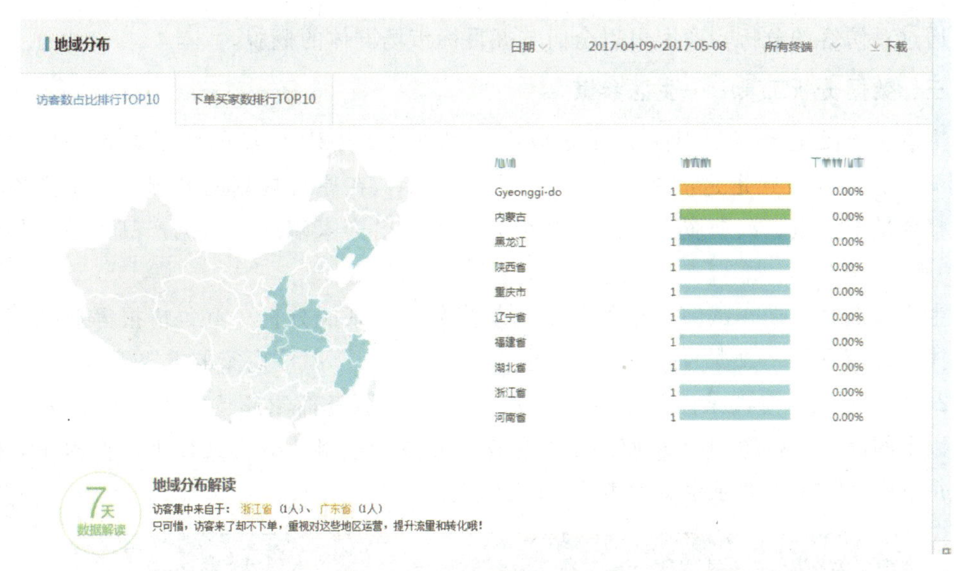

图3－78　访客地区占比

看一看：ROI

淘宝网中的ROI是指投资回报率，也叫投入产出比。计算方式：花费/销售金额。

2. 性别特征

在生意参谋中，通过买家分析页面可以查看到客户的性别占比。

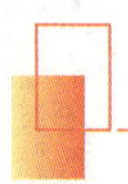

3. 买家等级

买家等级主要是根据买家淘宝购物的历史笔数来划分的，这样可以帮助商家了解客户和客服之间的沟通方式，有针对性地采取一些沟通技巧，如图3－79所示。

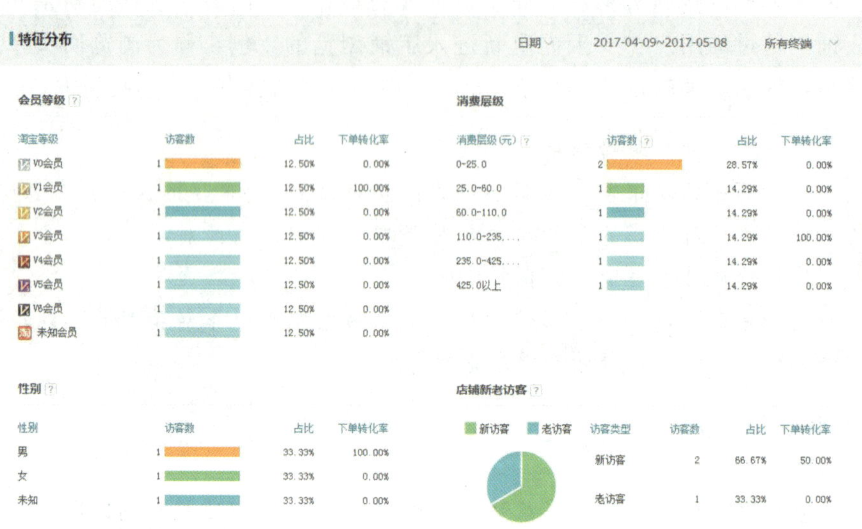

图 3－79　访客分析

通过对访客的分析，商家可以全面掌握目标市场群体的概貌。

三、数据分析工具——生意参谋

生意参谋诞生于 2011 年，最早是应用在阿里巴巴 B2B 市场的数据工具。2013 年 10 月，生意参谋正式走进淘系。2014 年至 2015 年，在原有规划的基础上，生意参谋分别整合量子恒道、数据魔方，最终升级为阿里巴巴商家端统一数据产品平台，如图 3－80所示。

生意参谋集数据作战室、市场行情、装修分析、来源分析、竞争情报等数据产品于一体，是商家统一数据的产品平台，也是大数据时代下赋能商家的重要平台。

2016 年，生意参谋累计服务商家超 2000 万，月服务商家超 500 万；月成交额 30 万元以上的商家中，逾 90％在使用生意参谋；月成交金额 100 万元以上的商家中，逾 90％每月中平均每天登录生意参谋达 20 次以上。

图 3－80　生意参谋

任务实施

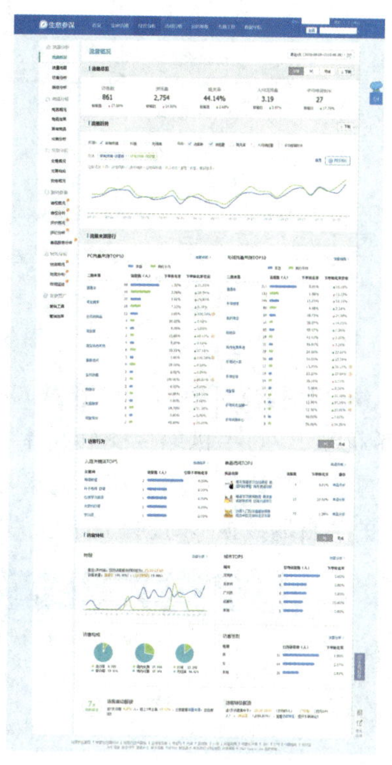

图 3-81　经营分析

步骤一：通过生意参谋作经营分析。

1. 统计好每个日常数据，通过对销量、流量、推广、客服等四个版块的数据进行分析，更有效地了解店铺动态，有效地分析平台的运营效果，明确运营问题的所在，如图 3-81 所示。

2. 登录店铺后台，进入“生意参谋经营分析”，如图 3-81 所示。

3. 经营分析中分为“流量分析”“商品分析”“交易分析”“服务质量”“物流分析”“营销推广”等内容，如图 3-82 所示。

4. 统计店铺销量数据，可以查看“交易分析”的数据。点击“交易概况”，选择要查看数据的时间日期，可查看 1 天、7 天、30 天内的数据，也可以按照周期选择。在交易总览中查看全店成交转化率和实收款销售额。点击“交易构成”，查看销售和成交用户数，如图 3-83、图 3-84 所示。

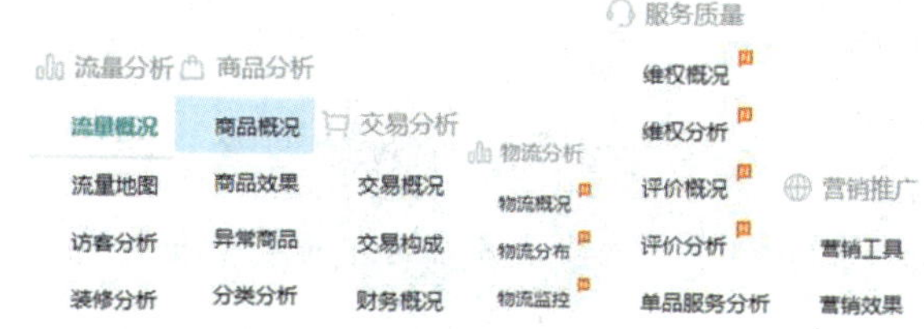

图 3-82　数据分类

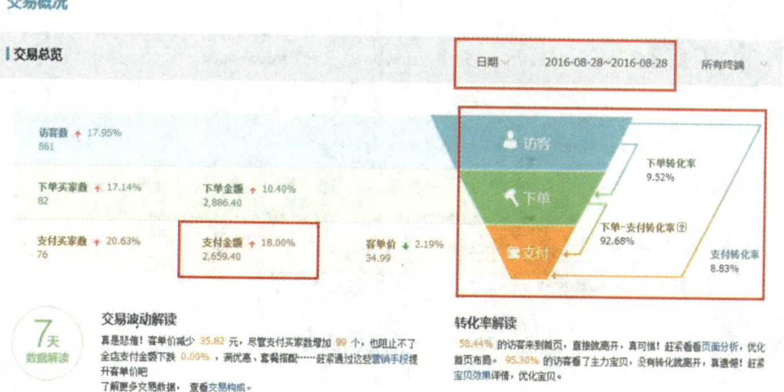

图 3-83　交易概况总览

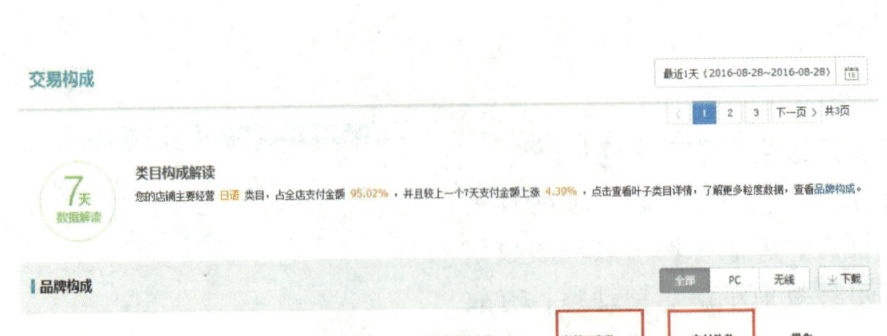

图 3-84　交易构成

5. 统计店铺流量数据：店铺总 UV、PC 端 UV、手机端 UV、店铺总 PV、PC 端 PV、手机端 PV、手机端成交转化率、PC 端成交转化率、免费流量、免费流量占比、付费流量、付费流量占比。该项数据可以在“流量分析”中查看，可以直接选择生意参谋中的“自取数据”，选择要下载的数据，如图3-85所示。

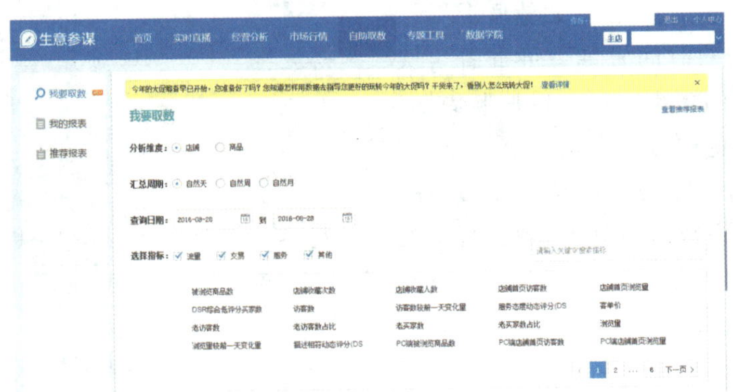

图 3-85　自取数据

6. 自取数据“选择指标”中，选中商家需要的流量数据，如图3-86所示。

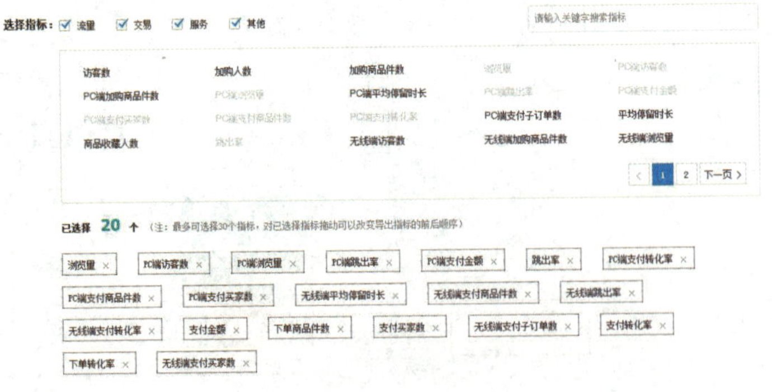

图 3-86　数据指标

7. 点击“预览数据”，查看生产的报表，再直接点击“下载全部数据”。流量数据统计完成，如图3-87所示。

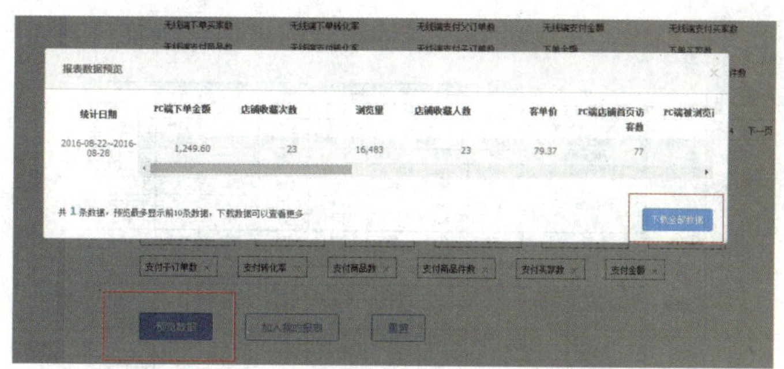

图 3-87 生产报表

8. 统计推广数据是指统计店铺的付费推广数据，是指直通车、淘宝客、智钻等推广活动产生的数据。因开通智钻对店铺等级有要求，所以这里只统计直通车和淘宝客的数据，包括直通车费用、直通车成交额、直通车 ROI、直通车单次点击成本、直通车点击转化率、直通车费用占总销售额比例、淘宝客佣金、淘宝客成交额、淘宝客 ROI、淘宝客占总销售额比例、推广总费用、推广费 ROI、推广费用占比。

9. 进入店铺直通车推广平台，选择“报表”，点击“直通车报表”。选择要统计的数据参数，点击确认，就可以查看需要的数据了，如图3-88所示。

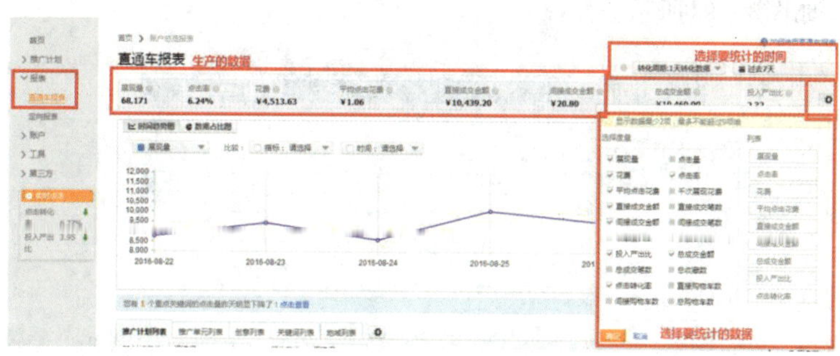

图 3-88 直通车数据

10. 统计淘宝客数据，进入淘宝客推广后台，“账户总览”中可查看需要的数据，如图3-89所示。

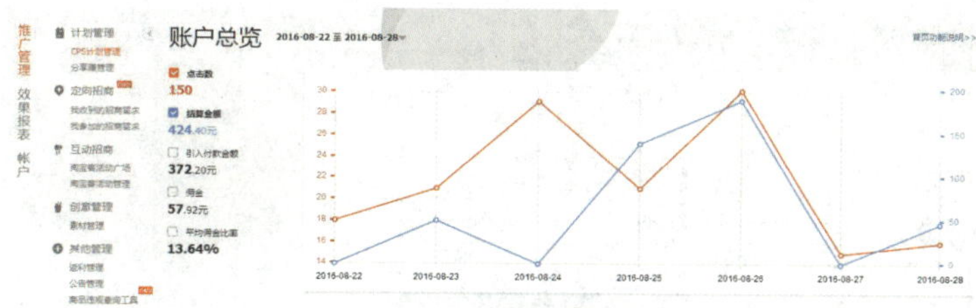

图 3-89 淘宝客数据

11. 直通车费用占总销售额比例计算：直通车费/总销售额。淘宝客费用占总销售额比例计算：淘宝客佣金/总销售额。推广总费用计算：直通车费+淘宝客佣金。推广费 ROI：（直通车成交额+淘宝客成交额）/推广总费用。推广费用占比：推广总费用/实收款销售额。

12. 根据以上实训步骤，完成店铺数据运营表的一周数据统计，如图3－90所示。

		12月第2周							周数据总结
		8	9	10	11	12	13	14	
销售	销售量/成交用户数	11/10	7/7	6/5	15/15	12/11	10/10	9/5	70/63
	全店成交转化率	3.44%	2.21%	2.40%	4.22%	3.93%	1.46%	1.67%	2.76%
	销售额(实收款)	69+92待付	116+92待付	172.0	532+123待付	238+1待付	313+182待付	181.0	1621+490待付
	付费销售额	0.0	0.0	172.0	205.0	39.0	229.0	92.0	737.0
	付费销售额占比	0.00%	0.00%	100.00%	38.53%	16.39%	73.16%	50.83%	46.47%
流量	总UV	258	267	246	303	276	547	417	2314
	PC店铺-UV	161	160	119	129	132	106	137	944
	手机店铺-UV	97	107	127	174	144	441	280	1370
	总PV	574	684	557	748	668	1228	1058	5517
	PC店铺-PV	304	348	232	240	273	189	272	1858
	手机店铺-PV	270	336	325	508	395	1039	786	3659
	PC-店铺成交转化率	4.97%	3.12%	4.20%	6.50%	5.30%	5.66%	4.38%	4.88%
	手机-店铺成交转化率	1.03%	0.93%	0.79%	2.87%	2.78%	0.23%	0.36%	1.28%
	页面访问深度	2.2	2.6	2.3	2.5	2.4	2.2	2.5	2.4
	免费流量	131	130	131	197	154	424	264	1431
	免费流量占比	50.78%	48.69%	53.25%	65.02%	55.80%	77.51%	63.31%	61.84%
	付费流量-直通车	123	121	112	101	114	117	148	836
	PC端--直通车UV	58	49	51	44	53	44	63	362
	无线端--直通车UV	65	72	61	57	61	73	85	474
	付费流量--淘宝客	4	16	3	5	8	6	5	47
	付费流量占比	49.22%	51.31%	46.75%	34.98%	44.20%	22.49%	36.69%	38.16%
推广	直通车费用	207.78	187.64	156.27	179.90	176.51	168.08	190.02	1266.20
	直通车成交额	0.00	0.00	174.99	205.00	39.00	229.00	92.00	739.99
	直通车ROI	0.00	0.00	1.12	1.14	0.22	1.36	0.48	0.58
	直通车单次点击成本	1.49	1.28	1.07	1.43	1.30	1.13	1.06	1.25
	直通车点击转化率	1.44%	0.68%	2.05%	3.97%	0.74%	2.01%	1.11%	1.66%
	直通车费用占总销售额比例	301.13%	161.76%	90.85%	33.82%	74.16%	53.70%	104.98%	78.11%
	淘宝客佣金	0.00	0.00	0.00	0.00	0.00	28.40	37.60	66.00
	淘宝客成交额	0.00	93.00	0.00	0.00	3.00	92.00	94.00	282.00
	淘宝客ROI	0.00	0.00	0.00	0.00	0.00	3.24	2.50	4.27
	淘宝客占总销售额比例	0.00%	0.00%	0.00%	0.00%	0.00%	9.07%	20.77%	4.07%
	推广总费用	207.78	187.64	156.27	179.90	176.51	196.48	227.62	1332.20
	推广费ROI	0.00	0.50	1.12	1.14	0.24	1.63	0.82	0.77
	推广费用占比	301.13%	161.76%	90.85%	33.82%	74.16%	62.77%	125.76%	82.18%

图 3－90　店铺运营数据表

步骤二：通过生意参谋作用户分析。

1. 登录店铺后台，进入“生意参谋经营分析”。点击“访客分析”，可以看到相关的访客数据，如图3－91所示。

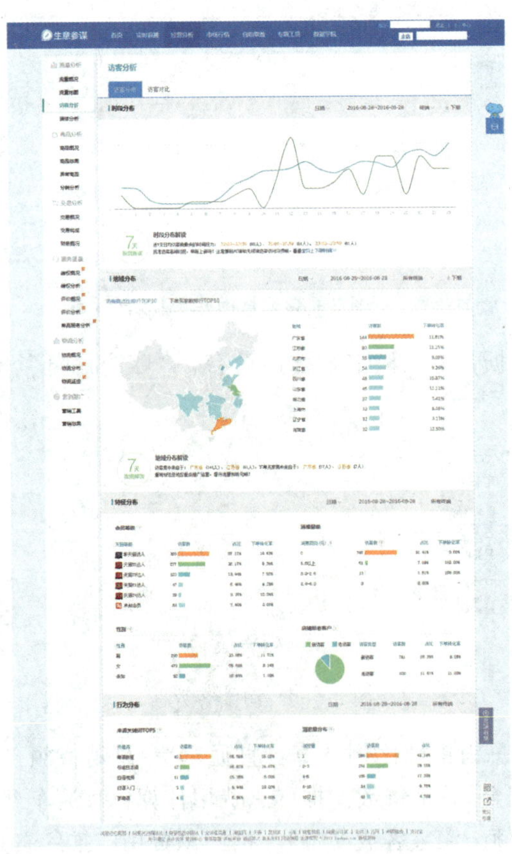

图 3－91　店铺访客数据

2. 查看访客“时段分布”，了解“下单买家数”最高的时间段和“访客数”最高的时间段，如图3－92所示。

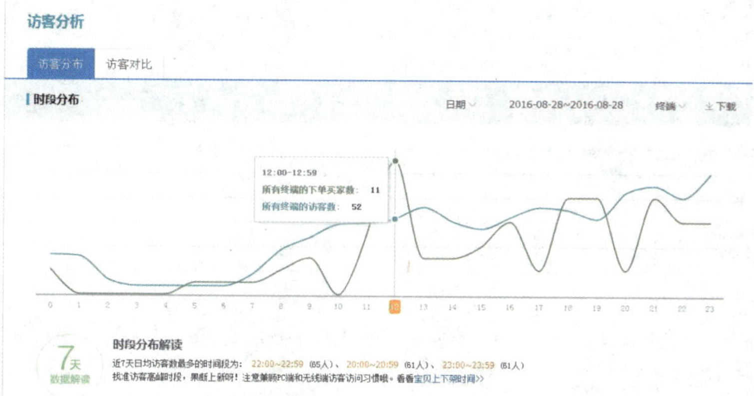

图 3－92　访客时段分布

3. 查看“地域分布”，了解访客数占比最多的地域和下单购买最多的地域，如图3－93、图 3－94 所示。

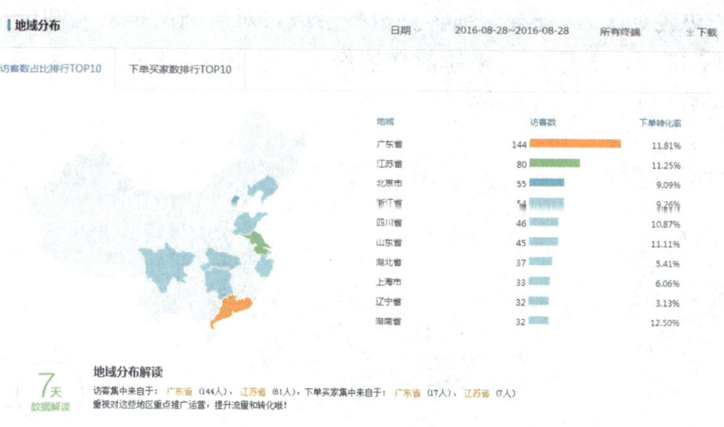

图 3－93　访客数占比最多的地域

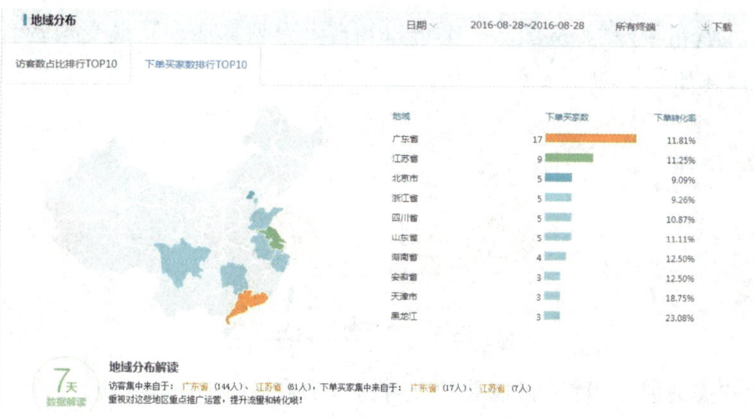

图 3－94　访客地域分布

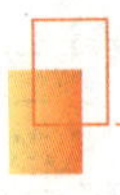

4. 查看“特征分布”，了解访客的主要特征和消费购买力，如图3－95所示。

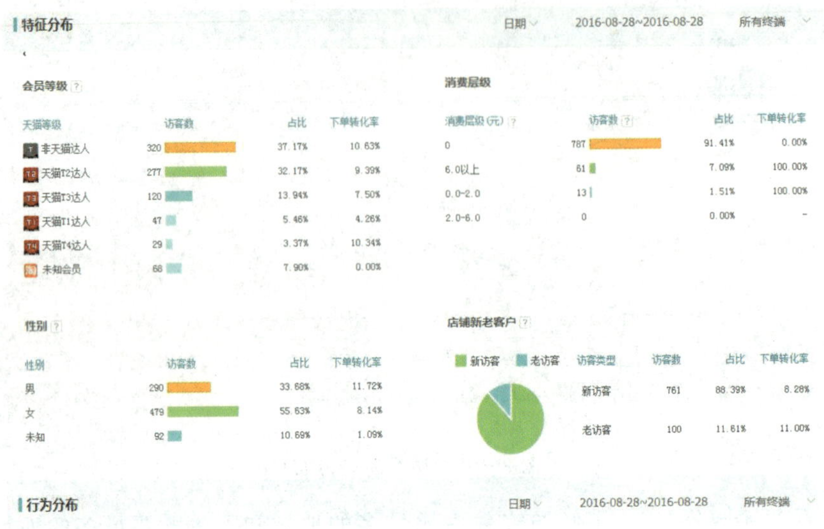

图3－95　访客特征

5. 点击“访客对比”，查看店铺客户消费层级，对店铺所推新品和定价起到参考作用。如图3－96所示，支付新买家的消费层级主要占比是78％，为45～515元，那么店铺的主推款产品定价应是在此范围内。

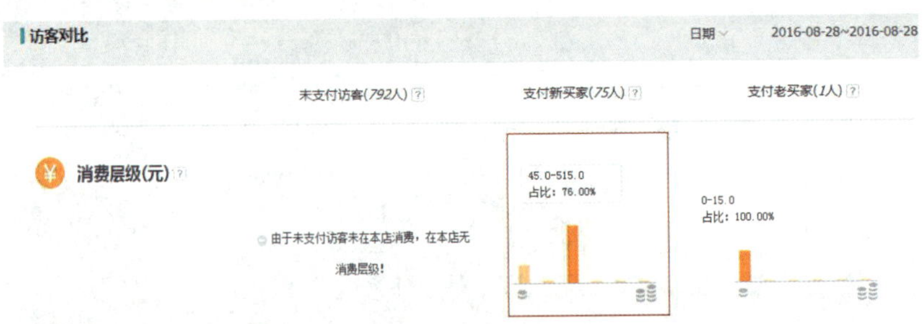

图3－96　客户消费层级

6. 查看“营销偏好”，从图3－97可以知道，聚划算活动是最受消费者青睐的，店铺应该多申请参加该活动。

图3－97　营销偏好

7. 查看“关键词TOP”，可以看到支付买家是通过哪些关键词进入店铺最后成交的。在优化店铺页面和标题的时候，就可以着重优化这些成交关键词，如图3－98所示。

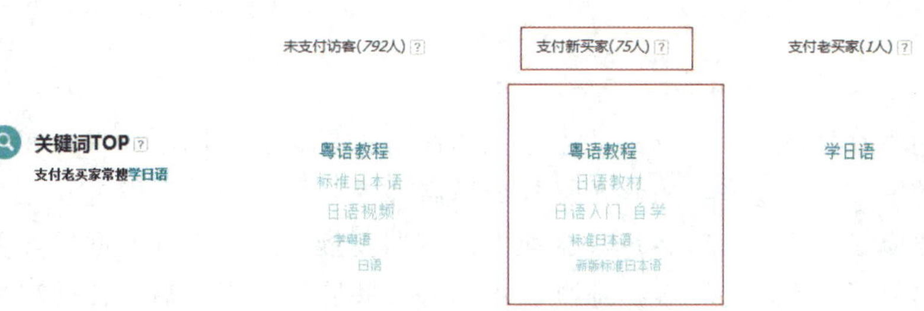

图 3-98　成交关键词

任务考核

表 3-12　学习任务 7 实训考核表

组　号：		填写人员：			日　期：		
评分项目	评分点	1 组	2 组	3 组	4 组	5 组	6 组
实训室规则	遵守实训室规章制度（10 分）						
职业素养	衣着干净整齐（5 分）						
	精神面貌佳（5 分）						
	积极参与团队合作（10 分）						
职业技能	能够使用生意参谋对店铺流量进行分析（35 分）						
	能够使用生意参谋对访客特征进行分析（35 分）						
合计得分							

学习任务 8　与买家交流

任务目标

✧ 知识点

1. 了解网络客户服务
2. 了解实现有效沟通对客服的要求
3. 掌握有效沟通的技巧

✧ 技能点

1. 能够对阿里旺旺进行自动设置
2. 能够对接待中心进行设置
3. 能够掌握客户常见问题话术
4. 能够通过旺旺进行客服沟通模拟

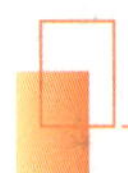

任务描述

冰冰的生意日益兴隆，红火的生意让冰冰喜上眉梢。可问题来啦，在旺旺里咨询冰冰问题的客户越来越多，尤其在每日交易高峰的时候，一下子涌进旺旺咨询的客户更是让冰冰应接不暇。有些客户甚至埋怨冰冰回复慢、服务态度有问题，害得冰冰苦口婆心地解释了一堆才挽回客户那颗破碎的心。胖胖同学得知后，帮助冰冰调整了千牛平台的客服设置，冰冰的旺旺回复轻松了许多。他是怎么做的呢？让我们一起来了解下吧。

知识准备

一、网店客户服务概述

（一）什么是网店客服

网店客服是指在经营网店的过程中，充分利用各种通信工具，并以网上即时通信工具（如旺旺）为主，为客户提供相关服务的人员。

一般小规模的网店，通常一人身兼数职，对客服并没有细分，当店铺达到一定规模后，则对客服实行较细的内部分工，甚至达到相当细致的程度。网店客服根据工作内容，可以分为导购客服、投诉客服、推广客服和打包客服；根据运营的环节可以分为售前客服和售后客服两类，有些大的商家还设置了售中客服，如图3－99所示。

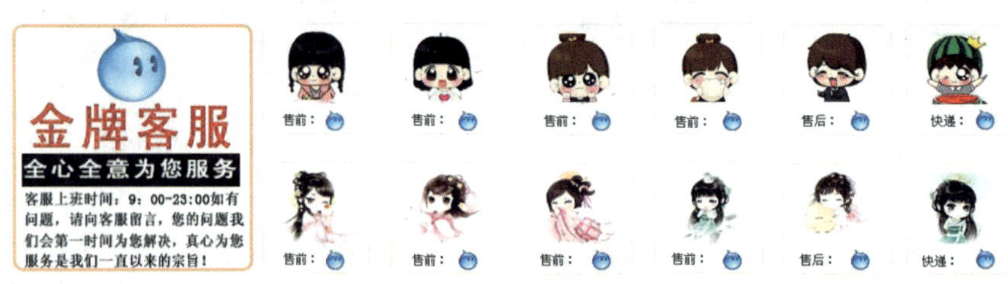

图 3－99　网店客服

（二）网店客服的作用

1. 有利于塑造店铺形象

客服是提升店铺竞争力的有效手段，可以从客服的形象（如昵称、外观等）、服务的风格（如温暖风、幽默风、专业风）等方面来着手，通过与众不同的客服来塑造店铺个性，向客户传递店铺、品牌或者商品的价值，如图3－100所示。

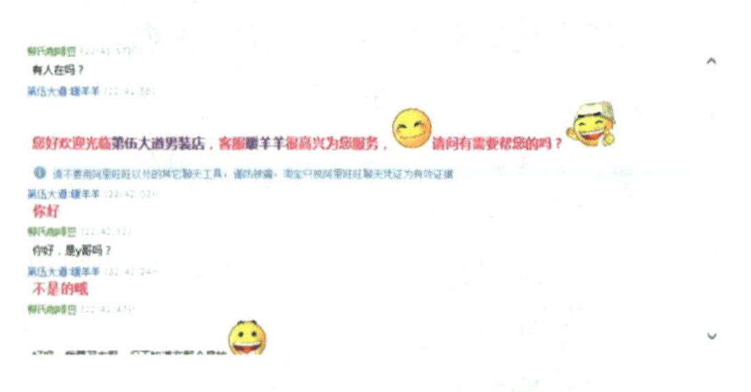

图 3－100　客服传递店铺形象

2. 有利于提高成交率和回头率

对于一个犹豫不决的客户，一个具备专业知识和销售技巧的客服，可以帮助买家选择合适的商品，促成客户购买，从而提高成交率。倘若第一次购物体验让买家非常满意，当买家需要再次购买的时候，就会倾向于选择购买过的商家，从而提高了客户回购率，如图3－101、图3－102所示。

图3－101　客服传递店铺形象

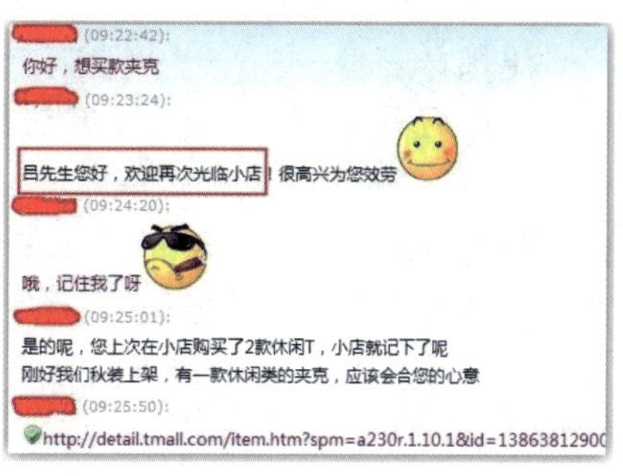

图3－102　优秀客服可提高客户回购率

3. 有利于实现高效营销

一个有着专业知识和良好沟通技巧的客服，可以为客户提供个性化的购物建议，更熟练地解答客户的疑问，更快速地响应买家售后问题并及时给予反馈，最终赢得更多的忠诚客户。忠诚客户不仅会重复购买，而且更倾向于参加店铺的各种促销活动；忠诚客户会向更多的人去推荐店铺和商品，给店铺带来更多的客户。由此可见，优质的客服，有利于实现店铺的高效营销，如图3－103所示。

图3－103　客服可实现高效营销

（三）网店客服岗位职责及工作内容

1. 售前客服

（1）岗位职责

① 能正确描述本店产品的特征，对商品相关知识了然于胸。

② 能准确、简洁、高效、友好地回复客户购买商品时提出的各种问题，在客户群中建立起专业、负责任、值得信赖的店铺形象。

③ 能及时正确地做好备注工作并能确保第一时间告知打单人员，避免出现发错货的情况。

④ 对客户资讯的信息进行整理，为客户的重复购买做好准备；及时归纳总结自己的服务经验。

（2）工作内容

➢ 欢迎语

欢迎语要素一般包括店铺名（品牌名）、客服昵称、表情。如欢迎语：“亲，您好，翠花欢迎您光临黑土地酸菜馆，有什么可以帮到您的吗？”

➢ 明确客户需求

通过一定的沟通技巧，在解答疑问的过程中把握客户需求。

➢ 宝贝介绍

根据客户需求，推荐及介绍符合客户需求的宝贝。通过推荐店铺活动、搭配套餐或搭配款引导，提升客户单价。

➢ 订单确认

客户下单后需与客户确认订单信息，包括商品信息（品种、型号、颜色、数量等）、客人信息（姓名、住址、联系方式等）。如果客户只是拍下商品没有付款，需要附加催款信息。

➢ 订单备注

第一时间在订单上备注客户的特殊需求，也将自己的客服信息作备注以供分析销售提成。

➢ 告别语

告别语包括对客户光顾表示感谢、对快递类型及递送时间向客户作提醒、提醒客户碰到问题可以及时跟客服反馈。在与客户结束沟通前，客服可以向客户推送关注型优惠，如用优惠手段邀请客户关注帮派、微博及收藏店铺等。

➢ 整理客户信息进行记录

对服务过程中获取到的客户信息进行记录分析，分析自己整个服务过程的得失。客户分析可以帮助客服人员在客户回购时提供指导，也为提高自己的服务技能奠定基础，如图3－104所示。

图 3－104　售前客服工作内容

2. 售后客服

(1) 岗位职责

分析处理客户投诉、退换货要求、零配件供应要求等，提出处理方案，组织协调处理方案的实施。针对所有“退款中”“售后中”“投诉中”“咨询中”的问题进行循环跟进，以最快速度解决问题。

对售后系统里遗留的售后问题进行跟踪，进行有效的客户管理和沟通。

跟进买家的真实评价，对于客户集中反馈的一些问题要有针对性地进行售后跟进，然后反馈给售前或是产品供应商，比如服饰尺寸偏大或偏小问题，当多个顾客反映同样的问题一定要引起重视。

交易结束要及时作评价，针对负面评价一定要积极解释；如果买家对物品做出了错误的不公正的评价，需要在其评价下面及时做出正确的合理的解释，防止其他买家因为错误的评价产生错误的理解。

定期或不定期进行客户回访，定期给买家发送有针对性的、买家感兴趣的邮件和旺旺消息，以检查客户关系维护的情况。

(2) 工作内容

对于订单已发货，客户又不想要的问题，要及时联系快递公司撤回包裹，并在售后登记表上登记好情况。

如客户说商品有质量问题，应要求客户拍照证实，核实确实是质量问题再妥善处理。

如客户要求退换货，要让客户明确退换货的条件，邮费问题及信息问题。如告知客户一定要确保产品完好无损，包装完整，且在不影响第二次销售的情况下，才接受退换货；质量问题由商家承担来回运费，非质量问题由客户承担退回的单程运费；告知客户务必填好售后服务卡或者在包裹里放纸条，写上ID、联系方式、退换原因，以及要更换的商品信息，纸条须与商品一起退回；退货寄出后告知售后客服退货快递单号。客户告知退货运单号后，客服须及时登记在售后退换货表格上。

退货收到后，及时按照公司退换货流程处理，如图 3-105 所示。

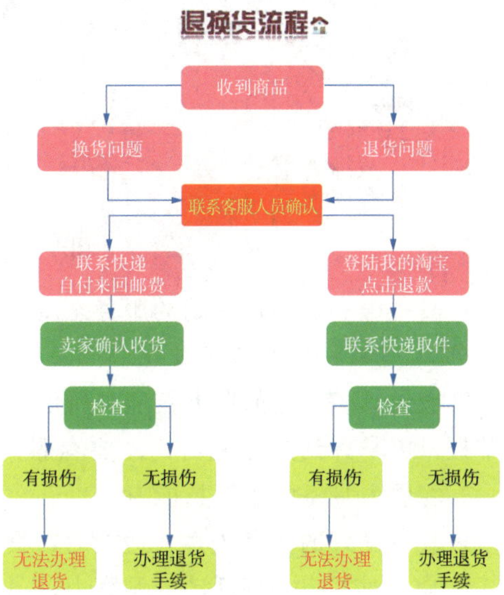

图 3-105 退换货流程

及时发送跟踪物流信息，让客户感受到店铺对客人的重视。

出现退款要及时处理，尽量减少退款纠纷，同时当退款比较高的时候客服一定要做回访，了解买家反馈的问题，及时做改进。

二、对客服实现有效沟通的要求

(一) 心理素质

网店客服应具备良好的心理素质，在服务的过程中，客服会接触到不同性格的客户，有开朗、大方的客户，也不乏爱计较的客户；客服也会面临客户抛出来的各种问题，不乏各种奇葩的问题。这些都考验着客服的心理素质，客服的心理素质具体要求如图3-106所示。

图 3-106 客户的心理素质

(二) 具备优良的服务意识

客服须具备优良的服务意识，这是赢得客户的重要保证，更让客户在接受服务的同时接受客服推荐的产品。这种服务意识具体表现为：

➢ 具备客户至上的服务观念。

➢ 具备忍耐与宽容的美德。

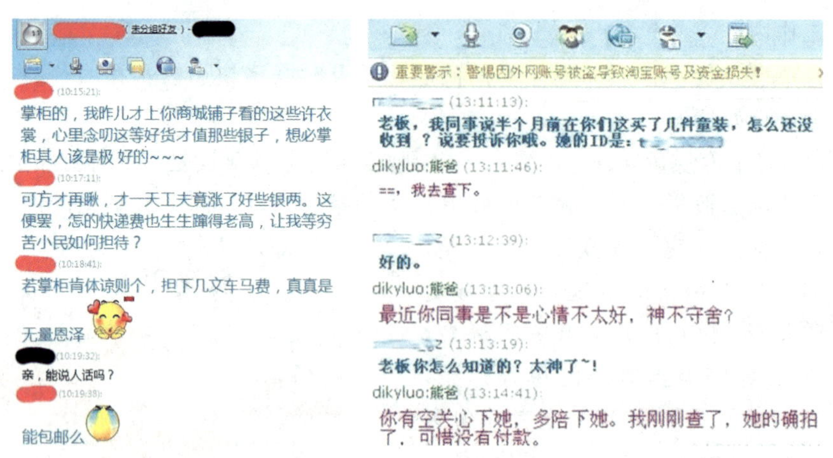

图 3-107　客服情景

➢ 具备谦和、热情主动的服务态度。

（三）具备一定的服务技能

客服须具备一定的服务技能。所谓“工欲善其事，必先利其器”，服务技能由了解到掌握，由掌握到熟能生巧，需要客服人员在工作中不断地练习及总结，如图3-107所示。客服需具备的服务技能有：

➢ 具备良好的文字语言表达能力，具备一定的语言沟通技巧和谈判技巧。

➢ 具备对客户心理活动的洞察力。

➢ 具备一定的归纳总结能力：在为客户服务过程中碰到的问题五花八门，须及时归纳和总结，不断提升自己的服务能力。

➢ 客户资料的整理和分类的能力。

➢ 对电脑有基本的认识，熟悉操作系统，会使用 Word 和 Excel，会发送电子邮件；会管理电子文件，熟悉上网搜索自己需要的资料；至少熟练掌握一种输入法，打字速度快，能够同时和多人聊天。

（四）具备一定的知识

做好客服工作，还须了解淘宝平台、网店运营、本店宝贝和客户心理等的相关知识。掌握这些知识才能很好地与顾客交流，回答顾客的问题，有效地解决顾客的问题。

➢ 要清楚网店经营管理的各个环节，如宝贝编辑、上下架、图片美化、店铺装修、物流等。

➢ 熟悉本店的宝贝，对于宝贝的特征、功能、注意事项等要做到了如指掌。

➢ 熟悉淘宝网规则，了解一般违规、严重违规的高压线。

➢ 了解客户需求，正确解释并生动地描述相关产品的特征和优点。

➢ 掌握店铺促销活动信息、发票信息、赠品信息、选择的快递公司、到货时间、补开发票信息等。

三、实现有效沟通的技巧

（一）凡事留有余地

在与顾客交流中，尽量避免使用“肯定、保证、绝对”等字样，这会给客户带来

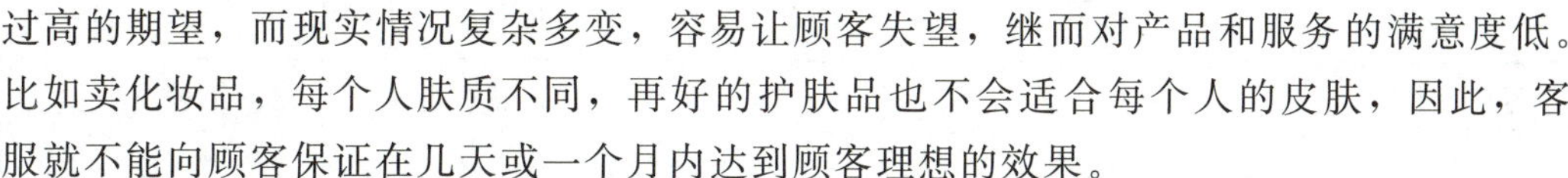

过高的期望，而现实情况复杂多变，容易让顾客失望，继而对产品和服务的满意度低。比如卖化妆品，每个人肤质不同，再好的护肤品也不会适合每个人的皮肤，因此，客服就不能向顾客保证在几天或一个月内达到顾客理想的效果。

（二）用诚心打动顾客

让顾客满意，客服须站在顾客的立场，想顾客所想，使自己成为一个买家助手。比如，客服在介绍商品的时候，必须坦诚地介绍商品的优点与缺点。如果夸大其词地介绍商品，会面临着既失去信用也失去顾客的危险。当然，坦诚需要技巧，尽量避免直接触及商品的缺点，如果缺点是客人普遍抱怨或投诉的问题，或者是被顾客问及，则要坦诚告知顾客商品的缺点，但其后必须要做的是——努力让顾客知道商品的其他优点。先说商品缺点再说优点，这样会更容易被客户接受。

（三）多倾听顾客声音

当顾客开始询问时，专业客服一般不会武断地去判断顾客的需求，而是在循序渐进的询问过程中，深入挖掘顾客的真正需要。客户为什么要购买，送人的还是自用的，什么原因要送人等。只有在充分了解顾客的基础上，才能有的放矢地开展推销或关联推销，才能让顾客感受到这种服务是贴心的。

（四）换位思考，尊重顾客

当客服不理解顾客想法时，不妨多与顾客沟通，站在顾客的角度体会他/她的心情。当顾客表达不同意见时，要力求体谅和理解，这样，客户也会试图站在你的角度来考虑。

（五）坚持原则

在销售过程中，客服经常会遇到讨价还价的顾客，这时客服要坚持店铺原则和规则。如果商家在定制价格时已确定不能议价，那就要坚守这个原则并向顾客表明。

（六）客户不同，沟通策略不同

了解网店顾客的特点，对于提高网店客服服务质量和服务效率具有极其重要的作用。工作中要善于总结与客户沟通的经验，将客户的特征进行分类，哪类客户适合什么沟通策略要做到心中有数。可以依据客户性格特征、购买行为、网上购物经验、购物心理等进行分类。表 3－13 为针对客户所采用的沟通策略。

表 3－13　客户沟通策略

客户分类	客户特质	沟通策略
友善型客户	性格随和，对自己以外的人和事没有过高的要求，具备理解、宽容、真诚、信任等美德，通常是企业的忠诚客户	提供最好的服务，不因为对方的宽容和理解而放松对自己的要求
独断型客户	异常自信，有很强的决断力，感情强烈，不善于理解别人；对自己的任何付出一定要求回报；不能容忍欺骗、被怀疑、慢待、不被尊重等行为；自己的想法和要求一定需要被认可，不容易接受意见和建议；通常是投诉较多的客户	小心应对，尽可能满足其要求，让其有被尊重的感觉

（续表）

客户分类	客户特质	沟通策略
分析性客户	情感细腻，容易被伤害，有很强的逻辑思维能力：懂道理，也讲道理。对公正的处理和合理的解释可以接受，但不愿意接受任何不公正的待遇；善于运用法律手段保护自己，但从不轻易威胁对方	真诚对待，做出合理解释，争取对方的理解
自我型客户	以自我为中心，缺乏同情心，从不习惯站在他人的立场上考虑问题；绝对不能容忍自己的利益受到任何伤害；有较强的报复心理；性格敏感多疑；时常“以小人之心度君子之腹”	学会控制自己的情绪，以礼相待，对自己的过失真诚道歉

任务实施

步骤一：设置阿里旺旺自动回复。

1. 点击千牛平台右上角“系统设置”，如图3－108所示。

图 3－108　千牛平台右上角“系统设置”

2. 跳出“系统设置窗口”，点击“客服设置”，如图3－109所示。

3. 点击客服设置下的“自动回复设置”，进入自动回复设置页面，如图3－110所示。

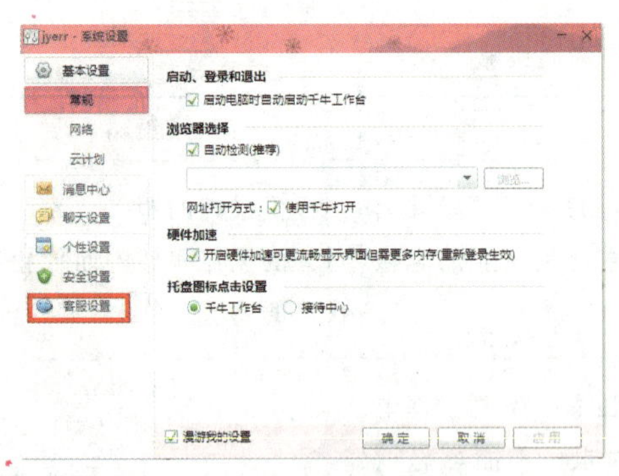

图 3－109　客服设置

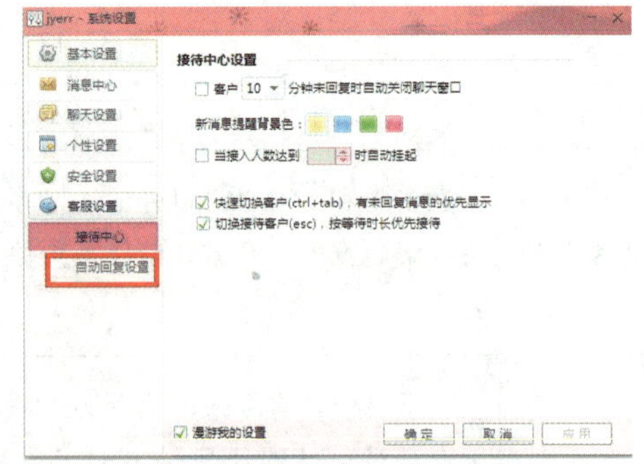

图 3－110　自动回复设置

4. 进入“自动回复设置”页面，如在“当天第一次收到买家消息时自动回复”前勾选，点击“新增”，如图3－111所示。

5. 进入设置自动回复内容对话框，编写“自动回复内容”，如图3-112所示。

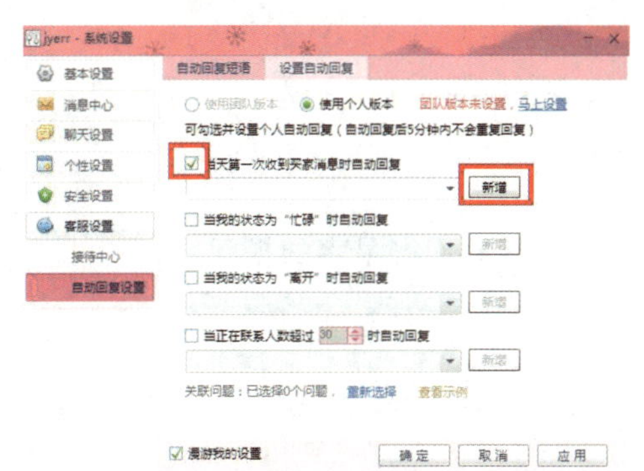

图3-111　点击“新增”

图3-112　编写“自动回复内容”

6. 比如，编写“亲，欢迎光临爱盈盈小铺!”点击“保存”“确定”，一条自动回复消息就编写好了，如图3-113所示。

步骤二：接待中心设置。

1. 点击客服设置中的“接待中心”，进入“接待中心”设置页面，如图3-114所示。

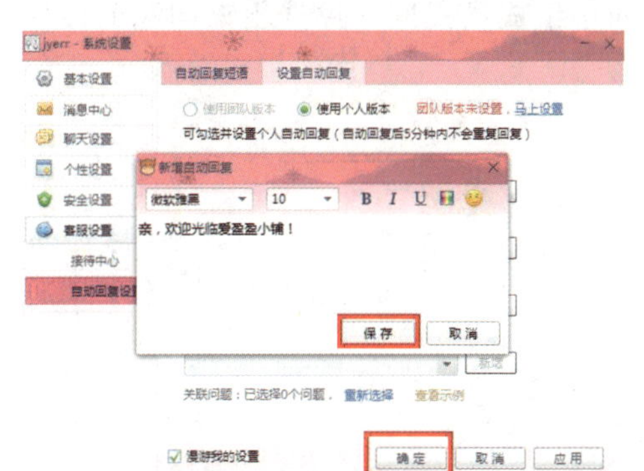

图3-113　自动回复编写

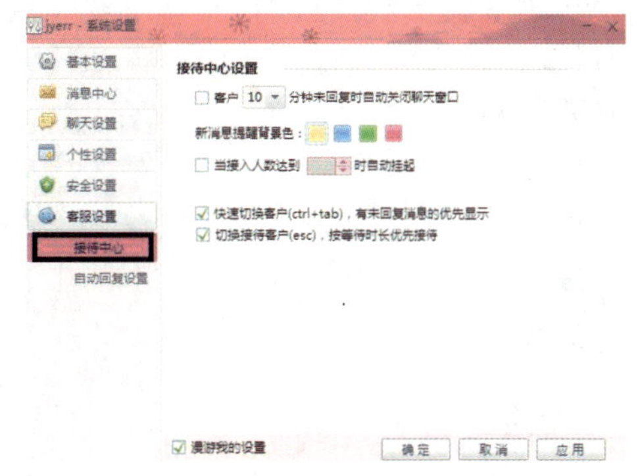

图3-114　“接待中心”设置页面

2. 勾选相关内容进行设置。如，勾选自动关闭聊天窗口内容，设置成15分钟未回复自动关闭。新消息提醒背景色设置为黄色，如图3-115所示。

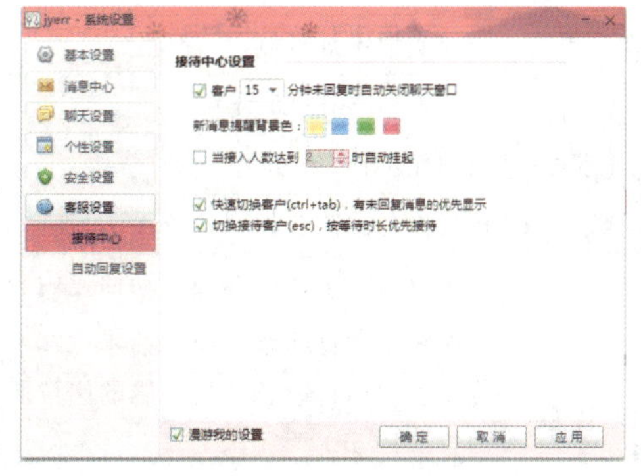

图3-115　勾选自动关闭聊天窗口内容

步骤三：客服常见问题之话术。

模拟买卖双方，通过阿里旺旺进行沟通，主要模板如下：

1. 买家说：“我考虑考虑!”

客服回答：

第一种答案：

第二种答案：

第三种答案：

小组（班级）讨论后评选出较好的应答话术是：

话术1：

话术2：

话术3：

请说明原因：

2. 买家说："太贵了"或"可以少点吗"。（这是客服回答最多的提问）

客服回答：

第一种答案：

第二种答案：

第三种答案：

小组（班级）讨论后评选出较好的应答话术是：

话术1：

话术2：

话术3：

请说明原因：

3. 请自己设想一个买家会提出的问题，向小组成员提问，评选出该问题的最佳话术内容。

买家说：

客服回答：

话术1：

话术2：

话术3：

任务考核

表3-14 学习任务8实训考核表

组　号：		填写人员：			日　期：		
评分项目	评分点	1组	2组	3组	4组	5组	6组
实训室规则	遵守实训室规章制度（10分）						
职业素养	衣着干净整齐（5分）						
	精神面貌佳（5分）						
	积极参与团队合作（10分）						
职业技能	掌握设置阿里旺旺客服自动回复内容（10分）						
	掌握客服常见问题的应答话术（20分）						
	能够表述出售前和售后客服的岗位职责及工作内容（10分）						
	能够对接待中心进行设置（10分）						
	能够通过旺旺进行客服沟通模拟（20分）						
合计得分							

项目测评

一、单选题

1. 下面说法正确的是(　　)。

A. 流量是指客户访问店铺及店铺商品页面的人数。

B. UV 是唯一的流量指标。

C. 店铺的主要流量来源为付费流量。

D. 搜索展现页面每页有 30 个展现窗口。

2. 下面哪一个不是淘宝促销活动(　　)。

A. 自助访问　　B. 天天特价　　C. 淘抢购　　D. 聚划算

3. 下面哪一个不是淘宝千牛的功能(　　)。

A. 店铺管理工具　B. 经营咨询信息　C. 客户关系管理　D. 类目优化

4. 关于上下架时间说法错误的是(　　)。

A. 选择上架时间为 7 天。　　B. 产品选择在黄金时段上架。

C. 橱窗推荐全部用在即将上架的宝贝上。　D. 橱窗推荐销售量大的宝贝。

5. 下面关于网店客户的表述，哪一个不是根据工作内容分类的(　　)。

A. 导购客服　　B. 投诉客服　　C. 推广客服　　D. 售前客户

二、多选题

1. 关于淘宝网站外流量入口说法正确的是(　　)。

A. 通过百度、搜狗等搜索引擎获得的流量。

B. 通过美丽说、米折网等购物返利网获得的流量。

C. 通过新浪微博、腾讯微博等社交工具获得的流量。

D. 通过优酷、爱奇艺等视频网站获得的流量。

2. 千牛提供哪些高效快捷的服务(　　)。

A. 旺旺沟通便捷。　　B. 机器人客服。

C. 客服可以提供标准化服务。　　D. 检阅一线客服聊天记录。

三、判断题

1. 转化率指在一个统计周期内，完成转化行为的次数占推广信息总点击次数的比率。(　　)

2. 淘宝直通车是为广大卖家朋友量身定制的一款推广工具，主要通过设置推广商品关键词来获取流量，按照流量的点击数量付费，进行精准推广。(　　)

3. 消费保障金指商家未履行消费者保障服务承诺时用于对买家进行赔付的资金。(　　)

4. 淘宝网规则的货物展示时间为最小 14 天。(　　)

5. 点击淘宝直通车才会扣费并且扣费没有上限。(　　)

四、简答题

1. 简述标题优化的策略。

2. 简述淘宝直通车的优点。

项目四　推广策略

导入案例

你在用微博看奥运，车企在用微博做营销

2016年8月，占据微博热点的毫无疑问是里约奥运会。截至8月8号，在微博热门话题榜上“里约奥运”的阅读量达到了惊人的79.2亿，甚至连开幕式上白岩松的解说“白岩松神解说”的阅读量都达到了4323万。

正是看中微博强大的号召力，车企早已在微博上玩得不亦乐乎。在传统营销平台和营销方式已经被玩得滚瓜烂熟毫无新意的时候，车企要想在营销方面玩出新的花样非常不易，微博却充分利用开放平台的特点大胆创新，让多家车企感受到了社交营销的巨大潜力，成为车企眼中的营销明星。汽车品牌＋微博的营销，可以总结出下面几个关键词：

一、借势营销

借势热点是营销惯用的手法，在微博营销上尤为常见，对于开篇提到的里约奥运会，自然不会被车企错过，比如在进行的上海大众汽车与新浪体育合作的奥运GIF项目。新浪为上海大众汽车推出专属品牌GIF图植入，通过GIF图的形式，展现奥运集锦，最后出现品牌形象，巧妙地实现了内容和品牌的无缝融合，广告植入有价值，不让人反感，如图4－1所示。

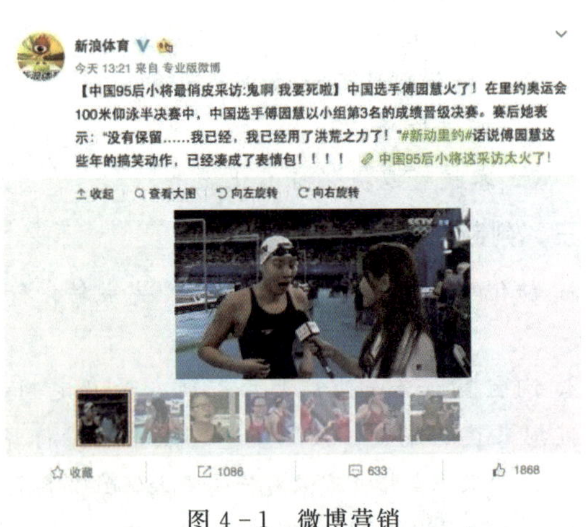

图4－1　微博营销

二、海量曝光

非常典型的一个案例是长安福特金牛座微博电影之夜。作为长安福特首款中高级旗舰车型，金牛座肩负着两大使命，首先是扩大品牌影响力，其次就是直接提升销量。选对营销平台极为重要，而作为社会化营销的主要平台，微博也成功地帮助金牛座完

成了使命。

为了最大化调动粉丝积极性，第一时间提升金牛座的品牌影响力，微博之夜在活动策划中实现了金牛座品牌的深度融合，通过“借势热点事件＋定制电商互动＋牵手公益项目”的组合拳，借助电影之夜和豪华明星阵容，让金牛座在微博专题和微话题全程强势露出，极大地提升了金牛座品牌影响力并带来海量销售线索，直接促进了终端销售。

三、精准营销

微博在移动端时代的强势崛起，正是因为它有聚合明星、沉淀粉丝、制造网红以及策划系列热点话题的能力，它的最强社会化媒体平台的天然优势在 PC 端及移动端发挥得淋漓尽致。尤其是它品效合一的营销拓展能力，成为汽车企业提升品牌形象，提高终端销售的有力武器。

案例来源： http：//blog. sina. com. cn/s/blog _ 632851610102wh0a. html.

思考： 案例中提到的营销推广手段是什么？除此之外，你还知道哪些推广的方法？

学习目标

- 了解定价策略、利他营销策略
- 掌握淘宝网活动专题并能够报名专题
- 能够使用搜索引擎进行推广
- 能够使用博客、微博进行图文、视频推广
- 能够使用论坛发帖进行推广
- 能够使用网页进行推广
- 了解病毒营销，能够通过不同的渠道进行病毒营销
- 能够使用微信公众号、微店、朋友圈进行推广

技能导图

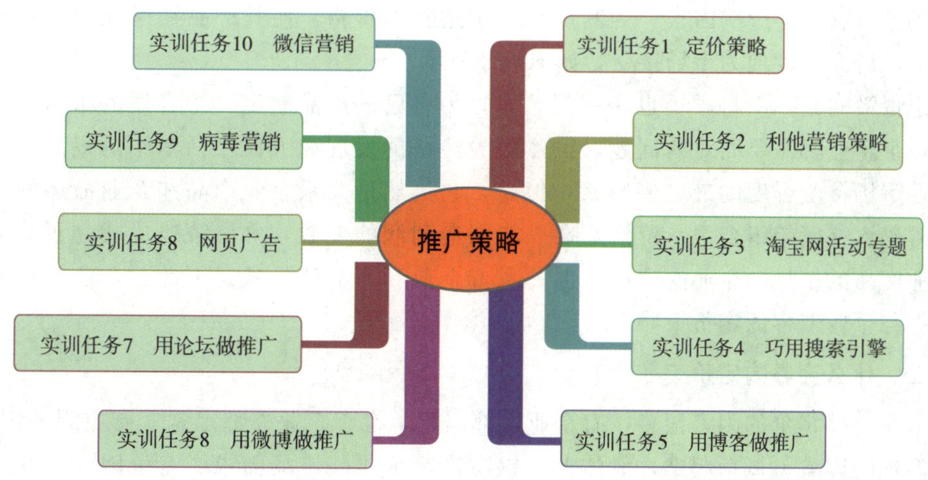

图 4－2　技能导图

学习任务1　定价策略

任务目标

✧ 知识点

1. 掌握定价策略
2. 定价策略的影响因素
3. 定价策略分类
4. 电商产品定价

✧ 技能点

1. 能够根据定价规则为电商产品进行定价
2. 能够使用搜索引擎查询搜集资料

任务描述

一个产品的定价在很大程度上会决定消费者对于店铺的印象及购买欲望。冰冰在对店铺的产品进行推广的时候发现，同样的产品在淘宝网上的定价差异很大。下面我们跟随冰冰的脚步，一起来学习网店对宝贝采取的定价策略。

知识准备

一、什么是定价策略

价格，是商品价值的货币表现。定价策略，就是企业依据产品成本、市场需求以及市场竞争状况等影响因素，为其产品制定适宜的价格，使其产品在保证企业利益的前提下，最大限度地为市场接受，如图4-3所示。

定价策略是一门科学，也是一门艺术，为自己的产品制定一个合适的价格，是当今每一个企业都需要面对的问题。虽然随着经济的发展和人民生活水平的提高，价格已不是市场接受程度的最主要因素，但是，它仍然是关系企业产品和企业命运的一个重要筹码，在营销组合中，价格是唯一能创造利润的变数。价格策略成功与否，关系着企业产品的销量、企业的盈利，也关系着企业和产品的形象。因此，企业经营者必须掌握与企业兼容的定价策略。

二、什么会影响定价

影响产品定价的因素很多，有企业内部因素，也有企业外部因素；有主观的因素，也有客观的因素。概括起来，大体上可以有产品成本、市场需求、竞争因素和其他因素四个方面，如图4-4所示。

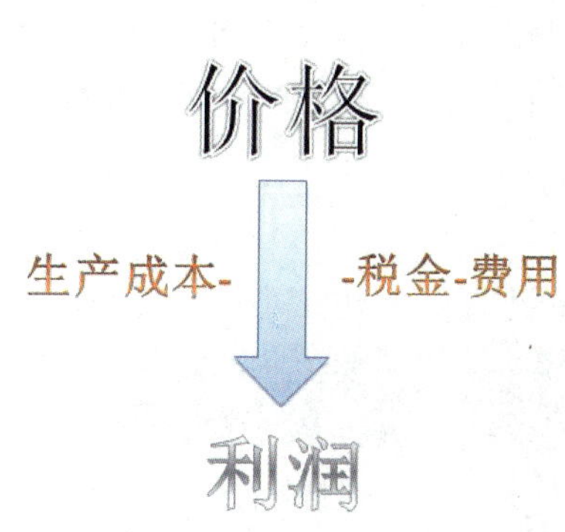

图 4－3　价格创造利润的基本原理

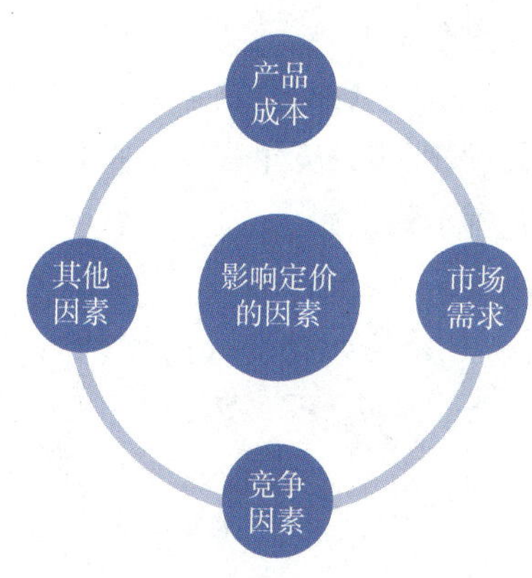

图 4－4　影响定价的因素

（一）产品成本

商品的价值是构成价格的基础。商品的价值由 C＋V＋M 构成。C＋V 是在生产过程中物化劳动转移的价值和劳动者为自己创造的价值，即不变成本加上可变成本；M 是劳动者为社会创造的价值。显然，对企业的定价来说，成本是一个关键因素。企业产品定价以成本为最低界限，产品价格只有高于成本，企业才能补偿生产上的耗费，从而获得一定盈利。

对于一个想要持续经营的企业而言，价格不能过分低于成本，因为这种情况不可能长久维持。但是价格也不可能过分高于成本，因为这样会有失社会公平，即价格远远超出产品价值。

（二）市场供给与需求

产品价格除受成本影响外，还受市场供给与需求的影响。当商品的市场需求大于供给时，会出现供不应求的局面，价格应该高一些；当商品的市场需求小于供给时，会出现供过于求的局面，那么价格应低一些。由于供给和需求的相互作用，市场价格趋向于均衡价格，此时供给刚好等于需求。反过来，价格变动也会影响市场供给和需求量：如果市场价格高于均衡价格，则市场上出现超额供给，超额供给使市场价格趋于下降；反之，如果市场价格低于均衡价格，则市场上出现超额需求，超额需求使市场价格趋于上升直至均衡价格。因此，市场竞争使市场稳定于均衡价格。在均衡价格水平下的相等的供求数量被称为均衡数量。

如图 4－5 中，S 代表供给曲线，D 代表需求曲线，E 是均衡点，P 是均衡价格，P_1、P_2 分别是超额供给和超额需求时的价格。

因此，企业制定价格就必须了解价格变动对市场供给和需求的影响程度。

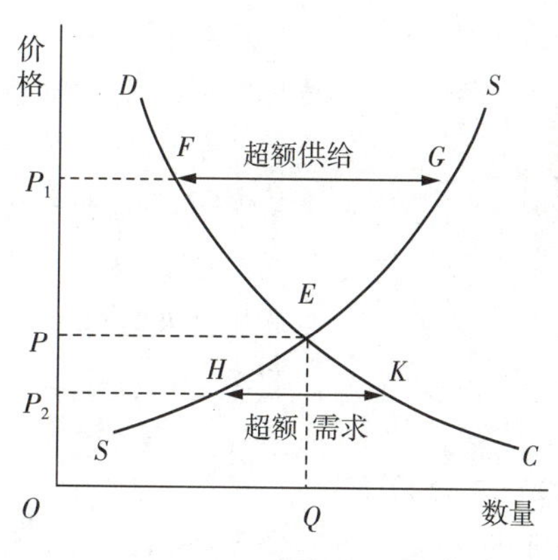

图 4－5　均衡价格的形成

（三）竞争因素

市场竞争也是影响价格制定的重要因素。根据竞争的程度不同，企业定价策略会有所不同。按照市场竞争程度，可以分为完全竞争、不完全竞争与完全垄断三种情况，如图 4-6 所示。

图 4-6　市场竞争

1. 完全竞争

所谓完全竞争也称自由竞争，它是一种理想化的极端情况。在完全竞争条件下，买者和卖者都大量存在，产品都是同质的，不存在质量与功能上的差异，企业自由地选择产品生产，买卖双方能充分地获得市场情报。在这种情况下，无论是买方还是卖方都不能对产品价格进行影响，只能在市场既定价格下从事生产和交易。

2. 不完全竞争

不完全竞争是现实中存在的典型市场竞争状况。在不完全竞争条件下，至少有两个以上买者或卖者，少数买者或卖者对价格和交易数量起着较大的影响作用，买卖各方获得的市场信息是不充分的，它们的活动受到一定的限制，而且它们提供的同类商品有差异，因此，它们之间存在着一定程度的竞争。在不完全竞争情况下，企业的定价策略有比较大的回旋余地，它既要考虑竞争对象的价格策略，也要考虑本企业定价策略对竞争态势的影响。

3. 完全垄断

它是完全竞争的反面，是指一种商品的供应完全由独家控制，形成独占市场。在完全垄断竞争情况下，交易的数量与价格由垄断者单方面决定。完全垄断在现实中也很少见。

想一想：对三种市场竞争的思考

完全竞争与完全垄断是竞争的两个极端，中间状况是不完全竞争。在不完全竞争条件下，竞争的强度对企业的价格策略有重要影响。所以，企业首先要了解竞争的强度。竞争的强度主要取决于产品制作技术的难易，是否有专利保护，供求形势以及具体的竞争格局。其次，要了解竞争对手的价格策略，以及竞争对手的实力。最后，还要了解、分析本企业在竞争中的地位。

（四）其他因素

企业的定价策略还受到政府或行业组织干预、消费者习惯和心理、企业或产品的形象因素的影响。

1. 政府或行业组织干预

政府为了维护经济秩序，或为了其他目的，可能通过立法或者其他途径对企业的价格策略进行干预。政府的干预包括规定毛利率，规定最高、最低限价，限制价格的浮动幅度或者规定价格变动的审批手续，实行价格补贴等。一些贸易协会或行业性垄断组织也会影响企业的价格策略。

看一看：政府干预价格

美国某些州政府通过租金控制法将房租控制在较低的水平上，将牛奶价格控制在较高的水平上；法国政府将宝石的价格控制在低水平，将面包价格控制在高水平；我国某些地方为反暴利对商业毛利率进行限制等。

2. 消费者习惯和心理

在现实生活中，很多消费者存在“一分钱一分货”的观念。面对不太熟悉的商品，消费者常常从价格上判断商品的好坏，从经验上把价格同商品的使用价值挂勾。消费者习惯和心理上的反应是很复杂的，某些情况下会出现完全相反的反应。在一般情况下，涨价会减少购买，但有时涨价会引起抢购，反而会增加购买。因此，在研究消费者心理对定价的影响时，要持谨慎态度，要仔细了解消费者心理及其变化规律。

3. 企业或产品的形象因素

企业有时需要根据企业理念和企业形象设计的要求，对产品价格做出限制。例如，企业为了树立热心公益事业的形象，会将某些有关公益事业的产品价格定得较低；为了形成高贵的企业形象，将某些产品价格定得较高等。

看一看：奢侈品品牌的定价策略

奢侈品不同于一般的商品，是一种超出人们生存与发展需要范围的，具有独特、稀缺、珍奇等特点的消费品。它的独特稀缺是品牌自己刻意追求的，也是它之所以是奢侈品的必备条件。那么如何树立高端的企业形象，让客户觉得公司产品是高端产品？给出炫耀性超高价格是奢侈品品牌的手段之一。奢侈品的这些特点决定了它的定价不完全反映成本，如图4－7、图4－8所示。

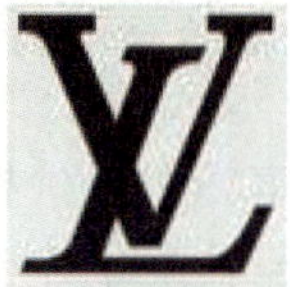

路易威登
时尚旅行艺术的象征

ysl
法国著名的奢侈品牌

博柏利
英国传统风格奢侈品牌

芬迪
意大利著名奢侈品品牌

图4－7 奢侈品品牌举例

Louis Vuitton/路易威登 老花经典帆布Speedy25女士两用
¥9499

ALLOY+/越甲 智能旅行箱 中性款式 其他材质 万向轮 APP
¥2999

Louis Vuitton/路易威登 女士芭蕾粉Emilie老花色长款钱包
¥3889

MontBlanc/万宝龙 男士黑色牛皮大班系列名片夹（钱包
¥1275

图 4-8 奢侈品产品价格举例

三、定价策略分类

（一）新产品定价策略

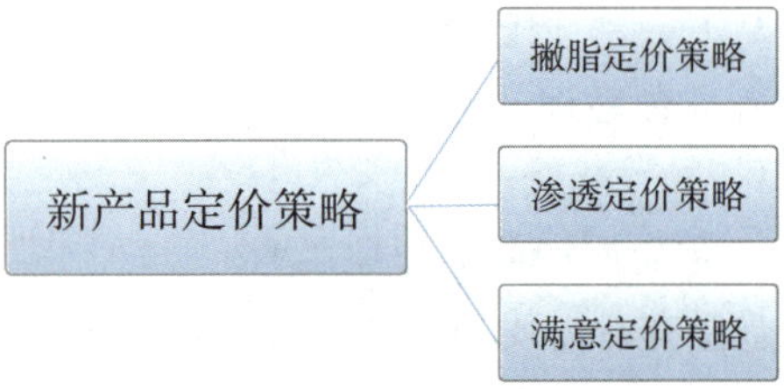

1. 撇脂定价策略，撇脂定价策略是一种高价格策略，是指新产品上市初期，价格定得高，以便在较短时间内获得最大利润。这种定价策略因类似于从牛奶中撇脂而得名，它是用高于一般市场价格出售商品的策略。此种策略可在下述情况下实行：

- 经营的商品是竞争对手得不到的。
- 在市场上居于垄断地位的商品。
- 商品的信誉很高，经营的是名牌、创新产品。
- 设置高级的服务设施，提高服务质量。
- 同竞争对手达成了价格协定的时候，都可实行这种策略。

新产品定价策略
撇脂定价策略
渗透定价策略
满意定价策略

图 4-9 新产品定价策略

想一想：生活中的撇脂定价策略

同是一瓶可口可乐饮料，在一般商店卖价是 3 元左右，而到了歌舞厅则卖价达 30 元左右，高出近 10 倍，但这对消费者来讲，在歌厅能喝上这种价格的饮料，才与他们的身份相称，除了得到高质量的服务以外，还得到心理上的满足。想一想，生活中还有哪些撇脂定价策略的实例？

2. 渗透定价策略，是一种低价格策略，即新产品投入市场时，价格定得较低，以便消费者容易接受，很快打开和占领市场。薄利多销是一种着眼于在大量的销售中获得盈利而不指望在单位产品中贪图高利的定价策略，它是加快资金周转的一种较好的价格策略。

3. 满意定价策略，是一种介于撇脂和渗透之间的价格策略，所定的价格低，而比渗透价格要高，是一种中间价格，由于这种定价策略能使生产者和消费者都比较满意，有时又称“君子价格”或“温和价格”。

（二）心理定价策略

心理定价策略是一种根据消费者心理所使用的定价策略，是运用心理学的原理，依据不同类型的消费者在购买商品时的不同心理和不同需求来制定价格，以诱导消费者增加购买，扩大企业销量，如图 4－10 所示。具体包括以下几种：

1. 尾数定价策略，是指在商品定价时，取尾数而不取整数的定价方法，使消费者购买时在心理上产生得到优惠的感觉。例如：一双袜子定价 9.8 元，比定价 10 元要好。

2. 整数定价策略，即在定价时把商品的价格定成整数，不带尾数，使消费者产生“一分价格一分货”的感觉，以满足消费者的某种心理，提高商品形象。

对于名优产品、紧俏产品采取整数定价策略。例如：一架尼康相机定价 9998 元不如定价 10000 元，对于有能力者来讲，根本不在意多付 2 元钱。

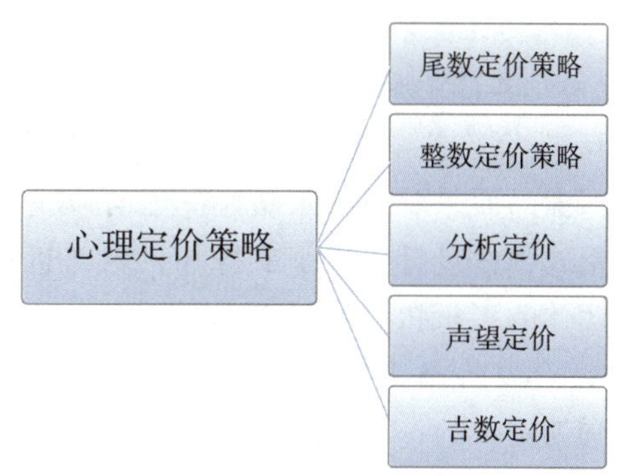

图 4－10 心理定价策略

3. 分级定价，是指在定价时把同类商品分为几个等级，不同等级的商品，其价格有所不同。这种定价策略能使消费者产生货真价实、按质论价的感觉，因而容易被消费者接受。

4. 声望定价，是指在定价时把在顾客中有声望的商店、企业的商品价格定得比一般的商品要高，是根据消费者对某些商品某些商店或企业的信任心理而使用的价格策略。

5. 吉数定价，是指对于有信仰或图吉利的消费者来讲，定价应有个吉数，如，一件裙子定价 64 元，不如定价为 66 元。

（三）产品组合定价策略

产品组合定价策略是指处理本企业各种产品之间价格关系的策略。它包括系列产品定价策略、互补产品定价策略和成套产品定价策略，如图4－11所示。

1. 系列产品定价策略，是指将系列产品中价格弹性大的产品定低价、弹性小的产品定高价的定价策略。

2. 互补产品定价策略，是指将互补产品中的基本产品定低价、配套产品定高价的定价策略。

3. 成套产品定价策略，是指以低于单个出售的价格将互相关联、互相配套的产品按套出售，以吸引顾客成套购买，从而扩大销售，节约费用，增加利润的定价策略，如图4－12、图 4－13 所示。

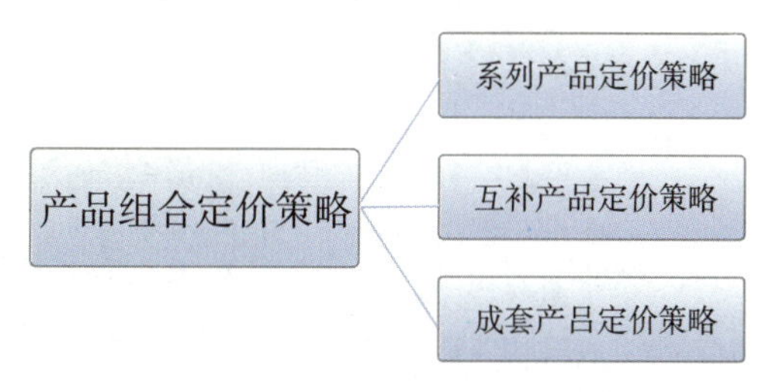

图 4－11 产品组合定价策略

图 4－12　单个出售时的价格

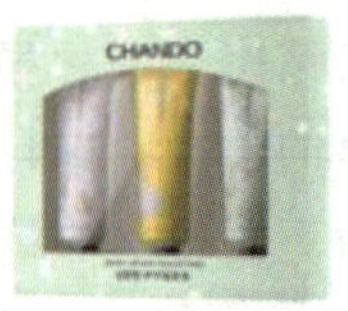

图 4－13　成套出售时的价格

（四）其他几种定价策略

1. 折价策略，是为了吸引顾客来商店购买商品而采取一种策略。一般有以下几种形式：批量折扣；季节折扣；内部折扣；团体购买折扣，如图 4－14 所示。

2. 阶段价格策略，是一种根据商品生命周期定价的一种策略。一种商品由它的“导入期、成长期、成熟期、衰退期”这四个阶段组成。消费者对同一种商品在生命周期的不同阶段的效用评价有很大区别。因此，在一定时期内，对于某一特定商品要实行灵活定价。

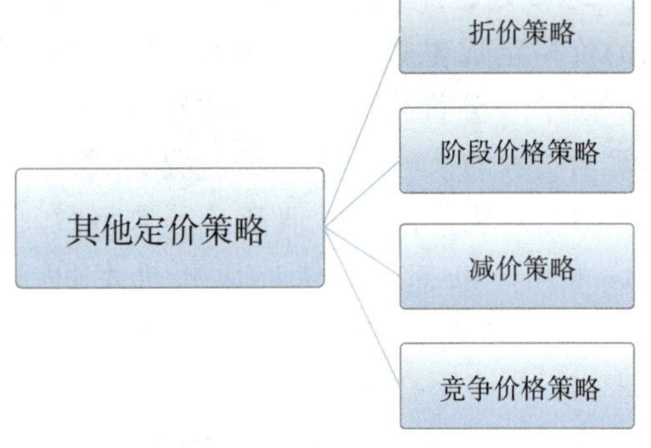

图 4－14　其他价格策略

3. 减价策略，是对经营的商品实行有计划的减价，每到节日或有重大社会活动期间都做减价活动，以此来刺激顾客的购买欲望。

4. 竞争价格策略，是一种因竞争需要而采取的策略，在一些大型商店设价格调查员，专门调查了解市场和同行业的价格变动情况。当有的商店降价出售商品对自己有威胁时，立即研究对策，把价格降下来，防止顾客流向其他商店。

四、电商产品定价

鉴于电子商务与线下商务在营业模式上的区别，电子商务的产品定价与线下产品定价虽然大致相同，但还是有所区别。电商产品定价主要考虑成本、顾客和同行的定价，如图4－15所示。

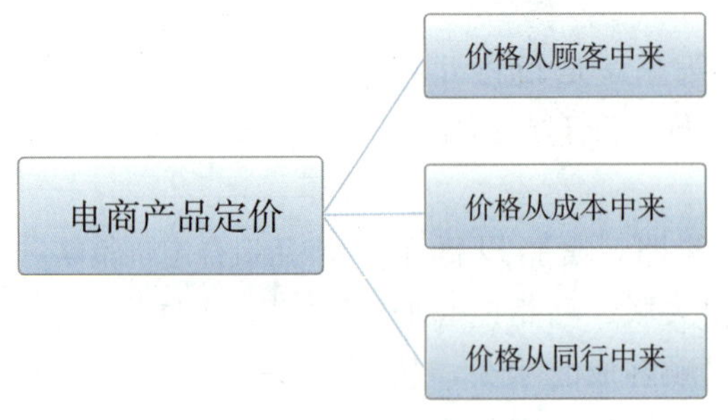

图 4－15　电商产品定价

（一）价格从顾客中来

淘宝网店里面一个爆款的形成，除了最开始要注意选款以外，价格是其中一个很重要的推进器。当同样的一款产品售价不一样，而潜在客户还没有深入去了解商品详情的时候，价格一定会成为他接下来是否点击的一个重要衡量标准。所以商家需要看看什么样的价格区间是顾客心里面最能接受的。首先要确定自己的宝贝是属于哪个价格范围的，淘宝网把顾客最喜欢的价格分为了 5 个等级，商家就在这里面去选择各自产品最适合的价格区间，然后运用行业里常用的黄金定价法则：

价格＝最低价＋（最高价－最低价）×0.618

计算得出顾客在这个档次里面最喜欢的价格，那么这个价格在将来作为爆款被推广的过程当中，也是顾客最容易接受的。

（二）价格从成本中来

一般，电商产品可以分为以下几类：

➢ 不是特别受欢迎的，但是价格很低，性价比很高的产品。这样的产品可以当作引流款的宝贝来对待，溢价最好控制在成本的 15％～25％，就像线下很多清仓的产品一样，被低价卖出，以此吸引顾客。

➢ 性价比很高，款式很受欢迎，库存量比较大，顾客很容易接受的产品，可以当作常规款来对待，商家可以把利润空间控制在 60％～70％，以后在推爆款的过程当中，能利用这类产品进行适当的活动促销，并且使其成为店铺主要资金流的来源。

➢ 最后剩下的那些可以凸显店铺档次和质量的产品，可以被当作利润款，利润空间可以控制在 120％～150％，这样的产品是用来提高店铺客单价的。

有了上面对产品的分类以后，就可以根据下面的这个公式来制定商品价格：

价格＝成本价＋溢价＋平台成本＋售后成本

想一想：平台成本

平台成本主要是淘宝网上面扣点和信用卡扣点的一些问题，当然还要包括必要的售后成本，如包装等的费用。

（三）价格从同行中来

很多时候，顾客会货比三家，所以在定价时，商家一定要考虑同行的价格。

具体做法可以参照以下步骤：

1. 通过关键词找到款式相同，价格区间相似的产品，如图4－16所示。

2. 在所有产品页面里选择人气的排序方法，参考排名前 10 的产品，因为人气排序里展示的都是人气分最高的产品。

3. 将排名前 10 的产品价格全部加起来，算出它们的算术平均值，那么最后得到的价格就可以作为定价的参考值了。

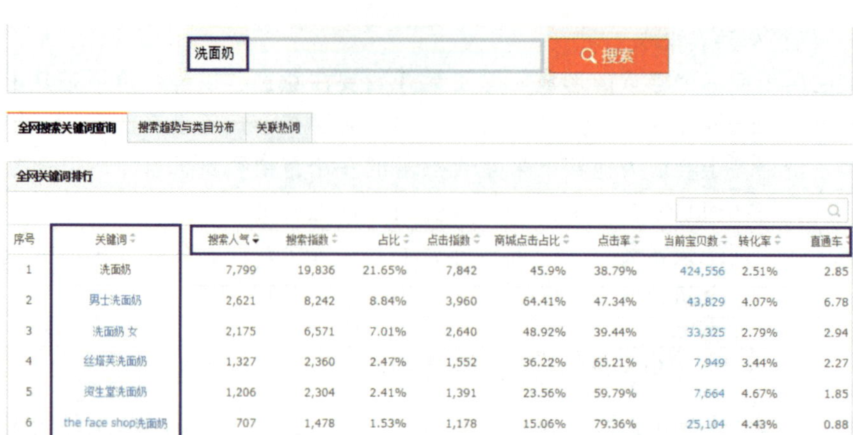

序号	关键词	搜索人气	搜索指数	占比	点击指数	商城点击占比	点击率	当前宝贝数	转化率	直通车
1	洗面奶	7,799	19,836	21.65%	7,842	45.9%	38.79%	424,556	2.51%	2.85
2	男士洗面奶	2,621	8,242	8.84%	3,960	64.41%	47.34%	43,829	4.07%	6.78
3	洗面奶 女	2,175	6,571	7.01%	2,640	48.92%	39.44%	33,325	2.79%	2.94
4	丝塔芙洗面奶	1,327	2,360	2.47%	1,552	36.22%	65.21%	7,949	3.44%	2.27
5	资生堂洗面奶	1,206	2,304	2.41%	1,391	23.56%	59.79%	7,664	4.67%	1.85
6	the face shop洗面奶	707	1,478	1.53%	1,178	15.06%	79.36%	25,104	4.43%	0.88
7	相宜本草洗面奶	538	882	0.9%	539	48.94%	60.51%	2,632	3.36%	1.69

图 4－16　淘宝关键词

任务实施

步骤一：请使用搜索引擎，使用关键词“定价策略”，查询定价策略的概念及内涵，见表 4－1 所列。

表 4－1　定价策略表

项　目	概　念	内　涵
定价策略		

步骤二：使用搜索引擎，使用关键词“电商行业定价策略”，搜集分析电商行业的定价策略有哪些，并举例说明，见表 4－2 所列。

表 4－2　电商行业定价策略表

电商行业定价策略	含　义	举　例

步骤三：为淘宝网店铺不同类型的产品进行定价，举例说明，见表 4－3 所列。

表 4－3　淘宝网店铺产品定价举例表

产　品	类　型	定价方式

任务考核

表 4-4　学习任务 1 实训考核表

组　号：		填写人员：			日　期：		
评分项目	评分点	1 组	2 组	3 组	4 组	5 组	6 组
实训室规则	遵守实训室规章制度（10 分）						
职业素养	衣着干净整齐（5 分）						
	精神面貌佳（5 分）						
	积极参与团队合作（10 分）						
职业技能	掌握定价策略及分类（10 分）						
	掌握影响定价的因素（10 分）						
	能够掌握电商产品定价（10 分）						
	能够使用搜索引擎（20 分）						
	能够对网店产品进行定价，说明原因（20 分）						
合计得分							

学习任务 2　利他营销策略

任务目标

✧ 知识点

1. 了解利他行为
2. 掌握利他营销策略
3. 掌握如何做好利他营销

✧ 技能点

1. 能熟练使用搜索引擎
2. 能够制作一个含有利他卖点的海报
3. 能够撰写利他观点的推广文案

任务描述

在店铺的运营过程中，冰冰发现，客户认为店铺提供的产品或服务对他们自己有利时，就会更愿意付费，因此，在制作营销策略时，冰冰决定采用这种策略，来增加店铺的销售额，那么该如何使用这种利他营销策略来经营自己的女装小店呢？

知识准备

一、利他行为

现代社会心理学认为，利他行为是一种自发形成的、把帮助他人当作唯一目的，且不期望任何外在酬赏的社会行为。由此可见，利他行为应该包括下面四种特征：

（1）以帮助他人为目的。

（2）不期望物质或精神的回报。

（3）完全自愿的行为。

（4）利他者可能会有所损失。

看一看：现实中的利他行为

在一个个新地产项目拔地而起的同时，厦门源昌集团老板侯昌财的慈善步伐从未停止过，近20年来，他的慈善捐款已经累计1亿多元。扶贫济困是慈善人士的一种精神追求，是慈善人士一种主动、自由、愉悦的利他行为，如图4-17所示。

二、利他营销策略

市场营销是指企业发现或挖掘准消费者和众多商家需求，从整体的营造以及自身产品形态的营造去推广、传播和销售产品，主要是深挖产品本身的内涵，契合准消费者以及众多商家的需求，从而让消费者深刻了解该产品进而购买的过程。所以说，营销的终极目的是售出产品，利他营销亦是如此，是有一定利益基础的。

图4-17　侯昌财

而今将“利他思维”融入市场营销策略当中，是指在制定营销策略过程中，从客户角度出发思考客户需求，先考虑如何为客户创造价值，而不是利字当头地只想着如何从客户兜里掏钱。只有能为客户创造价值的营销策略，才能证明企业的价值，客户才更愿意为企业的产品或服务埋单。利他营销策略是利他行为在市场营销活动中的一种应用，却又区别于一般的利他行为。

市场中有哪些利他营销的成功案例呢？例如马云的阿里巴巴和淘宝网平台，就是很好的利他营销策略，其完美解决了商户与客户间地域、款式、价格等问题，在买家和卖家双方得益的情况下，马云的利他营销策略为自己创造了巨大的价值和财富。另外马化腾的QQ和微信，也是成功的利他营销策略，此营销策略完美地解决了人与人之间的沟通方式问题，同样是先利他后利己的营销策略。

在超市中，本来无人问津的西瓜，加了一个勺子就会卖到脱销，不是勺子有多吸引人，而是有了勺子，西瓜到哪儿都能吃，这就是利他营销策略。

三、做好利他营销

利他营销是基于社交关系的营销，商家分享的不仅是产品本身，还是带给消费者的感觉和利益，在网上，当人们认为商家提供的产品或服务对他们自己有利时，就会更愿意付费。

所以做好利他营销的关键在于让潜在顾客感受到商家带给他的“利”。

（一）做好前期调查

在做任何计划之前，一个全面系统的前期调查是必不可少的。在实行利他营销策略之前，商家必须弄清楚潜在客户要的是什么，再针对客户的喜好来确定该给予什么样的利益来吸引客户，如图4－18所示。

至于前期调查的方式，主要有以下几种：

1. 网上调查问卷

问卷调查是获取第一手资料常用的调研方法，网上调查问卷是目前比较普及的一种调研方法，现在主要有付费调查网和免费调查网两大类，下图是一些调查问卷网站。

2. 百度推广小助手关键词搜索

百度推广小助手有过滤与搜索功能：丰富的查询方式和多样化的自定义搜索，能帮助节省查询时间。

3. 口头了解

口头了解是最能深入事实、抓住精髓的调查方式，弊端在于不方便。

图4－18　网上问卷调查网站

（二）确定适当的利益

诚然，客户容易被利益吸引，但是随着人们防范心理越来越严重，过于夸张的好处，反而会让人起疑心，对于这样的营销广告，客户不仅不会继续关注反而会避而远之，如图4－19所示。所以设置合理而不夸张的“利”，才容易让人信任。

图4－19　夸张的利诱

（三）合理的表达方式

在利他营销策略中，商家要尽量避免明显的广告成分。广告的出现，会让潜在客户认为商家做任何事情都是为了出售自己的产品或者服务。而商家要做的是循循善诱、晓之以理，让客户有种商家在为他着想的感觉。当客户真的认为自己是最大的获利者时，商家的利他营销就成功了，如图4-20所示。

图4-20 合理的表达方式

任务实施

步骤一：使用搜索引擎，以“网络营销”“网络营销策略”为关键词，查询相关的信息，并完善表4-5。

表4-5 网络营销与网络营销策略相关信息表

项目	概念	内涵	典型案例
网络营销			
网络营销策略			

步骤二：使用搜索引擎，以“利他营销”“网店常用营销方式”为关键词，查询相关的信息，并完善表4-6。

表4-2 利他营销与网店常用营销方式的相关信息表

项目	概念	内涵	典型案例
利他营销			
网店常用营销方式			

步骤三：选择店铺中一件产品，为其制定利他营销策略。

1. 做好前期调查准备

采用多种方式，调查店铺中该产品的消费者态度。

2. 确定让利给顾客的方式

确定产品的价格、折扣、淘金币等。

3. 进行产品的推广宣传

在制作产品的宣传海报及文案时，要突出商家是以顾客角度出发的。

此任务参考项目二学习任务 6 促销广告的制作。

任务考核

表 4-7　学习任务 2 实训考核表

组　号：		填写人员：			日　期：		
评分项目	评分点	1 组	2 组	3 组	4 组	5 组	6 组
实训室规则	遵守实训室规章制度（10 分）						
职业素养	衣着干净整齐（5 分）						
	精神面貌佳（5 分）						
	积极参与团队合作（10 分）						
职业技能	能了解利他行为（10 分）						
	能够掌握利他营销策略（10 分）						
	能够熟练使用搜索引擎（10 分）						
	能够制作一个含有利他卖点的海报（20 分）						
	能够为一个产品撰写利他营销文案（20 分）						
合计得分							

学习任务 3　淘宝网活动专题

任务目标

✧ 知识点

1. 活动专题
2. 淘宝网专题活动的做法
3. 淘宝网热门活动专题

✧ 技能点

1. 能获取淘宝网活动专题
2. 能够进行活动的在线报名

任务描述

冰冰为了学习淘宝网店的运营，特地加入了一个由淘宝店主和小二构成的运营群，小二同学经常会组织一些主题活动，最近，小二又发起了一个活动，这个活动引起了冰冰的兴趣，请跟随冰冰一起学习如何参加淘宝活动吧。

知识准备

一、什么是活动专题

社会组织为了某一明确目的，在某一特定时机围绕某一特定主题而精心策划的大众活动是专题活动，而为这一活动设计的专题就是活动专题。活动专题主要有网络活动专题和线下活动专题，分别是网络与线下专题活动的主题。

（一）网络专题活动

网络专题活动，是运用网络媒体的一种重要形式。通常围绕某一特定主题，在网络媒体上设计固定的活动页面进行文字与图片的说明，以达到吸引公众参与的效果，并在后期获取反馈。有如下特点：

集成性：它是以特定主题为中心，将各方相关信息高度集成化，信息描述更全面、详尽。

交互性：不仅展示活动内容，还具备交互性，并能运用互动体验给受众更丰满的交流感受。

既具实时性又具延时性：不仅可以实时跟踪活动进展，还可根据组织需要进行长期延续专题页面，让活动宣传实效更大化。

（二）线下专题活动

线下专题活动，是以现场参与现场服务的方式就某一主题进行互动的行为。通过精心策划活动内容并发布活动信息吸引目标公众现场参与，并可现场获取参与者意见和反馈的实时活动。有如下特点：

更好地沟通性：现场体验，交流更方便。

参与度高：群体扩展快，参与度高。

见效快：实时信息瞬时传播，效果立竿见影。

二、淘宝网专题活动的具体做法

根据前文的介绍，我们可以把淘宝网专题活动划分为网络专题活动，在一系列专题活动中，如何在茫茫的商品堆中取胜，质量无疑是关键；其次，价格也是决定顾客是否购买的重要因素之一。因此，卖家们为了提高成单率，往往会制造一些能激发买家消费欲望，而又觉得优惠的价格促销方式。这些促销活动，不仅要有好的创意、好的关联促销组合，也要有好的执行。各种具体做法有利有弊，店家会根据自己的具体情况来安排活动详情。

（一）折价促销

所谓打折促销就是在价格上让步，以吸引客户，达到促进销售的作用。

1. 秒杀

所谓“秒杀”，就是网络卖家发布一些超低价格的商品，所有买家在同一时间在网上抢购的一种销售方式。通俗一点讲就是网络商家为促销而组织的网上限时抢购活动，如图4－21所示。

图 4－21　淘宝秒杀活动

✓ 让利诱人，刺激顾客冲动购买。

✘ 成本较高，不适于小成本经营。

2. 折扣

折扣是指买卖货物时按原价的若干成计价，如打九折，打一折。

✓ 折扣清楚明白，利于打动顾客。

✘ 幅度过低没有效果，不适于利润空间小的商品。

3. 反向折价

所谓反向折价就是先提高价格，再在这个价格的基础上降价销售，使消费者误以为以低价得到“高价”产品。

✓ 使客户得到心理满足，提高销量。

✘ 操作复杂，不适于初级经营能力的店家。

（二）比赛促销

所谓比赛，即通过发起比赛或任务吸引顾客完成，以达到提高店铺 PV 和顾客熟悉程度的促销。这种模式最利于帮助顾客熟悉店铺产品和相关栏目，提高顾客购买转化率。

✓ 强化顾客对于店铺的认知和熟悉程度。

✘ 活动参加率低，不适于既有流量低的卖家。

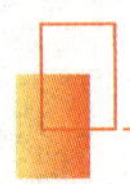

（三）免费试用

所谓免费，即免费赠送产品或试用装给顾客体验试用的一种促销手段。

✓ 吸引大量潜在顾客。

✘ 风险大。

（四）券礼促销

所谓券礼，即通过设置店铺优惠券、电子码等凭证，提供顾客独享的优惠。

✓ 这种模式非常有利于刺激顾客的重复购买。

✘ 相关度要求较高，不适于顾客吸引力低的卖家。

（五）抽奖促销

所谓抽奖，即利用顾客趋利追求刺激的心理，达到经营目标的促销。这种模式广泛用于达成各种经营目标，是普适的一种有效促销方式。

✓ 提高顾客活跃程度，达成经营目标。

✘ 信用危机、活动参加率低，不适于信用低和既有流量低的卖家。

（六）继续购买奖励

所谓继续购买，即引导顾客多次或多件购买，给予相应幅度的优惠或赠品。这种模式在商品发布中就有成熟的功能模块，可以设置不同购买件数的相应价格。此外，淘宝网“我要推广”中的“满就送”软件也可以进行继续购买奖励的设置，这种模式是一个操作简单回报丰厚的方法。这种模式一般有以下几种：

1. 买的多，便宜多

✓ 设置方便，利于提升销量。

✘ 一次性大量购物的顾客没有想象的那么多。

2. 满就送

✓ 设置方便，顾客接受习惯成熟。

✘ 需花费很少的额外费用订购服务。

3. 加一元送

✓ 提高顾客购买体验，提高再次购买概率。

✘ 相关度要求较高，不适于顾客吸引力低的卖家。

（七）集点换物

所谓集点，即根据顾客消费金额的一定比例返还积分，积分达到相应数量可以兑换不同奖励的促销。这种模式在银行信用卡、电信运营商中用得很广泛（比如大家都知道的中国移动的 M 值），现在有一些成熟的优秀卖家也开始尝试这种模式。

✓ 鼓励顾客重复购买，成本低廉。

✘ 顾客参与热情有限，不适于购买频率低的高价商品卖家。

（八）赠品促销

所谓赠品，即顾客在购买产品的同时得到一份非本产品的赠送。这种模式使顾客可以立刻获得回馈，比继续购买获得奖励更直接简单，这也是各大优秀卖家常使用的一种促销手段。

✓ 提高顾客对其他产品的体验，提高销量。

✘ 对商品和赠品本身吸引力有一定要求，不适于顾客吸引力低的卖家。

三、淘宝网热门活动专题

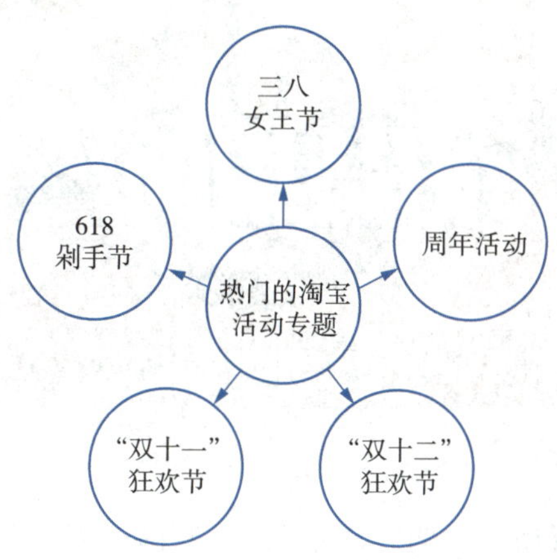

图 4-22 淘宝网热门活动专题

（一）3·8 女王节

2017 年淘宝 3·8 女王节活动时间为 3 月 3 日—3 月 8 日，这次活动以“时尚、缤纷、女王”为主题，目的是在女王节前后为广大消费者打造一场购物盛宴，如图4-23 所示。

图 4-23 淘宝女王节海报

看一看：2017 女王节活动要求及规则

1. 对店铺资质的要求

店铺星级要求达到 3 钻，三项 DSR 达到 4.6。

2. 2017 淘宝网 3·8 女王节活动规则

① 报名审核通过后商品价格即被锁定，活动期间不能更改。

② 活动期间，系统对商品自动执行全国包邮（偏远地区、港澳台、海外除外）。

③ 审核通过后不可撤销报名。

④ 审核通过后，店铺将有机会获得淘宝网贷款的“活动贷”，提升贷款授信额度。

(二) 618 年中大促

图 4-24　淘宝 618 年中大促

淘宝 618 年中大促活动，又叫“剁手节”，时间一般为每年的 6 月 1 日—6 月 19 日，是各大电商上半年的又一活动专题，如图 4-24 和图 4-25 所示。

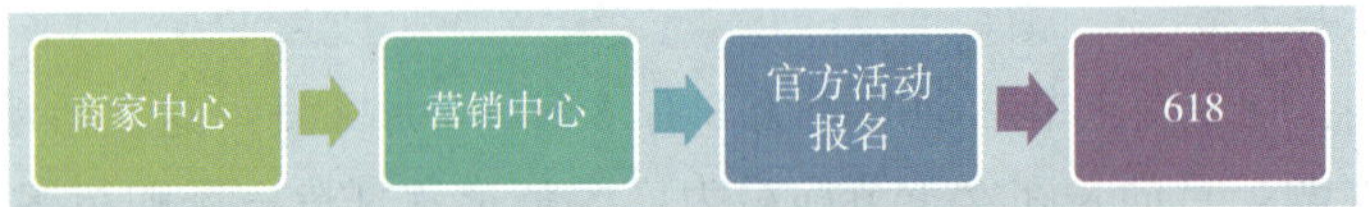

图 4-25　淘宝 618 年终大促商家报名流程图

(三)“双十一”狂欢节

淘宝“双十一”购物狂欢节在每年的 11 月 11 日。

看一看：2016 淘宝“双十一”狂欢节

1. 活动综述

2016 年天猫双十一场由活动主会场、行业分会场、特色主题会场组成，商家通过海选报名最终入选双十一商家行列。会场和会场之间仍将采用赛马的晋升机制，营销玩法分为平台级、行业级和商家工具，并采用全渠道战略刷新阵地；另外，2016 年还首次加入了卖家“双十一”直播环节，亮点不断，如图 4-26 所示。

图 4-26　双十一淘宝女装会场

2. 淘宝天猫“双十一”优惠多

2016 年天猫双十一优惠包括平台级、行业级和商家工具几方面。平台级有全场满返、双 11 购物券满减活动；行业级别的有预售、花呗分期等方式；商家自己则有买 N 免 1、搭配宝、赠品宝、特价宝等多重玩法。同时，对单店满免、免单工具功能，阿里会给予流量支持。

3. 2016 淘宝天猫“双十一”商家发货、包邮规则

在 2016 年双十一当天消费者付款的订单（除虚拟类目外），商家最晚必须在 11 月 20 日晚发货；另外，设置预约发货时间的商品以详情页描述为准；家具建材大件类商品应在付款之日起 20 日内发货；生鲜类商家可在 11 月 25 日晚之前发货。

商家应当提供活动商品收货地为中国大陆地区的全场包邮（港澳台地区及海外除外）服务，有特别规定的除外。

4.2016 淘宝天猫“双十一”报名条件

- 符合淘宝天猫平台营销活动基准规则和招商要求。
- 商品满足“双十一购物券”及“卖家版运费险”的活动规则。
- 满足所在类目的 2016“双十一”招商规则
- 接受诚信经营管控等治理措施和“双十一”活动管理细则。

（四）“双十二”全民疯抢

淘宝网的“双十二”狂欢节的专题活动于每年 12 月 12 日举办，当时会推出大型的网购盛宴，折扣空前，参与活动的商品涵盖了各行各业，与“双十一”一样会出现“全民疯抢”的局面，如图 4－27 所示。

图 4－27 “双十二”全民疯抢

（五）淘宝周年活动

淘宝周年活动是为了庆祝淘宝网成立满周年而开展的专题活动，活动期间也会像其他专题活动一样向客户提供大量优惠，而商家要参与这一活动也有一定要求（具体要求因年而异），如图4－28所示。

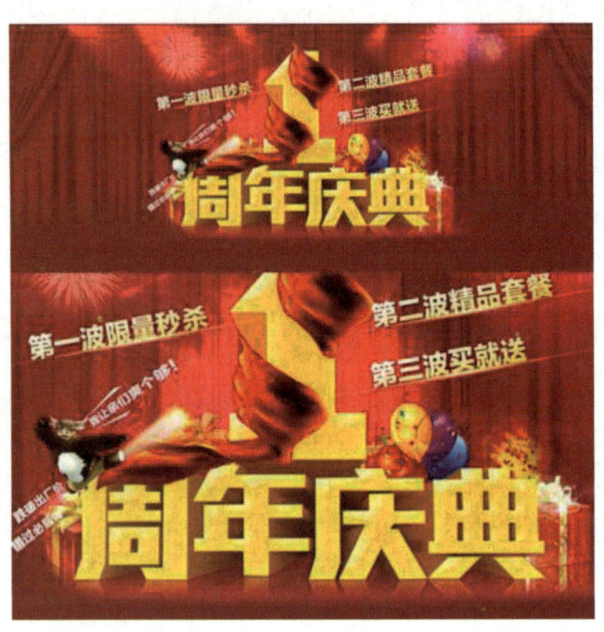

图 4－28　淘宝周年活动专题海报

任务实施

步骤一：获取淘宝活动专题。

通常淘宝小二会在运营群组织一个活动，例如九月开学季等，注意，一个类目一个主题活动，多个店铺可以报名。

步骤二：选择适合店铺宝贝的活动。

选择出适合此次活动的宝贝或者是店铺参加活动。

步骤三：进入淘宝营销中心。

淘宝网活动指定报名入口为：yingxiao. taobao. com，如图4－29所示。

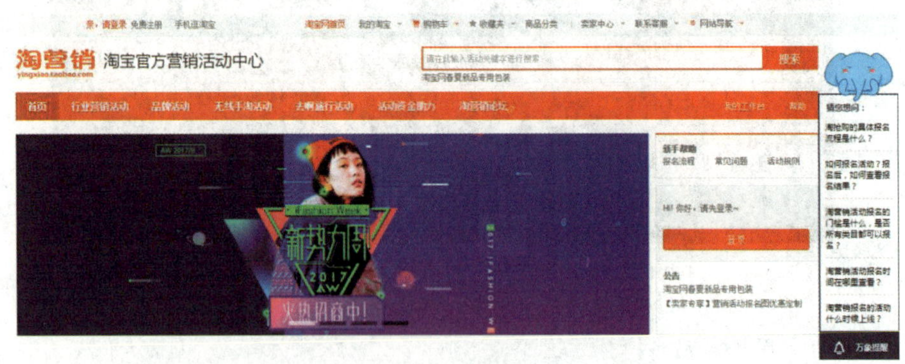

图 4－29　淘营销中心

步骤四：报名参加活动。

活动由于形式不同，可以分为以下几种形式，具体的报名方式如下：

（一）主分会场传统招商

传统招商是淘宝网在招商工作中最常见的一种招商方式，符合报名要求的卖家可自主选择想要参加活动的商品进行报名。

1. 进入活动列表页选择符合要求的活动，点击活动报名，如图4－30所示。

图4－30　所有活动

2. 进入报名页面，查看店铺是否符合招商资质。

如进入页面之后“立即报名”按钮呈可点击状态（红色），说明店铺符合资质，可立即报名，如图4－31所示。

图4－31　可参加活动

如进入报名页面之后“立即报名”按钮呈无法点击状态（灰色），说明店铺不符合招商资质，很遗憾暂时无法报名活动，如图4－32所示。

如需查询具体哪一条资质不符合，可点击“立即报名”按钮右边的“点击查看”，后点击“规则＆资质”查看，如图4－33所示。

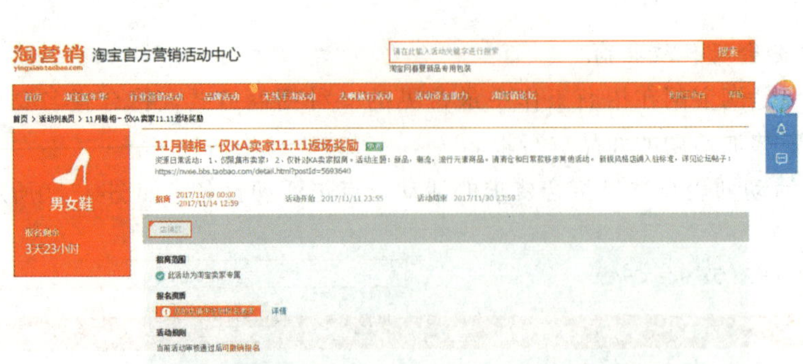

图 4 - 32　不可报名

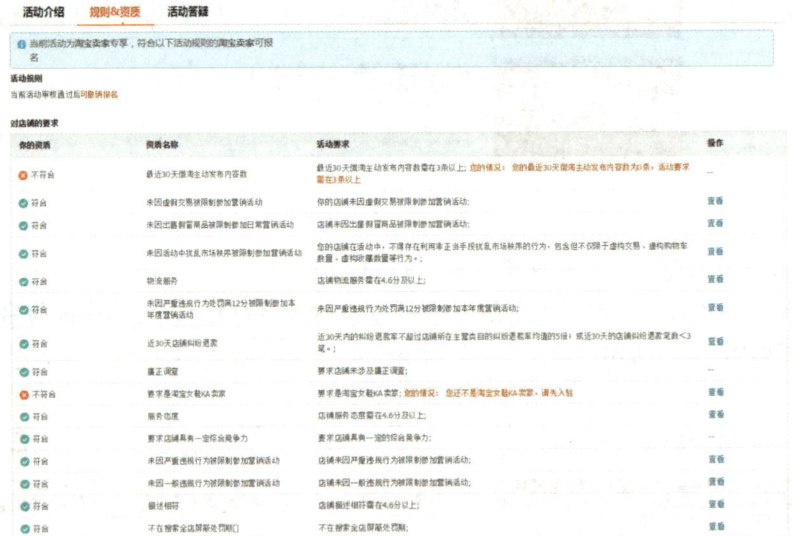

图 4 - 33　规则 & 资质

3. 如符合招商资质，点击上步中“立即报名”按钮，填写报名信息，完成报名。

情况（1）：店铺报名

卖家填写好以下报名信息，完成报名即可，如图4 - 34所示。

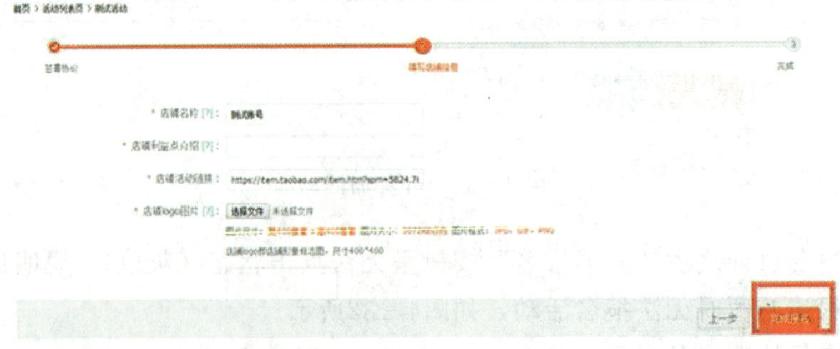

图 4 - 34　完成报名

情况（2）：商品报名

进入商品选择区，选择希望报名大促的商品。符合资质的商品可选，不符合资质的商品呈灰色且不可选，如图4－35所示。

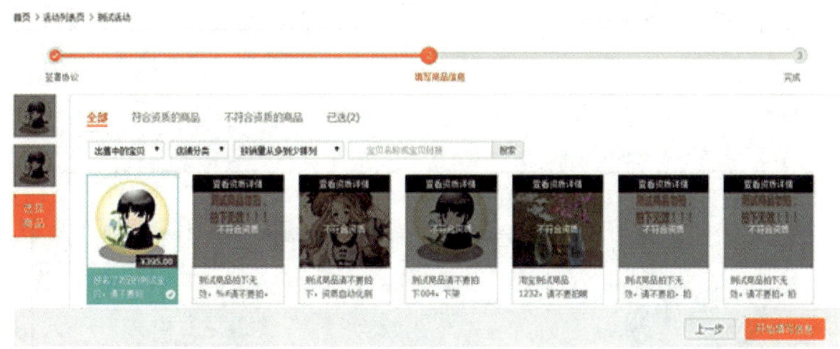

图 4－35　商品报名

选择好商品后，进入商品信息填写页面。活动商品价格设置，分为促销价和折扣两种，如图4－36所示。

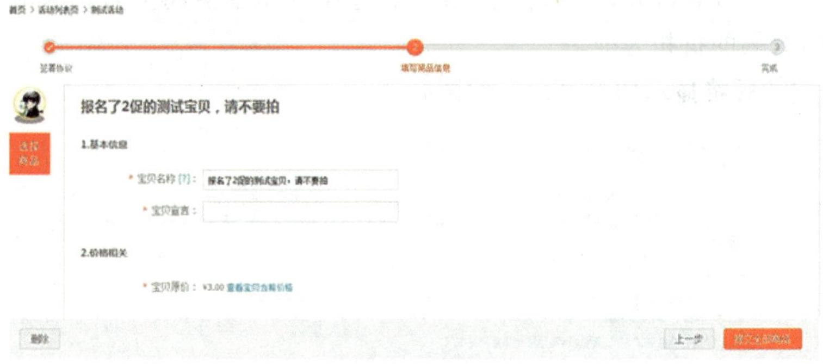

图 4－36　宝贝信息填写

① 促销价：填写的“宝贝活动促销价”是活动当天的商品售价，如图4－37所示。

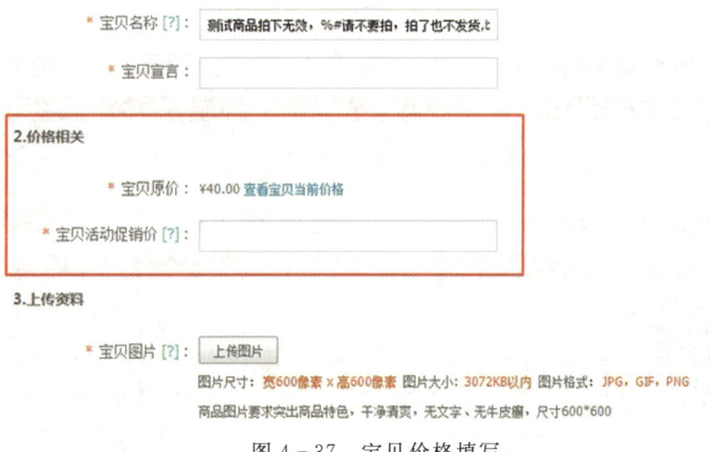

图 4－37　宝贝价格填写

活动当天商品以这个唯一的价格来销售（多个价格的商品请慎重报名促销价活动）。

② 折扣：填写的“活动折扣”是活动商品在活动当天的商品折扣，如图4－38所示。

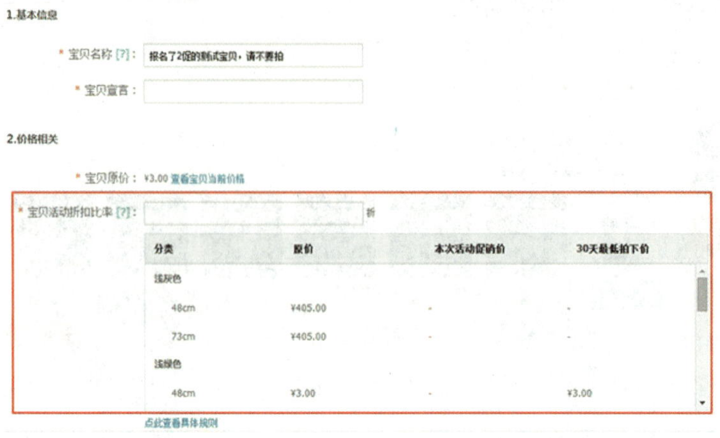

图 4－38　宝贝价格折扣

注：如果商品含有区间价（多个价格）请选择折扣率活动报名。活动当天所有价格都会以报名时候的折扣为准。

4．报名成功后将显示如下页面，如图4－39所示。

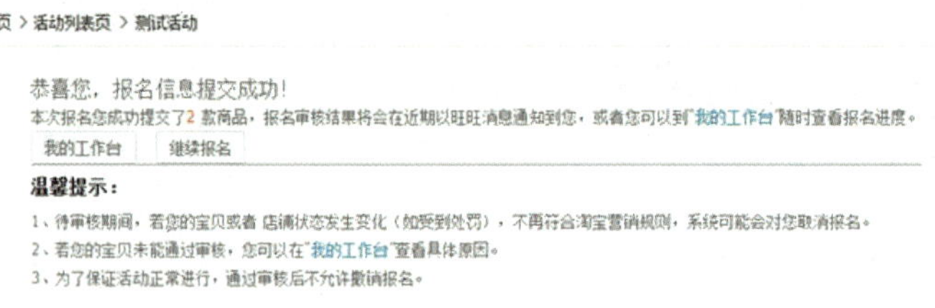

图 4－39　报名提交成功

5．完成报名后可点击“我的工作台”查看报名进度、管理报名信息，如图4－40、图 4－41 所示。

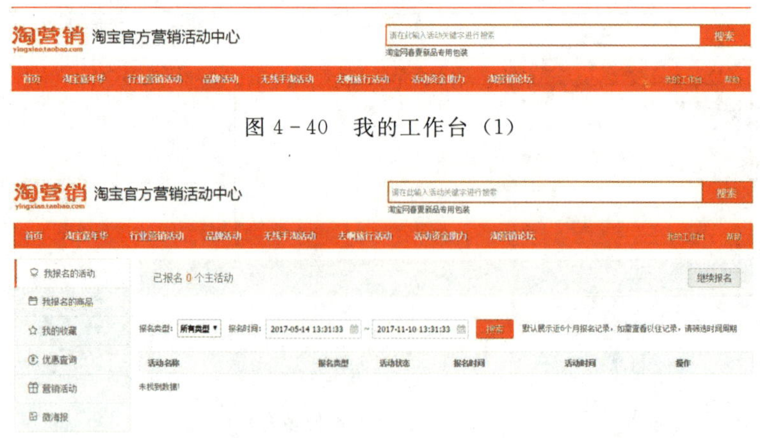

图 4－40　我的工作台（1）

图 4－41　我的工作台（2）

（二）外场报名反向招商（淘宝主动邀请卖家报名）

1. 淘宝主动邀请卖家的旺旺/千牛系统消息如下，如图4－42所示。

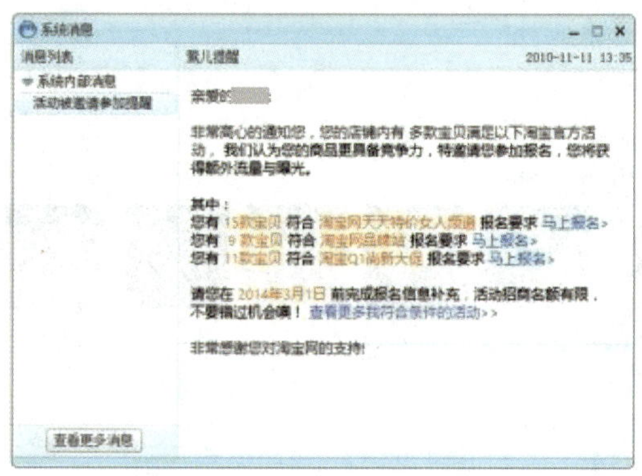

图 4－42　千牛信息

2. 在收到系统消息后，卖家需要做的工作：

（1）进入“我被邀请的列表”中进行报名，如图4－43所示。

图 4－43　接受邀约（1）

（2）进入报名页面，正常情况下，“接收邀请立即报名”按钮呈可点击状态（红色），如图4－44所示。

图 4－44　接受邀约（2）

（3）点击上步中“接受邀请并选择活动商品”按钮，填写报名信息，完成报名。进入商品选择器，选择希望报名大促的商品，如图4-45所示。

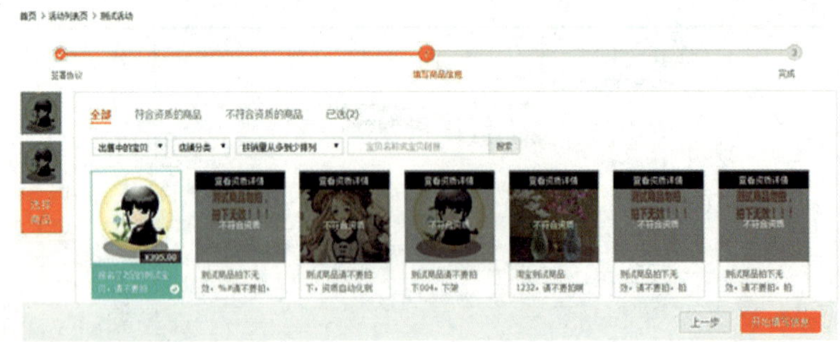

图 4-45　产品报名

（4）选择好商品后，进入商品信息填写页面。活动商品价格设置，分为促销价和折扣两种方式，如图4-46所示。

图 4-46　宝贝命名

① 促销价：填写的“宝贝活动促销价”即活动当天的商品售价，如图4-47所示。

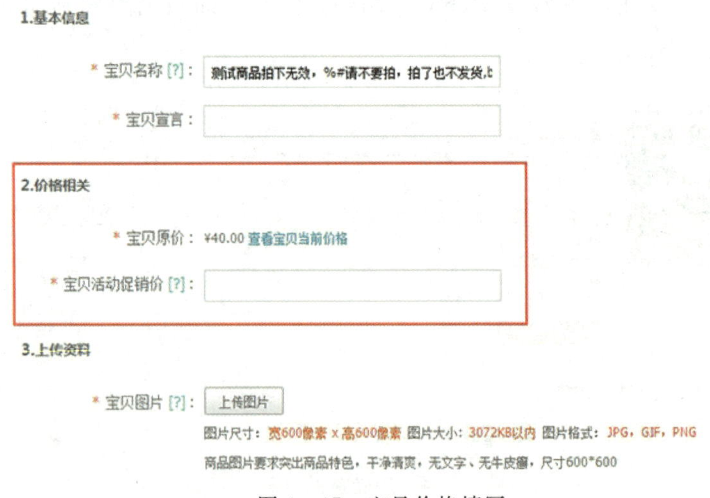

图 4-47　宝贝价格填写

活动当天商品以这个唯一的价格来销售（多个价格的商品请慎重报名促销价活动）。

② 折扣：填写的“活动折扣”是活动商品在活动当天的商品折扣，如图4-48所示。

图 4-48　折扣设置

注：如果商品含有区间价（多个价格）请选择折扣率进行活动报名。活动当天所有价格都会以报名时候的折扣来销售。

3. 报名成功后，页面将如图4-49所示。

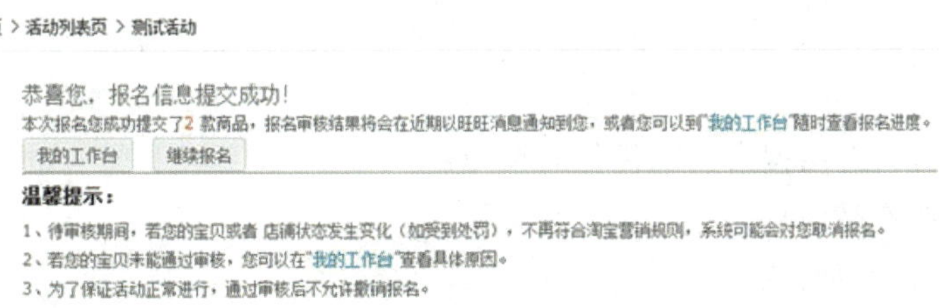

图 4-49　报名成功

4. 完成报名后可点击“我的工作台”查看报名进度、管理店铺的报名。

任务考核

表 4-8　学习任务 3 实训考核表

组　号：		填写人员：			日　期：		
评分项目	评分点	1 组	2 组	3 组	4 组	5 组	6 组
实训室规则	遵守实训室规章制度（10 分）						
职业素养	衣着干净整齐（5 分）						
	精神面貌佳（5 分）						
	积极参与团队合作（10 分）						

（续表）

组　号：		填写人员：			日　期：		
职业技能	了解淘宝网活动专题（5分）						
	能够通过特殊渠道获取淘宝网活动专题（5分）						
	能够报名参加淘宝网活动专题（60分）						
合计得分							

学习任务4　巧用搜索引擎

任务目标

✧ 知识点

1. 了解搜索引擎
2. 了解淘宝网搜索引擎优化

✧ 技能点

1. 能熟练分析总结搜索引擎优化的技巧
2. 能够修改产品信息
3. 能够进行橱窗设置
4. 能够进行淘宝网直通车设置

任务描述

冰冰的小店经过一番运营，已经渐入佳境。冰冰为加大店铺的推广力度，用不同的方式进行了店铺和宝贝的推广工作。作为一名网店经营者，应该知道从搜索引擎中得来的流量是很有价值的，因为进行主动搜索的用户的目标很明确，需求也较强烈，因此成交率更高，通过一些简单有效的手段让搜索引擎快速把网店和宝贝收录进去，对网店经营大有好处。可以在已经被搜索引擎收录的其他网站上发布网店链接，让搜索引擎通过链接找到你的店铺，发布链接的页面的重要性越高，搜索引擎对它的访问就越频繁，网店就会被收录得越快。发布链接的地方可以选择免费发布网店信息的网站，尤其是和自己的网店相关性很大的网站，或者百度贴吧、社区、博客、网摘等。胖胖同学建议冰冰通过巧用搜索引擎和淘宝网搜索引擎优化的技巧完成店铺的推广活动，且能够指出并完成相应的推广优化。

知识准备

一、认识搜索引擎

（一）定义

搜索引擎是指根据一定的策略、运用特定的计算机程序从互联网上搜集信息，在对信息进行组织和处理后，为用户提供检索服务，将用户检索相关的信息展示给用户的系统，如图4－50所示。

图4－50　各种搜索引擎

（二）分类

搜索引擎包括全文索引、目录索引、元搜索引擎、垂直搜索引擎、集合式搜索引擎、门户搜索引擎与免费链接列表等。

1. 全文索引

全文检索是指计算机索引程序通过扫描文章中的每一个词，对每一个词建立一个索引，指明该词在文章中出现的次数和位置，当用户查询时，检索程序就根据事先建立的索引进行查找，并将查找的结果反馈给用户的检索方式。最常用的全文搜索引擎有百度、谷歌等，如图4－51所示。

图4－51　百度全文搜索引擎

2. 目录索引

目录索引，顾名思义就是将网站分门别类地存放在相应的目录中，因此用户在查询信息时，可选择关键词搜索，也可按分类目录逐层查找。

3. 元搜索引擎

元搜索引擎就是通过一个统一的用户界面帮助用户在多个搜索引擎中选择和利用合适的（甚至是同时利用若干个）搜索引擎来实现检索操作，是对分布于网络的多种检索工具的全局控制机制，如图4－52所示。

4. 垂直搜索引擎

垂直搜索引擎是应用于某一个行业、专业的搜索引擎，是搜索引擎的延伸和应用细分化。垂直搜索引擎为用户提供的并不是上百万甚至上千万的相关网页，而是范围极为缩小、极具针对性的具体信息。因此，特定行业的用户更加青睐垂直搜索引擎。如购物搜索引擎，如图4－53所示。

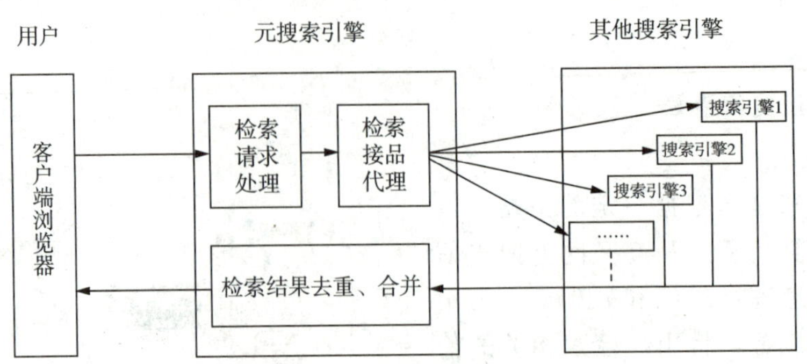

图 4-52 元搜索引擎工作原理

5. 集合式搜索引擎

该引擎类似元搜索引擎，但区别在于不是同时调用多个引擎进行搜索，而是由用户从提供的多个引擎当中选择，搜索用户需要的内容，因此叫它"集合式"搜索引擎。集合式搜索引擎的特点是可以集合众多搜索引擎的特点，进行对比搜索，能更准确地找到目标内容。如 howsou. com、HotBot 等，如图4-54所示。

图 4-53 谷歌购物搜索引擎

图 4-54 HotBot 搜索引擎

6. 门户搜索引擎

门户搜索通常是门户网站里面的搜索功能。所谓门户网站，是指通向某类综合性互联网信息资源并提供有关信息服务的应用系统。中国的门户搜索引擎有新浪爱问、搜狗、腾讯搜搜等，如图4-55所示。

图 4-55 新浪爱问

7. 免费链接列表

免费链接列表一般只简单地滚动链接条目，少部分有简单的分类目录，规模比目录索引小很多。

（三）组成

搜索引擎一般由搜索器、索引器、检索器和用户接口四个部分组成，如图4-56所示。

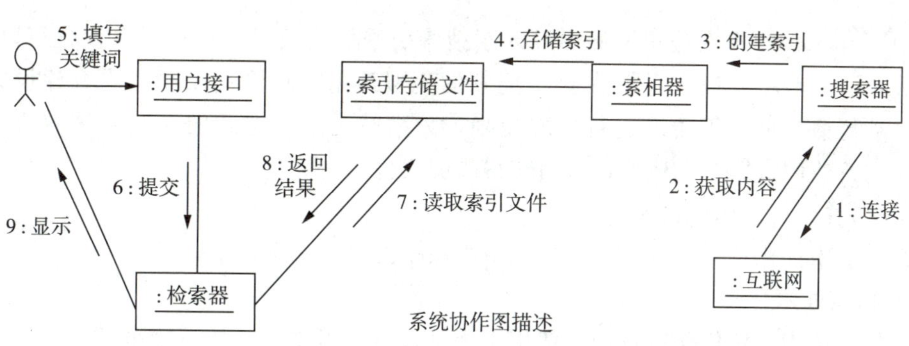

图 4－56　全文搜索引擎的工作原理

1. 搜索器

其功能是在互联网中漫游，发现和搜集信息。

2. 索引器

其功能是理解搜索器所搜索到的信息，从中抽取出索引项，用于表示文档以及生成文档库的索引表。

3. 检索器

其功能是根据用户的查询在索引库中快速检索文档，进行相关度评价，对将要输出的结果进行排序，并能按用户的查询需求合理反馈信息。

4. 用户接口

其作用是接纳用户查询、显示查询结果、提供个性化查询项。

二、搜索引擎优化

（一）认识搜索引擎优化

搜索引擎优化是指在了解搜索引擎自然排名机制的基础之上，对网站进行内部及外部的调整优化，改进网站在搜索引擎中关键词的自然排名，获得更多的展现量，吸引更多目标客户点击访问网站，从而达到互联网营销及品牌建设的目标。搜索引擎检索原则是不断更改的，检索原则的更改会直接导致网站关键字在搜索引擎上排名的变化，所以搜索引擎优化并非一劳永逸。

看一看：搜索引擎自然排名机制

自然排名，是根据搜索引擎算法而获得的排列结果，是一种比较通俗的叫法。当我们搜索某个关键词时，搜索引擎根据对与该关键词相关的网页分析的结果进行排列，然后按算法认为某页面最符合（或内容相关的）对该关键词的解释的页面展示在最前的位置。

当然，这些都是用户还没进行检索时就已经处理好的数据结果，搜索引擎只是对号入座似的把每条数据展示出来。自然排名确实给用户带来了可观的效益，可以说是搜索引擎营销里面最具性价比的推广模式。

（二）搜索引擎优化的目的

根据人们使用搜索引擎的习惯和心理，在搜索引擎中排名越靠前的网站，被点击的概率就越大，相反，排名越靠后，得到的搜索流量就越少。据统计，全球500强的公司中，有90%以上在公司网站中导入了搜索引擎优化技术。搜索引擎优化可以帮助网站、企业、产品从搜索引擎中获得更多的免费流量，从网站结构、内容建设方案、用户互动传播、页面等角度进行合理规划，为网站提供生态式的自我营销解决方案，让网站在行业内占据领先地位，从而获得品牌收益。

（三）搜索引擎优化技术

搜索引擎优化技术，可分为白帽技术、黑帽技术、灰帽技术，如图4－57所示。

1. 白帽技术

是指在搜索引擎优化行业中，使用正规符合搜索引擎网站质量规范的手段和方式，使关键词在搜索引擎中获得良好的自然排名称为白帽技术。白帽技术是较为流行的网络营销方式，主要目的是增加特定关键字的曝光率以增加网站的能见度，进而增加销售的机会。

2. 黑帽技术

是指通过一些类似作弊的方法或技术手段，以不符合主流搜索引擎优化发行方针规定的手法来获得短时间内较好的搜索引擎优化的一种技术。黑帽技术获利主要的特点就是短平快，为了短期内的利益而采用的作弊方法，同时随时会因为搜索引擎算法的改变而面临惩罚。

3. 灰帽技术

是指介于白帽与黑帽之间的中间地带，会采取一些取巧的手法，不算违规但同样也不遵守规则。灰帽是白帽和黑帽手法的结合体，既考虑长期利益，也要考虑短期收益问题。

图4－57 黑帽、灰帽、白帽

（四）搜索引擎优化步骤

1. 网站架构分析

网站结构符合搜索引擎的喜好则有利于搜索引擎优化。

2. 网站目录和页面优化

搜索引擎优化不只是让网站首页在搜索引擎有好的排名，更重要的是让网站的每个页面都带来流量。

3. 关键词分析

这是进行搜索引擎优化最重要的一环，关键词分析包括：关键词关注量分析、竞争对手分析、关键词与网站相关性分析、关键词布置、关键词排名预测。

4. 内容发布和链接布置

搜索引擎喜欢有规律的网站的内容更新，所以要合理安排网站内容发布日程。链接布置则把整个网站有机地串联起来，让搜索引擎明白每个网页的重要性和关键词，实施的参考是第一点的关键词布置。

5. 与搜索引擎对话

建议采用百度站长，能更好地实现与搜索引擎对话，如图4－58所示。

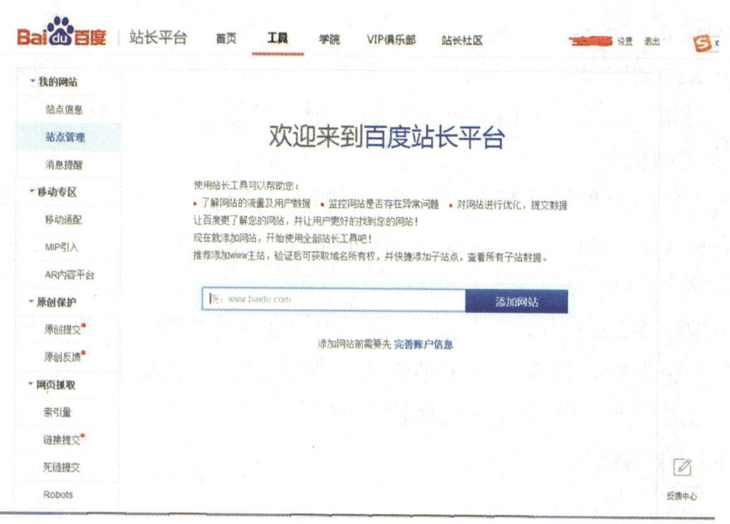

图 4－58 百度站长平台

6. 网站流量分析

网站流量分析从搜索引擎优化结果上指导下一步的优化策略，同时对网站的用户体验优化也有指导意义。流量分析工具，建议采用百度站长。

三、淘宝网搜索引擎优化

（一）淘宝网搜索引擎优化的技巧

随着电子商务的发展，淘宝店铺像雨后春笋一般出现，其竞争程度可想而知。在这种背景下，店铺在淘宝网内搜索有个好的排名就显得尤为重要，所以淘宝新卖家必须掌握一定的搜索引擎优化技巧，以增加店铺交易量，这些技巧与一般搜索引擎优化有相同点也有自己独特的地方：

1. 关键词的优化

关键词的制定一定要从用户的角度出发考虑，只有清楚用户的搜索习惯，制定的关键词才有人搜索和使用，比如搜索“河北移动 20 元”，很多排名靠前的店铺关键词都是：“河北移动 20 元”“河北移动 20 元话费”“河北移动 20 元充值”等，如图4－59所示。

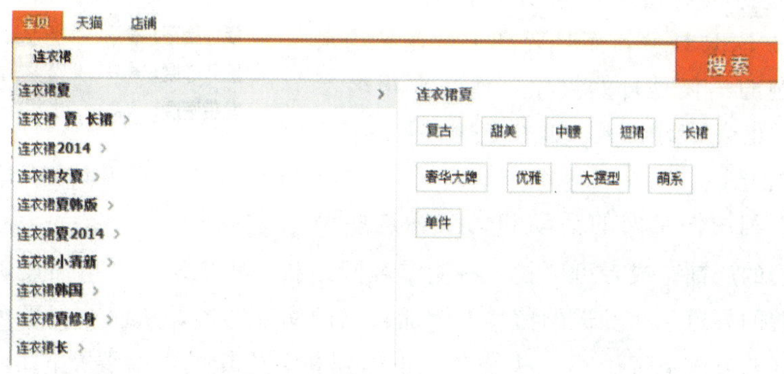

图 4－59 搜索“连衣裙”出现的排名靠前的关键词

2. 标题的优化

标题在引擎搜索中显得非常重要。标题中要加入店铺的名字、店铺所出售主打产品的关键字，例如：暴龙太阳镜、隐形眼镜、偏光镜等。方便引擎搜索索引排名。

3. 宝贝描述的优化

一般店铺上线后宝贝描述部分都是默认的商品信息，最好的方法就是在它的基础上尽量添加店铺关键词相关信息，提高关键词密度，前提是尽量不要影响用户体验。

4. 橱窗推荐

卖家要争取更多的橱窗推荐机会，同时把店铺内的招牌产品或者最有可能引来流量的商品作为橱窗推荐，搜索结果根据是否“橱窗推荐”商品这个因素进行排名划分，推荐商品的区段排名都在未推荐商品区段的前面。

5. 上下架时间的优化

第一步：流量趋势的分析

- 工作日全网流量分析
- 周末全网流量分析

工作日流量集中在下午，周末是集中在晚上。选择流量多的时间上架，流量少的时间段下架，应该是商家的“本能反应”。

第二步：竞品调研的分析

在商品上架时，要看看竞争品的情况，如果有不利于自己的商品存在，马上调整商品上下架时间。

第三步：分布设置

使用软件高效设置。

6. 宝贝主图优化

网购是在消费者看不到产品实物的情况下进行的，对销售而言，卖的就是“图片”，由此可见一张张优秀的产品主图影响巨大。

7. DSR 评分优化

DSR 评分是指动态评分，包括“宝贝与描述相符”“卖家的服务态度”“卖家的发货速度”三项。动态评分是反映店铺经营情况最直接的体现，如果三项都是绿色数值，说明卖家店铺评价低。商家必须提高 DSR 评分，而且要高于行业平均水平，否则影响的不仅是自然搜索，而且在报名参加活动的时候也会受到限制，如图 4-60 所示。

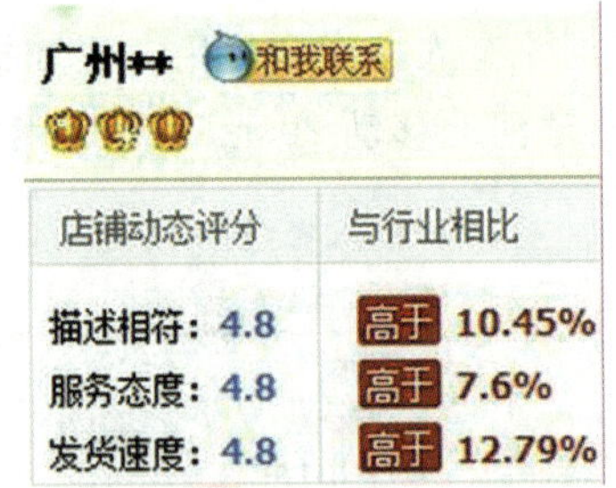

图 4-60 店铺的 DSR 评分

8. 店外优化

卖家可以利用淘宝网的活动和淘宝客这些渠道，推广自己的店铺；或者可以找一些淘宝客网站和一些论坛，在里面发送店铺信息，这些都是免费的渠道，在发送的信息下增加自己的淘宝链接，从而获得更多潜在买家。提高效率最好的方法莫过于写一些软文，投稿到相关论坛网站，要是论坛加精就会获得很多流量，提高店铺的曝光率。

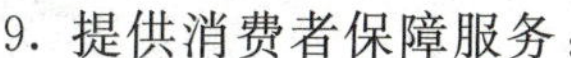

9. 提供消费者保障服务：

消费者保障服务是卖家向买家提供的服务，卖家是该服务责任者，而淘宝网不是。目前消费者保障服务分为：商品如实描述、七天无理由退换货、假一赔三、闪电发货、数码与家电 30 天维修、正品保障。买家一般比较信任提供消费者保障服务的卖家，相应的，他们的排名就会上升，如图4－61所示。

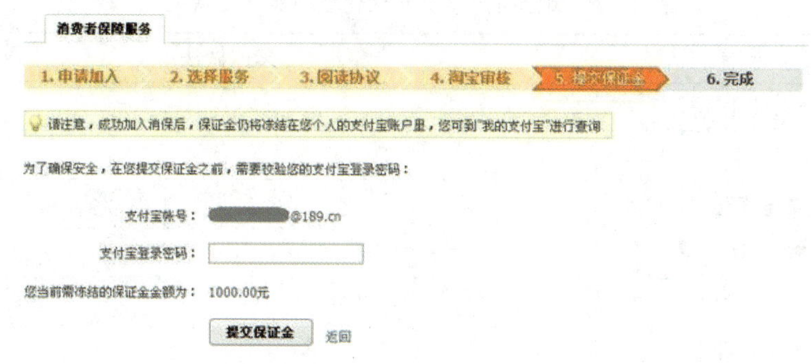

图 4－61 卖家申请提供消费者保障服务

（二）淘宝网搜索优化的黑帽技术

这些技术是通过作弊等不合规手段来进行淘宝网搜索优化，是淘宝网的处罚重点。

1. 虚假交易

虚假交易就是人们熟知的“刷单”“刷单”现象一直是淘宝网打击的重点对象，尤其对于新卖家来说，流量突然大幅度增加，会引起重大的“刷单”嫌疑。

2. 偷换宝贝

这种现象一般出现在大商家中。例如店铺有一件爆款，每天可以带来不少自然搜索流量，但是由于货源、季节等因素，商家无法继续销售，但是又不想丢弃爆款，于是换另一个宝贝继续打着之前的名号销售，这是一种欺骗。

3. 重复铺货

这是指同一宝贝发布多个链接以增大宝贝被搜索的概率。

4. 放错类目与属性

比如有的商品不允许进行付费推广，减肥药就是其中一种，但有的商家为了能开通付费推广，就将减肥药发布到“食品”类目，这样就可以进行付费推广了。这种行为一旦被查，也会被处罚。

5. 库存量单位作弊

是指利用商品属性设置过低或者不真实的一口价，从而使商品排序靠前。

6. 滥用标题关键词

指使用与产品不相符的属性描述，尤其对于小类目的产品名称，由于搜索的人不多，为了提高搜索流量，卖家会给商品添加不符合属性的关键词。

7. 广告商品

指卖家多传几个宝贝，价格设置得极低，在描述中直接给某一款宝贝集中导流量的行为，一旦被发现就会被搜索降权。

8. 价格不符

指价格设置得不符合市场基本规律，以此吸引顾客。

任务实施

步骤一：请将淘宝网搜索引擎优化技巧具体做法填写进表 4 - 9。

表 4 - 9 淘宝网搜索引擎优化技巧具体做法表

技　巧	具体做法
关键词优化	
标题优化	
宝贝描述优化	
橱窗推荐	
上下架时间优化	
宝贝主图优化	
DSR 评分优化	
店外优化	
提供消费者保障服务	

步骤二：进行具体的巧用搜索引擎技巧。

1. 进入店铺卖家中心，点击“出售中的宝贝”，进入店铺中所有出售中的宝贝页面，选择要修改的优化的宝贝，点击“编辑宝贝”，如图4 - 62所示。

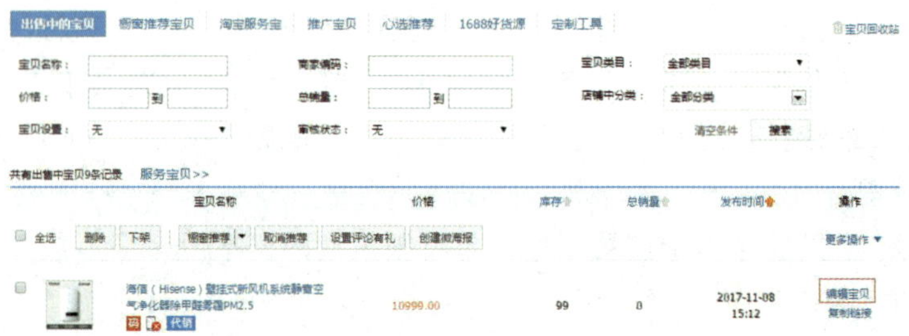

图 4 - 62　出售中的宝贝页面

2. 进入修改编辑页面，可以进行宝贝标题、宝贝描述、上下架时间等的修改优化，如图 4 - 63 至图 4 - 67 所示。

宝贝标题的优化可以参考项目三学习任务 2 关键词优化的实训练习。

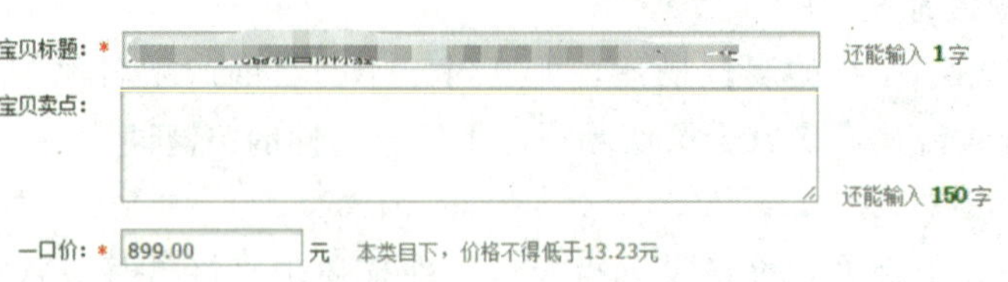

图 4 - 63　优化标题

图 4－64　主图优化

图 4－65　宝贝描述优化

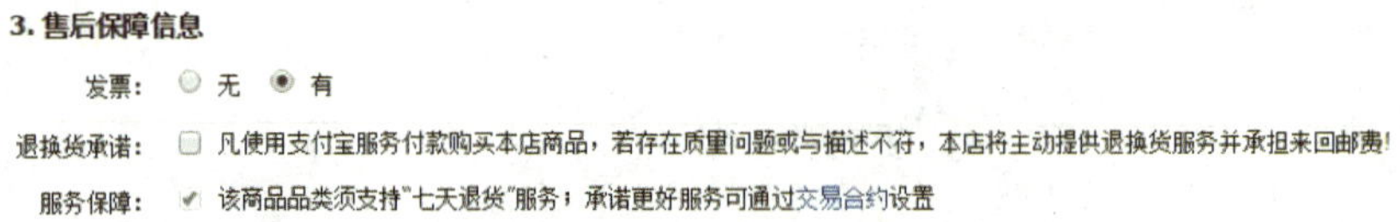

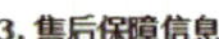

3. 售后保障信息

发票：○ 无 ◉ 有

退换货承诺：□ 凡使用支付宝服务付款购买本店商品，若存在质量问题或与描述不符，本店将主动提供退换货服务并承担来回邮费！

服务保障：✓ 该商品品类须支持"七天退货"服务；承诺更好服务可通过交易合约设置

图 4－66　售后保证

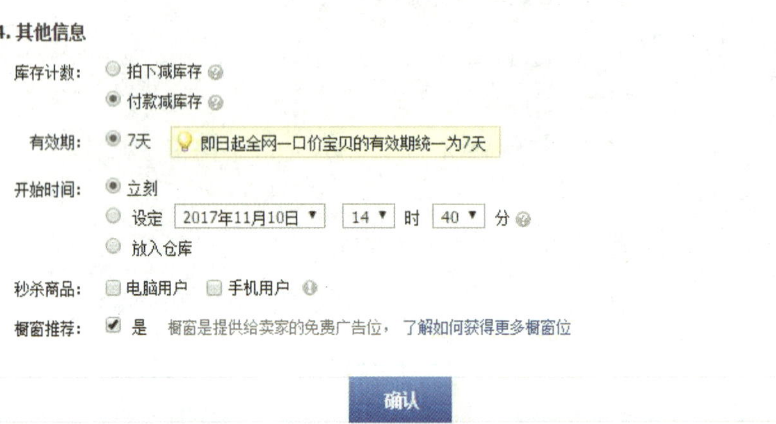

图 4－67　上下架时间与有效期设定

3. 在淘宝网后台完成橱窗推荐设置，优化橱窗推荐，如图4－68所示。

图 4－68　巧用橱窗位

4. 在出售中的宝贝中，选择外发链接的宝贝，点击“复制链接”，将该链接复制在外发推广的文案中或者是直接转发给朋友，增加被搜索的机会，如图4－69所示。

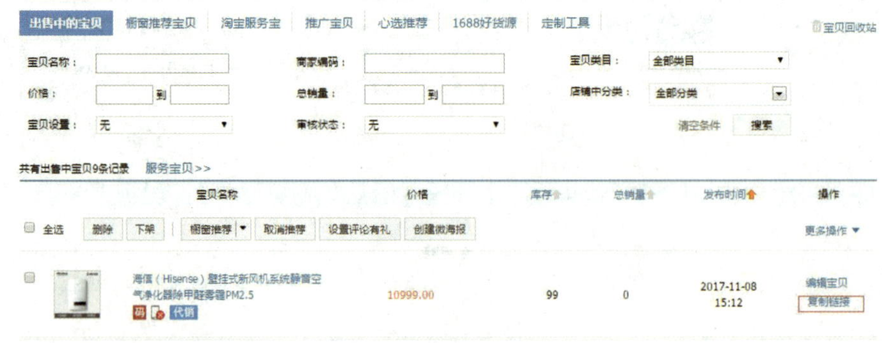

图 4－69　复制宝贝链接

5. 在淘宝直通车中进行推广优化。

（1）优化推广关键词可以参考项目三学习任务 5 淘宝直通车的实训步骤。

（2）推广计划设置完成后，先点击左侧“标准推广”，再点击设置好的推广计划，进入推广计划，进行日限额、投放平台、投放时间、投放地域等内容的设置，如图 4 - 70所示。

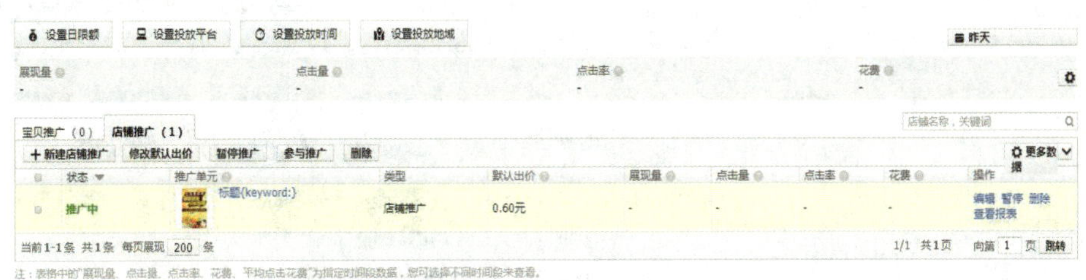

图 4 - 70　投放设置

（3）投放日限额设置。可设置预算也可以不用设置预算。标准推广，或智能化均匀投放，设置后点击“保存设置”，如图4 - 71所示。

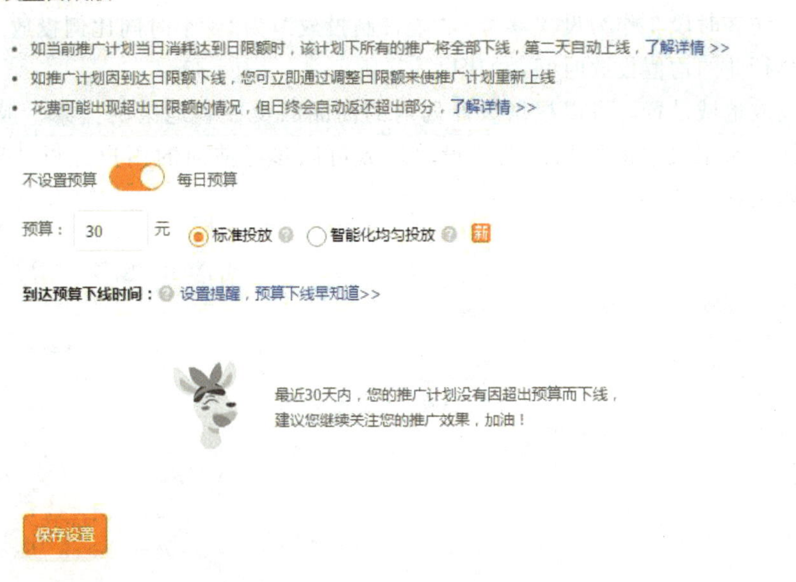

图 4 - 71　投放日限额

（4）设置投放平台，选择电脑端和移动端投放，如果是电脑端，则淘宝网站内“搜索推广”和“定向推广”均选择，淘宝网站外“搜索推广”和“定向推广”选择时，推广价格最好小于站内推广价格。站外投放价格＝淘宝网站内投放价格×站外折扣。移动端的投放价格可适当高一点。移动端站内投放价格＝计算机淘宝网站内投放价格×移动折扣，移动端站外投放价格＝计算机淘宝网站内投放价格×站外折扣×移动折扣。这时候可以看到该处选项有搜索推广，进行勾选即可。淘宝网站外投放平台

有很多，直通车可以极大地增加店铺站外流量，如图4－72、图 4－73 所示。

图 4－72　投放平台　　　　图 4－73　站外网站列表

(5) 投放时间段有三种设置方式，"当前设置"为自己手动设置，可以参考前面的用户分析"访客时段"作为设置参考。"全日制投放"为 24 小时同比例投放。"行业模板"为整个行业的均值投放时间，如图4－74所示。

(6) 投放地域设置，可以根据该计划内的商品品类在各地区的搜索、成交、转化表现，选择所希望投放的区域。设置投放地域可以参考前面的用户分析"地域分析"来设置，如图4－75所示。

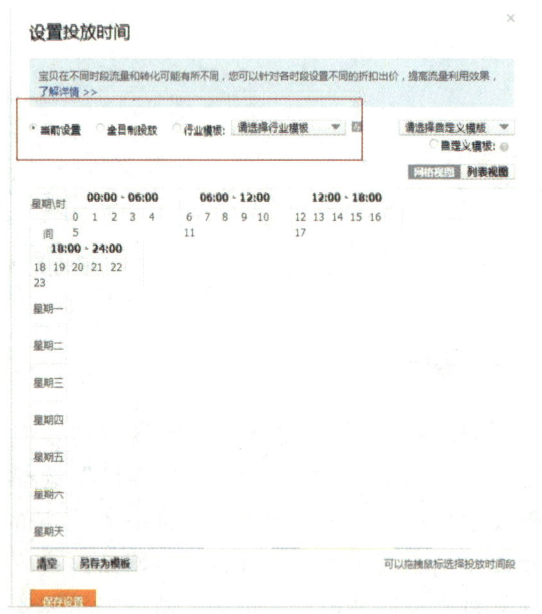

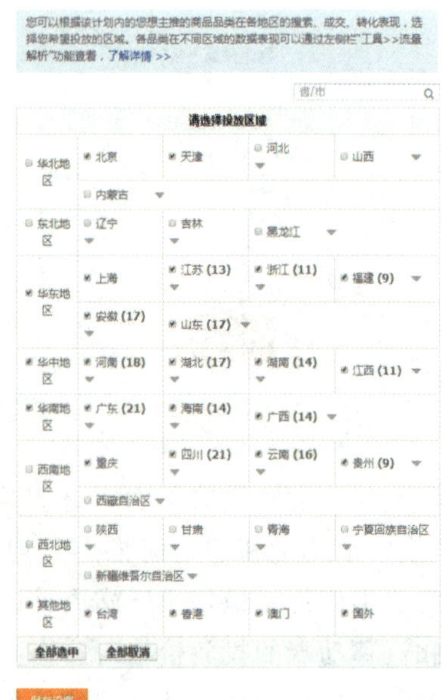

图 4－74　投放时间段　　　　图 4－75　投放地域

任务考核

表 4－10　学习任务 4 实训考核表

组　号：		填写人员：			日　期：		
评分项目	评分点	1 组	2 组	3 组	4 组	5 组	6 组
实训室规则	遵守实训室规章制度（10 分）						
职业素养	衣着干净整齐（5 分）						
	精神面貌佳（5 分）						
	积极参与团队合作（10 分）						
职业技能	分析总结搜索引擎优化的技巧（20 分）						
	能够修改宝贝信息（25 分）						
	能够进行橱窗设置（10 分）						
	能够进行淘宝直通车设置（15 分）						
合计得分							

学习任务 5　用博客做推广

任务目标

✧ 知识点

1. 掌握博客及博客推广技巧
2. 了解促销文案设计：软文的写作

✧ 技能点

1. 能够熟练使用博客进行营销推广
2. 能够撰写博客软文

任务描述

博客作为社会媒体信息传播速度最快最广的形式，结合了文字、图片及网站链接等，为了更好地推广自己的店铺，冰冰开始通过博客来上传、发布新的产品，增加店铺的浏览量。下面我们来学习如何通过博客去进行推广。

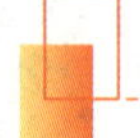

知识准备

一、博客

1. 博客的概念

博客，仅音译，英文名为 Blogger，为 Web Log 的混成词。它的正式名称为网络日志；又音译为部落格或部落阁等，是一种通常由个人管理、不定期张贴新的文章的网站。博客上的文章通常根据张贴时间，以倒序方式由新到旧排列。许多博客专注在特定的课题上提供评论或新闻，其他则被作为比较个人的日记。一个典型的博客结合了文字、图像、其他博客或网站的链接及其他与主题相关的媒体，能够让读者以互动的方式留下意见，这是许多博客的重要因素。大部分的博客内容以文字为主，仍有一些博客专注在艺术、摄影、视频、音乐、播客等各种主题。博客是社会媒体网络的一部分。比较著名的有新浪、网易等博客，如图4－76所示。

图 4－76 网易博客

2. 博客营销

博客营销的概念可以说并没有严格的定义，简单来说，就是利用博客这种网络应用形式开展网络营销。

博客这种网络日记的内容通常是公开的，自己可以发表自己的网络日记，也可以阅读别人的网络日记，因此可以理解为一种个人思想、观点、知识等在互联网上的共享。由此可见，博客具有知识性、自主性、共享性等基本特征，正是博客这种性质决定了博客营销是一种基于个人知识资源的网络信息传递形式。

与博客营销相关的概念还有企业博客、营销博客等，这些也都是从博客具体应用的角度来描述的，主要区别那些出于个人兴趣甚至个人隐私为内容的个人博客。其实无论叫企业博客也好还是营销博客也好，一般来说博客都是个人行为，只不过在写作内容和出发点方面有所区别：企业博客或者营销博客具有明确的企业营销目的，博客文章中或多或少会带有企业营销的色彩。

博客营销本质在于通过原创专业化内容进行知识分享，争夺话语权，建立起信任权威，形成个人品牌，进而影响读者的思维，从而达到购买的目的。

二、博客推广的技巧

推广是一门艺术，如何推广是市场营销的研究方向之一。网络博客亦如此，我们可以从以下技巧来推广自己的博客，获得更多的点击率和浏览量。

1. 博客内容优质

想要推广博客，首先博客内容要条理清晰，美观明目，做到外观上的赏心悦目，这样对于浏览者也是一种享受。其次博客内容要有一定深度或有明确的主题，如果是三言两语或表达混乱那就没有推广的必要了。

2. 友情链接

友情链接可以给一个博客带来稳定的访问量。有人说：没有友情链接，那不叫博客。你一定要经常去串门，去人家博客或者网站里面看看留言，然后向主人申请友情链接。友情链接越多，带来的流量越多，如图4-77所示。

图 4-77　友情链接

3. 论坛宣传

在一些人气比较旺的论坛上宣传自己的博客，但是注意不要直接发广告，这样很容易被直接删除。推荐使用头像和签名，可以专门设计一个宣传自己的博客的头像，签名可以加入自己博客的介绍和链接。

很多论坛/BBS都提供了个人用户签名档自定义的功能，这样用户在该论坛发帖/回帖后下方会显示自定义的签名档，签名档可以是图片，也可以是链接。

4. MSN/QQ宣传

MSN/QQ是我们平常接触最多的聊天工具了，上面都有自己的朋友。写好一篇网志后，把地址发给自己的朋友提醒他们看一下。推广去人多的平台/场所是很快速的推广方式，可以去对应的QQ群进行推广。可以将博客地址以txt/word文本形式上传到群共享，方便其他人下载查看；也可以在群里时不时发一下博客链接，吸引关注。

5. 贴吧宣传

将博客链接带到贴吧去互动宣传，可以直接吸引潜在浏览概率和浏览量。平时养成习惯，多留言、参与讨论，不忘在留言后面加上自己博客的地址宣传一下，欢迎别人来访问。

6. 将博客提交到搜索引擎与一些专业网址网站

搜索引擎会对网站有价值的内容进行抓取，如果帖子/文章点击率和访问量非常高，一般也能够很快地被搜索引擎算法收录到前排。这样会更有机会把信息提供给更多网民，还能提高网站的流量。

三、促销文案设计——营销软文的写作

（一）软文的定义

软文是相对于硬性广告而言，它是指通过特定的概念诉求，以摆事实讲道理的方

式使消费者走进企业设定的“思维圈”，以强有力的针对性的心理攻击迅速实现营销目标的文字展现模式。

软文的发展经历了从市场经济时期的有偿报道到如今依托互联网技术而无处不在的丰富多样的形式，如图4－78所示。

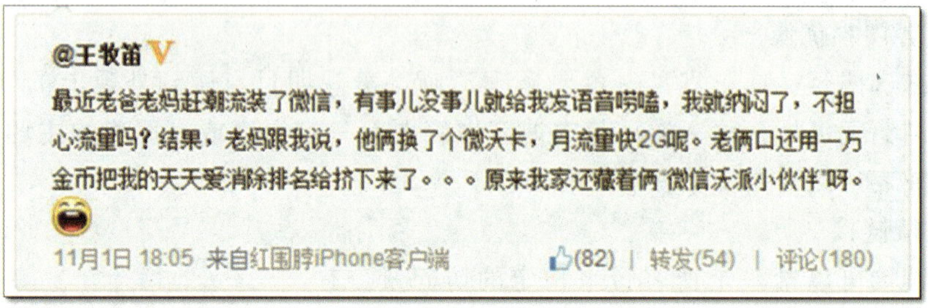

@王牧笛
最近老爸老妈赶潮流装了微信，有事儿没事儿就给我发语音唠嗑，我就纳闷了，不担心流量吗？结果，老妈跟我说，他俩换了个微沃卡，月流量快2G呢。老俩口还用一万金币把我的天天爱消除排名给挤下来了。。。原来我家还藏着俩"微信沃派小伙伴"呀。
11月1日 18:05 来自红围脖iPhone客户端
(82) | 转发(54) | 评论(180)

图4－78　微博软文

（二）软文的类型

根据体裁，软文可以分为两大类：一类是文章体裁，分为记叙文、议论文、说明文；另一类是文学体裁，分为小说、诗歌、戏剧、散文。在这些体裁中，都可以植入某种营销目标，因此都可以称为软文。

根据软文的内容特点和营销目标，可以分为新闻类软文、行业类软文、产品类软文等。

（三）软文营销的优势

由于借助的载体、推广的渠道不同，相较于硬性广告，软文具备独特的优势，主要表现在以下几个方面，如图4－79所示。

持续性强
多次传播
受众更精准
成本低
软文优势
操作灵活

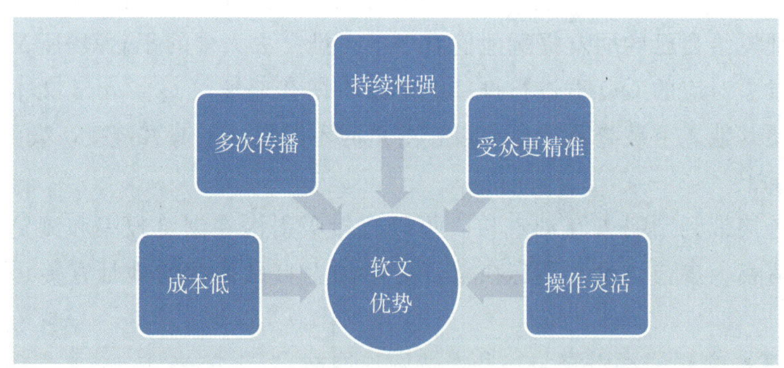

图4－79　软文优势

1. 成本低

常见的报纸、杂志的广告费不是有些小商家所能承受的。软文由于其载体的灵活性，往往有很多免费的渠道，如微博、微信、个人空间、论坛等，有很多小商家精心策划，充分利用这些免费平台进行软文营销，使得自己的店铺或产品得到了很好的推广，有的效果甚至比硬性广告带来的效益还要好，如图4－80所示。

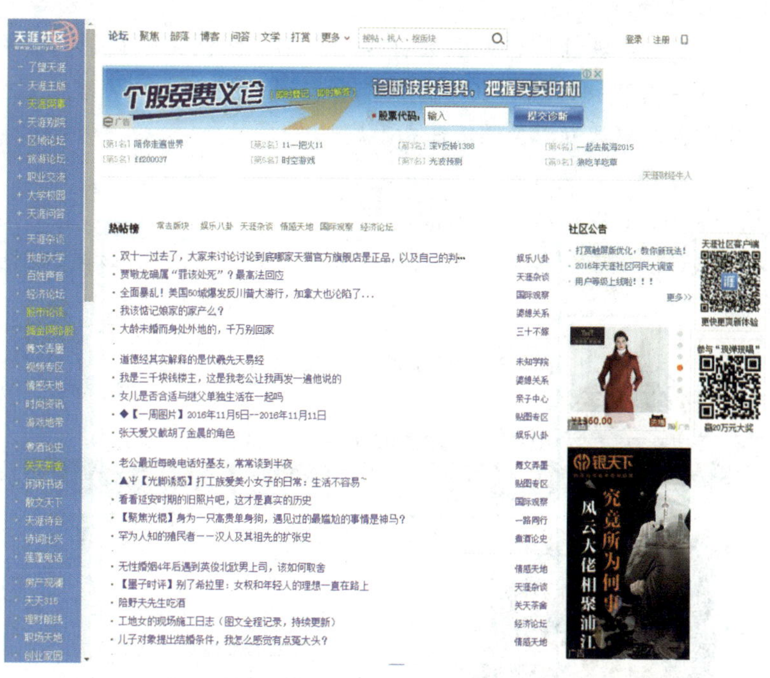

图 4－80　软文发布平台

2. 有利于实现二次或者多次传播

软文相当于读者和作者的零距离接触，尤其是有些故事类软文、新闻类软文，更容易让客户接受和相信。客户只要能从软文中获得实实在在的收获，往往都愿意传播给其他人，从而形成二次传播甚至多次传播，如图4－81、图 4－82 所示。

图 4－81　微信软文

图 4－82　一篇软文标题

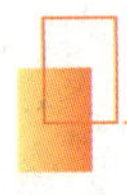

3. 营销的持续性强

软文不像硬性广告，硬性广告一般会有时间限制，而软文尤其是网络软文，则不会受这些制约。网络软文会持续存在，只要读者打开电脑和网络，软文就无处不在。软文的这种持续性也促使其可以长期传播和推广。

4. 目标受众更精准

软文会从内容范围上进行限定，精准地围绕某个主题进行设计，针对某个特定的受众群。软文的针对性更强，能真正实现阅读该软文的人都是对该内容感兴趣的人，如图4－83所示。

图 4－83　软文主题界定

5. 操作更灵活

硬性广告往往会受时间、版面的限制，而软文则不会。除了小部分收费的软文发布点，软文发布一般不会受篇幅、时间、版面的限制，可以随意插入相关的图片。

（四）软文的写作

软文的写作一般依循以下流程，如图4－84所示：

图 4－84　软文写作一般流程

1. 明确写作目的

根据产品的特点、目标受众的习惯，确定此次软文营销的目的，是为了塑造品牌，还是为了打造声势，或者是直接为了销售。

2. 软文的整体构思

整体构思就是为软文列好提纲，整理出写作思路。这样做，一是可以厘清整篇文

章的脉络，明确软文中心思想，防止撰写的过程中出现跑题的现象；二是可以对整篇文章进行细分，成文的时候可以对着提纲逐个突破，从而降低难度。软文整体构思包括这几个部分：文章题目、主题内容的小标题、简单的开头结尾。

3. 设计好标题及开头

对于整篇软文来讲，标题是“脸面”，首先要吸引读者的目光，让读者有读下去的冲动。据调查数据显示，一般读者决定是否看某一个内容，70%是由大标题和副标题决定的。如《人类可以长生不老?》《男人流行画眉毛?》《老爸老妈中毒了》等这些优秀的标题能够风靡一时，就在于它们不但像新闻标题，甚至比当时的新闻标题更能吸引人的眼球。

4. 完善整体文字

提纲列好后，文章已经算是完成了一半，接下来需要做的就是在这个基础上对该框架进行填充和丰富。写软文要避免像写流水账一样，要精练语言，前后呼应，使得一篇软文浑然一体。

（五）软文发布

1. 选好平台

发布软文并不是简单地进行软文发布，对于软文发布的平台要有选择性。

首先，要注意根据产品的特征选择发布平台，所以要选择跟产品行业相关的网络平台。重点考虑目标客户在哪里，结合软文风格和内容，在预算范围内选择平面媒体、网络媒体或者免费平台。

其次，要注意网络平台在搜索引擎中的权重，一些权重较高、有新闻源的网站往往是发布软文的第一选择。同时，要注意发布软文的时间间隔和范围，不能只发布一次就当作已经完成软文发布了，而是应该选择一些合适的平台进行有一定频率的、多范围的软文发布活动，如图4－85所示。

图 4－85　软文发布平台

2. 软文发布的最佳时间

如果软文发布的时间允许，平面媒体尽量选择在有重大选题的刊期刊登，因为有重大选题的当期，报纸的销量和传阅率都会明显增加。

网络媒体软文尽量选择在周一至周五的上午 10 点至 11 点投放，因为很多小站的编辑会在这一时间段转载文章。

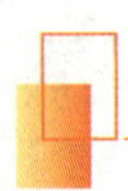

看一看：新浪微博商务部的调研数据表明微博用户活动有如下规律

微博用户每周一、周二反应冷淡：用户往往面临比较大的工作压力，心理处于紧张期，对于企业微博的反馈并不是非常积极。

周三、周四互动最集中：用户进入一周的稳定期，对于微博的反馈积极性有明显的提高。但是企业目前对于这两天的利用不足，发微博比例偏低。

周五、周六、周日用户更活跃：用户处于对周末的期待中，相对于评论而言，更乐意进行简单的转发。

工作日下班后的时间段（18～23 点）营销价值大，企业需关注。周末午饭后（13～14 点）和晚饭前后（17～20 点）的用户互动更加积极，这两个时间段用户转发和评论都比较积极。

周末的 23 点之后仍是用户积极互动的时间：由于周末休息较晚，23 点之后企业微博仍然可以获得较多的用户反馈。

因此，微博软文的发布时间尽量选择在用户活跃度高的时间段，收效会更好。微信软文发布可以参考微博发布的时间段。

商家可以选择自己发布软文，也可以选择将软文的发布任务进行外包，现在市面上有很多软文发布外包的服务商，外包比自己发布更高效。

任务实施

注意：腾讯博客又名“精英博客”或“腾讯名博”。有“明星风采与精英思想的展示台，大众信息与新锐观点的集散地”之称，因为开通腾讯博客比较复杂，申请腾讯名人博客的要求也很高。申请者必须是某一领域专家或是社会名人。申请办法如今可以在腾讯 BBS 上发帖申请。因此，此次博客以新浪博客为例。

步骤一：登录博客账号。

首先，登录新浪博客，如果没有新浪博客，用自己已经有的其他博客也一样可以登录，譬如：腾讯博客、网易博客、搜狐博客等，如图4－86、图 4－87 所示。

图 4－86　新浪博客登录——从搜索引擎登录

图 4－87　新浪博客登录——从页面登录

步骤二：使用博客推广。

1. 登录后点击发表博文，撰写一篇博文，最好是原创博文，因为原创不论对于搜索引擎还是用户都是比较有价值的，只有有价值才能很快被收录，并展现给用户，如图4－88、图 4－89 所示。

图 4－88　登录

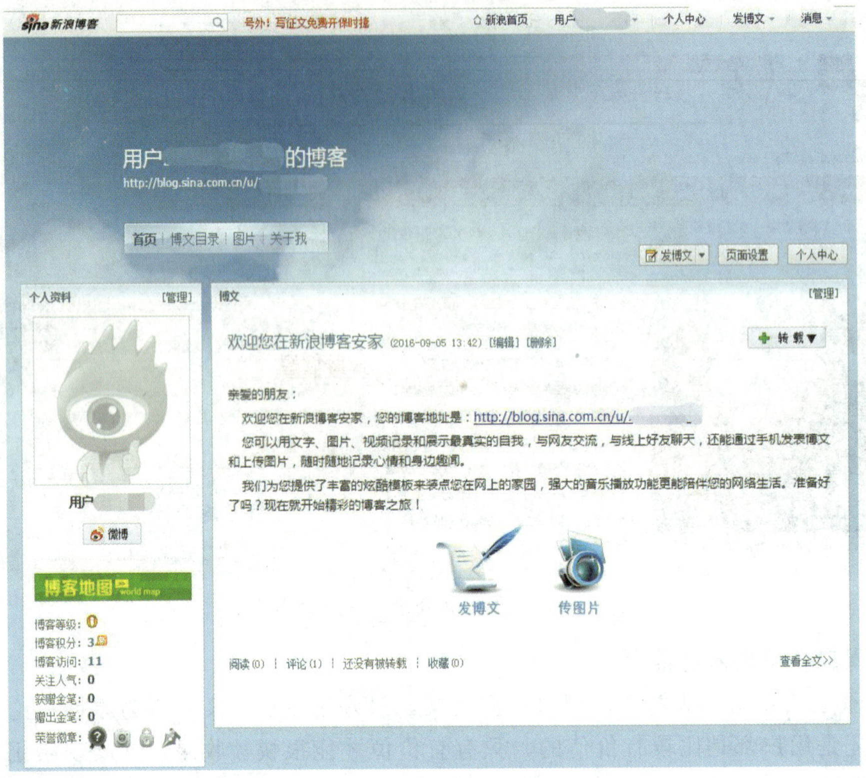

图 4－89　博客内容页

2. 新浪博客的博文有四种形式：写 365、长微博、发照片、发游记，用来展示博文内容，如图4－90所示。

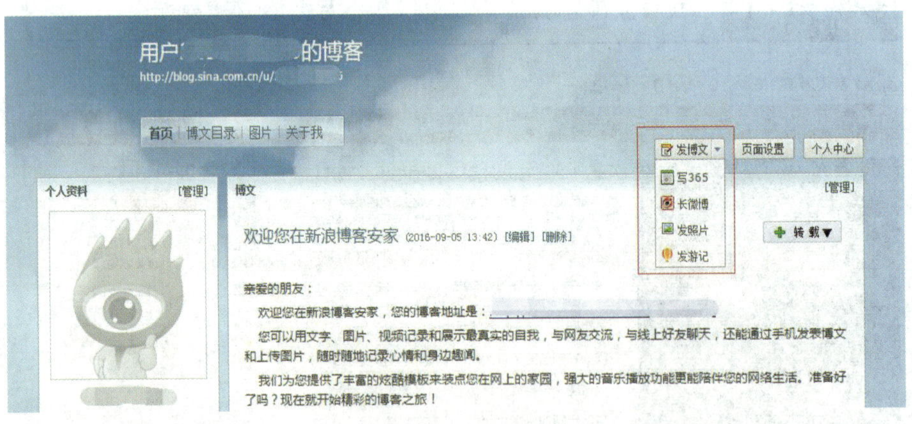

图 4－90　博客形式

以长微博为例，可以写文章并且粘贴博文链接。

3. 写好博文后，我们在文章最后面添加一句话："转自：××××，网址：×××××"这样，就是给网站做了个外链，当搜索引擎看到这里，就会链接到网站或者是店铺去。

图 4－91　长博文页面

4. 设置好后，可以拖动这个版块的位置，放置在网站的第一屏，如图4－92、图4－93所示。

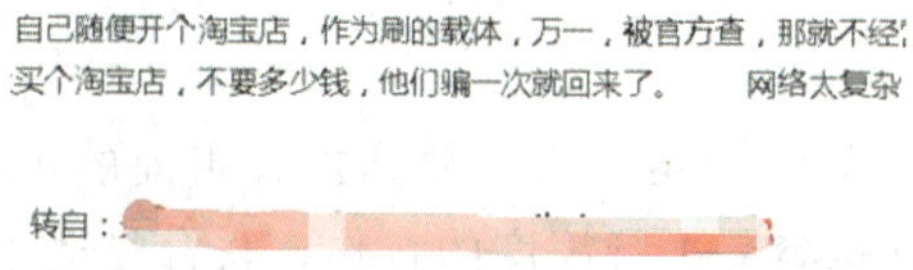

图 4－92　转自页面展示

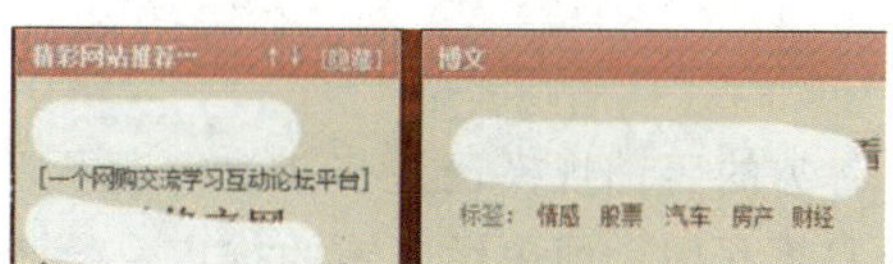

图 4－93　页面设置

任务考核

表 4－11　学习任务 5 实训考核表

组　号：		填写人员：			日　期：		
评分项目	评分点	1 组	2 组	3 组	4 组	5 组	6 组
实训室规则	遵守实训室规章制度（10 分）						
职业素养	衣着干净整齐（5 分）						
	精神面貌佳（5 分）						
	积极参与团队合作（10 分）						
职业技能	能掌握博客及博客推广技巧（10 分）						
	了解促销文案设计：软文的写作（10 分）						
	能熟练使用博客进行营销推广（20 分）						
	能够写一个推广营销软文（30 分）						
合计得分							

学习任务6　用微博做推广

任务目标

✧ 知识点

1. 掌握微博概念
2. 掌握微博推广

✧ 技能点

1. 微博与淘宝账号可以绑定
2. 能够使用微博淘宝版进行头像、昵称、名片的修改
3. 能够使用微博淘宝版进行宝贝发布

任务描述

冰冰的店铺规模已逐步扩大，每天有固定的客流量。为了继续扩大店铺的规模，冰冰打算利用微博来做店铺的推广。恰逢微博和淘宝进行深度的合作，联合打造了一个卖家买家的互动平台，冰冰十分高兴，开始使用微博淘宝版，并且发现十分好用。直接在旺铺后台操作微博，可以实现淘宝微博的操作两不误。微博信息流中“淘”字标，极易辨识，并且具有强大的流量分析、监控商情、洞察用户等功能，帮助准确优化运营计划及营销方案。下面，请跟随冰冰来一起学习。

知识准备

一、微博

1. 微博的概念

微博（Weibo），即微型博客，也即是博客的一种，是一种允许用户及时更新简短文本（通常少于200字）并可以公开发布的博客形式。

微博是一个基于用户关系信息分享、传播以及获取的平台，它允许任何人阅读或者只能由用户选择的群组阅读。微博最大的特点就是集成化和开放化，可以通过手机、IM软件（Gtalk、MSN、QQ、Skype）和外部API接口等途径向微型博客发布消息。

微博是Web3.0新兴起的一类开放互联网社交服务，国际最知名的微博网站是Twitter，目前Twitter的独立访问用户已达3200万，美国前总统奥巴马、美国白宫、FBI、Google、HTC、DELL、福布斯、通用汽车等很多国际知名个人和组织在Twitter上进行营销和与用户交互。目前，国内著名的微博有：新浪微博、腾讯滔滔、

网易微博、搜狐微博、嘀咕、品品米、随心微博、follow5、easytalk、SwiSen、叽歪、同学网、聚友 9911 等，如图4－94所示。

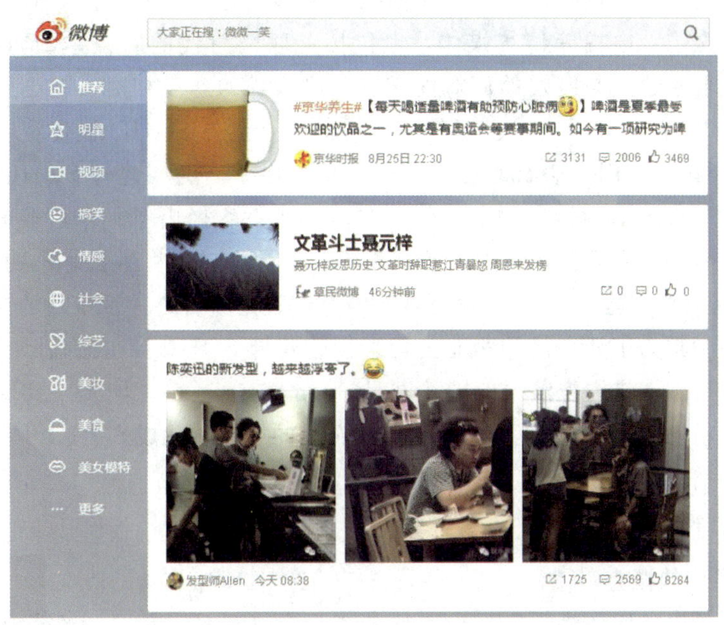

图 4－94　新浪微博

2. 微博在现代企业营销中的价值

（1）微博可以降低网站推广的费用

百度、Google、Yahoo 等搜索引擎有着强大的博客内容检索功能，可以利用微博来增加被搜索引擎收录的网页质量，提高网页搜索引擎的可见性。利用这一优势只要在微博网站上开设账号即可发布文章，而且目前发布微博文章都是免费的。当一个企业网站知名度不高并且访问量较低时，往往很难找到有价值的网站给自己链接，此时则可以利用“微博”为本公司的网站做链接。企业管理者还可以在微博内容中适当加入企业营销信息以达到网站推广的目的，这样的微博推广成本低，且在不增加网站费用的前提下，提升了网站的访问量。

（2）以更低的成本维持顾客关系

企业管理者可以借助微博平台发表观点，读者可以发表评论，管理者可以回复读者的评论，因为微博的实时实地性，管理者与读者的沟通会更及时、更便捷，因此可以更好地维持与顾客的关系。

（3）微博有利于加强内部沟通

企业通过创建微博，一方面可以宣传自己的产品，另一方面也可以很好地阐述自己的经营理念。一些企业家在自己开设微博的同时，也要求企业的员工普遍开设微博。员工是企业微博的首要关注群体，最早的反馈信息往往来自企业内部。员工访问企业微博，可以获知领导者的所思所想，领会其理念和价值观，掌握企业的工作中心和重点所在。同时，也会提出自己的见解，其中往往不乏有价值的建议和意见，这对于企业改进产品，了解员工的所思所想，发现人才都是非常有益的。

(4) 微博是危机公关的有效方式

当企业出现危机事件时，通过媒体消除负面影响是一个有效的方式。媒体渠道不仅包括报纸、杂志、电视等传统媒体，也包括互联网时代的新媒体，如博客、微博。在微博里，企业家通过与网友的面对面交流，以诚恳的态度相对，能更好地达到危机公关的目的。2009 年 11 月初，由于物业纠纷，北京建外 SOHO 被传将“停电停暖”。作为 SOHO 中国的掌门人潘石屹在 11 月 10 日发出了名为《建外 SOHO 雪天断电停暖，居民急切等待政府救援》的求救信，在信中潘石屹提出了一个过渡方法——由他所属的北京丹石投资管理公司代理收缴物业费。正是这封信将潘石屹推到了风口浪尖，而 CCTV 的报道却称建外 SOHO 很正常，停电停暖是潘石屹一手策划的谣言，更有人推断潘石屹此举是为了让自己的物业公司来接管建外 SOHO。在面临严重的公关危机时，潘石屹通过微博进行澄清。他措辞诚恳，在情感上赢得了网友支持。这场风波让潘石屹的微博粉丝激增至近 30 万，网友对潘石屹的好感转化成 SOHO 中国的口碑，并向更多的人传播。

二、微博推广

1. 微博推广的概念

微博推广是以微博作为推广平台，每一个听众（粉丝）都是潜在营销对象，每个企业通过更新自己的微博向网友传播企业、产品的信息，树立着良好的企业形象和产品形象。每天更新的内容就可以跟大家交流，或者有大家所感兴趣的话题，这种就可以达到营销的目的，这样的方式就是新兴推出的微博营销。

微博推广分直接推广和间接推广两种，直接推广是指直接在微博上发布产品或者服务的广告；而间接推广指的是通过间接的方式，或者软文的方式发布产品和服务的广告，这种方式隐蔽性强，不易被察觉是广告，如图4－95所示。

图 4－95　新浪微博推广

2. 微博推广的技巧

(1) 主动关注行业名人的微博

我们可以用标签搜索，关注那些和自己所做的项目/行业相关的一些名人，并且粉丝量多的名人，正因为他们微博的粉丝量多，所以当我们在他们的微博中进行一些互动时，就能够让那些大量的粉丝留意到我们，这是那些刚注册没有关注度的微博提高人气的有效方法。

(2) 合作宣传

可联系微博平台管理员比如新浪，将账号添加到“公司机构”等栏目，并通过实名认证。

(3) 开展营销活动

如经常做的有奖竞猜、转发抽奖等活动，势必会吸引到相当一部分过客的关注。

(4) 主动增加曝光率

不要错过微博平台上众多的 TOP 热搜等话题，做出一些有影响力的事，评论要做到有自己的见解，或可以帮助一些有问题的网友，分享自己的观点，帮他们解决问题或交流一些经验，这样才能让别人留意到我们，关注到我们。

(5) 回复粉丝

在发表微博后，还要关注一下那些评论，也就是所谓的互动。有些网友可能会对我们发表的微博评论一些问题，我们要去回复他们的问题，解答他们的疑问，也可以和他们互相交流下，形成良好的互动。

任务实施

微博淘宝版是微博为淘宝卖家量身定制的专属版本微博，淘宝卖家进行微博账号绑定后，不仅在微博平台拥有淘宝专属标识，而且有权使用淘宝专属特型微博来推广自己的宝贝，甚至还可以使用微博淘宝版专有的微博营销工具，它是淘宝卖家在微博最新、最官方、最全面的营销解决方案。因此，这个任务我们以新浪微博为例，如图4-96所示。

图 4-96 微博淘宝版

步骤一：绑定微博和淘宝账号。

只有将淘宝账号与微博账号绑定，才能正常使用微博淘宝版的所有功能，因此在第一次使用微博淘宝版时，请务必完成账号绑定。已经有微博账号的淘宝用户如何进行绑定，可以参考下列步骤。

1. 点击进入旺铺的“微博”按钮，准备进行微博淘宝版的账户绑定，如图4-97所示。

图4-97　旺铺微博

2. 点击按钮进行绑定，如图4-98所示。

图4-98　账号绑定

3. 产品会检测到当前登录的阿里旺旺，多个阿里旺旺同时登录时，并列显示多个账号以便选择绑定哪个账号。

4. 如果登录使用的淘宝账号未绑定过微博，会弹出绑定窗口，输入微博账号信息，点击“同意协议并绑定”，如图4-99所示。

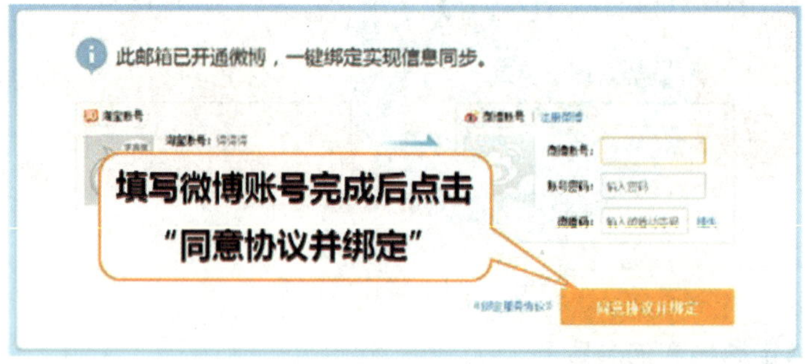

图4-99　同意协议

5. 如果系统检测到该淘宝账号的注册邮箱已经注册过微博，则可以直接输入微博登录密码，即可点击“同意协议并绑定”完成淘宝账号与微博账号的绑定。如果不希望绑定淘宝注册时使用的邮箱来注册微博，也可以点击“换个账号绑定”，如图4－100所示。

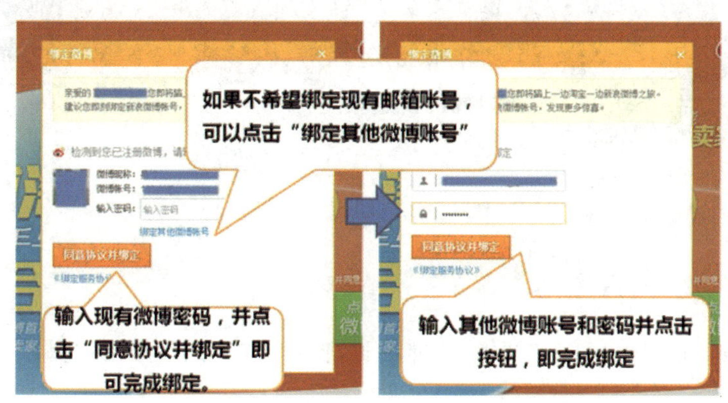

图 4－100　微博绑定

步骤二：修改头像昵称。

1. 点击微博淘宝版首页右上角的头像，如图4－101所示。

图 4－101　头像

2. 光标移到头像上，点击“更换头像”按钮，上传本地照片或者直接拍照作为头像，然后点击保存，如图4－102所示。

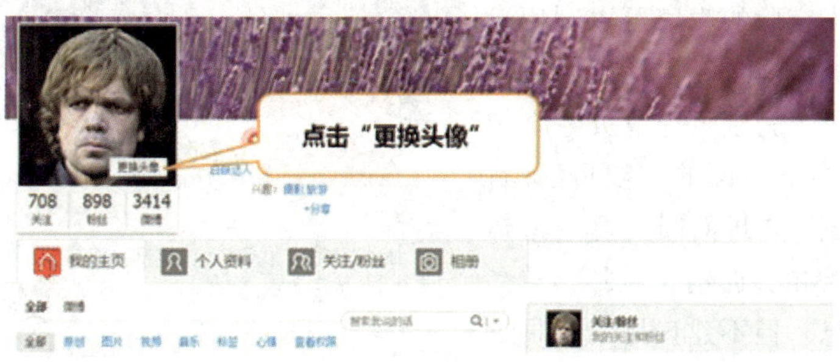

图 4－102　更换头像

3. 点击头像右下角的“编辑个人资料”，如图 4－103 所示。

图 4－103　编辑个人资料

4. 点击基本信息右侧的“编辑”，对昵称进行修改，然后点击“保存”完成，如图 4－104 所示。

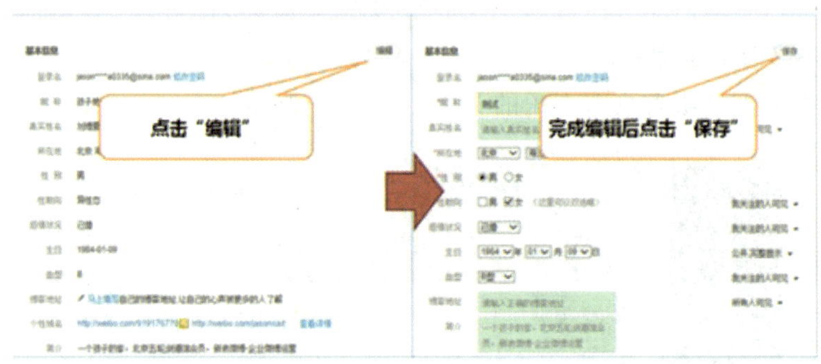

图 4－104　修改昵称

步骤三：更改微博名片介绍。

微博名片是指当鼠标悬停在用户的头像或昵称上时出现的介绍卡片。

微博淘宝版的名片卡包含以下内容：头像、昵称、地址、关注、粉丝、微博数、店铺名称及地址、主营方向、关注、求关注按钮等。微博名片中主营方向为淘宝店铺所属类目。

步骤四：发布宝贝。

使用微博淘宝版的卖家可以利用专门的九宫格特型微博，一次性发布多款带有链接的宝贝，为宝贝详情页导流。

1. 点击发布框下面的“宝贝”，首先添加“封面图”“封面图”可用来体现店铺品牌、折扣、促销、包邮、单品热卖等推广信息，但不建议用于宝贝展示。封面图的链接必须是本店相关链接，如图4－105所示。

图 4－105　微博名片

2. 选择已上架的宝贝。如果宝贝过多，可根据宝贝类别、关键词、价格区间进行搜索选择。每次最多可以发布 8 个宝贝信息，如图4－106、图 4－107 所示。

图 4－106　发布商品

图 4－107　上架

3. 添加完成，微博发布框内会自动生成一条与封面图链接相同的链接地址（该地址不可删除），还可以继续添加更丰富的文字信息或表情。富有创意的微博文案才能吸引微博粉丝更多的点击量，促进宝贝销量，如图4－108所示。

4. 无线端同时也可以看到宝贝，如图4－109所示。

图 4－108　发布微博

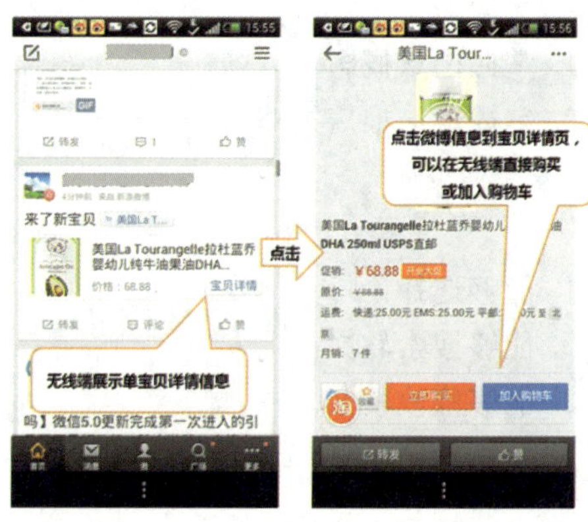

图 4－109　手机端微博

任务考核

表 4－12　学习任务 6 实训考核表

组　号：		填写人员：			日　期：		
评分项目	评分点	1 组	2 组	3 组	4 组	5 组	6 组
实训室规则	遵守实训室规章制度（10 分）						
职业素养	衣着干净整齐（5 分）						
	精神面貌佳（5 分）						
	积极参与团队合作（10 分）						

（续表）

组　号：		填写人员：			日　期：		
职业技能	能够了解微博及微博推广（10 分）						
	能够绑定微博与淘宝账号（10 分）						
	能够修改名称头像（10 分）						
	能够更改微博名片（20 分）						
	能够发布宝贝（20 分）						
合计得分							

学习任务 7　用论坛做推广

任务目标

✧ 知识点

1. 掌握论坛概念
2. 掌握论坛推广策略

✧ 技能点

1. 能够选择论坛
2. 能够搜索软文
3. 能够修改软文

任务描述

冰冰需要进行推广活动，她选中论坛的方式进行推广。冰冰准备为自己的店铺写一个帖子在论坛进行发布，但是冰冰想“怎么才能做好论坛推广”。思来想去，冰冰决定给王胖胖同学打个电话，请教他如何去进行论坛推广。胖胖同学就以自己店铺产品为案例，向冰冰讲解如何做论坛推广，让我们一起来学习吧。

知识准备

一、论坛

1. 论坛的概念

论坛（Forum），简单理解为发帖回帖讨论的平台。是因特网上的一种电子信息服务系统。它提供一块公共电子白板，每个用户都可以在上面书写，可发布信息或提出看法。

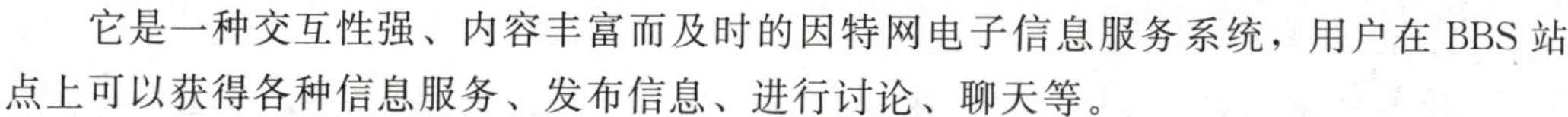

它是一种交互性强、内容丰富而及时的因特网电子信息服务系统，用户在 BBS 站点上可以获得各种信息服务、发布信息、进行讨论、聊天等。

想一想：BBS

BBS 是 Bulletin Board System 的缩写，即电子公告板。它是以文字为主的界面，为广大网友提供了一个彼此交流的空间。

BBS 的每个用户都可以在上面书写，可发布信息或提出看法。大部分 BBS 由教育机构、研究机构或商业机构管理。像日常生活中的黑板报一样，电子公告牌按不同的主题分成很多个布告栏，布告栏的设立是以大多数 BBS 使用者的要求和喜好为依据的。不同的 BBS 可以提供新闻讨论、下载软件、在线玩小游戏或与他人聊天等。企业可以通过因特网或 Web 的方式在电子公告栏发布广告信息，如图4－110所示。

图 4－110　天涯社区论坛

2. 论坛的特点

(1) 利用论坛的超高人气，可以有效地为企业提供营销传播服务。由于论坛话题具有开放性，几乎企业所有的营销诉求都可以通过论坛传播得到有效的实现。

(2) 专业的论坛帖子策划、撰写、发放、监测、汇报流程，在论坛空间提供高效传播，包括各种置顶帖、普通帖、连环帖、论战帖、多图帖、视频帖等。

(3) 论坛活动具有强大的聚众能力，利用论坛作为平台举办各类踩楼、灌水、贴图、视频等活动，调动网友与品牌之间的互动。

(4) 事件炒作通过炮制网民感兴趣的活动，将客户的品牌、产品、活动内容植入传播内容，并展开持续的传播效应，引发新闻事件，导致传播的连锁反应。

(5) 运用搜索引擎内容编辑技术，不仅使内容能在论坛上有好的表现，在主流搜索引擎上也能够快速地寻找到发布的帖子。

(6) 适用于商业企业的论坛营销分析，对长期网络投资项目组合应用，精确地预估未来企业投资回报率以及资本价值。

二、论坛推广

论坛推广就是利用论坛这种网络交流的平台，通过文字、图片、视频等方式发布企业的产品和服务的信息，从而让目标客户更加深刻地了解企业的产品和服务，最终达到宣传企业的品牌、加深市场认知度的网络营销活动。

论坛推广是互联网诞生之初就存在的形式，历经多年洗礼，论坛作为一种网络平台，不仅没有消失，反而越来越焕发出巨大的活力。其实人们早就开始利用论坛进行各种各样的企业营销活动，当论坛成为新鲜媒体出现时，就有企业在论坛里发布企业产品的一些信息了，其实这也是论坛推广的一种简单的方法，如图4－111所示。

图 4－111　论坛广告推广

论坛推广可以成为支持整个网站推广的主要渠道，尤其是在网站刚开始的时候，利用论坛的超高人气，是个很好的推广方法。论坛推广是以论坛为媒介，参与论坛讨论，建立自己的知名度和权威度，并顺带着推广一下自己的产品或服务。运用得好的话，论坛推广可以是非常有效果的网络营销手段，如图4－112所示。

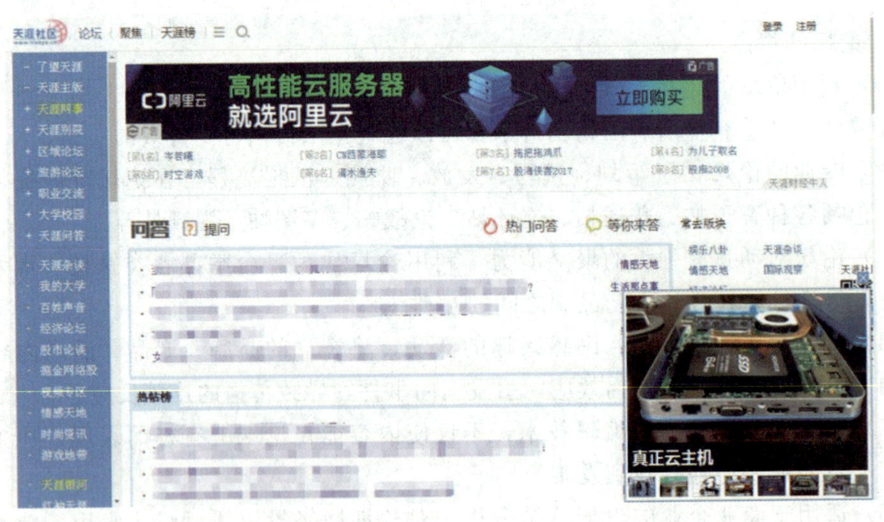

图 4－112　论坛推广（广告）

1. 论坛推广策略

企业开展论坛推广应该遵循网页策略、产品策略、价格策略、促销策略、渠道策略等策略。

（1）网页策略

企业可以选择比较有优势的公司建立自己的网站，如戈壁传媒，建立后应有专人进行维护，并注意宣传，在这一点上节省了原来传统市场营销的很多广告费用，而且搜索引擎的大量使用会增强搜索率，在一定程度上对于企业来说比广告的效果要好。

（2）产品策略

企业要使用论坛推广方法必须明确自己的产品或者服务项目，明确哪些是网络消费者选择的产品，确定目标群体，因为产品网络销售的费用远低于其他销售渠道的销售费用，因此如果企业产品选择得当可以通过论坛推广获得更大的利润。

（3）价格策略

论坛推广中不可忽视的是价格策略，价格策略也是最为复杂的问题之一。论坛推广价格策略是成本与价格的直接对话，由于信息的开放性，消费者很容易掌握同行业各个竞争者的价格，如何引导消费者做出购买决策是关键。企业者如果想在论坛推广中的价格上取得成功应注重强调自己产品的性能价格比以及与同行业竞争者相比之下自身产品的特点。

除此之外，由于竞争者的冲击，论坛推广的价格策略应该适时调整，企业营销的目的不同，需要根据不同阶段制定不同的价格。例如，在自身品牌推广阶段可以以低价来吸引消费者，在计算成本基础上，减少利润而占有市场。品牌积累到一定阶段后，制定自动价格调整系统，降低成本，根据变动成本市场供需状况以及竞争对手的报价来适时调整。

（4）促销策略

论坛推广还有自身的促销策略，以网络广告为代表。网上促销没有传统营销模式下的人员促销或者直接接触式的促销，取而代之的是使用大量的网络广告这种软营销模式来达到促销效果。这种做法对于企业来说可以节省大量人力支出、财力支出。通过网络广告可以与更多人员到达不了的地方挖掘潜在消费者，可以通过网络的丰富资源与非竞争对手达到合作的联盟，以此拓宽产品的消费层面。论坛促销还可以避免现实中促销的千篇一律，可以根据本企业的文化，以及帮助宣传的网站的企业文化相结合来达到最佳的促销效果。

（5）渠道策略

论坛推广的渠道应该是本着让消费者方便的原则设置。为了在网络中吸引消费者关注本公司的产品，可以根据本公司的产品联合其他企业的相关产品为自己企业的产品外延，相关产品的同时出现会更加吸引消费者的关注。为了促进消费者购买，应该及时在网站发布促销信息、新产品信息、公司动态，为了方便购买还要提供多种支付模式，让消费者有更加多种的选择，在公司网站建设时应该设立网络店铺，加大销售的可能。

2. 论坛推广注意事项

（1）先要找准企业网站的目标论坛

不是哪个论坛都可以发帖，网络推广编辑提醒站长们选择论坛时要注意，论坛一定是集中了大量的企业潜在客户，人气也相对比较旺，具备个人签名功能，提供链接功能，并且发帖后能够作修改的论坛，这几点非常重要，关系到论坛推广的成功与否。

（2）选择的帖子内容要存在争议性

站长们发帖时要注意选择具备争议性的内容，一面倒的帖子，不会让帖子受众产生回复和点击的兴趣，只有话题有争议、有看点、有热点，才会引发关注和点击，注意不要一味地为了争议而争议，要与自己的产品和网站相关，不然再热的话题也不能给网站增加半点流量。

（3）从他人的热帖中为自己的帖子借力

想要自己的帖子很快赢得大量关注，并不是一件容易的事情，这里特别建议站长们可以在论坛中，寻找一些回帖率很高的帖子，再拿到其他论坛进行转贴，并在帖子末尾加上自己的签名进行宣传或加上自己的广告进行宣传。

（4）帖子内容分开发

要学会把帖子进行拆解，把一个帖子的内容分成多个帖子，以跟帖的形式发，并且不要一次发完，要分多次发，这样不仅让人们心存期待，同时也会为帖子增加人气。

任务实施

步骤一：选择营销软文发布平台。

1. “注册”论坛账号，观察目标客户喜欢在论坛的哪个版块活跃。选择与发布软文相关版块，如图4－113至图 4－115 所示。

图 4－113　“注册”论坛账号

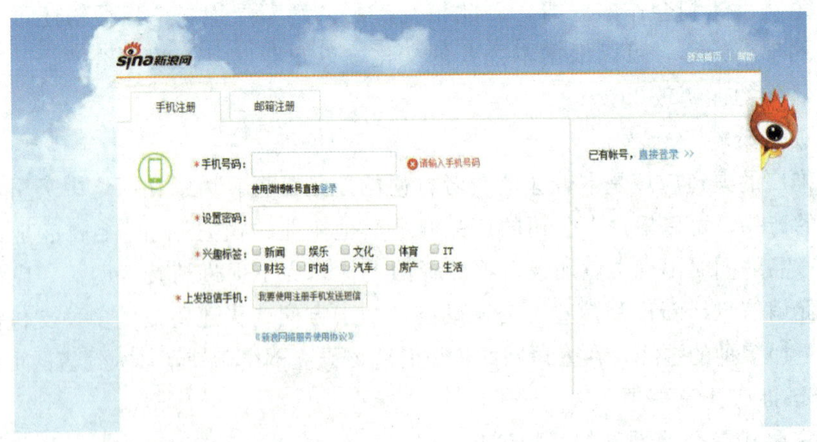

图 4－114　论坛注册账号

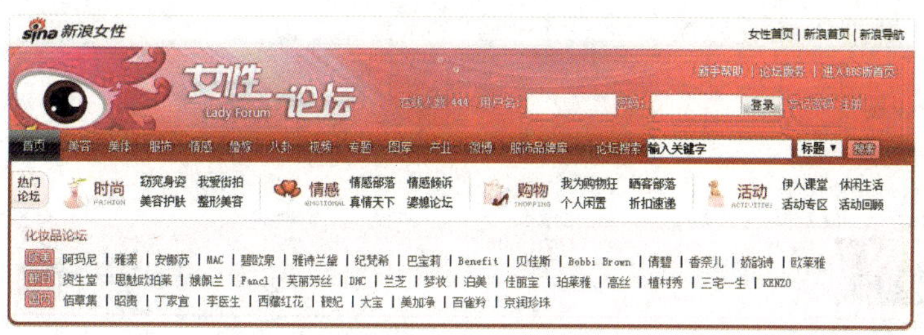

图 4－115　观察论坛

2. 认真学习论坛发帖规则，如图4－116所示。

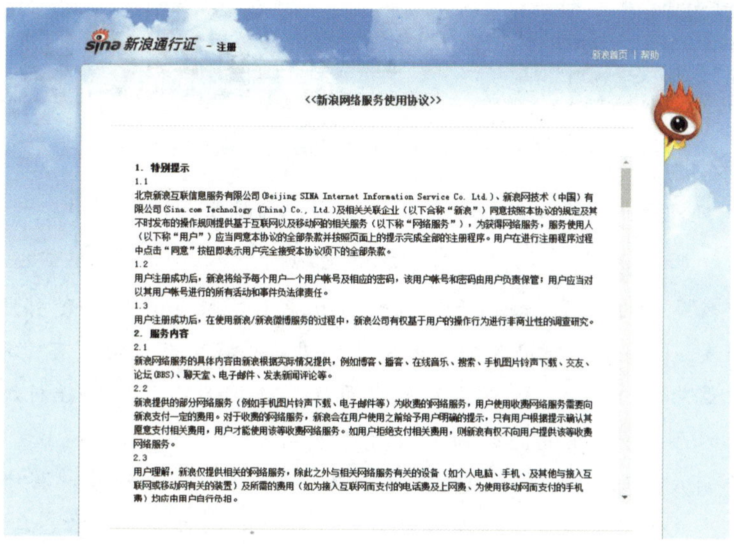

新浪通行证 - 注册

<<新浪网络服务使用协议>>

1. 特别提示

1.1

北京新浪互联信息服务有限公司(Beijing SINA Internet Information Service Co. Ltd.)、新浪网技术（中国）有限公司(Sina.com Technology (China) Co., Ltd.)及相关关联企业（以下合称“新浪”）同意按照本协议的规定及其不时发布的操作规则提供基于互联网以及移动网的相关服务（以下称“网络服务”），为获得网络服务，服务使用人（以下称“用户”）应当同意本协议的全部条款并按照页面上的提示完成全部的注册程序。用户在进行注册程序过程中点击“同意”按钮即表示用户完全接受本协议项下的全部条款。

1.2

用户注册成功后，新浪将给予每个用户一个用户帐号及相应的密码，该用户帐号和密码由用户负责保管；用户应当对以其用户帐号进行的所有活动和事件负法律责任。

1.3

用户注册成功后，在使用新浪/新浪微博服务的过程中，新浪公司有权基于用户的操作行为进行非商业性的调查研究。

2. 服务内容

2.1

新浪网络服务的具体内容由新浪根据实际情况提供，例如博客、播客、在线音乐、搜索、手机图片铃声下载、交友、论坛(BBS)、聊天室、电子邮件、发表新闻评论等。

2.2

新浪提供的部分网络服务（例如手机图片铃声下载、电子邮件等）为收费的网络服务，用户使用收费网络服务需要向新浪支付一定的费用。对于收费的网络服务，新浪会在用户使用之前给予用户明确的提示，只有用户根据提示确认其愿意支付相关费用，用户才能使用该等收费网络服务。如用户拒绝支付相关费用，则新浪有权不向用户提供该等收费网络服务。

2.3

用户理解，新浪仅提供相关的网络服务，除此之外与相关网络服务有关的设备（如个人电脑、手机、及其他与接入互联网或移动网有关的装置）及所需的费用（如为接入互联网而支付的电话费及上网费、为使用移动网而支付的手机费）均应由用户自行负担。

图 4－116　学习论坛发帖规则

步骤二：搜索软文。

1. 进入论坛与商品相关的版块搜索软文，如图4－117所示。

图 4－117　版块内搜索软文

2. 通过百度搜索相关软文，如图4－118所示。

图 4－118　通过百度搜索相关软文

3. 锁定目标为一篇故事型软文。比如，选用一篇减肥的励志故事。

我的肥胖遭遇

为了减掉我身上的肥肉，我从 5 年前就开始疯狂减肥了，从节食引发贫血，运动导致小腿肌肉发达，喝瘦身的 XX 咖啡致例假延迟，吃减肥药拉得我有气无力，也许我是减肥大军中最悲催的一个，没有人比我悲剧了。正因为有了这些挫折，我才深刻意识到健康减肥的产品多么重要。

大概 5 年前，我的体重便一直维持在 130 斤左右，人送外号，胖墩、胖妞、肥妞……有一次，我从学校回来，我妈盯着我看了很久，突然说：“你怎么变丑了？”当时我就愣了，我知道妈妈的潜台词是，我太胖了。我一时忍受不了，跑到房间里，趴在床上哭了一下午。后来妈妈一直在门外道歉，但是我什么都没听进去，脑子里一直盘旋着那句话“你怎么变丑了”，我绝望地想到，这应该是所有人对我的评价。

步骤三：修改选好的软文。

1. 修改软文的标题

标题是一篇软文的点睛之处，因为读者第一眼看到的是题目，只有题目吸引人，读者才有欲望点开继续阅读。软文标题常见的类型有：

经验分享式——《看我是如何从 160 减到 99 斤的》《选择对了一切都向好的方向发展》。

交流情感式——《一个月减到 99 斤，我不再等他》《今年夏天我也可以穿连衣裙》。

惊恐提醒式——《变胖后居然会这样，原来危害这么大》。

2. 修改软文的开头

➢ 感谢分享式

假如你在 XXX 论坛写的是一篇减肥软文，开头可以这样写：“我一直被肥胖所困扰，因为胖，我的男朋友离开我了；因为胖，家里人都些嫌弃我了。我决定一定要减肥了。经过努力，我终于成功了。真的非常感谢 XXX 论坛和 YYY（微信），在 XXX

论坛，我交到了很多一起减肥的朋友，XXX 经常给我分享减肥的方法，正是在他们的帮助下，我才有继续的动力。”就如同这样，在开头处巧妙地加入自己的推广。

➢ 效果展示式

“自从在朋友圈里秀了几张减肥前后的照片，每天都有无数朋友问我减肥的秘诀。我理解她们希望拥有苗条身材的迫切心情，因为曾经的我也是日思夜想。但由于精力有限，我无法一个个解答朋友的问题。因此我决定把我这 5 年来的减肥经历写出来，希望能对大家有所帮助！在此，我必须提醒大家，如果今天瘦身方法不对，所有的努力都是白费的。为什么我会这么说，看完这篇文章你就知道了。”

➢ 故事型开头

“我已经步入中年女性的行列。美丽、自信与我擦肩而过，臃肿和肥胖不请自到，加上长期工作在电脑前，脸部越发暗淡。夏天快到了，隔壁同事又会穿上漂亮的连衣裙在我面前晃来晃去，心里那个嫉妒啊，恨不得跟她们换一下身体，自己跟自己说，这样下去不行呢。我开始尝试一些体育运动，可是效果不是很明显。”

3. 修改软文的正文

文章正文部分是文章的核心，但是不建议在其中加入任何广告和推广，容易引起读者的厌烦情绪。因此，文章正文一定要给读者的感觉是：这是一篇真灾的文章。

那么问题来了，怎么才能做到呢？

A. 正文首先分享自己悲惨的经历，越悲惨越好，同时晒出照片，如图 4－119所示。

B. 接着告诉大家自己的方法，但是这个方法一定是正规方法，比如早饭怎么吃，晚饭怎么吃。除此之外，不要把方法写得太细，要让读者有思考的余地，比如：你写“晚饭后进行运动”，但是别写进行什么运动，让读者去思考。

图 4－119　晒上减肥对比照片

4. 修改软文的结尾

好的结尾是软文成功的一半。因为往往在结尾会插入推广信息。建议结尾写成帮助型的。例如：你在结尾写上“相信你一定能够成功的，如果姐妹们有什么不懂的地方可以联系我”，如果论坛管理比较松，可以直接加 QQ，如果管理得比较严格，就写上可以私信，然后从私信上引导到 QQ。

5. 软文完成

今年夏天我也可以穿连衣裙

我已经步入中年女性的行列。美丽，自信与我擦肩而过，臃肿和肥胖不请自到，加上长期工作在电脑前，脸部越发暗淡。夏天快到了，隔壁同事又会穿上漂亮的连衣裙在我面前晃来晃去，心里那个嫉妒啊，恨不得跟她们换一下身体。自己跟自己说，这样下去不行呢。我开始尝试一些体育运动，可是，效果不是很明显。我想到一个事半功倍的好办法，一边锻炼、一边喝减肥茶看看，隔壁同事给我介绍说，喝减肥茶不错，还有防辐射的作用呢。”真的吗？我一定要去试试看，我一边开始按疗程喝减肥茶，一边坚持锻炼，刚开始我还有一些担心有什么副作用，其实跟平时喝茶一样，慢慢地我发现我喜欢穿的牛仔裤没有原来那么紧绷了，我瘦了！我真的瘦了！好高兴啊！有想要瘦身的朋友可以加这个VX号了解下：XXX，今年我也可以秀一下自己的连衣裙了。

步骤四：在相关论坛版块内“发布”，如图4－120所示。

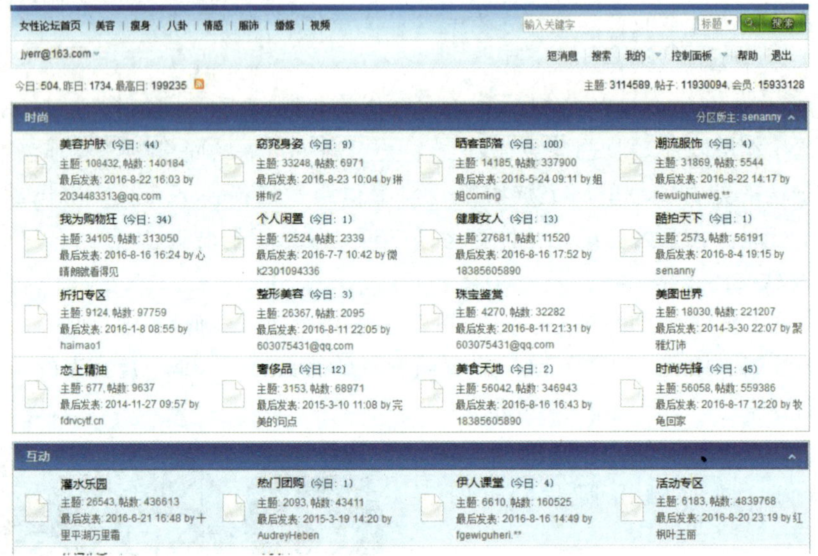

图 4－120 选择论坛发布软文

任务考核

表 4－13 学习任务 7 实训考核表

组 号：		填写人员：			日 期：		
评分项目	评分点	1 组	2 组	3 组	4 组	5 组	6 组
实训室规则	遵守实训室规章制度（10 分）						
职业素养	衣着干净整齐（5 分）						
	精神面貌佳（5 分）						
	积极参与团队合作（10 分）						
职业技能	掌握论坛及论坛推广策略（10 分）						
	能够为店铺选择合适的论坛（10 分）						
	掌握发帖规则制度（10 分）						
	能够写一篇帖子（20 分）						
	能够完成发帖（20 分）						
合计得分							

学习任务8　网页广告

任务目标

✧ 知识点

1. 了解网页广告、种类、特点
2. 掌握网页广告的策划

✧ 技能点

1. 能够与网站沟通广告投放
2. 能够使用百度竞价

任务描述

受到网站广告的启发，冰冰决定在一些网页上进行广告的投放，但是她并不知道如何去做，冰冰又去请教了胖胖同学，胖胖同学开始简单地教冰冰如何去做网页广告，下面让我们和冰冰一起学习吧。

知识准备

一、认识网页广告

网页广告是广告的一种，是以互联网为基础，被展示在各种网页上的广告。网页广告通常以文字、图片或者视频等形式展示。网页广告的主要目的是在网页中展示广告主的名称、品牌和产品，借助网页的庞大客流量来扩大产品的知名度，如图4-121所示。

图4-121　网页广告

二、网页广告的种类

（一）横幅广告

横幅广告（Banner）是最早的网络广告形式，以GIF、JPG、SWF等格式建立的图像文件，定位在网页首页、频道、子频道等各级页面或文本页面的最上方，浏览者将最先注意到这个位置的广告。它同

时还可以使用 Java 等语言产生交互性，使用 Shockwave 等插件工具增强表现力，如图 4-122 所示。

图 4-122　横幅广告

看一看：GIF、JPEG、SWF

➢ GIF 最多支持 256 种色彩的图像，且在一个 GIF 文件中可以储存多幅彩色图像，如果将多幅图像数据逐幅读出并显示到屏幕上，就可构成一个简单的动画。

➢ JPEG 是应用最广泛的图片格式之一，它采用一种特殊的有损压缩算法，将不易被人眼察觉的图像颜色删除，从而达到较大的压缩比（可达到 2∶1 甚至 40∶1），所以“身材娇小”，但有损耗压缩会使原始图片数据质量下降。

➢ SWF 是动画设计软件 Flash 的专用格式，被广泛应用于网页设计、动画制作等领域，SWF 文件通常也被称为 Flash 文件，包含丰富的视频、声音、图形和动画。

（二）对联广告

对联广告形如一副对联，挂于网页两侧，不会产生上下段位的广告盲区，广告位置可以强烈冲击访客的视觉。其在 1024px×768px 的条件下显示，因此适用于乐于接受高科技的高端产品的宣传的人群，如图4-123所示。

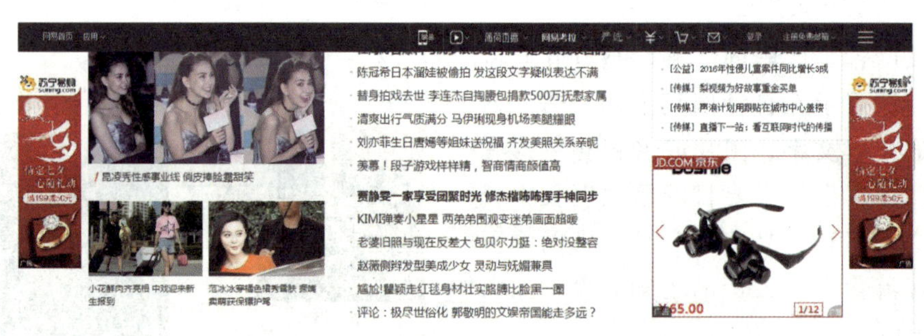

图 4-123　对联广告

（三）按钮广告

按钮广告被发布在网页首页、频道、子频道等各级页面。表现形式小巧，费用相对较低，但同按钮广告一样可以使用 Java 等语言产生交互性，用 Flash 等增强表现力。提供三种尺寸的按钮广告：165px×50px、100px×50px、80px×80px，如图4-124所示。

（四）通栏广告

通栏广告出现在首页、新闻中心和大的频道上，视觉冲击力较强，能够引起浏览

领券立减40
SONY

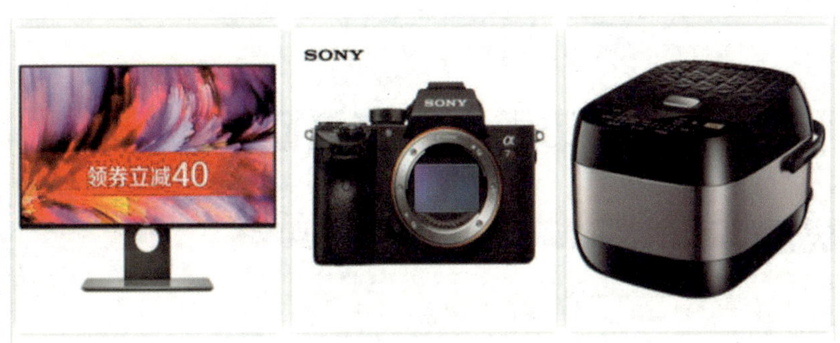

图 4 - 124　按钮广告

者的注意力。根据页面的设置有三种尺寸：530px×90px、560px×90px、760px×90px，广告大多以 SWF 文件格式为主，如图4 - 125所示。

網易 NETEASE
www.163.com
vivo
我们都是发光体
中国还有很多孩子 吃不饱 穿不暖
立即支持
unicef

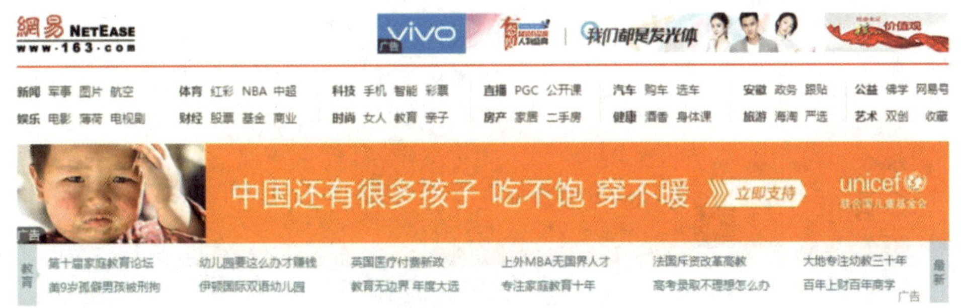

图 4 - 125　通栏广告

（五）文本链接广告

文本链接广告是一种对浏览者干扰最少却很有效果的网络广告形式。整个网络广告界都在寻找新的宽带广告形式，而有时候，最小宽带、最简单的广告形式效果却最好。同时一个绝妙的文字创意可以吸引许多浏览者的眼球，如图4 - 126所示。

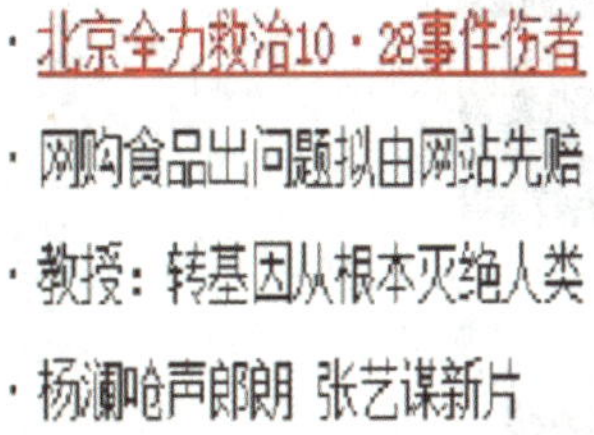

· 北京全力救治10·28事件伤者
· 网购食品出问题拟由网站先赔
· 教授：转基因从根本灭绝人类
· 杨澜呛声郎朗 张艺谋新片

图 4 - 126　文本链接广告

（六）游标广告

游标广告出现在新闻中心和各频道首页中，默认跟随浏览器右侧滚动条移动，其表现形式灵活，能极大地满足广告主宣传自己形象的需要。广告大小为 90px×90px，可以采用 SWF、GIF、JPG 等文件格式，如图4 - 127所示。

（七）弹出广告

弹出广告发布在网站首页，在页面出现的同时弹出，不管是否打开这个广告，广告都会自动的出现或者是播放，经常可以吸引来访者点击以及让来访者留下深刻印象。广告大小为 250px×190px，可以采用 SWF、GIF、JPG 等文件格式。如图 4 - 128 所示，右下角为弹出广告。

图 4－127　游标广告

图 4－128　弹出广告

(八) 画中画广告

画中画广告发布在新闻文本中，面积较大，表现内容也较为丰富，易引起浏览者注意。广告大小为200px×200px，适合采用SWF文件格式，如图4－129所示。

(九) 全屏收缩广告

打开浏览器页面后全频展示广告画面，逐渐回缩至消失或回缩到一个固定广告位(横幅广告或按钮广告)。这是一种新型的广告形式，具有很强的表现力，如图4－130所示。

图 4－129　画中画广告

图 4－130　全屏收缩广告

（十）全屏广告

打开浏览器页面后全频展示广告画面，最大限度地感染浏览者，如图4－131所示。

图 4－131　全屏广告

（十一）视频广告

以视频的方式展示广告，视觉感染力更强，如图4－132所示。

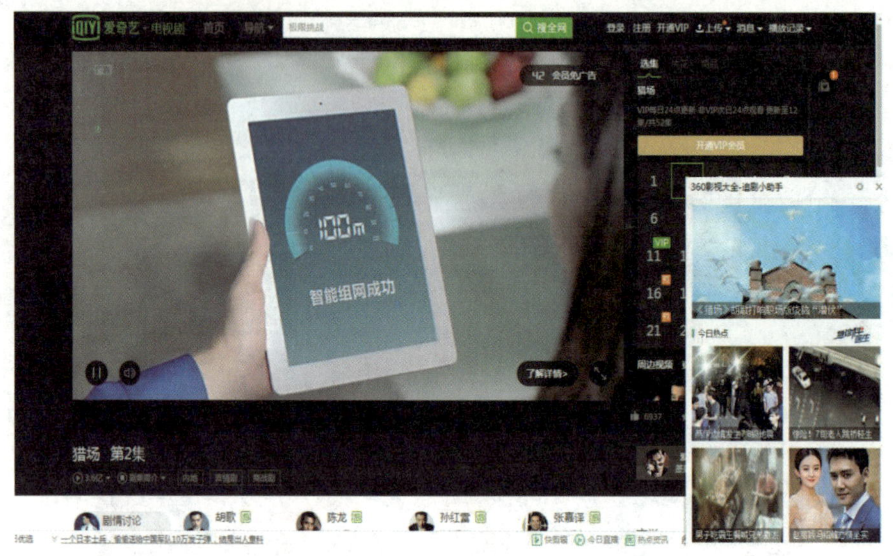

图 4－132 视频广告

三、网页广告特点

随着网络科技的发展以及传统广告的不足，网页广告越来越受商家欢迎和被广泛应用。这种广告有如下特点：

- 广泛和开放性
- 实时和可控性
- 直接和针对性
- 双向和交互性
- 易统计和可评估性

想一想：双向和交互性是什么意思？

传统的广告信息流是单向的，即企业推出什么内容，消费者就只能被动地接受什么内容。而网络广告突破了这种单向性的局限，实现了供求双方信息流的双向互动。通过网络广告的链接，用户可以从厂商的相关站点中得到更多、更详尽的信息。

想一想：为什么网络广告易统计和可评估？

在传统媒体做广告，很难准确地知道有多少人接收到广告信息。而网络广告可以详细地统计一个网站各网页被浏览的总次数、每个广告被点击的次数，甚至还可以详细、具体地统计出每个访问者的访问时间和 IP 地址。

四、如何策划网页广告

（一）策划流程

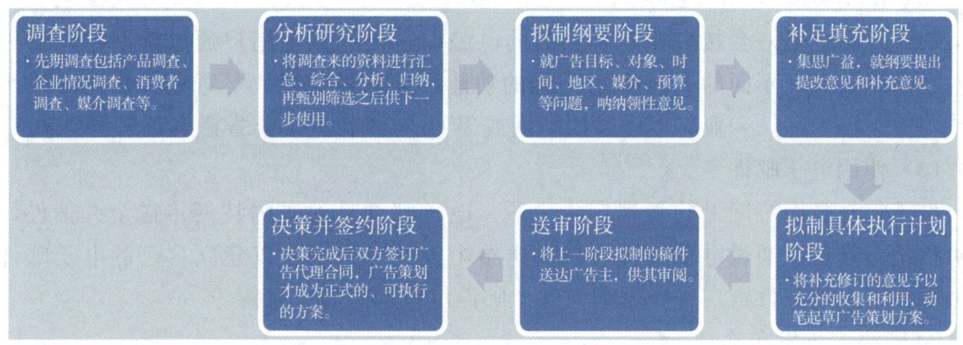

图 4－133　网页广告策划流程

（二）制作技巧

在具体设计过程中，需要采用多种技术，运用不同的表现手法使网络广告呈现出更丰富多彩的效果。注重品牌形象，以人为本，充分利用网络广告的互动特性，综合使用多媒体技术，力求从视觉、听觉上获得美感，产生强烈的震撼力和感染力。

1. 广告内容要符合法律规定

广告内容应当有利于人民的身心健康，促进商品和服务质量的提高，保护消费者的合法权益，遵守社会公德和职业道德，维护国家的尊严和利益。

2. 强化企业品牌形象

企业品牌形象是信息传播的重要内容。在某种程度上，广告就是追求企业品牌在受众心目中的价值认同。设计网络广告，应将企业标志以及商标置于页面的醒目位置，统一企业广告形象，强化公众对品牌的印象。

3. 广告语的使用

广告标题要用词确切、立意鲜明、有吸引力。正文句子要简短、直截了当，尽量用短语，语句要口语化，不绕弯子。可以适当运用感叹号，以增强语气效果，如图4－134所示。

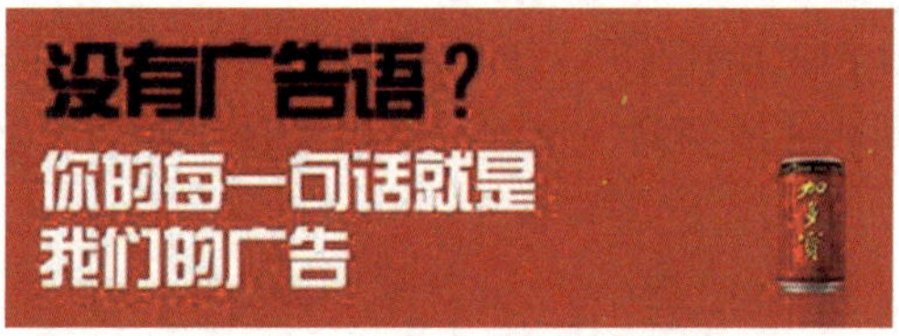

图 4－134　有创意的广告语

4. 图片处理和使用

网页上的图片一般使用 GIF 或 JPG 格式，注意图片的字节不宜过大，一般应将每个页面上所有图片的总规模控制在 30k 以内，以使页面的访问时间尽量缩短。

5. 巧用网页动画

利用 Flash 制作生动有趣的网页动画。

（三）发布形式和途径

1. 发布形式

（1）使用新闻组和网络论坛

新闻组不同于正式的新闻传播或出版，它是公众进行讨论和信息分享的自由网站，公众可以自由加入，成为其中的一员。新闻组成员可以阅读到大量公告，也可以发表自己的广告，或回复他人的公告。

（2）使用BBS电子公告板

BBS实际上是一台接有调制解调器的电脑，它允许其他用户通过调制解调器来访问它上面的信息。不同的BBS具有不同的功能，如新闻讨论、下载软件、玩在线小游戏或与他人聊天等。企业可以通过因特网或Web方式在电子公告栏发布广告信息。

（3）使用电子邮件

电子邮件是因特网上的硬性广告手段。电子邮件是通过因特网传送个人信件，企业可以把广告信息通过电子邮件直接发送给个人。广告主可以建立自己的电子邮件列表或购买别人的邮件组广告，定期向这个邮件组发送广告信息。

2. 网络广告发布途径

- 公司网站形式
- 专类销售网
- 软件广告网
- 综合性网站
- 免费的互联网服务
- 网络黄页形式
- BBS论坛及博客网站
- 友情链接
- 搜索引擎竞价排名广告

任务实施

网页推广1　网页广告

步骤一：选择发布平台。

首先找到你所属的行业网站。比如：你是卖体育用品的。你的目标人群应该是与运动相关的网站。比如：新浪的体育频道，或者专门的体育论坛，如图4-135所示。

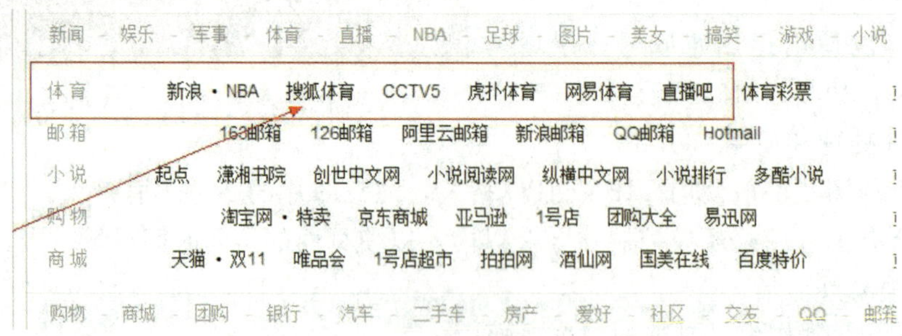

图4-135　选择网站

步骤二：进入这样的网站以后，直接通过鼠标滑动到网页的最底部，就可以看到网站的“广告服务”了，如图4-136所示。

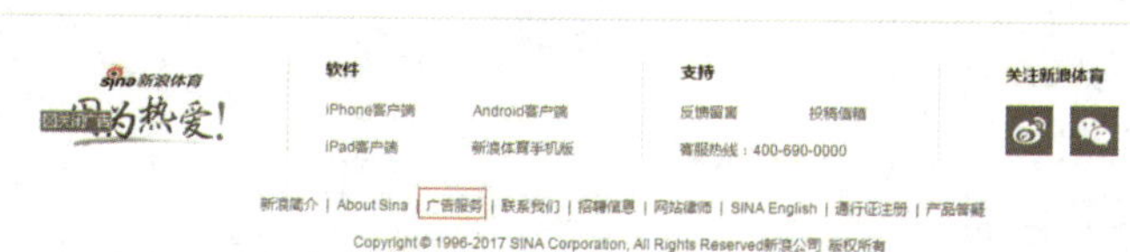

图 4－136　广告服务

步骤三：网站提供广告服务，可以与网站进行沟通以发布广告，如图4－137所示。

图 4－137　广告服务页面

步骤四：投放之后，可以看到投放的网页广告，如图4－138所示。

图 4－138　新浪网页广告

网页推广 2　百度竞价排名

步骤一：百度搜索关键词。

百度的竞价排名，也是很多商家的选择。原理就是，你需要支付费用给百度。当网民搜索某个关键词的时候，你的网页就会排在结果显示页的前面。例如在图4－139中，搜索“手表”，最上面的搜索结果中显示“广告”字样，即为百度广告。

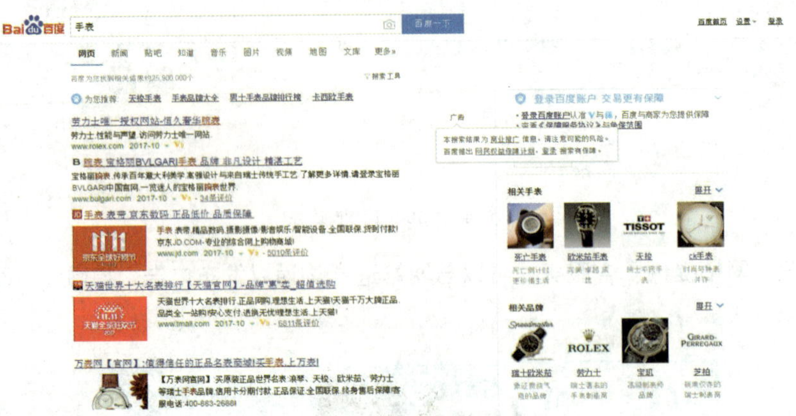

图 4－139　百度搜索

步骤二：可以点击百度搜索结果页面的右边栏中最下面的最后一个链接，进入百度推广，如图 4－140 所示。

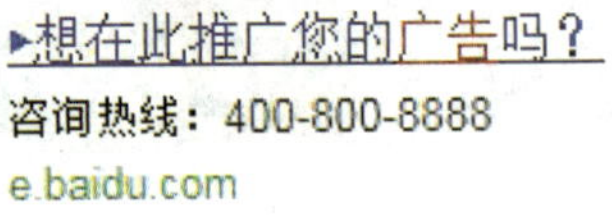

▸想在此推广您的广告吗？
咨询热线：400-800-8888
e.baidu.com

图 4－140　百度推广

步骤三：点击进去以后，就有百度推广的介绍，如图 4－141 所示。

400-800-8888
劲爆一夏
推广送豪礼
百度推广，让营销更有效率

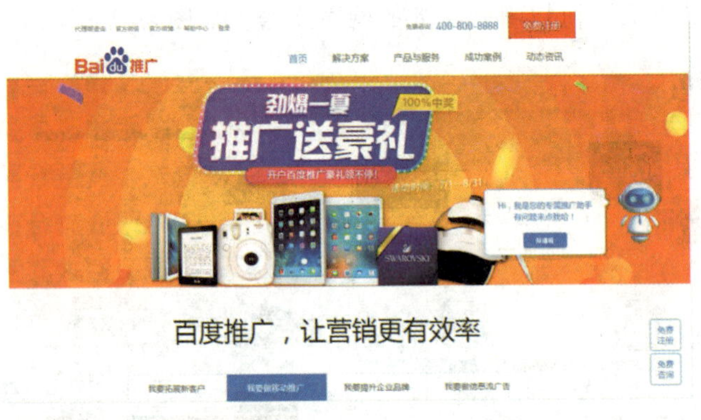

图 4－141　百度推广页面

步骤四：点击图 4－142 中的机器人，可以与百度推广进行推广咨询沟通。

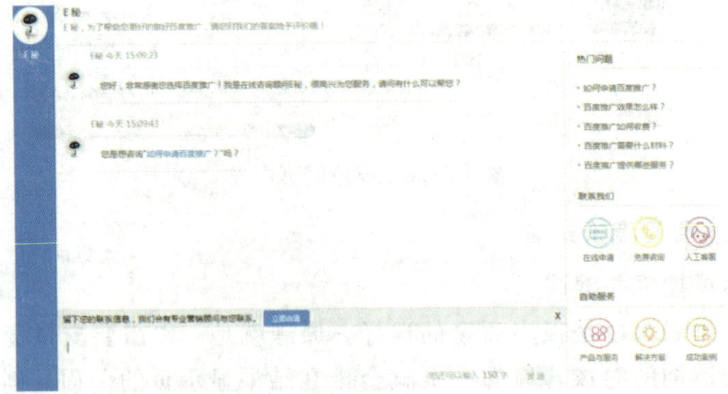

图 4－142　百度机器人

任务考核

表 4－14　学习任务 8 实训考核表

组　号：		填写人员：			日　期：		
评分项目	评分点	1 组	2 组	3 组	4 组	5 组	6 组
实训室规则	遵守实训室规章制度（10 分）						
职业素养	衣着干净整齐（5 分）						
	精神面貌佳（5 分）						
	积极参与团队合作（10 分）						
职业技能	能够了解网页广告、种类、特点（10 分）						
	能够掌握网页广告的策划（10 分）						
	能够与网站沟通广告投放（30 分）						
	能够使用百度竞价排名工具推广（20 分）						
合计得分							

学习任务 9　病毒营销

任务目标

✧ 知识点

1. 掌握病毒营销的概念及特点
2. 掌握病毒营销的技巧及设计策略

✧ 技能点

1. 能熟练使用 QQ 进行营销
2. 能够使用电子邮件进行营销

任务描述

病毒营销是现在最常见的一种推广方式，具有传播速度快、效率高等特点，因此也成为各大网店最喜欢并推崇的一种网络营销推广方式。冰冰现在以 QQ 和电子邮件等两种不同的方式为载体，为店铺进行病毒营销。

知识准备

一、认识病毒营销

病毒营销是指通过类似病理方面和计算机方面的病毒传播方式，即自我复制的病毒式的传播过程，利用已有的社交网络去提升品牌知名度或者达到其他的市场营销目的。病毒式营销是由信息源开始，再依靠用户自发的口碑宣传，达到一种快速滚雪球式的传播效果。它描述的是一种信息传递战略，经济学上称之为病毒式营销，因为这种战略像病毒一样，利用快速复制的方式将信息传向数以百计，甚至数以千计的受众，如图4－143所示。

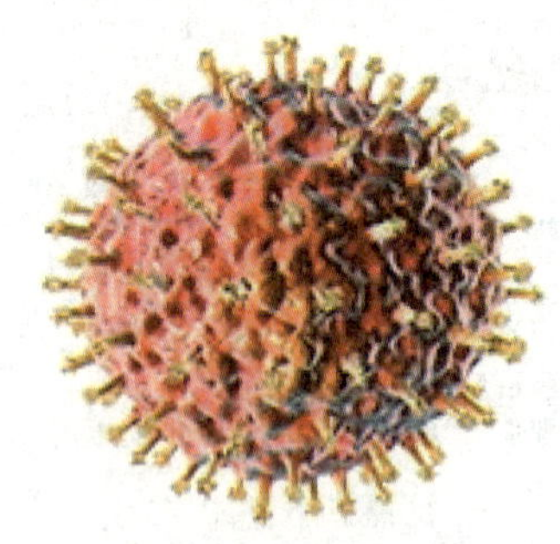
图 4－143　病毒营销

二、特点

病毒营销是通过利用公众的积极性和人际网络，让营销信息像病毒一样传播和扩散，营销信息被快速复制传向数以万计，甚至数以百万计的受众。它存在一些区别于其他营销方式的特点。

（一）有吸引力的“病原体”

之所以说病毒式营销是无成本的，主要指它利用了目标消费者的参与热情，但渠道使用的推广成本是依然存在的，只不过目标消费者受“病原体”刺激自愿参与到后续的传播过程中，原本应由商家承担的广告成本转嫁到了目标消费者身上，因此对于商家而言，病毒式营销是无成本的。

（二）几何倍数的传播速度

病毒式营销是自发的、扩张性的信息推广，它并非均衡地、同时地、无分别地传给社会上的每一个人，而是通过类似于人际传播和群体传播的渠道，使产品和品牌信息被消费者传递给那些与他们有着某种联系的个体。

做一做：找案例

病毒营销传播速度之快不言而喻。例如，当目标受众读到一则有趣的 Flash，他的第一反应或许就是将这则 Flash 转发给好友、同事，无数个参与的“转发大军”就构成了几何倍数传播的主力。那么生活中还有哪些几何式传播的案例？

（三）高效率的接收

那些可爱的“病毒”，往往是受众从熟悉的人那里获得或是主动搜索而来的，在接受的过程中自然会有积极的心态；接收渠道也比较私人化，如手机短信、电子邮件、封闭论坛等。以上方面的优势，使得病毒式营销尽可能地克服了信息传播中的不利影响，增强了传播的效果。

看一看：大众媒体广告的接收效率

大众媒体投放广告有一些难以克服的缺陷，如信息干扰强烈、接收环境复杂、受众戒备抵触心理严重。以电视广告为例，同一时段的电视有各种各样的广告同时投放，其中不乏同类产品“撞车”的现象，这大大降低了受众的接收效率。

（四）更新速度快

网络产品有自己独特的生命周期，一般都是来得快去得也快，病毒式营销的传播过程通常是呈S形曲线的，即在开始时很慢，当其扩大至受众的一半时速度加快，而接近最大饱和点时又慢下来。

想一想：传播力减弱时怎么办？

针对病毒式营销传播力的衰减，一定要在受众对信息产生免疫力之前，将传播力转化为购买力，方可达到最佳的销售效果。想一想，如何适时地将传播力转化为购买力呢？

三、病毒营销技巧

初期的网络营销方式主要是通过竞价排名以及邮件群发对客户进行轰炸，这造成用户收到的信息泛滥，并对此产生了排斥的心理，对此还启用了屏蔽垃圾邮件的设置。

而病毒营销则巧妙地规避了这一弊端。利用软性八卦新闻加上关键字传播的手段进行商家信息的推广，对八卦好奇可以说是人的天性，即使一个人不喜欢八卦，但是对于新鲜事物绝大多数人并不会排斥，因此病毒营销就是通过这些不易察觉的方式进行网络推广，让客户在潜移默化中接受被推广的企业品牌文化，而且这种信息是用户自己主动去了解，而不是强加于人的，用户对此并不会产生排斥感，所以效果比较明显。

在这类营销过程中，应注意以下技巧的运用：

（一）巧做“病原体”

目标消费者之所以会自愿提供传播渠道，是因为第一传播者传递给目标群的信息不是赤裸裸的广告信息，而是经过加工的、很好玩的或很有价值的信息，传播者通过传播这一信息，能得到某种快感。“病原体”可根据社会热点和企业推广信息制作，要两者有机结合。

（二）巧发“病原体”

做好的“病原体”，要选择恰当的时机予以发布，而且载体、发布人等因素都要考虑在内。

（三）监测“病原体”

在“病原体”上要嵌入代码或网址，通过观察后台数据，就可以清晰地看到“病原体”的传播效果，可以据此进行调整。

四、设计策略

（一）有内涵的病毒——有料

网络整合营销4I原则中的Interests利益原则与Interesting趣味原则可以作为生产病毒的指导标准，如图4-144所示。

互联网中有两个强大的定律：有趣模式和免费模式。只要能提供优秀有趣的内容、免费的电子书、试用装、网络服务等，用户就会帮助传播。

看一看：网络整合营销 4I 原则

- Interests 利益原则：给予用户利益，没人会抗拒
- Interesting 趣味原则：无娱乐，不病毒
- Interaction 互动原则：加强互动，传播更广
- Individuality 个性原则：突出个性，投消费者所好

图 4-144　网络整合营销 4I 原则

（二）病毒传播要容易——蒲公英远播千里

病毒营销要像 H1N1 流感的传播那样，只需通过咳嗽或喷嚏就可以在人群中传播，所以我们在开展病毒营销时需要考虑怎样让用户简单地就可以传播起来。

简化营销信息，让用户容易复制、传递、转帖、下载、邮件发送等。

充分考虑用户使用互联网的习惯和传播成本，当病毒传播成本大于传播获得的乐趣时，用户将不会去传播。

（三）寻找易感人群

H1N1 流感在儿童年龄层次容易爆发；如果 H1N1 流感爆发在南极、北极或人烟稀少之地，将不会被轻易传播。类比之下，进行病毒营销也是需要寻找容易感染的人群和容易传播的平台。比如设计的病毒目标载体是时尚年轻人，那么需要事前进行病毒测试，感染性怎么样，是否容易感染上病毒。寻找开展病毒营销的平台也是很重要，年轻人在互联网上聚集在什么平台，就要去什么平台。

（四）病毒变种——无敌变形金刚

流感病毒一直在和人类做斗争，积极地变形以保证适应人体这个载体。在设计病毒营销的时候，我们也必须全程监控病毒传播的效果和反应。面对用户的反应，须与时俱进地修改，进行调整，做出一个生命力顽强的病毒。

任务实施

一、QQ 推广

步骤一：登录 QQ 后，单击 QQ 头像或者右侧的下三角，在弹出的菜单中选择“我的资料”，如图4-145所示。

步骤二：在“资料”对话框中，单击“编辑资料”按钮，如图4-146所示。

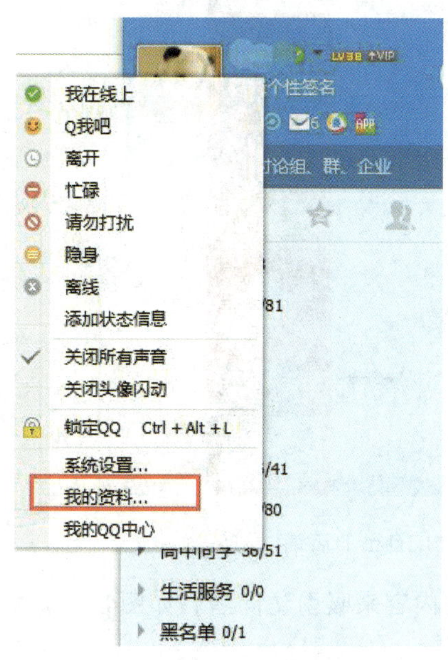

图 4－145　我的资料

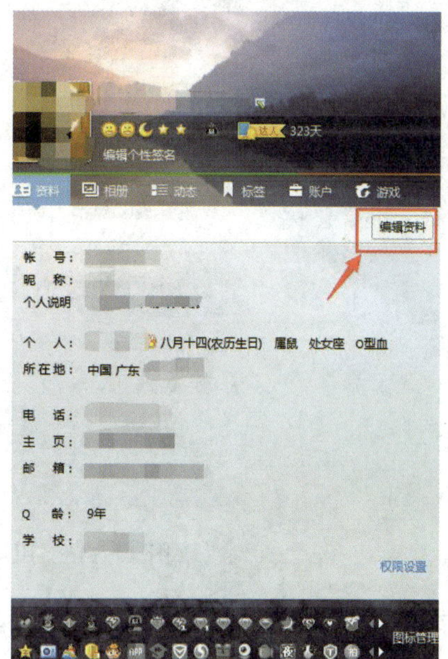

图 4－146　编辑资料

步骤三：在个性签名里可以设置个人的资料信息，可以添加店铺的广告信息，如图4－147所示。

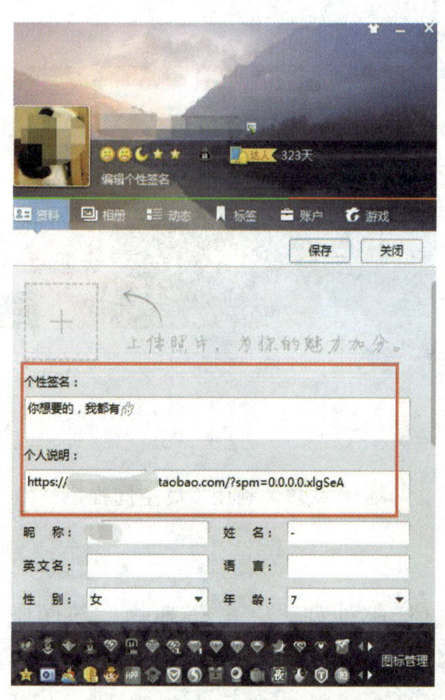

图 4－147　添加店铺的广告信息

步骤四：当与好友聊天时，聊天窗口上 QQ 头像的右边就是设置的 QQ 签名，这样就可以利用 QQ 签名推广自己的店铺了，如图4－148所示。

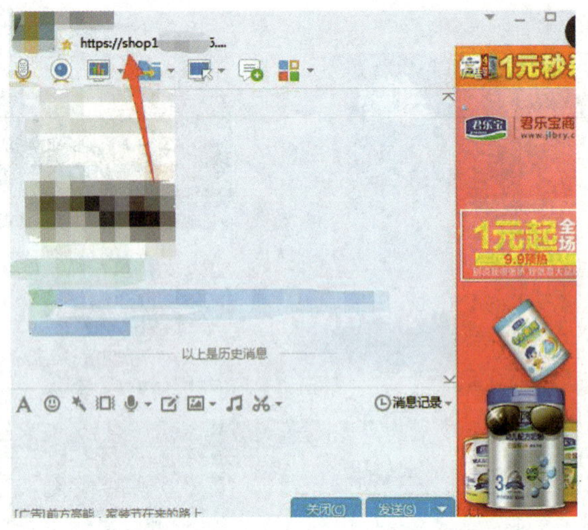

图 4－148　用 QQ 签名推广自己的店铺

步骤五：利用 QQ 空间来发表图片、日志等内容来吸引访问者，如图4－149所示。

图 4－149　利用 QQ 空间推广

二、邮件推广

邮件推广常用的方法包括邮件列表、电子刊物、新闻邮件、会员通讯、专业服务商的电子邮件广告等。拥有潜在用户的 E-mail 地址是开展 E-mail 营销的前提，这些地址可以是企业从用户、潜在用户资料中自行收集整理，也可以利用第三方的潜在用户资源。如果邮件发送规模比较小，可以采取一般的邮件发送方式或邮件群发软件来完成，如果发送规模较大，就应该借助于专业的邮件列表发行平台来发送。

1. 发邮件前要得到对方的允许。我们在回复客户邮件的时候可以在邮件中设置一

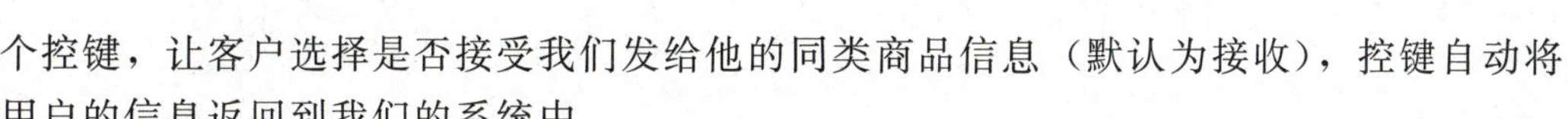

个控键，让客户选择是否接受我们发给他的同类商品信息（默认为接收），控键自动将用户的信息返回到我们的系统中。

2. 邮件内容要有趣，吸引人。可以在邮件视觉效果、文字内容、产品信息三个方面分别建出模板，一劳永逸。

3. 在邮件的最后要附上一段话，告诉别人如果不再想收到邮件该怎么做。可以让客户到网站上去取消（最好是那种需要客户仔细浏览网页才能找到的位置），这样有助于提高网站流量和流量质量。

4. 邮件要短。

5. 客人的邮件一定要在一个工作日内回复。

6. 一定要用可以区分的公司和部门的专用企业邮箱。

7. 绝对不要发垃圾邮件。

8. 不要全用大写的字母写邮件。

9. 不要用缩写。这是懒惰的表现，客人不喜欢和懒人做生意。

10. 不要用 goldentextile@qunin. com 之类的免费邮箱，不安全。

11. 不要让客人去猜测他们的回复会发到哪里。例如，如果用 webmaster@qunin. com，那么邮件就有可能被公司的任何部门接收，客人想知道谁收到并且负责处理他们的邮件，一定要用 sales@qunin. com 的邮箱。

12. 邮件中不要出现彩色字和艺术字，这是幼稚和不专业的表现，通篇用一个字号和黑色字。

13. 不要用黑色背景（黑底白字），这同样是不专业的表现，而且阅读起来很困难，坚持用白底黑字。

14. 每个学生使用各自的邮箱，进行一次邮件推广，并撰写实训心得。

任务考核

表 4－15　学习任务 9 实训考核表

组　号：		填写人员：			日　期：		
评分项目	评分点	1 组	2 组	3 组	4 组	5 组	6 组
实训室规则	遵守实训室规章制度（10 分）						
职业素养	衣着干净整齐（5 分）						
	精神面貌佳（5 分）						
	积极参与团队合作（10 分）						
职业技能	了解病毒营销及特点（5 分）						
	掌握病毒营销的技巧及设计策略（10 分）						
	能够进行 QQ 推广（30 分）						
	能够进行电子邮件营销（25 分）						
合计得分							

学习任务 10　微信营销

任务目标

✧ 知识点

1. 掌握微信的功能
2. 了解微信的推广方法

✧ 技能点

1. 使用公众号进行推广
2. 使用微店进行推广
3. 编写软文进行推广

任务描述

冰冰的店铺经过前期的努力，积累了大量的人气，冰冰希望开拓更多的渠道进行推广。胖胖同学推荐冰冰去学习微信的营销方式。冰冰根据店铺需要，进行了多种微信推广的营销方式，包含微信公众号的推广、微店推广及采取朋友圈推广的方式进行商品营销的推广。

冰冰申请了一个微信个人账号，微信个人账号是一种很好的网店推广工具，相较于微信公众平台，微信个人账号有朋友圈、摇一摇、附近的人、漂流瓶等功能，可以无限制地群发推广消息。在利用微信为网店引流时，可以通过其“找朋友”的功能，精确快速定位周边可到达店面的潜在微信群体，发布店铺的优惠活动和礼品赠送等信息，吸引更多使用微信的顾客光顾。同时还可以利用社交分享式的朋友圈，定位好发布内容来达到宣传目的。

同时，冰冰也将微店开起来了，并且注册了一个公众号。下面我们一起来学习并模拟微信营销的这些方式吧。

注意：请登录电脑进行操作，注册一个微信公众号，需要一个绑定了本人银行卡的微信号，注册公众号后对公众号信息、内容等进行编辑。

个人注册微信号只能选择订阅号，订阅号适用于企业做宣传推广，每日可以推送一条信息；服务号适用于企业为客户提供服务，多为知名品牌企业使用，每月可以推送一条信息。

知识准备

微信（WeChat）是腾讯公司于 2011 年 1 月 21 日推出的一款为智能终端提供即时通信服务的免费应用程序，微信支持跨通信运营商、跨操作系统平台并通过网络快速发送免费（需消耗少量网络流量）语音短信、视频、图片和文字。

微信提供公众平台、朋友圈、消息推送等功能，用户可以通过“摇一摇”“搜索号码”“附近的人”“扫二维码”等方式添加好友和关注公众平台，同时微信可将内容分享给好友以及将用户看到的精彩内容分享到微信朋友圈，如图4－150所示。

图 4－150　实体店微信扫一扫

一、微信的功能服务

1. 基本功能

（1）聊天：支持发送语音短信、视频、图片（包括表情）和文字，是一种聊天软件，支持多人群聊。

（2）添加好友：微信支持查找微信号、查看 QQ 好友添加好友、查看手机通讯录和分享微信号添加好友、摇一摇添加好友、二维码查找添加好友和漂流瓶接受好友等几种方式。

（3）实时对讲机功能：用户可以通过语音聊天室和一群人语音对讲，但与在群里发语音不同的是，这个聊天室的消息几乎是实时的，并且不会留下任何记录，在手机屏幕关闭的情况下也仍可进行实时聊天。

2. 其他功能

（1）朋友圈：用户可以通过朋友圈发表文字和图片，同时可通过其他软件将文章或者音乐分享到朋友圈。用户可以对好友新发的照片进行“评论”或“点赞”，用户只能看相同好友的评论或点赞。

（2）语音提醒：用户可以通过语音告诉他人提醒打电话或是查看邮件。

（3）通讯录安全助手：开启后可上传手机通讯录至服务器，也可将之前上传的通讯录下载至手机。

（4）QQ 邮箱提醒：开启后可接收 QQ 邮件，收到邮件后可直接回复或转发。

（5）私信助手：开启后可接收来自 QQ 微博的私信，收到私信后可直接回复。

（6）漂流瓶：通过扔瓶子和捞瓶子来匿名交友。

（7）查看附近的人：微信将会根据地理位置找到在用户附近同样开启本功能的人。

（8）语音记事本：可以进行语音速记，还支持视频、图片、文字记事。

（9）微信摇一摇：是微信推出的一个随机交友应用，通过摇手机或点击按钮模拟摇一摇，可以匹配到同一时段触发该功能的微信用户，从而增加用户间的互动和微信黏度。

（10）群发助手：通过群发助手把消息发给多个人。

（11）微博阅读：可以通过微信来浏览腾讯微博内容。

（12）流量查询：微信自身带有流量统计的功能，可以在设置里随时查看微信的流量动态。

（13）游戏中心：可以进入微信玩游戏（还可以和好友比高分）例如"飞机大战"。

（14）微信公众平台：通过这一平台，个人和企业都可以打造一个微信的公众号，可以群发文字、图片、语音三个类别的内容。

二、微信营销的常见模式

1. O2O 模式——二维码扫一扫

O2O（Online to Offline）模式也可以称为离线商务模式，即利用线上营销线上购买来带动线下经营和线下消费。主要方式包括：折扣、预订服务、提供信息等，把线下实体店的信息推送给线上客户，将他们转变成自己的线下客户。

这种模式一般适用于必须到实体店内消费的服务，比如餐饮店、美容店、健身房、电影院等。对于用户而言，这种模式可以获取更多的商家信息，能够更加便捷地在网上直接向商家进行咨询并且参与预售活动，可以获得相比线下较为便宜的价格，还有一系列优惠活动；而对商家来说，这样的模式能够扩宽宣传渠道，吸引更多消费者前往店内消费，推广效果也有迹可循，每一笔下单数据最后可以进行汇总分析，及时跟进，而且线上和客户交流更加便捷，能更准确地掌握客户心理、了解客户需求，而且能降低宣传成本，减少租金支出等。这种营销模式的核心是在线支付。

二维码又称 QR Code，QR 全称 Quick Response，是近几年来移动设备上超流行的一种编码方式，它比传统的 Bar Code 条形码能存更多的信息，也能表示更多的数据类型。

对于微信而言，即利用二维码扫一扫的形式进行支付。二维码发展至今其商业用途越来越广泛，微信自是顺应潮流和结合 O2O 展开商业活动。主要做法是将二维码图案置于取景框内，微信就会帮助你找到对应的好友企业二维码，加入后便可以获取推送的信息资讯、折扣优惠等一系列消息。在移动应用中加入二维码扫描的这种 O2O 方式早已普及开来，坐拥上亿用户且活跃度足够高的微信，价值不言而喻。

2. F2F 模式——朋友圈

F2F（Face to Face）模式即面对面营销，微信商家可以直接通过与目标群体的沟通，了解客户群需求，为客户提供定制化、个性化服务。这种模式的核心是客户，注重客户的需求，以客户为中心量身定做的服务。通过直接一对一沟通，对用户的数据包括个人信息一目了然，甚至可以直接对准消费者，了解他们的个人需求和想法，再提供相关服务。这样的营销模式是传统营销平台很难实现的，比如微信中典型的朋友圈模式。

用户可以通过朋友圈发表文字和图片，同时可通过其他软件将文章或者音乐分享到朋友圈。

微信、微博和QQ等其他社交网络既有相似性又存在明显的区别。微信的朋友圈和微博相比，它的信息流通更具有一定的私密性，受众群基本是一个圈子里的好友，商家和客户之间关系更为对等，这种模式推广精确性高、针对性强、互动性良好，主打口碑营销。此外，F2F模式也可以帮助商家直接跳过中间商这一环节，直接与客户沟通，大大减少了商家成本支出，有利于企业第一时间收回现金流和生产成本，提高企业效益。在品牌宣传上也可以跳过媒体渠道，直接进行推广宣传，对于商家而言，可以在整体推广中占据主导地位，拥有品牌的控制权和传播权。这些都有利于商家第一时间把自己的品牌形象传达给终端客户和消费者。

3. 自媒体模式——公众平台

微信公众平台，简称公众号。利用公众账号平台进行自媒体活动，简单来说就是进行一对多的媒体性行为活动，如商家通过申请公众微信服务号并通过二次开发展示商家微官网、微会员、微推送、微支付、微活动、微报名、微分享、微名片等，这已经形成一种主流的线上线下微信互动营销方式。

微信公众平台主要是面向名人、政府、媒体、企业等机构推出的合作推广业务平台。在这里可以通过渠道将品牌推广给线上平台。微信公众平台于2012年08月23日正式上线，曾命名为“官号平台”和“媒体平台”，以创造更好的用户体验，形成一个不一样的生态循环。

在如今的自媒体时代下，每个人都可以通过网络发表自己的观点，与别人共享信息咨询。与传统媒体相比，自媒体不再局限于单向传播，而是网友间可以增强互动，更准确地传达意思。这种模式打破了空间和时间的局限性，使用者参与度更广、更高。而且不需要任何成本，就可以发布信息实现宣传推广。比如欧派电动车，一直在微信保持着高曝光率，微信里面的内容也是五花八门，吃喝玩乐无所不有，有时还搞一些小游戏，如轻松骑行游活动等。这种类型的账号就是以互动性极强、参与形式丰富和产品贴合度高效为特点，通过官方平台使欧派品牌形象更加丰满。粉丝不仅活跃度提高，还可以有奖品拿，这样的方式无形中促进了品牌知名度的提升。

4. 微信商城

微信本来是一款手机端的社交平台，微信的第三版更新后，出现了微信PC端，自微信公众平台诞生后，短短两年时间就突破了6亿用户，这样的惊人数据吸引着无数商家的眼球，庞大的人群后面隐含着巨大的商机。微信第三方平台顺势而发，推出微信电商服务产品微信商城，助力企业开启微营销，抢占6亿微信市场制高点。微信异样地火爆起来，成为许多商家的一种营销方式，许多商家开始试水微信。

微信商城（又名微商城）是在腾讯微信公众平台推出的一款基于移动互联网的商城应用服务产品。消费者只要通过微信平台，就可以实现商品查询、选购、体验、互动、订购与支付的线上线下一体化服务。

微信商城的好处主要表现在两个方面：对企业来说，可以帮助企业把商城开到每个人的手机里；对消费者来说，可以随时随地购物。

微信商城的功能有：

(1) 会员系统：完善的会员管理系统，自动保存密码、会员等级、积分管理、积分兑换、导入导出等功能。

(2) 支付功能：支持微信支付、财付通、快钱、银联、货到付款等多种支付方式，解决了商家因单一支付方式给消费者带来的不便。

(3) 购物车/订单/结算功能：完善的购物车和订单生成系统，在线结算要方便快捷。

(4) 自定义菜单：拥有商品分类、资讯中心、新品促销等版块，分类清晰，除了微信自定义菜单还扩展到内页中自定义菜单。

(5) 产品管理系统：强大的产品管理系统，可以自定义参数、导入导出等完善功能。

(6) 促销功能：多种促销规则、积分赠送、会员优惠等让商城具备超强营销力。

(7) 抽奖功能/投票功能：微信商城可同时进行多种即时抽奖活动，可以发起多种图文和柱状的投票活动。

(8) 分佣系统：充分利用微信的社会化人际关系特点，以流量、推荐会员、购买抽佣的形式作为营销工具。

三、微信推广方法

众所周知，由于微信公众平台是无法在手机上登录，也无法主动添加好友的，所以在微信中推广起来比较困难。只能通过不同的推广方式来增加微信的曝光度，具体来说微信推广方法主要有：

1. 合作互推

微信互推的效果远比微博互推的效果好。先做到 1 千名粉丝后再开始找人合作互推，如果每次效果好都会获得上百名的粉丝，所以做微信合作也很重要。

2. 微博大号推广

有很多草根微博大号依靠这种方式，使微信非常快地获得了很多的粉丝。也可以利用自己的资源跟别人互换，但是对于没有资源的新手，只能找一些微博大号付费进行推广了。

3. 其他线上推广

这种类型的推广是在其他社交网站上推广，如人人网、豆瓣、贴吧、空间等进行推广。但这类的推广也是有需要注意技巧的地方，比如贴吧，可以将二维码做成签名图片，这样几乎我们的每一次评论都是一次宣传推广，且不容易被删。

4. 基于 LBS 的推广

这也是最简单的方法，就是个性签名。设置好个性签名，然后点击查看附近的人，就可以被别人看到，如果你的签名吸引了别人，就有可能获得关注。

但是我们附近的人毕竟有限，所以仅靠这种方法吸引关注只是前期有效，若想获得更多的资源，需要我们去不同的地点登录微信小号然后查看附近的人，这样我们的地址信息就会被保留一个小时左右。这一个小时如果机会好可以获得 30 人以上的关注。那我们如何快速换地方登录呢？那就需要我们有多个小号，然后快速到不同的地方登录。最好的方法就是坐公交，坐一趟公交每隔一个站登录一个小号。

5. 摇一摇

摇一摇，我们的目标是让他们看到我们的签名或者加我们，那么你就可以不停地摇一摇，这个方法的好处是可以突破地域限制。摇一摇是按照最近的同时摇手机的用户配对，如果附近没有，那么就会配对其他相对较近的用户。

6. 线下推广

这属于有资源的朋友可以做的事情，比如你有实体店，有资源或者有资金。方式很多，如贴二维码、在自己拥有的资源里放广告位等进行宣传，如图4－151所示。

图 4－151　线下推广

7. 活动推广

基于活动推广的形式可分为线上和线下，线上还包括互联网和微信活动，方式众多。比如在微博上发起活动，关注就有机会获得活动礼品。或者在微信里发起活动，介绍身边的朋友即可获得折扣或礼品等。线下方式可参考微博，比如餐厅需要推广自己的微信号，只要推出活动让每个来的客人关注微信即可享受折扣或送某种食物等。

8. 微博图片推广

不管是个人微博小号还是官方号，都可以在微博配图的最底下加上二维码的宣传信息。

任务实施

一、微信公众号推广

步骤一：进入微信公众号平台页面，点击“设置”——→“公众号设置”，如图4－152所示。

步骤二：公众号设置“账号详情”，点击“修改头像”，按照信息提示进行设置，如图4－153所示。

图 4-152　公众号平台主页

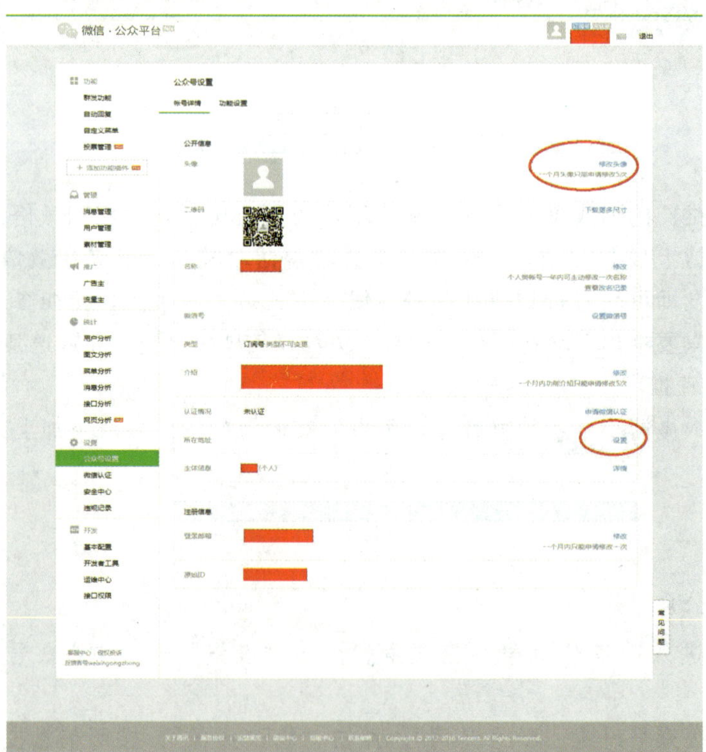

图 4-153　头像设置

步骤三：点击“功能设置”，按照需要进行设置，如图4－154所示。

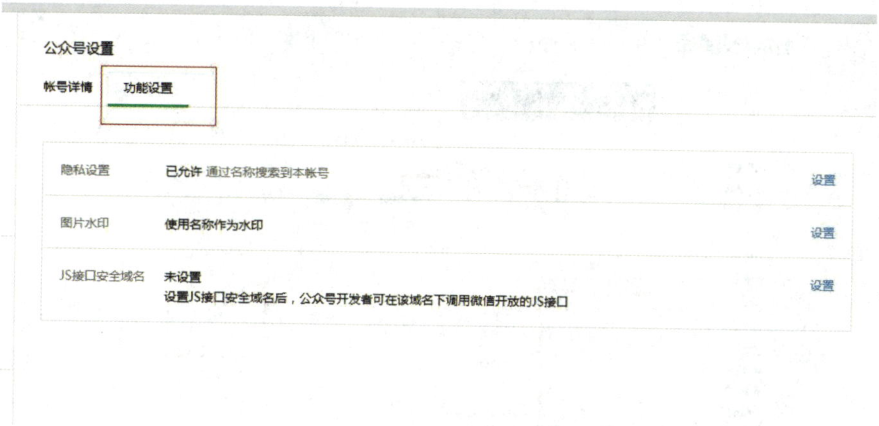

图4－154　功能设置

步骤四：菜单设置，点击左侧“自定义菜单”，添加一级菜单，编辑菜单名，例如学校简介。最多可创建三个一级菜单，如图4－155所示。

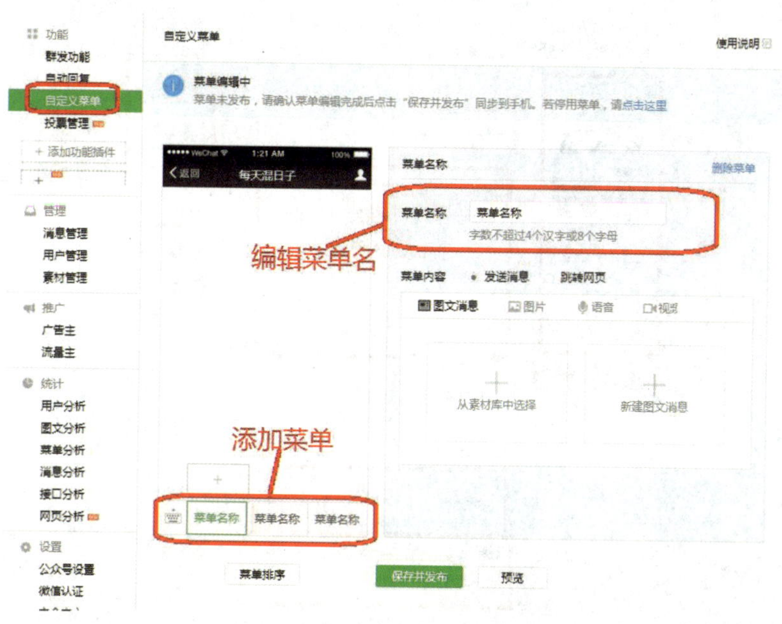

图4－155　菜单设置

步骤五：添加子菜单，编辑子菜单名称，例如电商专业、会计专业、物流专业等。每个一级菜单下可创建最多五个子菜单。编辑菜单内容，点击“新建图文消息”，如添加了子菜单，一级菜单不用编辑，如图4－156所示。

步骤六：菜单图文信息建立：标题及内容介绍，然后上传封面图片，填写内容摘要，最后点击“保存”。编辑信息时可以插入图片、视频、音乐、音频、投票等多媒体内容，如图4－157所示。

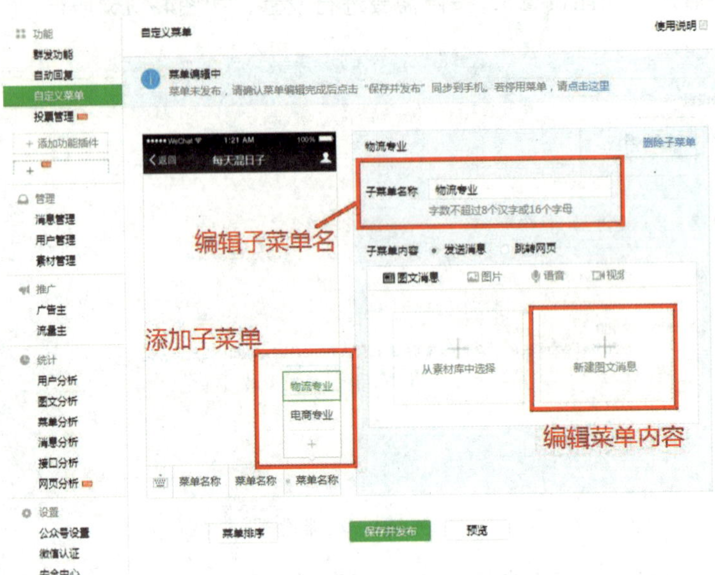

图 4－156　菜单设置

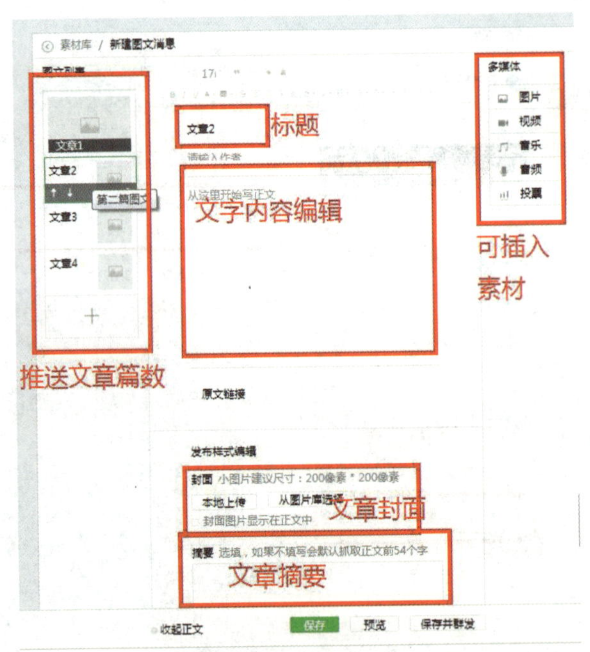

图 4－157　内容设置

步骤七：素材管理：在公众号中，可以对要推送给用户的内容进行管理，点击左侧“素材管理”，可以编辑上传图文信息、图片、语音、视频等内容，并对上传的内容进行分组管理，如图4－158所示。

步骤八：点击左侧“用户管理”，可以看到添加了本公众号的好友，并对其进行分组管理，如图4－159所示。

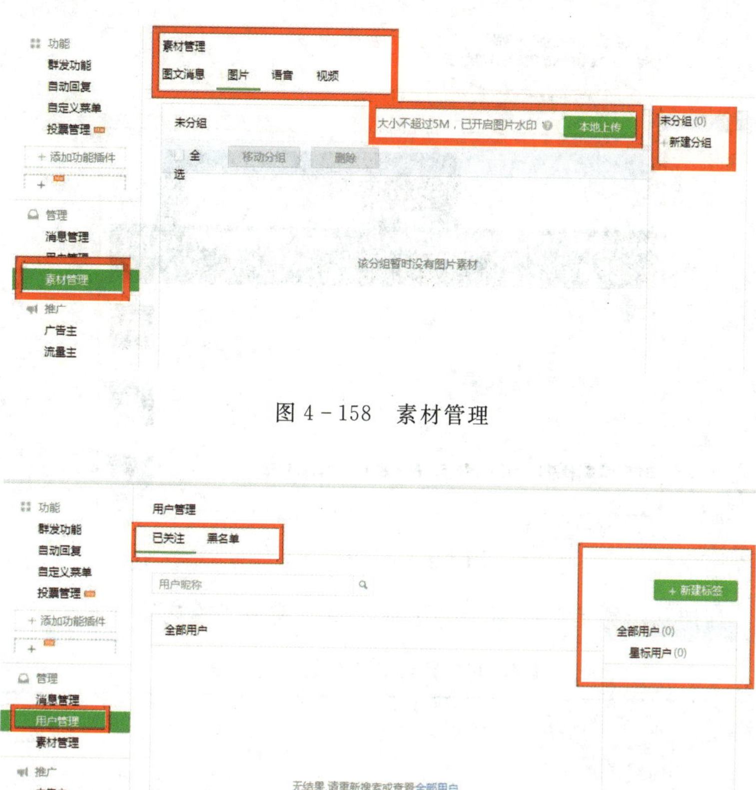

图 4－158　素材管理

图 4－159　用户管理

步骤九：发送公众号内容。点击左侧“群发功能”⟶“新建群发信息”，选择发送对象，编辑发送内容，发送内容可以为图文、文字、图片、语音、视频等，最后点击“群发”。图文信息最多可以同时发送八篇内容，而文字、图片、语音、视频只能发送一条，如图4－160、图4－161所示。

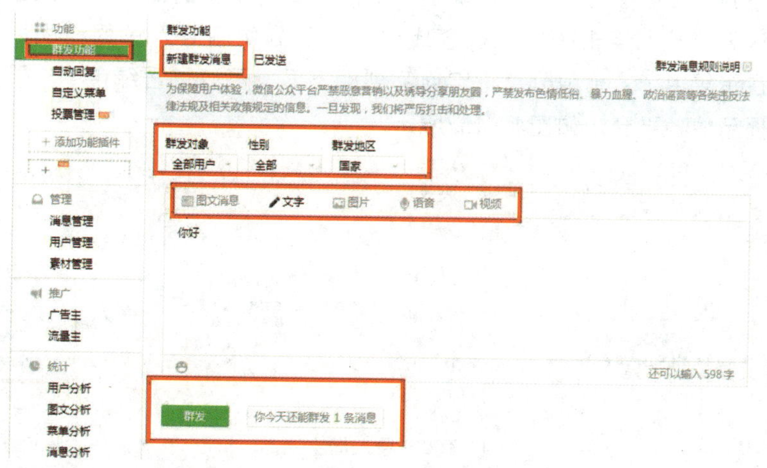

图 4－160　群发功能

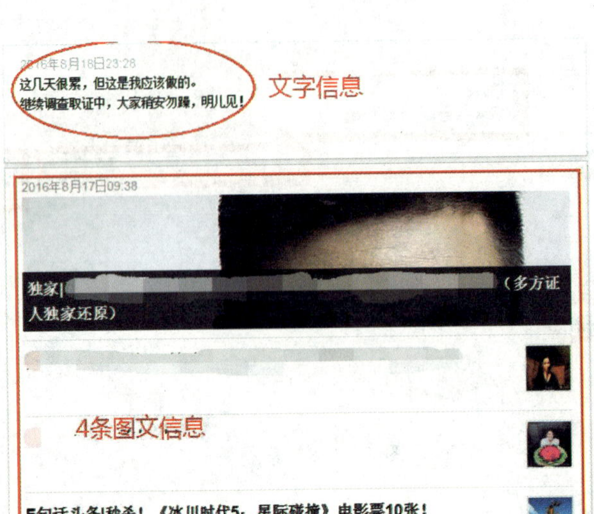

图 4－161　群发内容

步骤十：注册一个微信公众号，并进行设置，完成表格内容，见表 4－16 所列。

表 4－16　微信公众号设置统计表

公众号设置	你的设置
一级菜单名称	
二级菜单名称	
素材管理添加图文信息、图片、语音、视频	
推送一篇图文信息	

二、微店推广

步骤一：在淘宝店铺中选择一个产品介绍页面，复制链接，点击快速导入淘宝商品信息，粘贴到这个链接框里，点击确定。瞬间淘宝商铺里的商品就导入进了微铺宝。浏览商品确认无修改，点击确定。在仓库中可以看到刚刚导入进的商品，点击上架，商品就显示在销售中了。单独分享指定商品到朋友圈，可以点击绿色“＋”，可分享商品到微铺宝提示的各平台，如图4－162所示。

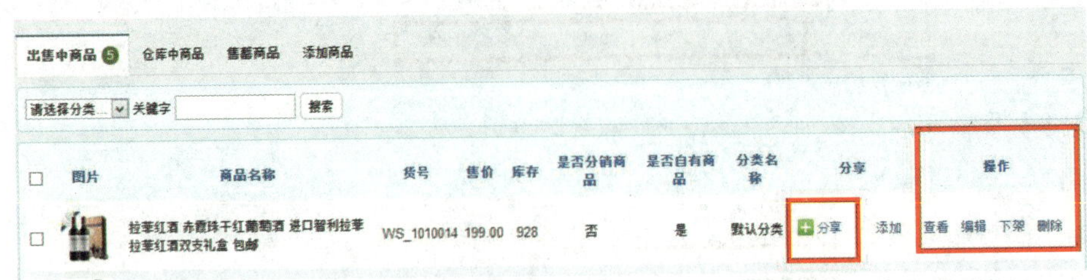

图 4－162　导入淘宝商品

步骤二：商品发布后，就可以发送给好友或者分享到朋友圈了，如图4－163所示。

图 4-163　分享商品

三、朋友圈营销推广

步骤一：完善个人信息。

完善资料信息和一个清晰的产品诉求，是任何一种营销方式必备的基本基础，做微信朋友圈营销，至少让添加的朋友看到你的头像、名称和签名等。能第一时间清楚你是做什么的。

头像：自己喜欢的就可以，要具有信任感，最好是头像能够反映出你是做什么的。

名称：微信通讯录排序规则是星标好友，然后是根据首字拼音排序。名字排在越前面，越方便客户快速寻找到你；也可以用真实名字，显得更加具有信任感；也可以用名称＋销售顾问的形式。

签名：让好友能清晰地了解你的是干什么的，业务范畴是哪些。

朋友圈展示位置头图背景：方便来访的朋友在短时间能非常清楚地知道你是做什么的，有相关购买需要时会直接询问你。可以用公司门头、自己与产品的合影、产品的 logo 等作为背景。

步骤二：添加好友。

微信粉丝数量及质量是微信营销的基础，进行朋友圈营销需要众多的朋友，因此需要注意增加朋友，可以通过将自己的 QQ 好友加为微信好友、将手机通讯录的人加为好友，也可以通过附近的人加好友，另外要充分使用微信的摇一摇等功能，建议多建立微信群，并对微信好友进行分组。

步骤三：做好信任营销和情感营销。

微信好友每一条内容下方，都可以点赞或评论，相信你也经常点赞他人或被赞，每个人都喜欢被赞美、被表扬，经常赞或评论，就跟经常电话交流一样，让你的好友很快就能记住你。这样才能真正意义上做到朋友间的：交流⟶交心⟶交易，从而为营销推广打下坚实的基础。

步骤四：发布内容的编写。

在需要发布营销推广话语时，注意需要图文并茂。

配图尽量采用真实的或自己拍摄的图片，转发的图片及聊天截图尽量少用。图片通常会采取九宫格的形式，并注意图片要有个性，要有吸引力，如搞笑、很好玩。

文字不要超过140字。第一眼就能将整内容看完最好，并且要注意图文匹配。

在利用朋友圈营销时，需要注意图文的价值，分析好友的喜好，从而根据这些内容进行分析，定位发布内容，使得话题参与度高。

控制发布信息数量，发布的信息需要是有价值的，并且是精选过的，一般情况下，自己编写的内容发布1～3条为宜。如果是转发链接文章应控制在5条以内，如果转发过多，会让粉丝觉得你转发的内容没有价值。

步骤五：采取合理的营销推广发布时间。

进行朋友圈营销，信息推送时间的选择非常重要，一般根据用户的时间特性会有以下时间安排，见表4-17所列。

表4-17　朋友圈营销推广发布时间和原因表

推送时间	原　因
早上8点左右	新的一天的开始，很多用户醒来很期待朋友圈更新的内容，更重要的是很多人在上班的路上可以浏览
中午11点半到12点半	这段时间为用户午餐或准备午休的时段，也是忙碌一上午后的休息时间，很多用户会选择用这段时间收发信息，在朋友圈和粉丝互动
晚上7点到9点	这个时间段很多用户已经吃完饭、散完步回到家里躺在沙发或床上看电视，也是一天最放松和最无聊的时间段，朋友圈也是打发时间的地方

步骤六：营销信息发布完成后与好友的互动。

增加与好友的互动，从而带动消费。

任务考核

表4-18　学习任务10实训考核表

组　号：		填写人员：			日　期：		
评分项目	评分点	1组	2组	3组	4组	5组	6组
实训室规则	遵守实训室规章制度（10分）						
职业素养	衣着干净整齐（5分）						
	精神面貌佳（5分）						
	积极参与团队合作（10分）						
职业技能	能进行素材管理添加图文信息、图片、语音、视频（15分）						
	能够推送一篇图文信息（15分）						
	能够使用微店进行淘宝店铺推广（20分）						
	能够使用朋友圈进行推广（20分）						
合计得分							

综合拓展：阿里妈妈

阿里妈妈是阿里巴巴集团旗下数字营销的大中台，依托阿里集团的核心商业数据和超级媒体矩阵，赋能商家、品牌及合作伙伴，提供兼具品牌与电商广告的产品及营销平台，帮助客户以消费者运营为核心打通品效全链路，实现数字媒体（PC端＋无线端＋多媒体终端）的一站式全域传播，如图4－164所示。

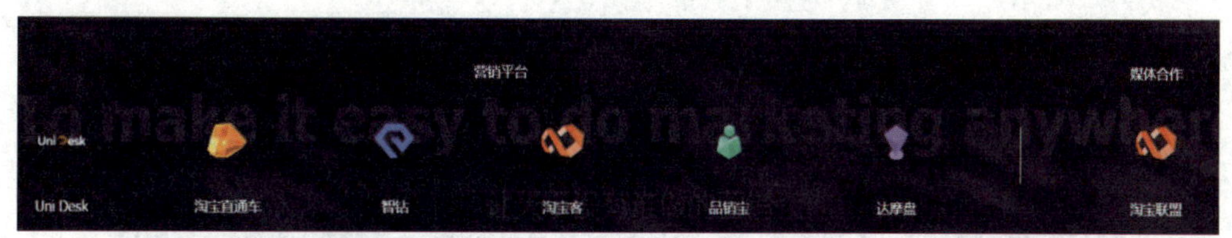

图4－164　阿里妈妈产品

一、阿里妈妈

如果已经有淘宝账号，可以直接使用淘宝会员账户在登录入口登录到阿里妈妈账户，但是仍然需要进行验证工作。

1. 首先需要补全信息，如图4－165所示。

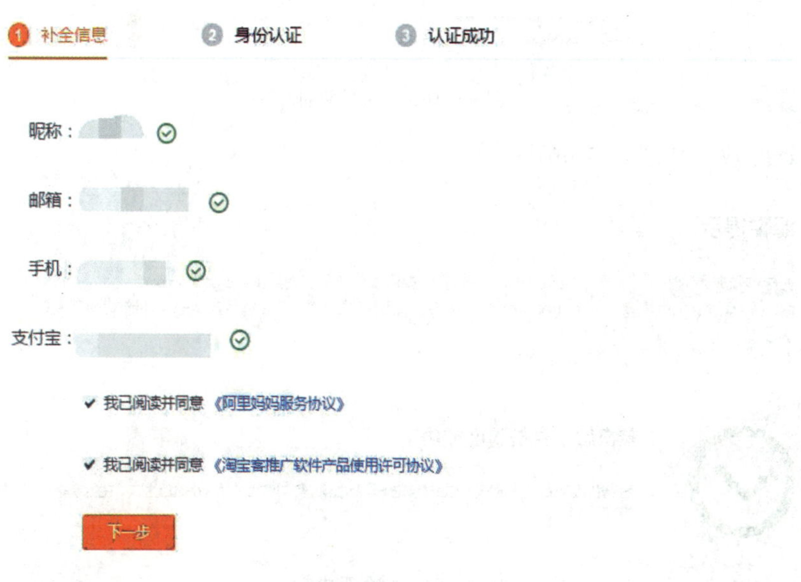

图4－165　补全信息

2. 随后点击“下一步”，进入身份验证，如图4－166至图 4－168 所示。

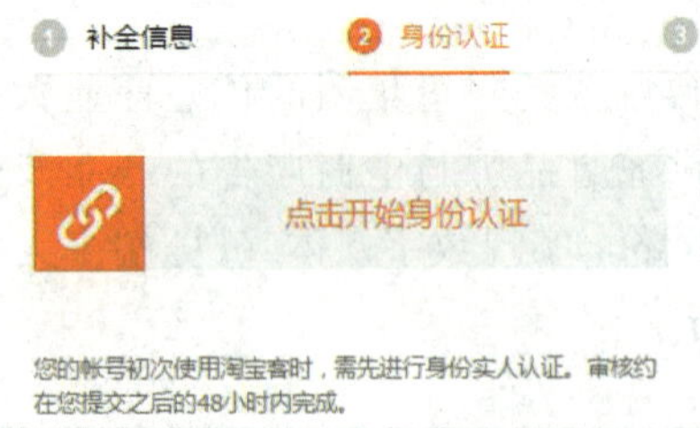

① 补全信息　② 身份认证　③ 认证成功

点击开始身份认证

您的帐号初次使用淘宝客时，需先进行身份实人认证。审核约在您提交之后的48小时内完成。

图 4－166　身份验证

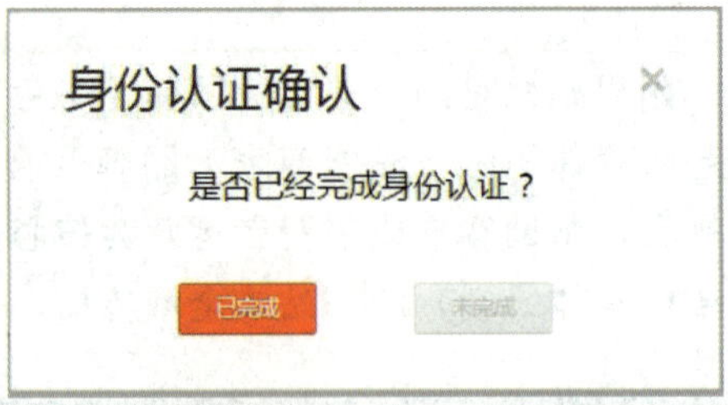

身份认证确认

是否已经完成身份认证？

已完成　未完成

图 4－167　是否完成身份认证

淘宝网　身份认证　我的认证信息　淘宝认证帮助

尚未进行认证

立即认证

当前权益：

认证方式：

图 4－168　进行验证

3. 验证完成，如图4－169所示。

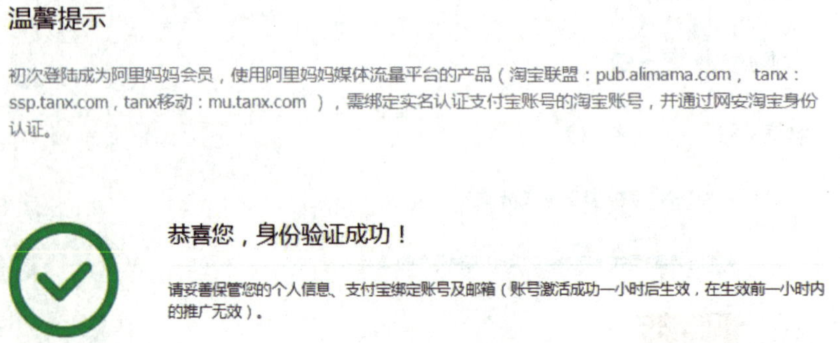

温馨提示

初次登陆成为阿里妈妈会员，使用阿里妈妈媒体流量平台的产品（淘宝联盟：pub.alimama.com， tanx：ssp.tanx.com，tanx移动：mu.tanx.com ），需绑定实名认证支付宝账号的淘宝账号，并通过网安淘宝身份认证。

恭喜您，身份验证成功！

请妥善保管您的个人信息、支付宝绑定账号及邮箱（账号激活成功一小时后生效，在生效前一小时内的推广无效）。

图 4－169　验证成功

二、加入淘宝联盟

已有淘客账号，可以使用淘宝账号进行登录。

1. 登录，如图4－170所示。

图 4－170　登录账号

2. 进入我的联盟，如图4－171所示。

图 4－171　进入我的联盟

3. 登记推广渠道，如图4－172至图 4－174 所示。

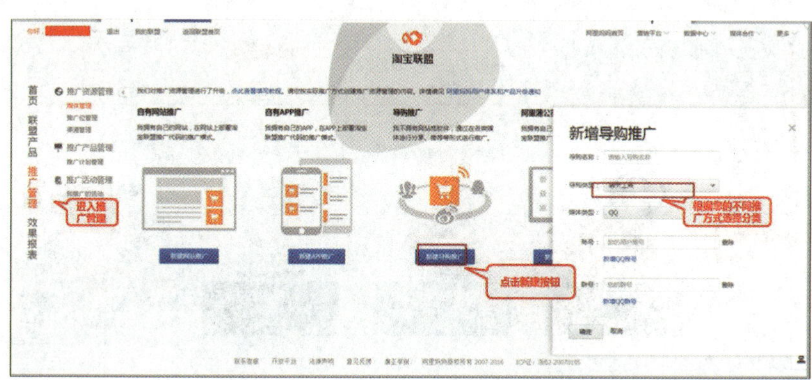

图 4－172　新建导购推广

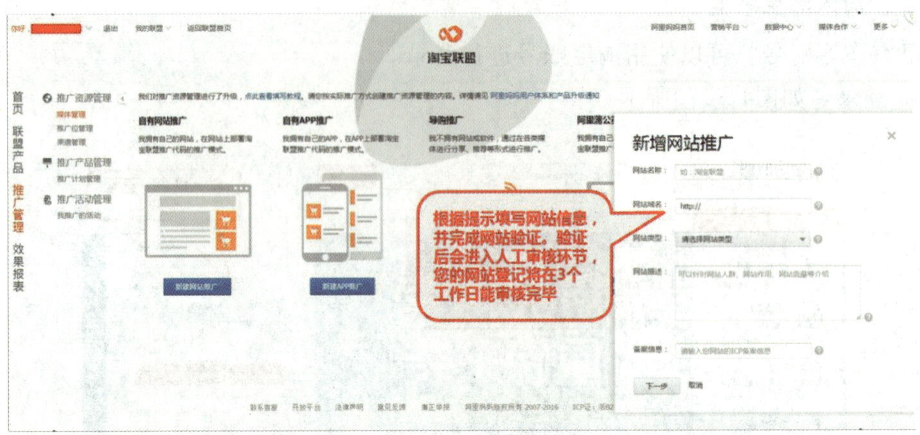

图 4-173　填写信息

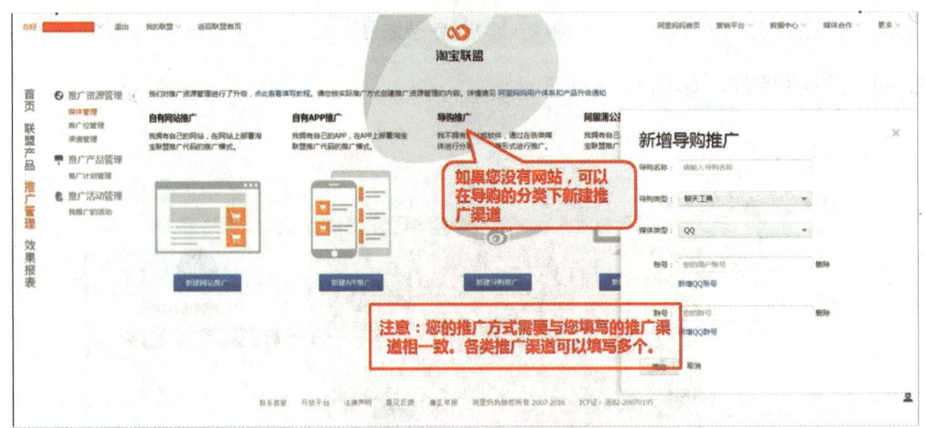

图 4-174　导购推广

4. 获取代码，如图4-175至图 4-178 所示。

图 4-175　选择产品

图 4－176 选择推广渠道

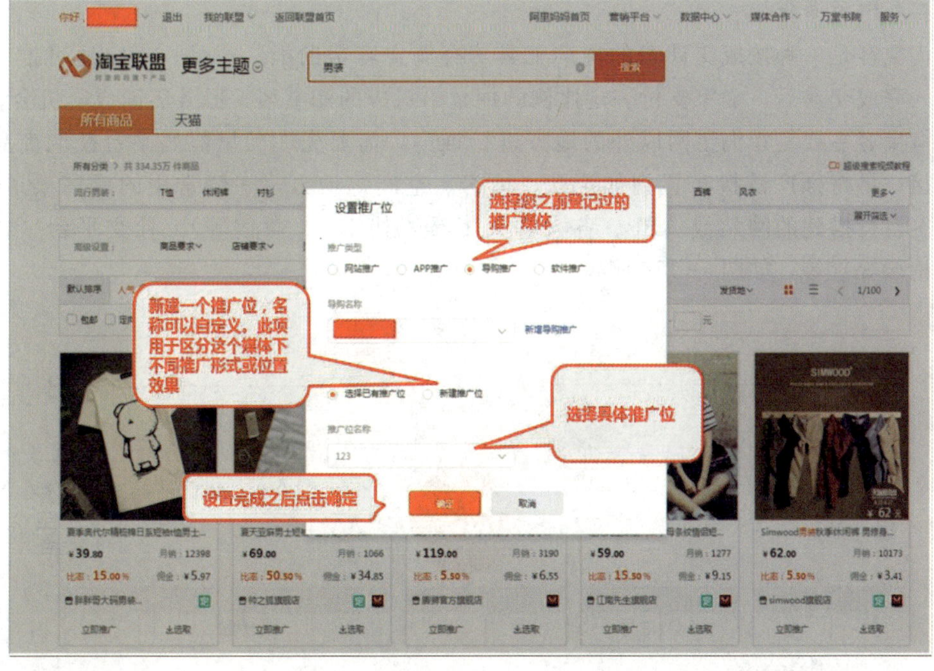

图 4－177 新建推广位

5. 开始推广

将推广代码布置到相应的媒体来完成推广，如图4－178所示。

图 4－178　获得推广代码

三、淘宝客推广

淘宝客是一种按成交计费的推广工具，有淘宝客帮助推广产品，买家通过推广链接进入完成交易后，卖家支付一定比例的佣金给对应的淘宝客，提升店铺成交机会。

淘宝客主要是在淘宝网以外的地方进行推广，需要先在阿里妈妈平台获取商品推广链接，再将推广链接布置到如论坛、博客、空间等地方，一般常用的推广渠道有：淘宝客自行搭建的网站或 APP、各大聊天工具（如 QQ、微信等）、社交平台（如微博、论坛等）等，如图4－179所示。

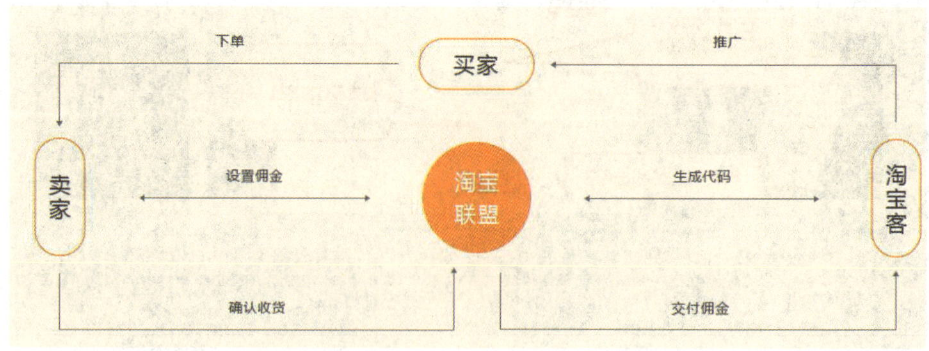

图 4－179　淘宝客

淘宝客加入条件，如图4－180所示。

店铺类型	店铺信誉	产品数量	店铺动态评分
集市店铺	个人店铺信用等级一心及以上或参加了消费者保障计划	正常且出售中的商品数≥10件	店铺动态评分各项分值均不低于4.5
企业店铺	企业店铺信用度等级>0	正常且出售中的商品数≥10件	店铺动态评分各项分值均不低于4.5
天猫店铺	无要求	正常且出售中的商品数≥10件	店铺动态评分各项分值均不低于4.5

图 4－180　淘宝客店铺加入条件

1. 进入淘宝客

（1）加入淘宝客

打开阿里妈妈 www.alimama.com ⟶淘宝会员登录⟶营销平台⟶淘宝客，如图4－181所示。

图 4－181　阿里妈妈营销平台

（2）进入我的淘宝客，如图4－182所示。

图 4－182　进入我的淘宝客

（3）查看淘宝客推广软件产品使用许可协议，请仔细阅读后确认，如图4－183所示。

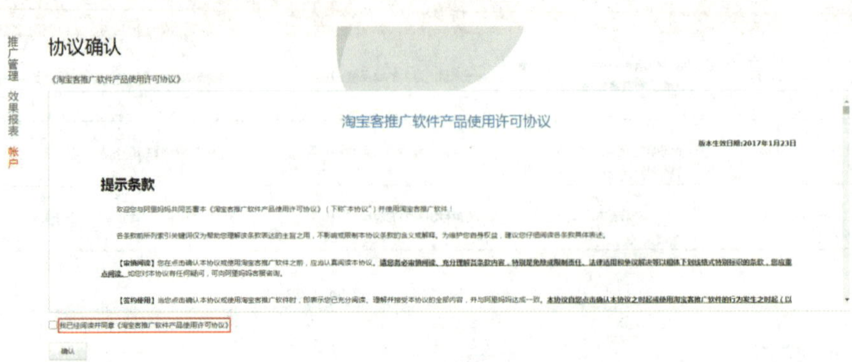

图4－183　阅读协议

（4）查看全店参与推广提示，没有问题后点击确认，如图4－184所示。

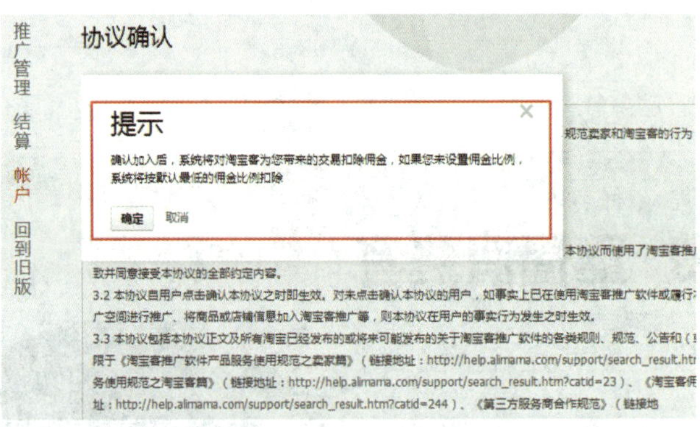

图4－184　协议确认

（5）输入支付宝账号和支付密码，确认支付宝代扣款协议后即可参加推广，如图4－185所示。

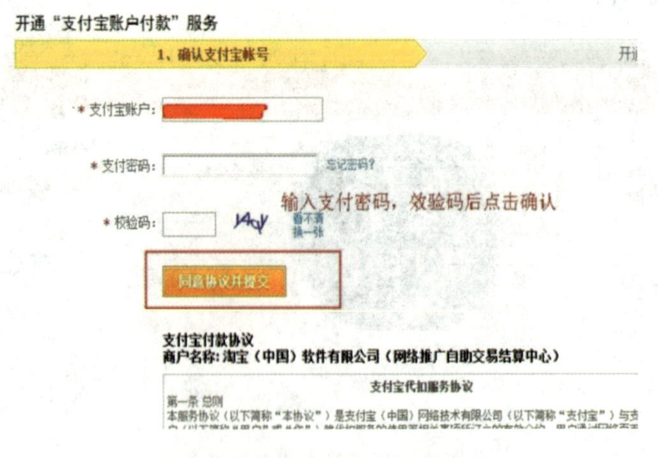

图4－185　支付宝账号

2. 若看到如下页面，说明已经顺利加入淘宝客推广，可以开始推广之旅了。

（1）找到“推广计划”，选择下面四个中的一个推广计划点击进入，如图4－186所示。

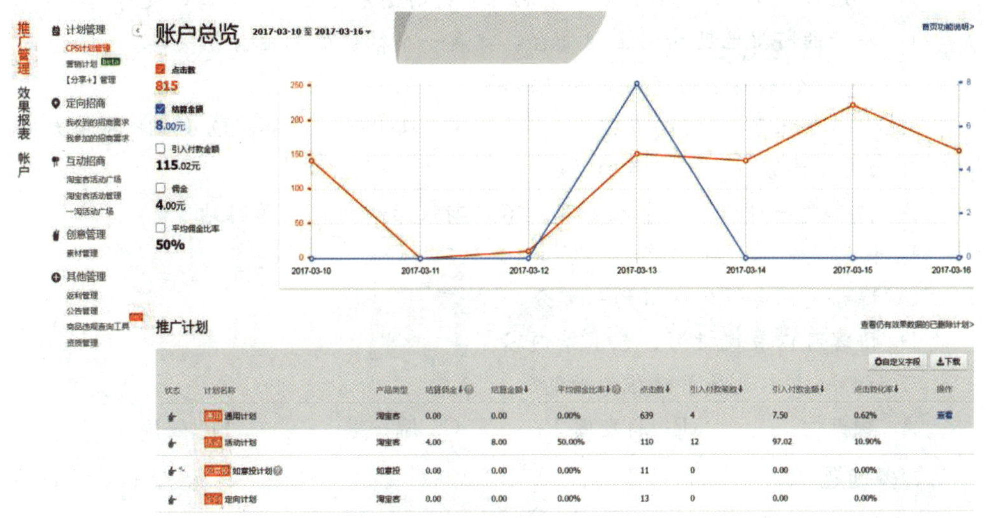

图4－186　推广计划

（2）找到“佣金管理”，点击“新增主推商品”，如图4－187所示。

（3）选择商品，设置佣金，完成添加就可以了，如图4－188所示。

图4－187　佣金管理　　　　图4－188　选择商品

项目测评

一、单选题

1. 下面哪一个是新产品的定价策略（　　）。

A. 渗透定价策略　B. 尾数定价策略　C. 整数定价策略　D. 分级定价

2. 下面哪一种说法不正确(　　)。

A. 无人问津的西瓜，加了一个勺子卖到脱销，这是属于利他营销策略。

B. 利他营销指在制定营销策略过程中，站在客户角度出发思考客户需求。

C. 营销的终极目的是售出产品，利他营销则是完全为客户考虑，没有利益需求。

D. 马云的阿里巴巴和淘宝网平台，就是一个很好的利他营销策略。

3. 下面哪一个不属于淘宝网的专题活动(　　)。

A. 3·8 女王节　　B. 促销　　C. 双十一　　D. 6·18 年中大促

4. 下面关于博客说法不正确的是(　　)。

A. 博客是一种通常由个人管理、不定期张贴新的文章的网站。

B. 博客内容只能是文字。

C. 博客是社会媒体网络的一部分。

D. 博客可以展现摄影、艺术等内容。

5. 下面哪一个不是属于微信的功能(　　)。

A. 聊天　　B. 朋友圈　　C. 摇一摇　　D. 微博

二、多选题

1. 影响定价的因素有哪些(　　)。

A. 产品成本　　B. 市场需求　　C. 竞争因素　　D. 消费者习惯和心理

2. 淘宝网搜索引擎优化有哪些内容(　　)

A. 关键词优化　　B. 标题优化　　C. 上下架时间优化　　D. 店外优化

三、判断题

1. 可以通过微信来浏览腾讯微博内容。　(　　)

2. 微信可以利用二维码扫一扫的形式进行支付。　(　　)

3. F2F (Face to Face) 模式即面对面营销，微信商家可以直接通过与目标群体的沟通，了解客户群需求，为客户提供定制化、个性化服务。　(　　)

4. 微信只能进行文字图片聊天，无法进行视频沟通。　(　　)

5. 病毒营销是通过利用公众的积极性和人际网络，让营销信息像病毒一样传播和扩散，营销信息被快速复制传向数以万计甚至数以百万计的受众。　(　　)

四、简答题

1. 如何进行病毒营销，其技巧有哪些？

2. 请简单回答微信营销有哪些方式。

项目五　规避商务风险

导入案例

远程协助的骗局

案例介绍：

今年6月14日，陈某在一家淘宝网店购买一台42吋标价2003元的电视机，但因操作失误多付了2003元。因退款心切，在客服的要求下，陈某加了对方QQ，让对方远程操控自己的电脑“帮助退款”，结果被对方分7次转走了6万余元，如图5-1所示。

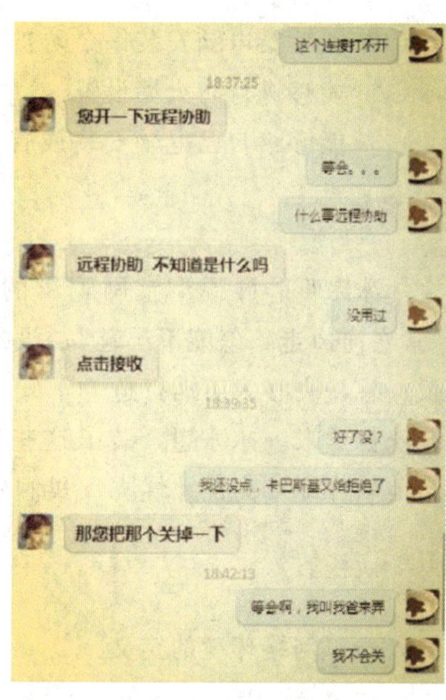

图5-1　微信聊天界面

提示：千万不要让陌生人远程操作你的电脑。因为一旦启动远程操控，任何人都可以在异地通过网络控制你的电脑。另外，淘宝交易需要加QQ沟通的，往往是诈骗。

思考：网络环境中暗藏大量风险，那么究竟有哪些风险需要我们注意，又有什么办法去应对呢？

学习目标

- 能够给自己的电脑安装杀毒软件
- 能够给电脑安装购物安全软件
- 能够识别安全的购物环境

技能导图

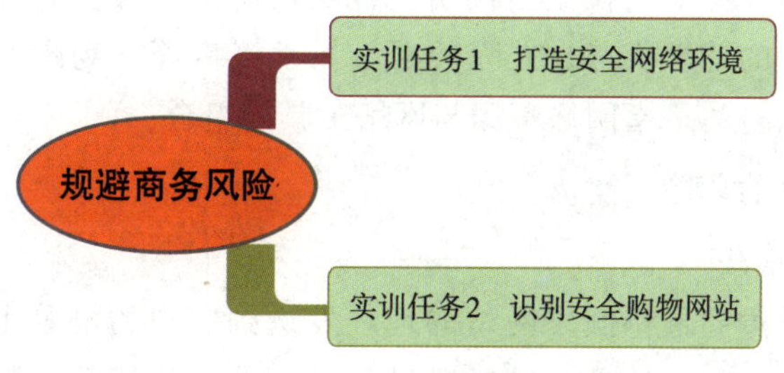

图5-2　技能导图

学习任务1 打造安全网络环境

任务目标

✧ 知识点

1. 掌握网络环境概念
2. 掌握网络环境中的风险
3. 掌握风险的应对

✧ 技能点

1. 能够给电脑安装一个防护软件
2. 能够进行防火墙设置
3. 能够给自己电脑安装钱盾

任务描述

冰冰听胖胖说淘宝网骗子的种种事迹后，一直都觉得骗子离她好遥远。俗话说"常在河边走，怎能不湿鞋"，没想到冰冰一不小心就进了骗子设的局里。冰冰吃一堑长一智，决心为店铺打造一个安全的网络环境，从胖胖那里把能用到的安全交易软件统统都学来。冰冰想，装了这些软件，必定万事大吉啦。那么，是否如冰冰所想，有防范软件即可高枕无忧呢？我们来看看吧。

知识准备

一、网络环境的定义

环境总是与一定的空间或范围有关，有大有小。从小的角度看，网络环境可以理解为"学习者在追求学习目标和问题解决的活动中可以使用多样的工具和信息资源并相互合作和支持的场所"；从大的方面去理解，网络环境可以包括整个虚拟的现实的世界，即赛伯空间（Cyberspace）。

也就是说，网络环境不仅仅是指网络资源与网络工具发生作用的地点，还可以包括学习氛围、学习者的动机状态、人际关系、教学策略等非物理形态。从教学设计的角度看，网络环境更多的是指网络资源与网络工具的组合。

二、网络环境中的风险

（一）信息盗取风险

不法分子通常通过病毒将假冒网站的地址发送到客户的电脑上或放在搜索网站上诱骗客户登录，以窃取客户信息；或者通过手机短信、邮箱等，冒充银行名义发送诈

骗短信，诱骗客户登录假冒网站；也会建立假冒电子商务网站，通过假的支付页面窃取客户网上银行信息，如图5-3所示。

图 5-3　网络环境中的风险

（二）网上购物的风险

大多数的网络销售是先付款后发货，部分商家没有商品，却利用这一特点，在网络上声明销售商品，等收到款项后便销声匿迹。

（三）支付风险

一些诈骗网站利用病毒或者其他特殊手段盗取用户的银行账号、密码等信息，使用户在买卖商品时面临巨大的风险。

三、风险的应对

（一）严防病毒入侵

在登录某些网站时需要提供姓名、身份证号、手机号等私人信息，购物平台甚至还需提供银行卡的信息，如果这些信息被黑客盗取并用于不法之处，将带来不可估量的后果，所以要严防病毒的入侵。

防御办法：修补好操作系统的各种漏洞，安装性能优良的杀毒软件，经常更新病毒库。

看一看：修补漏洞和安装杀毒软件

为了应对电脑病毒，各种各样的“电脑管家”也相继问世，如 360 电脑管家、腾讯电脑管家、金山毒霸等。以金山毒霸为例，打开金山毒霸，会出现它的首页，如图 5-4 所示。

可以看出，一个小小的软件就有闪电杀毒的功能，点击全面扫描后会查出你的电脑存在的问题，如图 5-5 所示，点击一键修复即可。另外还可以用它清理电脑垃圾，使电脑运行得更加畅通无阻。

图 5-4　金山毒霸软件首页

图 5-5　扫描后修复

（二）按照指令操作

很多网络平台有自己特有的操作流程与规则，不法分子可能根据这些流程与规则存在的漏洞，使用户蒙受损失。所以严格按照网站的指示操作是规避风险最基础的要求。

（三）数据加密

数据加密，是指通过加密算法和加密密钥将明文转变为密文，它的核心是密码学。数据加密目前仍是计算机系统对信息进行保护的一种最可靠的办法。它利用密码技术对信息进行加密，实现信息隐蔽，从而起到保护信息安全的作用。

看一看：数据加密软件有哪些？

为了保护数据，维护个人隐私，数据加密软件应景而生，针对个人的加密软件多如牛毛，如图 5-6 所示，个人可以各凭所需，巧妙地运用这些软件来保护自己的数据。针对企业的加密软件技术要求更高，目前国内以天锐绿盾口碑最好，如图5-7所示。

图 5－6　个人数据加密软件

图 5－7　企业数据加密软件

任务实施

安全的网络环境是企业网站得以正常运营的前提，企业网站一旦遭到不明黑客的攻击，将导致网站服务器的瘫痪。一旦网站无法正常运行，用户将无法正常访问，会给企业造成不可估量的损失。

步骤一：下载安装防护软件。

在相关网站上，下载电脑防护软件，运行扫描，保护电脑安全，如图5－8所示。

图 5－8　360 安全卫士

步骤二：设置防火墙。

由"控制面板"进入防火墙，进行防火墙的参数设置，如图5-9、图5-10所示。

图5-9 Windows防火墙

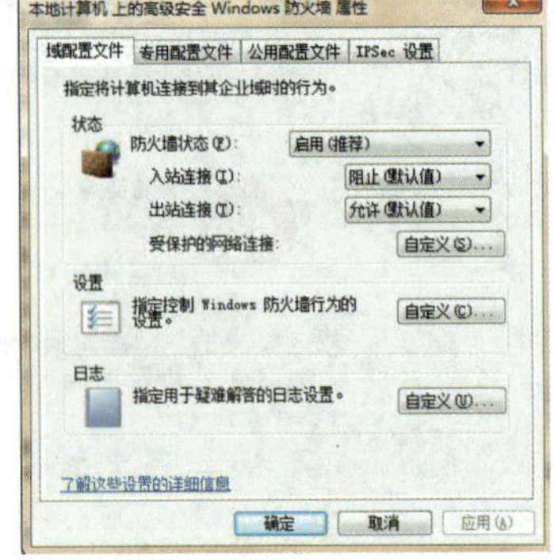

图5-10 防火墙参数

步骤三：下载安装钱盾商家版。

为了保护店铺的安全，我们还可以通过阿里110，进入"安全宝箱"，查看、开通各类操作保护及安全工具，如图5-11所示。

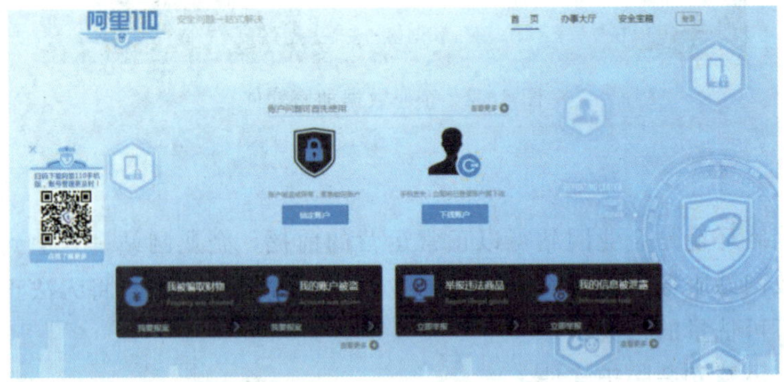

图5-11 阿里110

1. 登录钱盾网站，https：//qd.alibaba.com/seller/，如图5-12所示。

图5-12 登录钱盾网站

2. 手机扫描二维码，安装手机版钱盾，如图5－13所示。

3. 进入钱盾，登录后进行相关安全设置，如图5－14所示。

4. 开启各项保护，如图5－15所示。

图 5－13 安装手机版钱盾

图 5－14 安全设置

图 5－15 开启各项保护

任务考核

表 5－1 学习任务 1 实训考核表

组 号：		填写人员：			日 期：		
评分项目	评分点	1 组	2 组	3 组	4 组	5 组	6 组
实训室规则	遵守实训室规章制度（10 分）						
职业素养	衣着干净整齐（5 分）						
	精神面貌佳（5 分）						
	积极参与团队合作（10 分）						
职业技能	掌握网络环境、网络环境中的风险及风险的应对（15 分）						
	能够给电脑安装一个防护软件（20 分）						
	能够进行防火墙设置（15 分）						
	能够给电脑安装钱盾（20 分）						
合计得分							

学习任务2　识别安全购物网站

任务目标

✧ 知识点

1. 了解什么样的购物网站是安全的
2. 识别安全的购物网站
3. 了解网购时常见的诈骗手段

✧ 技能点

1. 能够熟练使用搜索引擎
2. 能够采用多种方式识别是否是安全购物网站

任务描述

为了提升冰冰的防范意识，胖胖邀请冰冰一起参与了某位淘宝大咖举办的商家防骗讲座。讲座上的内容真是让冰冰大开眼界，尤其是各种购物网站、骗子的话术，对刚入行不久的冰冰而言，很多话术若不是在讲座上见识了，现实中若是碰到了，冰冰是真没有任何抵抗力的，只能妥妥地入圈套。冰冰不禁慨叹，学习防骗无止境啊！那么在实际生活中，我们该怎么样去识别安全的购物网站呢？

知识准备

一、什么样的购物网站是安全的

购物网站五花八门，难免会有不法分子利用网上购物时买卖双方信息不对称来获取利益。所以在判断购物网站的安全性时，一定要仔细检查网站的合法证照，所有证照都依法公开的购物网站才是安全可信的。

二、识别安全的购物网站

（一）检查网站的合法证照

为了能在网上放心地购物，首先要确认购物网站的合法性。

1. 检查网站的ICP经营许可证

每一个合法的网站都有一个ICP经营许可证，在使用网站时一定要注意查看。

看一看：什么是ICP经营许可证

ICP经营许可证，即中华人民共和国电信与信息服务业务经营许可证。根据中华人民共和国国务院令第291号《中华人民共和国电信条例》、第292号《互联网信息服务管理办法》，国家对提供互联网信息服务的ICP实行许可证制度。经营性网站必须办理 ICP 证，否则就属于非法经营。因此，办理 ICP 证是网站合法经营的需要。

2. 检查网站的可信安全认证书

一般正规网站首页底部都会有一个网站可信安全认证书，如图5－16所示，用鼠标点击进去可以看到一些关于网站证书的信息，如果点不进去，这个证书就有可能是假的。

3. 还有一个方法就是看一下该网站有没有通过各大搜索引擎的官网认证。例如进入草根旺城的网站，页面中会跳出“草根旺城中国划算优货网站，千万草根推荐”，后面的“官网”两个字是蓝色底白色字，如图 5－17 所示，如果通过官方认证你就可以百分之百地放心去买。

图 5－16　可信安全认证书

图 5－17　百度认证官网标识

做一做：查看网站的可信安全证书或者官网认证

进入几个网站，查看他们是否有可信安全证书或者官网认证，如果有，再查看具体信息，仔细检查后，方可放心使用该网站。

（二）查看商家信息

购物之前要验证商家的详细信息，如电话、地址等，一般来说，正规的网站都会提供客服的联系方式。如果网站连这些基本信息都没有，就不用考虑在这种网站上购买商品了，不过即使有这些信息，买家最好也要验证一下，比如给商家打个电话，询问一下购物的基本情况。

做一做：查看一个网店的商家信息

以淘宝网为例，点击购买某件商品后，不要急于支付，先进入“我的淘宝”，点击“买到的宝贝”，就会出现你买到的而未付款的东西，然后在这里只需要点击一下卖家的真实名字，就可以打开一个新的窗口，窗口里面就会出现卖家的详细地址、姓名和电话号码了。

（三）考察交易方的信用度

在有的网站上，买家要与卖家直接进行交易，所以即使网站的信誉很好，也不能保证卖家一定没问题，这时候还要考虑对方的信用度。为使买卖双方能在更安全、更规范的环境下交易，这种网站都推行卖家认证政策，认证方式有信用卡认证、身份证认证、手机认证等几种方式，只有通过认证才能在网上出售货物，而且用户的信用度只有在其通过认证后才生效，成交的交易次数越多，信用度就越高，因此交易时要选择信用度高的商家进行交易，如图5－18所示。

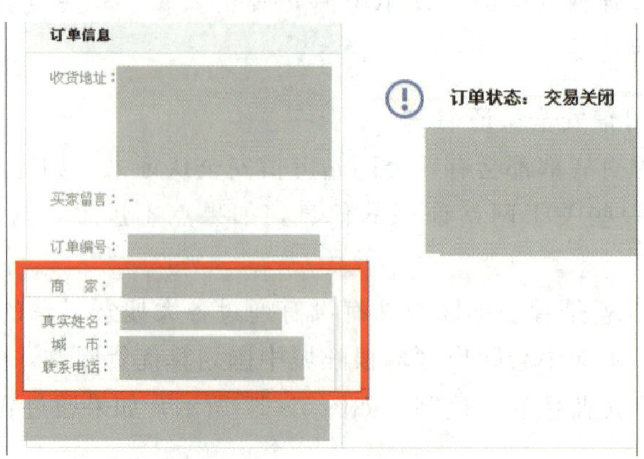

图 5-18 商家信息

看一看：易趣网的用户信用度

登录易趣网（http//www.ebay.com.cn），凡是通过认证的用户，其用户名后面都有一个星级信用等级，如图 5-19 所示。

Recent Feedback ratings (last 12 months) ?

	1 month	6 months	12 months
Positive	0	9	26
Neutral	0	0	0
Negative	0	1	1

图 5-19 用户信用度

三、购买时谨防上当受骗

时下，网购过程中存在的诈骗手段主要有五种。

（一）新买家不知道“支付平台”

很多网购平台使用的都是第三方支付平台，但新手买家可能根本不知道该平台，这种情况下卖方会以种种理由诱导买家直接将货款打给对方。等货款一到手，卖家就会人间蒸发。所以第一次在网络上购物时，首先要弄清楚平台的官方操作流程与规则，货款尽量由第三方支付平台经手。

看一看：第三方支付

在第三方支付模式下，买方选购商品后，使用第三方平台提供的账户进行货款支付（支付给第三方），并由第三方通知卖家货款到账、要求发货；买方收到货物，检验货物，并且进行确认后，再通知第三方付款；第三方再将款项转至卖家账户。流程如图 5-20 所示。

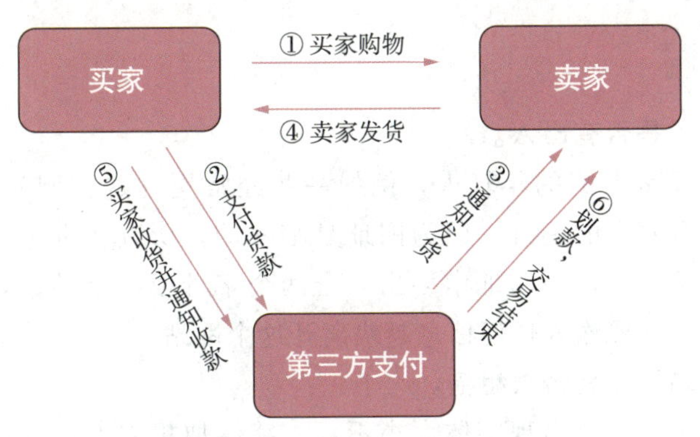

图 5 - 20　第三方支付交易流程

（二）诱导买家先确认收货

这种骗术是等买家将货款支付到官方支付平台账户后，以种种理由诱导买家先确认收货，而一旦买家“确认收货”，卖家就不会发货了。这种情况下，买家一定要等收到商品，验完货才到后台“确认收货”。卖家常使用的借口有以下几种：

（1）你先确认收货并评价，免得收到货后忘记评价，影响店铺形象。

（2）买卖讲究诚信为本，你先确认收货，我再发货，这是本店一贯采用的方式。

（3）这是物流公司要求的，如果不先确认收货，货物就发不出。

（三）“押金”＋“保护费”

这种骗局下，不法分子待消费者按照正常流程支付货款后，便以“快递最近经常被抢劫，为了保证送货人的人身安全，需要先交一部分押金，等确认收货之后，这部分费用会当面退回”为由，欺骗消费者将所谓的“押金”“保护费”打到其指定银行账户，一旦诈骗成功，不法分子立即消失。在网上购物过程中，切记不要相信卖家收取押金和手续费的说辞。

（四）“便宜”退款

这种骗局当买家通过官方支付平台付款后，卖家告知“可以给买家更大的优惠”，让买家申请部分退款。买家见有机会“打折”，立即进行了申请，卖家在同意之后，卖家就可以拿到绝大部分的货款，实际上并没有发货，从此消失。

这种欺骗手段有一定的“技术含量”，实际上是利用了买家贪图便宜的心理。要相信天上没有那么多“馅饼”可以掉。确认购买之前先做好与卖家的讨价还价，等价格都定下来之后，就不要再多做改动。

（五）假截图

当这种情况发生在买家诈骗卖家时，主要是发生在新手卖家身上，一般所购的物品是虚拟商品。当买家在客户系统中与卖家讨价还价后，买家决定购买，于是发来截图“已经付款”，实际上这个截图是伪造的，买家并没有打款给卖家。卖家求交易心切，在未经核实的情况下就发出了货物，造成损失。如果是虚拟商品，买家很容易就直接获得商品了，卖家有苦难言。

通过微信购物的时候，通常是买家先使用红包或者是转账功能，卖家给出快递单号，但有些买家及卖家利用漏洞进行诈骗，或买家 PS 转账截图，或者卖家 PS 快递单号。

任务实施

步骤一：看地址是否有出入。

这个方法适合经常上网的年轻人，例如一些经常用的购物网站、软件下载网站、聊天看视频网站都有固定的网址，因为网址是唯一的，所以在浏览的时候一定要细心地查看网址是否相符，一旦在网址中多出一个两个字母或数字的话，就可以立即肯定这是一个钓鱼网站，不要输入任何信息赶快离开这个网站。

步骤二：看网站制作是否很粗糙。

一般正常的网站，不会出现字体大小不一、字体加粗或者图片不精细和网站超级链接打不开等现象，这一般都是钓鱼网站的特征。如果看到网站上的字体或者除了付款外的其他按钮都不能点，那说明肯定是误入了非安全网站了，因为犯罪分子不会花很多时间去制作一个网站的。如图 5－21 是一个依照银行网站的钓鱼网站，有很明显的字体问题。

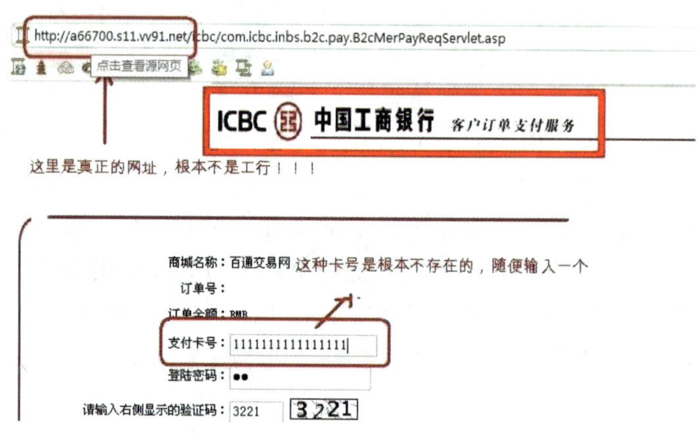

图 5－21　钓鱼网站

现在很多人经常会收到一些虚假链接，例如你被抽中了大奖等，然后点开网址发现是某电视台官网的某个节目，就信以为真跟着一步一步地沉陷泥潭，最终导致被骗，其实鉴别虚假链接的方法是很多的。

查看 IP 地址，网站的地址与实际宣传的地址不符合，那么肯定就是虚假网站。

步骤三：安装第三方浏览器。

1. 用浏览器识别钓鱼网站

淘宝网商家首先需要牢记淘宝网和支付宝及其他知名电子商务网站和网银的官网，例如：淘宝网的官方网站是 http：//www.taobao.com；支付宝的官方网站是 https：//www.alipay.com 或 http：//www.zhifubao.com；招商银行的官方网址是 http：//www.cmbchina.com。

当用户访问真实的支付宝、淘宝网站时，浏览器的地址栏填充色为绿色，同时地址栏末尾还会出现盾牌形图标；如果访问假冒的支付宝、淘宝网站时就会出现红色和红色盾牌图标，如图5－22所示。

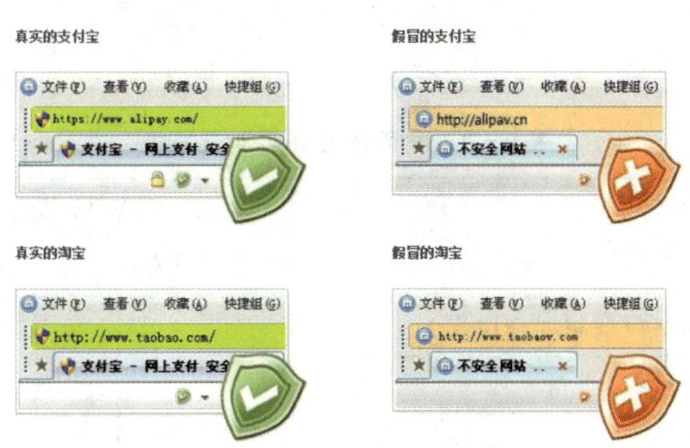

图 5－22　用浏览器识别钓鱼网站

在任何情况下，支付宝的任何密码都是在加密链接中输入。需要输入支付或登录密码的环节一定要确认浏览器的地址栏中的地址是：https：//www.alipay.com 开头的，并且在浏览器的下方或是地址栏上有黄色的安全锁 标志。现代的一些浏览器也会显示 证 字样，如图5－23所示。

图 5－23　认证网站

2. 用雅虎、网易邮箱识别假邮件

如果是雅虎、网易的邮箱使用者，当收到支付宝发送的邮件时，请确认邮件是否带有防伪标志。如果没有请不要打开，有可能是钓鱼网站，如图5－24所示。

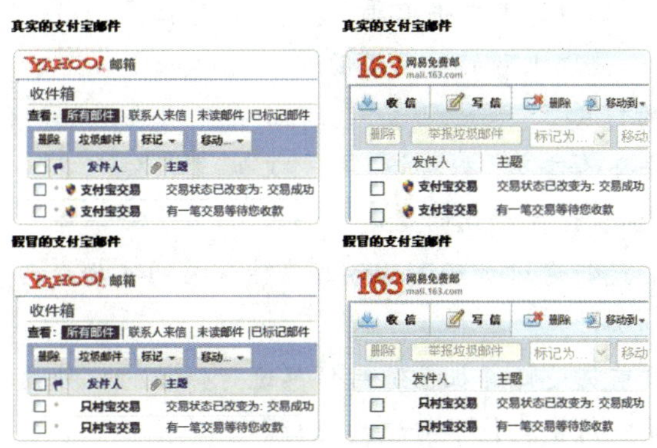

图 5－24　用雅虎、网易邮箱识别假邮件

任务考核

表 5-2 学习任务 2 实训考核表

组 号：		填写人员：			日 期：		
评分项目	评分点	1 组	2 组	3 组	4 组	5 组	6 组
实训室规则	遵守实训室规章制度（10 分）						
职业素养	衣着干净整齐（5 分）						
	精神面貌佳（5 分）						
	积极参与团队合作（10 分）						
职业技能	能够了解什么样的购物网站是安全的（5 分）						
	能够识别安全的购物网站（10 分）						
	能够了解网购时常见的诈骗手段（10 分）						
	能够熟练使用搜索引擎（10 分）						
	能够采用多种方式识别网站是否是安全购物网站（35 分）						
合计得分							

项目测评

一、单选题

1. 不属于打造诚信守则的互联网市场环境的是(　　)。

   A. 完善互联网资源发展和管理制度。

   B. 强化市场监管体系建设。

   C. 大力倡导行业自律。

   D. 建立健全互联网用户权益保护机制。

2. 在犯罪本质上，网路恶犯罪与(　　)具有同质性。

   A. 传统犯罪　　B. 青少年犯罪　　C. 新型犯罪　　D. 高智能犯罪

3. 网络用户安全、健康上网的最大威胁是(　　)

   A. 违反法律的信息　　B. 违反社会道德的信息

   C. 破坏信息安全的信息　　D. 病毒入侵

4. 下面关于数据加密说法错误的是(　　)。

   A. 数据加密，是指通过加密算法和加密密钥将明文转变为密文，它的核心是密码学。

   B. 数据加密目前仍是计算机系统对信息进行保护的一种最不可靠的办法。

   C. 数据加密是利用密码技术对信息进行加密。

   D. 数据加密并不是保护数据唯一的方法。

5. 下面关于购物网站说法正确的是(　　)。

A. 每个购物网站都必须有 ICP 经营许可证。

B. 购物网站必须要有可信安全认证书。

C. 购物网站中只有显示 官网 才可以进行购买。

D. 每个人都可以制作一个购物网站。

二、多选题

1. 网络环境中的风险主要有(　　)。

A. 信息盗取　B. 网上购物风险　C. 支付风险　D. 虚假货物

2. 信息盗取风险的途径有(　　)。

A. 将假冒网站地址发送到客户的电脑上。

B. 将假冒网站地址放在搜索网站上诱骗客户登录。

C. 通过手机短信、邮箱等，冒充银行发送诈骗短信。

D. 建立假冒电子商务网站，通过假的支付页面窃取客户网上银行信息。

三、判断题

1. 购物之前要验证商家的详细信息，如电话、地址等。(　　)

2. 在网站上购物需要选择信用度高的网站，无须考虑有没有认证。(　　)

3. 在微信购物时候，如果卖家已经截图给自己物流单号，那么就耐心等待收货就可以了。(　　)

4. 作为一名机房管理员，要修补好操作系统的各种漏洞，安装性能优良的杀毒软件，经常更新病毒库。(　　)

5. 在手机上购物，也需要像电脑一样，下载安装保护软件。(　　)

四、简答题

1. 简述如何应对网络环境风险。

2. 请以自身网购经历，说明购物时有哪些风险。

参考文献

[1] 淘宝大学．电商运营[M]. 北京:电子工业出版社,2012.
[2] 老夏．电商数据化运营[M]. 北京:电子工业出版社,2015.
[3] 淘宝大学．数据化营销[M]. 北京:电子工业出版社,2012.
[4] 淘宝大学．网店推广之店铺内功[M]. 北京:电子工业出版社,2012.
[5] 淘宝大学．网店推广之实战分析[M]. 北京:电子工业出版社,2012.
[6] 崔恒华．网店推广、装修、客服、运营一本通[M]. 北京:电子工业出版社,2016.
[7] 刘东明．微博营销:微时代营销大革命[M].
[8] 江礼坤．网络营销推广实战宝典[M]. 电子工业出版社．2012.
[9] 杨刚,杨凯．大数据关键处理技术综述[J]. 计算机与数字工程．2016.
[10] 姜章生．移动电子商务应用现状分析[J]. 电子商务．2014.
[11] 姚沈晗．天猫原创品牌发展现状及策略研究[J]. 商场现代化．2014.
[12] 吕文丰．京东商城的竞争战略研究[J]. 山东大学．2014.
[13] 袁永辉．浅谈京东商城的品牌战略规划[J]. 河北企业．2013.
[14] 孟泽云．企业微博营销的价值与策略[J]. 生产力研究．2012.
[15] 智研咨询集团．2016—2022年中国网络购物市场研究及发展趋势研究报告[R]. 2016.
[16] 百度百科:http://baike. baidu. com/.
[17] MBA智库百科:http://wiki. mbalib. com/.
[18] CSDN:http://www. csdn. net/tag/阿里巴巴．
[19] 淘宝网:https://www. taobao. com/.
[20] 天猫商城:https://www. tmall. com/.
[21] 京东商城:http://www. jd. com/.
[22] 京东论坛:http://mjbbs. jd. com/forum. php.
[23] 亿邦动力网:http://www. ebrun. com/.
[24] 天下网商 http://i. wshang. com/Home/Default/Index/cid/20. html.
[25] 卖家资讯 http://www. maijia. com/news/cate-dakashidian.
[26] 百度经验:http://jingyan. baidu. com/.
[27] 开淘网:http://www. kaitao. cn/.